A mon ami Nicolas F. Moolenijzer,

aux res[...]iales

fraternellement,

Yves P. Boulongne

Le 15 Septembre 1975
Marly - le - Roi

la vie et l'oeuvre pédagogique de

PIERRE de COUBERTIN

1863/1937

Maquette de la couverture : Jacques Léveillé

ISBN 0-7761-9359-7

la vie et l'oeuvre pédagogique de

PIERRE de COUBERTIN

1863/1937

Yves·Pierre Boulongne

LEMÉAC

Avant-propos

Combien sont-ils dans le monde? Peu nombreux. Pierre de Coubertin est l'un de ceux-là.

Un de ces hommes dont les dons, servis par une volonté et une lucidité exceptionnelles, ont assuré le rapprochement des êtres humains. Sous le signe du perfectionnement à la fois du corps et de l'âme.

Ni athlète, ni sportif, je suis venu aux Jeux par l'olympisme: la thèse d'Yves Pierre Boulongne ne pouvait donc pas ne pas m'intéresser. Un jour, je lis dans un journal français un compte rendu de sa présentation. Spontanément, je lui écris. Je veux savoir si son ouvrage sera publié car je veux me le procurer. L'auteur m'apprend qu'il est sérieusement question que «La vie et l'oeuvre pédagogique de Pierre de Coubertin» paraisse aux Éditions Leméac à Montréal. Privilège que je ne réussis pas à m'expliquer, il m'est donné de prendre connaissance de l'oeuvre avant sa parution. Puis monsieur Leméac m'invite à en dire un mot. Voilà le cheminement qui m'a conduit jusqu'à cette page.

L'honneur est très grand. Et périlleux. Le seul message qui me paraisse dans l'ordre s'adresse à l'auteur. Pour lui dire merci deux fois. De l'honneur qu'il fait à l'édition canadienne évidemment, mais plus encore d'avoir consacré douze années de sa vie à une étude à caractère scientifique d'un homme qui a constamment renouvelé, toute sa vie et même par-delà sa mort, son acceptation généreuse de l'impossible défi, pourtant chaque fois relevé. «Mais ce qui me préoccupe avant tout, c'est de me susciter des continuateurs qui reprennent et poursuivent l'oeuvre entreprise. Voilà à mes yeux le point important» écrit le baron.

À fréquenter Pierre de Coubertin, on s'expose à ne plus vouloir dire certaines choses que sous son autorité. À lire l'ouvrage d'Yves Pierre Boulongne, on envie ce maître d'avoir pu ainsi remonter dans le temps et, par amour de la vérité en toute sa profondeur et sa plénitude, d'avoir réussi, pour nous autant que pour lui, à redonner vie et présence à un esprit et à un coeur aux richesses toujours infiniment actuelles.

L'an prochain, Montréal recevra les athlètes du monde entier aux compétitions quadriennales. Pierre de Coubertin aimait dire à «la fête du printemps humain.» L'oeuvre qu'on va lire intéresse toutes les saisons de la vie.

Sa parution à Montréal à la veille des Jeux Olympiques de 1976 projette sur les Jeux un éclairage nouveau, scientifique et ennoblissant.

Jean Drapeau
Maire de Montréal

Le 17 février 1975.

Préface

Il est extrêmement agréable au Directeur général de l'Unesco de saluer la publication d'une étude particulièrement approfondie consacrée à un homme qui ne fut pas seulement un des créateurs les plus prestigieux du sport moderne, mais aussi l'un des grands pédagogues de son temps.

Pierre de Coubertin, en effet, s'intéressa activement à l'éducation physique, à la formation intellectuelle et morale de l'adolescent, aux moyens de développer l'éducation populaire et à la mise en place d'institutions internationales de pédagogie qui préfigurent, comme le souligne opportunément l'auteur, certains organismes dont l'Unesco a depuis lors parrainé la création. Et les solutions qu'il préconisa manifestent tant de pénétration et de bon sens qu'elles pourraient inspirer aujourd'hui mainte réforme de l'enseignement.

C'est le souci de trouver des méthodes d'éducation adaptées à la civilisation industrielle qui amena Pierre de Coubertin à réclamer que les exercices corporels et le sport non seulement aient leur juste place dans les programmes scolaires et universitaires, mais encore puissent jouer un rôle dans la vie entière de l'individu et de la collectivité. Il comprit, en effet, que le sport a une dimension éthique puisqu'il est école de loyauté, de générosité, de dépassement de soi et de respect d'autrui, toutes vertus qui trouvent à s'exercer dans la vie sociale et professionnelle de chacun.

Bien que son nom soit surtout associé au renouveau de l'olympisme, Coubertin fut aussi un ardent partisan du « sport pour tous » dont la revendication n'a rien perdu de son acuité. Le présent ouvrage met clairement en évidence le parallélisme qui existait dans son esprit entre la formation d'une élite d'athlètes et une large démocratisation du sport, les exploits de ceux-ci favorisant l'implantation du sport dans les masses, d'où naîtra à son tour une nouvelle élite.

En outre, Coubertin sut voir dans le sport un instrument de choix de l'éducation pour la compréhension internationale. Pour lui, le mélange d'ardeur et de loyauté de la compétition sportive ouvre naturellement la voie à l'estime mutuelle, à l'entente, à l'amitié même : le sport est une chevalerie qui se recrute dans toutes les classes et tous les peuples et les brasse fraternellement à travers la terre entière. Et l'on sait la vigueur avec laquelle Coubertin s'éleva contre les dangers menaçant le sport qui ont nom nationalisme, chauvinisme et racisme.

C'est, hélas ! à juste titre que, dans sa conclusion, Yves P. Boulongne déplore que les idées originales formulées par Pierre de Coubertin dans les domaines les plus variés demeurent très largement méconnues. Aussi est-ce de tout coeur que je formule le voeu que ce livre soit l'occasion de la redécouverte d'une pensée généreuse où les éducateurs d'aujourd'hui pourront trouver maintes intuitions hardies propres à stimuler leur réflexion et leur action.

René Maheu
Directeur général de l'U.N.E.S.C.O.

À Marcel PAUL
À tous ceux de Buchenwald

Cette thèse n'aurait pu être envisagée sans l'impulsion première et la confiance constante de Gaston MIALARET, Professeur à l'Université de Caen.

Elle n'aurait pu être menée à bien sans la généreuse patience et la bienveillante sollicitude de Marc-André BLOCH, Philosophe de l'Éducation nouvelle.

Que Marc-André BLOCH et Gaston MIALARET veuillent bien accepter l'hommage de notre reconnaissance.

Nous remercions très sincèrement MM les Professeurs BLOCH, MIALARET, ULMANN, et VIAL pour les critiques et les conseils qu'ils nous ont prodigués lors de la soutenance de thèse.

Nous avons tenu le plus grand compte de leurs remarques dans la rédaction finale de l'ouvrage.

Nos remerciements vont également à Jean DURRY et à Bernard GILLET qui ont bien voulu accepter la lourde tâche de relire notre travail et de nous donner accès à leur riche documentation.

MARLY-LE-ROI
Sainte MARGUERITE-SUR-MER
Janvier 1974

Table des matières

introduction générale

« J'espère avoir écrit le présent livre sans
préjugé, mais je ne prétends pas l'avoir
écrit sans passion. »

ALEXIS DE TOCQUEVILLE
L'Ancien Régime et la Révolution

Cette thèse est le fruit d'un constat et d'une angoisse.
Arrivé à un haut niveau de saturation technique, l'enseignant en éducation physique s'interroge. Homme de terrain, il éprouve le vertige et la tentation du record : la démesure le guette, l'anti-intellectualisme est son lot. Éducateur, il souffre de n'être admis qu'avec réticence au banquet universitaire [1] : quoique l'opinion des pairs et des parents ait évolué depuis vingt-cinq ans, son image de marque reste celle d'un guérisseur, ou d'un amuseur public. Face à la béatitude des bien-pensants, devant les distorsions du phénomène sportif, son inquiétude devient angoisse : force est bien de constater que la France n'est pas sportive et que l'esprit public ne s'en émeut guère — ce que reflètent éloquemment l'insuffisance du budget du Secrétariat d'État auprès du Premier Ministre chargé de la Jeunesse, des Sports et des Loisirs [2] et l'importance des taux d'écoute des retransmissions dominicales du Tiercé et des spectacles sportifs.

---

1. Depuis mai 1968 les enseignants en éducation physique doivent être formés par l'Université, dans des U.E.R.E.P.S.
2. En 1972, ce budget est égal à 6/1000 du budget général de la nation.
On notera cependant l'accélération d'une prise de conscience de l'opinion publique, mobilisée de plus en plus par les moyens de communication de masse en faveur du sport, et par les comités divers de citoyens : syndicats d'enseignants, associations de parents d'élèves, fédérations sportives, mouvements et associations d'éducation populaire.
« L'Appel National pour le Doublement du Budget du Secrétariat d'État à la Jeunesse, aux Sports et aux Loisirs », du 24.5.1972, reflète ce fait nouveau. On remarquera qu'aucune des grandes fédérations sportives n'a adhéré à cet Appel, lancé presque exclusivement par des fédérations sportives affi-

Tout se passe comme si, une fois pour toutes, le sport, étiqueté au rayon des valeurs sûres dans le grand sottisier des idées reçues, ne pourrait être mis en doute.

À partir d'une aliénation, qui n'a d'égale que la hargne, et l'obstination de pères grincheux qui chargent le sport de toutes les tares, toutes les manipulations malhonnêtes sont possibles. Et d'abord, l'éteignoir. Puisque les sportifs eux-mêmes ne font pas problème, et qu'ils sont en général conformistes au plan politique, ou du moins supposés tels, pourquoi mettre le sport en question? De là des arguties, des difficultés accumulées devant le professeur d'éducation physique soucieux de compréhension scientifique des phénomènes dont il est le témoin. De là, un seul établissement officiel de recherche pour toute la France: l'École Normale Supérieure d'Éducation Physique, qui conquiert difficilement droit de cité.

Ainsi continuent de régner les règles du bon usage; la réalité sociologique passe sous les fourches caudines du stéréotype, la croyance et le dogme affirment leur prépondérance.

Les manifestations d'une telle religiosité, qui relèvent de la magie et de la sorcellerie: vedettariat, exorcismes, pratiques cultuelles..., ne manquent pas et commencent à retenir l'attention des psycho-sociologues.

Mais les recherches sont timides, et le fait essentiel reste «qu'une des découvertes majeures des temps modernes», pour reprendre les propos d'Aldous HUXLEY, se trouve escamotée, desséchée, placée une fois pour toutes dans les pages de l'herbier social. Pourquoi remettre en question ce qui est d'une telle évidence? **Be ready,** *disent les uns... Prêts au travail et à la défense, répondent les autres... Être fort pour être utile, enchaînons-nous...*

La candeur et la bonne conscience, gages d'une société sans heurts, s'étalent avec sérénité. Les boys-scouts du sport peuvent dormir tranquilles: leur B.A. ne gêne personne, et

---

nitaires (F.S.G.T. U.F.O.L.E.P.) et par des Associations et des Mouvements de Jeunesse et d'Éducation Populaire, plus libérés face aux pouvoirs, plus près du commun des sportifs, beaucoup moins sensibles à la performance de haut niveau qu'aux moyens matériels, financiers et humains à mettre en œuvre pour que le sport soit réellement un moyen d'éducation pour tous.

surtout pas les affairistes qui, de plus en plus cyniquement, dictent leurs lois de profit aux sportifs et aux éducateurs.

Dans ce musée du magique et de l'imaginaire, l'olympisme et Pierre de COUBERTIN tiennent une place de prédilection.

Mis au goût du jour, rehaussé par une fausse érudition véhiculée par les moyens de communication de masse[3], l'olympisme est devenu le lieu commun des salles de rédaction, des cabinets ministériels, et des réunions mondaines.

Pierre de COUBERTIN, serpent de mer de l'épisodique, réapparaît ainsi tous les quatre ans, au hasard des dépliants touristiques et des publicités de mauvais aloi.

On peut admettre, en le regrettant, que c'est là une des règles de l'information et du journalisme: aller vite, passer rapidement sur l'événement, se condamner au superficiel.

En revanche, on est en droit d'espérer que dans d'autres milieux, qui font profession de penser et d'agir, l'homme et l'œuvre soient mieux connus. Or, que sait la classe intellectuelle française de COUBERTIN? Qu'en savent les maîtres et professeurs d'éducation physique et sportive de ce pays, les entraîneurs sportifs, les athlètes sélectionnés pour les Jeux Olympiques? Qu'en savent les hommes politiques?

Pour nous être livré depuis de nombreuses années au jeu gratuit du questionnaire, nous savons combien COUBERTIN est à la fois inconnu et méconnu. Peut-on, pour autant, en faire grief aux intéressés?

Le Larousse du XXe siècle précise que, né à Paris en 1863, mort à Genève en 1937, il fut le rénovateur des Jeux Olympiques et se préoccupa de réformer l'éducation des adolescents. C'est peu, mais beaucoup par rapport au Larousse en 3 volumes, où l'accent n'est mis que sur le seul aspect olympique.

L'Encyclopædia Britannica et l'Encyclopædia Universalis l'ignorent.

Le Centre de Documentation de l'Encyclopédie fait savoir que le nom de COUBERTIN «sera mentionné de façon signalétique, en deux lignes, dans le thesaurus à paraître en 1973».

---

3. L'émission 1972 de l'O.R.T.F.: «Visa Olympique», de Raymond MARCIL-LAC, en est le parfait mauvais exemple.

Les études universitaires sérieuses sont d'un vide quasi absolu. Ernest SEILLIÈRE[4] n'a vu en lui qu'un «bon artisan» de l'impérialisme français — ce qui réduit singulièrement l'aura de l'homme.

André SENAY et Robert HERVET[5] se sont livrés à une compilation utile mais non critique de l'œuvre. En tous cas, ils ont eu le grand mérite de marquer un renouveau d'intérêt pour un pédagogue tombé dans l'oubli.

GILLET[6] y consacre un chapitre dense de six pages et donne des indications précieuses sur l'étendue de l'œuvre.

De GENST[7] exécute l'homme en quelques lignes.

DUMAZEDIER, et «Peuple et Culture» ont bien tenté de dépoussiérer l'olympisme et de le placer dans un contexte historique et socio-culturel. L'objectif, au sortir de la seconde guerre mondiale, s'avérait nécessaire et louable. Mais les dimensions restreintes de «Regards Neufs sur les Jeux Olympiques»[8], un souci hâtif de vulgarisation, non renouvelé depuis, vouaient nécessairement l'entreprise à ne rester qu'une ébauche.

Paul VIALAR[9], écrivain de talent, se fiant à un texte allemand établi par Carl DIEM[10], décrit avec lyrisme les falaises de MIRVILLE[11],où vécut enfant COUBERTIN. Or, MIRVILLE n'a pas de falaises: DIEM a confondu MIRVILLE et ÉTRETAT, où

---

4. SEILLIÈRE, Ernest (Baron), de l'Académie des Sciences Morales et Politiques (Section Morale), *Un Artisan d'Énergie Française, Pierre de COUBERTIN*, Henri Didier, Paris, 1917.
5. SENAY, André et HERVET, Robert, *Monsieur de COUBERTIN*, préface d'Édouard Herriot, de l'Académie Française, S.E.S., 15, rue du Bouloi, Paris, 1956.
6. GILLET, Bernard, *Histoire du Sport*, Collection «Que sais-je?», no 337, Presses Universitaires de France, Paris, 1948.
7. De GENST, H., *Histoire de l'Éducation Physique*, Maison d'Édition A. De BOEK, Bruxelles, 1949.
8. DUMAZEDIER, J. et J., avec la collaboration de Maurice BAQUET et Georges MAGNANE, Collection «Peuple et Culture», Éditions du Seuil, Paris. 1952.
9. VIALAR, Paul, *Lettre ouverte à un jeune sportif*, Éditions Albin Michel, Paris, 1967. VIALAR écrit: «Les origines de COUBERTIN sont profondément ancrées dans le sol de France mais, comme il le dit lui-même dans ses souvenirs, il sentait en lui le vieux sang normand. Du haut des vieilles falaises où s'élevait le château de ses grands parents (MIRVILLE), il a entendu l'appel.»
10. DIEM, Carl, (1882-1962), Fonctionnaire du Sport du 3e Reich.
11. VIALAR, Paul, *op. cit.*

villégiaturait régulièrement la famille COUBERTIN. Il est vrai que Gaston MEYER, par ailleurs journaliste sportif rigoureux, fait naître COUBERTIN à MIRVILLE [12], au lieu de Paris.

De la somme de Jacques ULMANN [13], — et qui marque la renaissance de la physiographie française contemporaine — on aurait aimé extraire un jugement, dégager un éclairage: COUBERTIN n'y est cité qu'une seule fois.

Par contre, Michel BOUET [14] fait de larges emprunts à l'œuvre coubertinienne: ses pages sur l'Olympisme sont essentielles.

En France, c'est sans doute Marie-Thérèse EYQUEM [15] qui a le mieux, depuis dix ans, approché de la vérité de l'œuvre et de l'homme. «L'ÉPOPÉE OLYMPIQUE», cependant, n'est qu'une large fresque vivante des Jeux Olympiques, dans la trame desquels s'inscrit le portrait psychologique du rénovateur des Jeux. Malgré des mérites réels, une plume alerte, l'accès à des documents secrets de famille, et de nombreuses citations — rarement cataloguées ou référenciées — l'ouvrage reste hagiographique. Le choix du genre en marquait les limites: la critique reste parcellaire.

À l'étranger, les U.S.A. ont fourni des études non négligeables, qui font presque toutes référence aux travaux de Charles BONAMAUX [16]: Gail D. SCHOPPERT, B.S., nous en semble la meilleure illustration [17]. Seule la thèse importante de John Apostal LUCAS [18] échappe à ce reproche, mais elle ne traite que du pré-olympisme des années 1883-1896.

12. MEYER, Gaston, *Le Phénomène Olympique,* Éditions de La Table Ronde, Paris, 1960.

13. ULMANN, Jacques, *De la Gymnastique aux Sports Modernes.* Presses Universitaires de France, Paris, 1965.

14. BOUET, Michel, *Signification du Sport,* Éditions Universitaires, Paris, 1968.

15. EYQUEM, Marie-Thérèse, *Pierre de COUBERTIN l'Épopée Olympique,* Calmann-Levy éditeurs, Paris, 1966.

16. BONAMAUX, Charles, «The contributions of Baron Pierre de COUBERTIN and his contributions to Physical Education.» *American Physical Review, XX.,* (February, 1918), p. 91.

17. SCHOPPERT, Gail D., (B.S.), *The life of Baron Pierre de COUBERTIN and his contribution to physical Education.* Thèse de Doctorat, non publiée. The OHIO STATE UNIVERSITY, 1963.

18. LUCAS, John Apostal, *Baron Pierre de COUBERTIN and the Formative years of the Modern International Olympic Movement 1883-1896.* Thèse de Doctorat, non publiée, Faculty of the Graduate School of the University of Maryland, U.S.A., mai 1962.

Eugen WEBER [19], *directeur de l'Institut d'Histoire Moderne de l'Université de Californie, vient de faire une entrée remarquée dans les rangs des coubertinologues. Son propos, cependant, est moins d'envisager la vie et l'œuvre de COUBERTIN, que de brosser l'histoire moderne de la fin du XIXe siècle français. Ses sources ne sont pas de première main, pour ce qui concerne la biographie de COUBERTIN.*

On cherche en vain, en outre, dans la littérature britannique ou nord-américaine, une étude critique des textes nombreux et importants que publia COUBERTIN dans des revues telles que: The Fornightly Review, The Review of Reviews, The Century Magazine. *Il est vrai que ces documents, disséminés sur une longue période, sont peu accessibles au chercheur. Ils restent inconnus en France et dans la littérature francophone.*

En RÉPUBLIQUE FÉDÉRALE ALLEMANDE, Pierre de COUBERTIN est par contre très connu, mais par un amalgame qu'il faut dénoncer, il est devenu le garant de la justification post-mortem de Carl DIEM, haut fonctionnaire des sports du 3e Reich.

En RÉPUBLIQUE DÉMOCRATIQUE ALLEMANDE, un véritable culte est rendu à la pensée de COUBERTIN. Les écrits du Dr. SCHOEBEL, Président du Comité Olympique National et du Pr. EISCHEL, de l'Institut Supérieur de Culture Physique de LEIPZIG ne sont pas cependant toujours convaincants: sans doute souffrent-ils d'un certain schématisme doctrinal, et sont-ils souvent victimes d'une très mauvaise traduction proposée par le Bulletin du Comité National Olympique de la R.D.A.

En U.R.S.S., avec I. PETROV [20] *et dans les pays socialistes, dont la Pologne avec le professeur MLODZIKOWSKI, l'accent est mis sur le cosmopolitisme sportif du rénovateur des Jeux: aucune étude fondamentale, à la lumière du matérialisme historique, hormis quelques pages dans des revues*

---

19. WEBER, Eugen, «Pierre de COUBERTIN and the introduction of organised sport in France», *Journal of Contemporary History*, vol. 5, number 2, April 1970.
20. PETROV, I., *Revue Culture Physique et Sport*, Moscou, 1963. On y lit: «Dans la lutte pour la Paix, contre la menace de guerre nucléaire, COUBERTIN est dans nos rangs.»

éparses de circonstances, n'a, d'après nos recherches, été consacrée à la vie et à l'œuvre de Pierre de COUBERTIN.

Nous n'avons pu savoir ce que pensaient de COUBERTIN les pédagogues chinois de la Révolution Culturelle.

Ainsi des erreurs graves et multiples, et d'autant plus remarquées qu'elles émanent d'hommes et d'écrivains de qualité, des credo s'appuyant sur des Écritures contestables, nous placent face à une tautologie. Des prémisses fausses, acceptées «argent comptant», reprises en conclusion par des esprits de bonne foi mais insuffisamment critiques, tendent à perpétuer un système et à créer un mythe: celui d'un COUBERTIN, chaman d'un olympisme désincarné, en des temps de mystification philosophique.

Face à un tel constat, il nous a paru nécessaire de combler un vide.

Ce travail est le résultat d'une longue quête menée parmi les difficultés de la vie professionnelle quotidienne, les incompréhensions des sceptiques, ou les certitudes des initiés; contre parfois des idéologies mesquines et les barrages politiques que la guerre froide éleva en Europe au cours des années 50.

La difficulté majeure consistait en effet à lire COUBERTIN dans le texte, en dehors des propos attribués. Or l'œuvre écrite, considérable — puisque évaluée à plus de soixante mille pages[21] est encore pratiquement inaccessible au chercheur de bonne volonté. Innombrable, multiple, dispersée, souvent encore inédite, cette œuvre a été publiée aux quatre coins de l'Europe et de l'Amérique. Aucune bibliothèque, même la Bibliothèque Nationale de Paris pour ce qui concerne les éditions publiées en France, ou la Bibliothèque du Comité International Olympique, pour ce qui est de la production littéraire complète, ne possède l'intégralité de l'œuvre.

Nous avons pu, après plus de dix années d'effort, reconstituer à peu près totalement la somme coubertinienne.

---

21.   «(L'œuvre) représente approximativement un total de plus de soixante mille pages imprimées.»
In Répertoire des Écrits, Discours et Conférences de Pierre de COUBERTIN, publié à l'occasion de sa 70ᵉ année, en hommage des Comités Olympiques d'Égypte, de Grèce, de Lettonie, du Portugal, de Suède, de Suisse et du Bureau International de Pédagogie Sportive, LAUSANNE, 1933.

La chance aidant, nous avons découvert quelques manuscrits inédits et acquis quelques livres de la bibliothèque personnelle de Pierre de COUBERTIN, et portant son ex-libris.

Une autre difficulté, et non des moindres, fut d'inventorier l'appareil critique. Il était important, en effet, de situer l'influence de l'homme, dans l'époque, et de mesurer la profondeur du sillon tracé. Quel retentissement eurent, en France même, les réformes de l'éducation proposées? Que pensèrent de lui les hommes politiques et les universitaires français, britanniques, américains? Quelle place les marxistes et les Églises réservent-ils à l'homme et à l'œuvre? Quelle est aujourd'hui, dans le contexte de la «coexistence pacifique», l'actualité de COUBERTIN?

C'est là un certain nombre des questions qui nous ont préoccupé, et auxquelles nous avons tenté de répondre.

Nous avons donc compulsé la presse et les très nombreuses publications sportives de l'époque. Les bibliothèques de France, et des U.S.A. par l'intermédiaire des Services Culturels Américains, nous ont fourni de nombreux et précieux documents [22]. Nous avons exhumé des textes allemands du temps du nazisme et de l'occupation allemande en France. Nous avons sollicité, et presque toujours obtenu, une riche documentation auprès des Centres d'Étude et de Recherche du Marxisme de Paris, de Moscou, de Budapest et de Cuba.

Les Écoles Supérieures d'Éducation Physique de COLOGNE (R.F.A.) et de LEIPZIG (R.D.A.), ont bien voulu contribuer à nos recherches.

La Bibliothèque du Comité International Olympique nous fut largement ouverte, grâce à l'extrême compréhension de Madame ZANCHI, alors Secrétaire Générale en exercice du Comité International Olympique (C.I.O.), de Monsieur APOTHELOZ, bibliothécaire, puis du Docteur VECHSLER. De même, par la suite, Madame Monique BERLIOUX, Directrice Administrative et du Service de Presse du C.I.O., voulut bien mettre à notre disposition ses connaissances et sa culture olympiques.

---

22. Notre ami, A. LÉGER, professeur d'éducation physique et sportive à l'Université de Grenoble, angliciste de qualité, a bien voulu accepter de traduire les documents de langue anglaise.

Le Docteur MESSERLI, membre du Comité National Olympique Helvétique, ami de toujours et exécuteur testamentaire de Pierre de COUBERTIN, nous accorda plusieurs entrevues au cours de l'été 1964. Le Chancelier Olympique honoraire Otto MAYER livra de bonne grâce une partie de la correspondance qu'il détenait et nous fit don de documents de très grande valeur — telle la correspondance manuscrite échangée en 1928 entre COUBERTIN et Duchoslav FORST. Le professeur Louis MEYLAN[23] de Lausanne, à qui nous rendons un pieux hommage, nous prodigua de précieux conseils jusqu'à sa mort.

Les archives de la Ville du Havre et du Havre-Athletic Club, nous permirent de découvrir des lettres inédites ainsi que des précisions sur le Congrès Olympique de 1893.

Bernard GILLET, dirigeant du Stade Français et ami de toujours, voulut bien nous aider à établir une bibliographie critique de l'œuvre.

Quant à Geoffroy de NAVACELLE, petit-neveu de Pierre de COUBERTIN, ses conseils, ses encouragements, et les inédits qu'il voulut bien nous autoriser à compulser et à reproduire, nous ont été d'un irremplaçable apport.

Que toutes ces personnalités veuillent bien trouver ici l'assurance de nos remerciements.

---

23. MEYLAN, Louis, Professeur à l'Université de Lausanne, décédé le 14 mars 1969.

projet

«*Une histoire plus digne de ce nom...
ferait leur place aux aventures du corps.*»

Marc BLOCH
La Société Féodale

Faire revivre la pensée de COUBERTIN dans sa richesse et sa complexité est une gageure. Les facettes multiples de sa personnalité, son talent, ses multiples initiatives internationales, l'éclat exceptionnel de l'œuvre olympique, fascinent, attirent, déroutent. Rien d'étonnant si un lecteur pressé, ou un politicien avisé, ne retiennent que ce qu'ils veulent bien retenir d'une somme linéaire, souvent contradictoire.

C'est un besoin impérieux de compréhension et de clarté qui nous a poussé à entreprendre cette étude, face à des interprétations lacunaires et tendancieuses.

L'homme a vécu longtemps : 74 années. Sa vie embrasse une vaste période de l'histoire moderne du monde occidental : de l'Unité allemande au triomphe du Nazisme, de la Commune de Paris à la fin de la IIIe République Française. Il a vu se construire le Second Empire Colonial Français, triompher, exsangue, la France de la première guerre mondiale. Il a connu la montée inexorable des fascismes européens et la puissante levée du Front Populaire, en quête de pain et de liberté.

Il a beaucoup lu, beaucoup voyagé, beaucoup écrit. Il n'a cessé de penser l'époque, d'analyser l'événement, mais en s'en distanciant par une continuelle projection dans l'avenir. Sa lucidité est souvent étonnante et s'est rarement démentie, même si, en fin de vie, comme tant d'autres, il a été abusé par la démagogie hitlérienne.

Sentir, comprendre, analyser COUBERTIN, c'est d'abord enregistrer des faits multiples, et, pour cet amoureux de la nature et de l'effort physique, partir en quête, d'abord, des paysages qu'il aima et qu'il arpenta : falaises normandes, parcs vaudois, collines d'Olympie, fleuves et plaines du Canada et d'Amérique. Mais c'est aussi relever les contradictions, les mutations, mettre en évidence les interpénétrations, les imbrications, la dialectique des faits historiques, sociologiques, culturels, qui déterminèrent l'œuvre. C'est également tenter de lire l'homme au sein même de la famille : déterminations génétiques, influences du père, de la mère, du milieu social.

C'est, s'agissant d'un tel tribun, essayer de faire la part du mythe et du mystère, de l'exagération et du mensonge, qui empêchent l'approche sereine de la vérité. Or, le mythe olympique est bien l'arbre qui cache la forêt.

Disons-le de suite, nous avons tenu à mettre entre parenthèses «l'épopée olympique». Non qu'elle ne soit pas importante dans l'œuvre : elle y est prépondérante. Mais parce qu'elle est la mieux connue, la mieux analysée, la plus proclamée — l'ouvrage de Marie-Thérèse EYQUEM est à cet égard exemplaire — et surtout, nous ne le redirons jamais assez, parce qu'elle masque trop souvent le projet fondamental, à savoir la lutte constante de COUBERTIN pour la réforme du contenu et des méthodes de l'éducation.

Notre propos a donc été de voir dans quelle mesure COUBERTIN fut un réformateur pédagogique : et pourquoi il le fut, pour qui il le fut, avec qui il le fut, comment il le fut.

Notre quête a été de retrouver le noyau de la pensée coubertinienne, à partir duquel la position du réformateur, face à la politique, l'éducation, la morale, la culture, devient cohérente, permet de résoudre les apparentes contradictions, mais aussi d'expliquer, de juger, de projeter, et d'éclairer notre démarche et notre marche actuelles d'éducateur de la fin de ce siècle.

C'est à un COUBERTIN vivant que nous faisons constamment référence, mieux, à un COUBERTIN debout, à nos côtés, dans la lutte nécessaire que nous menons contre le conformisme et l'anarchisme pédagogiques.

Nous mettons d'emblée en question une certaine imagerie : celle d'un COUBERTIN «bleu-horizon», regard fixé sur la ligne des Vosges et les confins de l'Empire tel que SEILLIÈRE nous le propose pour la période d'avant 1914 ; celle de DIEM qui travestit COUBERTIN en guerrier impavide, «antiploutocratique», pour le temps de l'entre-deux guerres; celle de PETROV[1], qui fait de COUBERTIN un allié objectif des Pays Socialistes dans la lutte pour la Paix, après 1945.

La réalité, que nous avons voulu cerner au-delà du schéma idéologique, n'a pas de tels contrastes. Multiple, mouvante, vibrante de tensions internes, mais non encore abordée, l'œuvre coubertinienne appelle d'abord inventaire: nous nous sommes efforcé, modestement, de voir et de rendre compte. Non sans passion, non sans enthousiasme: COUBERTIN, militant humaniste, éveille des résonances fraternelles dans le cœur de tous les hommes.

En fait, dans notre formation initiale de professeur d'éducation physique et sportive, nous avons souffert de n'avoir jamais reçu de leçons qui eussent éclairé les rapports de l'histoire et de l'éducation physique. Sous le couvert de méthodologie, nous fut servie une systématique se rapportant, au mieux, à un bref aperçu sur l'histoire des techniques. Or, ce qui nous semblait capital, au sortir de la guerre et de l'occupation nazie, c'était d'apprendre à voir quels rapports privilégiés le sport pouvait nouer avec la politique: les «hitlerjugen», nous venions de l'apprendre à nos dépens, faisaient du sport un avant prélude au «kriegspiel». Or, au lieu de l'étude d'un fait complexe et déterminant de civilisation, nous était proposée, en vue de gloires discutables, une initiation fallacieuse à la seule efficacité technique.

Ce que nous voulions, c'était apprendre comment, dans le passé, les hommes avaient répondu aux problèmes que leur posait l'histoire, c'est-à-dire, pour ce qui nous concernait, à l'aide de quelles utopies et de quelles institutions, ils avaient essayé de donner un statut à l'éducation corporelle. Car soucieux d'apporter notre contribution à la reconstruction de la France, nous entendions éviter les hypothèses hasardeuses et les redites inutiles: nous demandions au passé d'éclairer nos pas de convalescent.

Nos espérances furent déçues. Sans doute parce que nous demandions trop, et que nous ignorions alors combien, malgré COMPAYRE[2] et malgré DURKHEIM[3], l'histoire de

---

1. *Op. cit.*
2. COMPAYRE, Gabriel, *Histoire critique des doctrines de l'éducation en France,* Hachette, Paris, 1881, 2 vol.

l'éducation restait en marge de l'étude de l'Histoire. H.I. MAR-ROU n'avait pas encore publié son admirable «Histoire de l'Éducation dans l'Antiquité[4]». Le paradoxe voulait que plus le sport de haute compétition, dévoreur de technique, accaparait l'opinion, moins les chercheurs se préoccupaient de l'histoire et du devenir de l'éducation physique et du sport.

Depuis, Jacques ULMANN[5], Michel BOUET[6], tout dernièrement Jacques THIBAULT[7], ont donné à la recherche française en éducation physique et sportive l'élan qui lui était nécessaire. Mais des vides subsistent.

C'est pour essayer de combler un de ces vides que nous présentons aujourd'hui cette étude.

première partie:
une vie, une passion

Le titre de cette première partie s'impose, tant la vie de Pierre de COUBERTIN fut exemplaire et tant elle brûla d'un feu passionnel.

1 — Nous avons tenu à mettre en question les rares documents traitant des origines de la famille de Pierre de COUBERTIN. La mince plaquette, fournie par les archives du Comité International Olympique (C.I.O.), divers textes trouvés dans l'œuvre de Carl DIEM, nous semblaient en effet manquer de consistance. Les uns, comme les autres, appelaient à circonspection.

Nous nous sommes entretenu de ces réserves avec la famille de Pierre de COUBERTIN, tels le Comte de MADRE, neveu de COUBERTIN, et Geoffroy de NAVACELLE, son petit neveu.

Grâce à M. de NAVACELLE nous pouvons dorénavant propo-

---

3. DURKHEIM, *L'Évolution Pédagogique en France.*
4. MARROU, Henri Irénée, *Histoire de l'Éducation dans l'Antiquité,* Éditions du Seuil, Paris, 1948.
5. ULMANN, Jacques, *De la Gymnastique aux Sports modernes, op. cit.*
6. BOUET, Michel, *Signification du Sport, op. cit.*
7. THIBAULT, Jacques, *Sports et éducation physique, 1870-1970,* Préface de J. Chateau, Vrin, Paris, 1972.

ser, de la façon la plus précise possible, l'arbre généalogique de Pierre de COUBERTIN.

2 — Deux fait ont requis notre attention, dès nos premiers contacts avec la pensée coubertinienne.

D'une part: l'engagement total, mais paradoxal, d'un aristocrate aux quartiers de noblesse certains, pour la démocratie et pour la République.

D'autre part, dans la pensée politique: des ambiguïtés, des ombres, voire des contradictions, que n'avaient pas manqué d'exploiter DIEM et les nazis.

Nous avons donc voulu, en conséquence, suivre le développement de la pensée coubertinienne, savoir quels furent les influences profondes qui en modifièrent la genèse, comprendre pourquoi, partie de considérations égoïstes de classe, cette pensée déboucha, en fin de vie, et par le seul biais d'un humanisme réformateur, non sans ambiguïtés, sur des positions culturelles, qui font de COUBERTIN un des pionniers de l'éducation populaire.

3 — De la famille et de l'éducation reçue dans la prime enfance, nous ne savions rien: l'homme est pudique et ne parle, dans ses écrits, que de ses seuls souvenirs de collège.

Nous avons découvert, dans les Archives Municipales de la Ville du Havre, deux textes inédits: l'un du Comte de MADRE, son neveu, l'autre de Mme de NAVACELLE, sa nièce.

Ces textes permettent d'éclairer d'un jour significatif le milieu familial et l'éducation reçue.

4 — L'Appel de l'Histoire contemporaine a très tôt retenti en Pierre de COUBERTIN. C'est peu de dire qu'elle l'influença: elle l'investit.

C'est au nom de l'histoire, qu'il se battra pour la République.

5 — Mais ni l'éducation reçue, ni l'appel de l'histoire, ne peuvent à eux seuls expliquer la genèse de la pensée coubertinienne.

L'une des motivations profondes de Pierre de COUBERTIN, sinon la plus profonde, semble bien être en outre, en effet, une prise de conscience précoce de la gravité de la question sociale.

Nous avons recherché les origines de cette inquiétude, et l'avons trouvée dans l'influence qu'exerça LE PLAY sur le jeune COUBERTIN, influence que nous avons suivie jusque dans les dernières manifestations publiques de la fin de sa vie.

6 — Il nous est apparu évident de devoir esquisser le cadre historique où s'insérèrent l'effort et l'œuvre de Pierre de COUBERTIN.

6.1. — L'époque est aux réformes pédagogiques. COUBERTIN compte parmi les nombreux réformateurs soucieux d'adapter l'éducation aux mutations entraînées par l'avènement de l'ère industrielle. Mais COUBERTIN veut plus: il veut introduire le sport dans l'enseignement secondaire Français.

6.2. — L'influence du monde anglo-saxon fut prépondérante sur l'œuvre de COUBERTIN. Tous les auteurs, et lui-même, signalent l'importance de sa rencontre avec Thomas ARNOLD.
Nous avons cependant voulu savoir qui, de Thomas ARNOLD ou de ses disciples, l'emporta en fait dans la pensée coubertinienne.

6.3. — Dans quelle mesure COUBERTIN fut-il l'un des artisans de la naissance du sport moderne en France? Fut-il le premier? N'a-t-il pas contribué à laisser dans l'ombre un certain nombre de pionniers dont il serait injuste d'oublier la mémoire? Nous avons tenté de brosser un tableau succinct de la renaissance du sport moderne en France, fin du XIXᵉ siècle, en nous attachant plus spécialement aux tout premiers débuts du football-association et du cyclisme.

6.4. — Enfin, il n'était pas possible de tracer le contexte historique de l'œuvre, sans signaler la résurrection des Jeux Olympiques.
Nous avons évoqué des tentatives quasiment inconnues dans la littérature de langue française et qui, au cours du XIXᵉ siècle, se firent jour en Angleterre, en Grèce, en Scandinavie; nous posant question de savoir si COUBERTIN avait eu

connaissance ou non de ces balbutiements olympiques.

7 — Il nous a alors semblé cohérent d'essayer de tracer un portrait politique de Pierre de COUBERTIN, à nos yeux, bourgeois libéral:

— D'une part, nous avons rappelé sa détermination républicaine.

— D'autre part, nous avons cru pouvoir discerner deux versants bien distincts dans sa pensée politique: avant 1915 et le «Décalogue aux Jeunes Français», et après 1916, et l'envolée lyrique vers l'harmonie sociale.

— Enfin, nous avons étudié la grande sollicitude de COUBERTIN pour l'Europe.

seconde partie:
l'œuvre pédagogique

Retraçant la constance d'une vocation, et soucieux de pénétrer l'œuvre de l'intérieur, nous avons, selon la volonté de l'auteur, adopté le plan classique proposé par COUBERTIN lui-même.

I — *L'éducation physique d'un adolescent au XXe siècle*

1.1. — La gymnastique utilitaire.

C'est un aspect de l'œuvre, pratiquement inconnu, occulté par la réussite olympique.

Nous avons recherché dans les premiers écrits, les origines et les fondements de cette gymnastique. Ainsi avons-nous découvert la *Revue du Pays de Caux,* dont COUBERTIN fut l'animateur exclusif, au début du siècle.

Question s'est alors posée de savoir si COUBERTIN innova, ou s'il fut le continuateur d'une tradition utilitariste. Les travaux de Jacques ULMANN, l'étude des Instructions Officielles de la seconde moitié du siècle, nous ont permis de mieux suivre une filiation historique et de régler une querelle, minime certes, mais certaine, entre COUBERTIN et Georges HÉBERT, à savoir qui, de l'un ou de l'autre, fut «le père de la méthode naturelle».

1.2. — Le premier en France, COUBERTIN entend donner un statut au sport moderne : ses idées, à contre-
courant en France pour l'époque, étaient à préciser dans leur jaillissement original. Mais nous
avons tenu également à rendre hommage à quelques pionniers, dont Georges de ST-CLAIR.
1.3. — De même, dans sa lutte contre l'animalisme et le
physiologisme, COUBERTIN est-il le premier en
France à jeter les bases de la psycho-pédagogie
sportive.
À sa suite, le sport devient moyen privilégié de
l'éducation physique, dans la mesure où sport et
liberté restent consubstantiellement unis.

II — *L'éducation intellectuelle d'un adolescent au XXe siècle*

Parti, comme nombre de contemporains, d'une réflexion
sur le surmenage, COUBERTIN va remettre en cause le dressage militaire des collèges d'État et proposer une «analyse
universelle» comme méthode pédagogique.

Quelle est cette méthode ? Quels programmes sont envisagés ? Quelle fut l'influence de cette proposition de réforme de l'enseignement secondaire ?

III — *L'éducation morale d'un adolescent au XXe siècle*

Un puritanisme latent sous-tend l'œuvre coubertinienne.

Le souci fondamental est de transformer les établissements secondaires d'instruction en établissements d'éducation : une exigence morale s'inscrit en filigrane de toute l'action réformatrice de COUBERTIN.

D'abord confondue avec la seule éducation religieuse,
l'éducation morale coubertinienne fait fond, après 1914, sur
le «respect mutuel».

Qu'est-ce que le respect mutuel ? En quoi est-il plus,
pour l'auteur, que la tolérance ? En quoi le «fair-play» sportif l'influence-t-il ?

V — *Le Néo-Olympisme*

Par opposition à l'olympisme ancien, en quoi consiste-
t-il ?

La «religio athletae» à laquelle se réfère constamment COUBERTIN, que peut-elle être en des temps de démocratie et d'internationalisme ?

Placé sous le signe de la triade : Grèce antique, Moyen-Âge chrétien, Démocratie moderne, le Néo-Olympisme coubertinien apparaît bien alors comme un syncrétisme philosophique.

VI — *De la cité des hommes à la terre des hommes*

Après 1918, fixé définitivement en Suisse, COUBERTIN découvre le municipalisme helvétique. Ruiné, libéré de toute attache de classe, conscient des bouleversements politiques entraînés par la première guerre mondiale, COUBERTIN en appelle à la conscience individuelle et mondiale pour que le prolétariat, qui accède inexorablement au pouvoir politique, connaisse, inventorie, et protège la culture universelle.

Afin que cette culture devienne le bien de tous, il propose la création du Gymnase Municipal, rénové de l'Antique, et de l'Université Ouvrière, autogérée par ses adhérents.

En même temps, le champ de son militantisme pédagogique s'élargit, et passe de la cité à la terre des hommes En 1925, il crée l'Union Pédagogique Universelle et, en 1928, le Bureau International de Pédagogie Sportive.

Seule ombre, son imcompréhension de la montée de l'hitlérisme, l'Allemagne étant pour lui, sous l'influence de Carl DIEM, un des berceaux du néo-olympisme.

conclusion

Un humaniste et un pédagogue

En quoi l'humanisme de Pierre de COUBERTIN peut-il être tenu pour classique ?

En quoi l'œuvre pédagogique coubertinienne est-elle proche de celle des pionniers de l'éducation nouvelle ?

Actualité de COUBERTIN

Dans le combat que nous menons pour une éducation nouvelle, quel peut être l'apport de la pensée coubertinienne ?

Si cette pensée est vivante, comment peut-elle nous aider à mieux lutter contre les difficultés rencontrées aujourd'hui sur les stades et en dehors des stades, au créneau de l'éducation où nous nous tenons?

première partie

une vie, une passion

«Voir loin, parler franc, agir ferme. »

Pierre de COUBERTIN
Revue du Pays de Caux
no 1, mars 1902.

«C'est la grandeur du combat qui est tout. Ce qui importe, c'est d'aller... d'aller toujours... C'est le trajet lui-même, et comme on le fait. »

Charles PÉGUY

L'homme est entré dans la légende. Tenter d'en discerner les traits est une entreprise difficile, voire iconoclaste. Change-t-on la statue du Commandeur sans commettre un sacrilège? Détruit-on un mythe sans bouleverser des consciences?

Le Docteur MESSERLI, ami de toujours, et dont la rencontre avec COUBERTIN, auréolée par le temps, fut le grand moment de la vie, nous assure qu'il est de la lignée de PESTALOZZI[1]. Il écrit qu'il fut:

> un des grands savants des temps modernes

et que l'humanité a perdu en lui:

> un bienfaiteur et un homme de cœur[2].

André SENAY et Robert HERVET sont plus nuancés:

> Est-ce un réformateur et un disciple de BASSEDOW, de Thomas ARNOLD, ou un apôtre incompris et dont on ne peut se rire[3]?

Marie-Thérèse EYQUEM rend hommage:

> au caractère abrupt et d'une sensibilité d'enfant ou de poète, peu soucieux de la gloire immédiate, ignorant le mot intérêt... Il a tout donné[4].

Édouard HERRIOT situe l'homme:

> sur le plan qui fut le sien: l'action internationale généreuse[5].

---

1. Entretien avec le Docteur MESSERLI à Lausanne, en date du 25 août 1964.
2. MESSERLI, Dr., *Journal des Étrangers*, Lausanne, no 37, 1937.
3. SENAY, André, HERVET, Robert, *op. cit.* p. 4.
4. EYQUEM, Marie-Thérèse, *op. cit.*, p. 290.
5. HERRIOT, Édouard, *Préface à Monsieur de COUBERTIN,* de SENAY, André et HERVET, Robert, *op. cit.*

René MAHEU, Directeur Général de l'U.N.E.S.C.O. affirme qu'il est:

> L'un des grands éducateurs de ce temps et l'un des plus remarquables promoteurs de l'éducation pour la compréhension internationale[6].

Albert SHAW avait vu en lui:

> Le TOCQUEVILLE de notre temps... et l'un des plus remarquables jeunes hommes de notre époque... à la largeur d'esprit universelle devenue comme une seconde nature[7].

Louis MEYLAN le considérait comme l'un des pionniers de l'œcuménisme[8].

Par contre, pour Alex NATHAN:

> Le Baron de COUBERTIN était un produit de son époque, cette «fin de siècle» symbolisée par un impérialisme sans limite et dont les pionniers, nourris de NIETZCHE, voulaient établir une paix universelle par la toute puissance de la force physique. L'homme qui avait appelé la jeunesse du monde à des jeux de paix était foncièrement un militariste convaincu, un réactionnaire et un aristocrate de l'Ancien Régime[9].

Et Carl DIEM, emboîtant le pas, de glorifier:

> Ce véritable guerrier, qui abhorrait le pacifisme et toute ténébreuse utopie de paix[10].

Plus nuancé, Eugen WEBER remarque:

> Il s'insère exactement dans l'âge d'or des rentiers intellectuels et idéalistes[11].

---

6. MAHEU, René, Directeur Général de l'U.N.E.S.C.O. Allocution prononcée le 28/10/1963. Centenaire de la naissance de COUBERTIN Palais de l'U.N.E.S.C.O., Paris.

7. SHAW, Albert, *American Monthly Review of Reviews*, XVII, April 1898, p. 435.

8. MEYLAN, Louis, *Correspondance personnelle*: «Il y a en COUBERTIN un grand souffle d'humanisme et d'œcuménisme», 1093. *La conversion*, Suisse, 13/12/65.

9. MAC INTOSH, Peter, *Sport and Society*, BOWES and BOWES, Londres, pp. 52-53.

10. DIEM, Carl, *L'idée olympique dans la Nouvelle Europe*, Édité par les soins de la Propaganda Staffel de l'Armée Allemande d'occupation — Paris — Berlin. Pas de date de publication (vraisemblablement: 1942).

11. WEBER, Eugen, *Revue olympique*. No 34-35, juillet-août 1970, p. 358.

Si les louanges abondent, des sons grinçants se font entendre. Et d'emblée, on se heurte aux opinions tranchées, aux prises de position arrêtées, qui alertent, et provoquent la réflexion. Car, si multiple, paradoxale, voire déroutante soit-elle, la vie de COUBERTIN mérite mieux que des approches abruptes et des jugements irréductibles; ne serait-ce que par cette étonnante sève de jeunesse qui l'irradiera, de la naissance à la mort.

chapitre I
les glorieux ancêtres

Les sources officielles publiées sur la généalogie de Pierre de COUBERTIN sont d'une grande fragilité. Quatre pages éditées par le C.I.O. avant la dernière guerre mondiale, et sans références historiques, un manuscrit confidentiel de 27 pages, de Paul Louis, frère de Pierre de COUBERTIN, quelques articles repris à ces mêmes sources par Carl DIEM dans la Revue Olympique des années noires, sont les références auxquelles ont puisé A. SENAY et R. HERVET, Marie-Thérèse EYQUEM, Paul VIALAR, John-Aposal LUCAS, tous les journalistes soucieux d'écrire une biographie du rénovateur des Jeux. On ne saurait leur en tenir grief.

Nous avons hésité à suivre ces auteurs : par souci de remettre en cause, fondamentalement, la critique coubertinienne, compte tenu des erreurs nombreuses que nous avions décelées ; compte tenu de l'écran de fumée derrière lequel, nous semblait-il, se trouvait dissimulé le corpus de l'œuvre.

Or les difficultés étaient grandes à remonter l'écheveau des alliances et des familles.

Nous pouvons aujourd'hui, grâce à une documentation de première main, combler cette lacune.

D'une part, nous avons découvert dans les Archives Municipales de la Ville du Havre, enquêtant sur le déroulement du Congrès Olympique de 1897 qui se tint dans cette ville, deux manuscrits inédits : l'un en date du 2/11/1964, du Comte de MADRE, l'autre, non daté, de Madame de NAVACELLE[1].

D'autre part, Geoffroy de NAVACELLE, petit-neveu de COUBERTIN, a bien voulu nous communiquer, en 1972,

---

1. Le Comte de MADRE, répétons-le, était le neveu de Pierre de COUBERTIN, Madame de NAVACELLE était sa nièce.

l'arbre généalogique de la famille, établi avec toute la précision et toute la rigueur historique nécessaires[2].

Selon Mlle Yvonne de COUBERTIN, la généalogie a été
dressée de façon suivie, depuis le début du XVe siècle, par
les générations successives. Le sceau familial, exceptionnellement en cire, attaché au titre de noblesse, conféré par le
Roi Louis XI au Sieur de la MOTTE, écuyer de MONTORT DE
LA MAURY, est en parfait état de conservation.

Il nous semble donc possible d'apporter aujourd'hui les
précisions que des biographies sommaires ou romancées
ont ignorées, et de tracer un portrait dorénavant plus proche
de la réalité des faits.

Pierre de COUBERTIN était le quatrième et dernier enfant du Baron et de la Baronne Charles de FREDY de COU-
BERTIN[3].

Par son père, en lignée maternelle, il était valoisien: la
seigneurie de COUBERTIN, en vallée de CHEVREUSE, propriété encore aujourd'hui de Mesdemoiselles Marie-Marcelle
et Yvonne de COUBERTIN, nièces de Pierre, est acquise en
1577 par Jean FREDY, un des ancêtres. La Fondation de
COUBERTIN y a son siège social: Yvonne de COUBERTIN en est
la présidente.

Par sa mère, née Marie-Marcelle GIGAULT de CRISE-
NOY de MIRVILLE, il était Normand — par la branche des
EUDES qui, dès le XIVe siècle, figurent sur les chartes de
noblesse de Dieppe, de Fécamp, et de Rouen. Le marquis
de MIRVILLE vivait sur ses terres, et résidait au château de
FILIÈRES, près de GOMMERVILLE, en Seine-Maritime. C'est
là que la dernière descendante des MIRVILLE, Blanche, Comtesse HOCQUART de TURTOT, cousine germaine de la mère
de COUBERTIN, s'est éteinte.

Depuis 1962, le château et la terre de MIRVILLE, sont
redevenus propriété de famille, et sont gérés par Geoffroy de
NAVACELLE, qui envisage d'y réunir documents et souvenirs

---

2. Voir en annexe cet arbre généalogique.
3. 1822-1908.

se rapportant à tout ce qui n'est pas l'œuvre olympique de Pierre de COUBERTIN.

C'est à MIRVILLE également que reposent les glorieux ancêtres.

À l'extérieur de la «terre», contre la chapelle romane du village, se serrent les tombes du Colonel Albert de COU-BERTIN et de sa femme, de la Baronne de COUBERTIN, née Marie-Marcelle GIGAULT de CRISENOY (femme de Charles de COUBERTIN) et d'Euphrasie EUDES de CATTEVILLE de MIRVILLE, femme de Charles de CRISENOY.

On trouve dans la généalogie quelques Dieppois illustres : Picard et Vincent EUDES, qui en 1340, coururent sus à l'Anglais et prirent part à la bataille de l'Écluse ; un autre Vincent EUDES, qui en 1560 reprendra pour son Roy le château de DIEPPE ; Jacques EUDES de MIRVILLE, Commandant de la Vicomté d'Arques le Bataille, sous Louis XIV ; Alexandre EUDES, Marquis de MIRVILLE, Maréchal de Camp en 1825, dont la fille Marie Euphrasie, mariée à Charles GIGAULT de CRISENOY, fut l'aïeule directe de Pierre de COUBERTIN.

On lit encore, dans ce Gotha cauchois, les noms de Jacques de CATTEVILLE, époux d'Anne de CROIMARE, de leur fils, Jacques II, marié en 1732 à Marie Anne de BOUIL-LONNEY, dame de MIRVILLE, de Jacques III EUDES de CATTEVILLE de MIRVILLE, époux de demoiselle de FIL-LIÈRES, dont le domaine est voisin : leurs enfants seront Marquis de MIRVILLE, Marquise d'HOUDETOT, Comtesse d'EPREMESNIL.

Par toutes ses racines Pierre de COUBERTIN tient à la terre du Pays de Caux.

Il était né «coiffé».

L'ancêtre, dont on trouve le premier la trace dans l'histoire, (vers 1400), est un certain Pierre FREDY, dit DELA-MOTTE, fixé dans la région de Dreux, en Eure-et-Loir.

Tous les biographes connus accordent sans question une origine romaine à cette famille FREDY, ou FREDI, ou FREDIS, ou de FREDI.

Il est vrai qu'à lire la plaquette bibliographique du C.I.O., ou la thèse de Th. A. LUCAS, ou les écrits panégyriques de DIEM, l'origine italienne semble incontestée et incontestable[4].

C'est ainsi que Guiseppe SAMBRINI (cité par Th. A. LUCAS), déclare péremptoirement :

> L'origine italienne du fondateur des Jeux olympiques n'est ni illusoire ni douteuse... COUBERTIN est un descendant direct de citoyens romains bien déterminés. Il a déclaré ce fait dans une lettre qu'il a adressée lui-même le 24 avril 1936 au Comte Alberto BOCANOSSA, représentant de l'Italie au Comité International Olympique, lettre jalousement conservée dans les archives de cette famille :

> «Lorsque je suis à ROME, je me remémore mes origines voici cinq siècles, car vous savez sans doute que j'appartiens à la branche française de la famille FREDI, fondée par mon ancêtre le Chambellan du Roi Louis XI.»

Guiseppe SABELLI FIORETTI surenchérit et DIEM précise même :

> C'est près de VITERBO que Felici de FREDIS découvrit le groupe fameux du LAOCOON qu'il offrit ensuite au Pape PIE XI. On trouve la tombe de FREDIS dans l'église ARA COELIS, près du CAPITOLE[5].

Les documents inédits que nous avons pu compulser, tels le témoignage de Paul-Louis de COUBERTIN, les textes du Comte de MADRE et de Madame de NAVACELLE, et les lettres de Geoffroy de NAVACELLE, ainsi que de l'interview de Mme ZANCHI, nous rendent circonspect quant aux origines romaines de Pierre de COUBERTIN, quoi qu'il en ait pu dire.

---

4. Nous nous référons aux sources suivantes, que nous avons affrontées aux données de l'arbre généalogique établi par G. de NAVACELLE :
   — Un manuscrit de 27 pages, conservé à la bibliothèque du CIO, à Lausanne, et fourni par Paul-Louis, frère de Pierre de COUBERTIN.
   — Un article de l'historien italien : Guiseppe SABELLI FIORETTI, cité par Th. A. LUCAS, et intitulé : *La Toge Somptueuse.*
   — Les études de Carl DIEM publiées dans *OLYMPISCHE RUNDSCHAU*, 1940-1944.
   — La thèse, déjà citée, du Dr. Th. A. LUCAS, et surtout, les textes inédits du Comte de MADRE et de Mme de NAVACELLE (Fonds COUBERTIN, Archives Municipales de la ville du HAVRE).
5. On notera l'orthographe FREDIS proposée par DIEM.

D'une part, en effet, COUBERTIN déclarait à Madame ZANCHI que ses ancêtres «remontaient aux Croisades, et pour le moins à 1260» (mais sans jamais plus de précision): c'était, il est vrai, en vue de déterminer un ordre de préséance par rapport au Comte de BLOMET, représentant de la Suisse au C.I.O.

D'autre part, et surtout, Paul-Louis de COUBERTIN et Geoffroy de NAVACELLE, plus critiques envers leurs propres origines, sont beaucoup moins affirmatifs que COUBERTIN lui-même et ses biographes hâtifs.

Geoffroy de NAVACELLE écrit en effet:

> Je voudrais vous signaler que d'après les notes de Paul de COUBERTIN, le frère aîné, l'origine itatienne de la famille n'est nullement prouvée et pas davantage que la famille de Felice de FREDI, dont la tombe porte des armes qui n'ont rien à voir avec celles de Pierre de FREDY anobli par Louis XI en 1477, lui soit alliée. Les ancêtres de ce Pierre FREDY seraient peut-être venus d'Italie à une époque fort reculée puisque ce dernier était déjà installé et connu de longue date à Dreux sous le nom de DELAMOTTE[6].

En conclusion, la parenté avec les FREDI connus en Italie est peu probable, ainsi que les anecdotes se rapportant à la découverte du Groupe du Laocoon et aux relations avec les STRUZZI.

Ce qui est sûr, c'est qu'en 1477, Pierre de FREDY, Seigneur de la Motte, et Chambellan du Roy, reçoit des armoiries au titre français:

> formées des neuf Coquilles de l'ordre de SAINT-MICHEL récemment créé[7].

Les documents officiels d'annoblissement seront publiés en latin dans le Nouveau d'Hozier[8].

---

6. NAVACELLE, Geoffroy de, lettre en date du 12/12/1972.
7. Brochure publiée par le C.I.O. Lausanne. On retrouve ce blason, neuf coquilles disposées en trois rangées de trois sur les tombes familiales du cimetière et sur la cheminée de la salle du château de MIRVILLE.
8. «Le Nouveau d'Hozier», in *Dictionnaire des Familles Anciennes ou Notables à la fin du 19e siècle,* EVREUX, Imprimerie Ch. Hérissey, 1927, p. 231. Les lettres d'annoblissement portent la date du 4 janvier 1486.

Le fils de Pierre de FREDY, marié à Marie BLUTE, meurt en 1553, laissant trois enfants, dont le dernier, Jean FREDY (1518-1598) épouse Radegonde PLATINIER, fille d'un marchand «à l'aise». Riche négociant en épices, Jean FREDY fait l'acquisition du domaine de COUBERTIN, près de Versailles, seigneurie principale dont désormais la famille portera le nom.

En 1589, Jean 1er FREDY, remarié à Catherine BOISDIN a un fils Jean II, Avocat au Parlement, dont les lettres de noblesse malgré l'état de marchand du père, seront renouvelées par Louis XIII.

Jean II FREDY, allié en 1624 à Madeleine REMY a quatre enfants: le plus jeune, Michel (1629-1685) s'allie à Marguerite FOURNIER, dont il a huit enfants. Le cinquième, François, devient un brillant officier de marine: un de ses cousins, qui a amassé une fortune colossale à la Compagnie des Indes Orientales, lui fera construire le magnifique château de COUBERTIN.

François épouse, en 1711, Marie MOREL, petite nièce de Cyrano de BERGERAC. Tous les biographes s'accordent un peu vite, pour souligner l'heureux apport de fantaisie dans une longue lignée de bretteurs et de gens de robe.

DIEM, cité par Th. A. LUCAS, assure:

> François et Marie FREDY élevèrent une nombreuse famille de dix enfants dont l'un, Pierre, Seigneur de COUBERTIN (1716-1778) devint Conseiller Principal à la Cour des Aides de Paris. En 1744, il épousa Marie-Louise Marguerite Chambaud, fille d'un officier d'artillerie de la Garde, Chevalier de l'Ordre de ST-LOUIS. Un de leurs enfants, François Louis (1752-1807), avocat en renom, se maria en 1780 avec Adélaïde Jeanne Geneviève SAUDRIER. La Cour des Aides fut supprimée en 1790 et le citoyen FREDY, qui s'appelait lui-même FREDY COUBERTIN ou FREDY «dit COUBERTIN», selon les nécessités de la politique, réussit à traverser sans encombres la période révolutionnaire, alors qu'un de ses parents, Henry Louis de FREDY, périt sur l'échafaud[9].

---

9. DIEM ne contredit pas ici Geoffroy de NAVACELLE: nous avons donc maintenu son témoignage.
Une erreur de date cependant: François-Louis de FREDY, Avocat, n'est pas né en 1752, mais en 1772.

Ajoutons ce propos de Marie-Thérèse EYQUEM :

> Pierre de COUBERTIN était encore le descendant d'un homme de vérité : Henry Louis de FREDY de COUBERTIN, plusieurs fois exilé sur lettres de cachet de Louis XVI pour avoir dit la vérité au Roi, et guillotiné en 1790, pour avoir dit la vérité aux révolutionnaires.

Le fils de François Louis de FREDY, Julien BONAVENTURE (1788-1871), épousa en 1821, Caroline de PARDIEU et reçut le titre héréditaire de baron par lettres patentes en date du 2 avril 1822. Il suivit NAPOLÉON en ALLEMAGNE et fut quelque temps Consul à CUXHAVEN. Ses titres de noblesse furent rétablis et il fut fait Chevalier de la Légion d'Honneur. Son fils, Charles Louis de FREDY fut le père de Pierre de COUBERTIN.

chapitre II

un combat pour l'éducation

«Oh! (mes pensées) ne me lâchez pas!
Vous êtes mon bonheur. Penser, imagi-
ner, inventer, combiner, quel plaisir!»
Pierre de Coubertin
À mes idées
Mirville, 1ᵉʳ septembre 1889

Le 1ᵉʳ janvier 1863 naissait donc à Paris, 20, rue Oudinot, Pierre de FREDI, Baron de COUBERTIN.

Sang bleu, et non des moindres, produit glorieux de
multiples convergences où l'impétuosité du guerrier, la sagesse de l'homme de loi, la finesse du poète, formaient de
solides vertus bourgeoises, COUBERTIN allait recevoir l'éducation classique que dispensait alors à ses enfants une aristocratie nobiliaire décadente, encore tout attachée à ses coutumes et à leurs survivances.

L'enfant est né doux, et de caractère facile. Il aimait
les jeux tranquilles et se plaisait à dessiner pendant des heures. Sa mère:

qui avait un faible pour lui[1]

se préoccupait beaucoup de son bien-être. Sans doute,
aurait-elle aimé qu'il entrât dans les Ordres. Dès sa petite enfance, elle le fait jouer avec de petits objets religieux: en-
censoirs, flambeaux, burettes sacrées, qu'elle conservait
avec amour, dans l'espoir d'allumer la foi.

Tout jeune, et par destin préétabli, le voici demi-pensionnaire chez les Jésuites, au Collège Saint-Ignace de la rue de

---

1. Madame de NAVACELLE, *op. cit.*

Madrid, à Paris. L'intelligence est vive; les études sont brillantes, mais contraignantes pour un esprit sensible et une âme artiste.

COUBERTIN subit là, semble-t-il, ses premiers traumatismes. Premiers heurts, premières brimades, qui le hérissent, et vont le dresser à contre-courant. Il supporte difficilement:

> Cette ridicule folie de surveillance et de réglementation[2].

Il sait déjà, inconsciemment, que le monde réel, à la saveur puissante, ne pénètre pas dans la cour des collèges ou dans le boudoir des beaux quartiers. Et qu'irrémédiablement, les temps d'hier ne sauraient être ceux d'aujourd'hui, encore moins ceux de demain.

Il s'insurge contre le carcan du dressage et le formalisme des convenances. Il est, avec toute l'avidité de son âge, un enfant du siècle: n'a-t-il pas osé tourner le dos à un visiteur de sa mère qui osait prétendre:

> que sous la République on n'était pas fier d'être Français[3].

Aussi l'histoire l'embrase-t-elle. Le Père CARON, professeur d'humanités et de rhétorique lui fait découvrir l'Hellas: l'épopée de MISSOLONGHI est encore toute proche, Abel BLOUET, en 1827, a redécouvert OLYMPIE. Et, chance inappréciable, vertu de la classe heureuse où il est né, Coubertin voyage, et dès sa plus tendre enfance.

En 1880, bachelier ès-lettres, fils cadet de noble famille, il entre à Saint-Cyr. Rien de plus normal: tradition oblige. Mais ce qui l'est moins c'est que, sitôt admis, il démissionne. Il est vrai que la longue paix d'alors rend la gloire des armes bien problématique, et la vie de garnison bien monotone.

COUBERTIN s'inscrit alors à l'École des Sciences Politiques. Il y reçoit les leçons de grands noms: LEROY-BEAULIEU, Albert SOREL — compatriote de HONFLEUR. Il dira d'eux que ce furent:

> (Des) maîtres prestigieux dont aucune pédanterie ne déformait l'enseignement et qui nous apportaient des

---

2. COUBERTIN, Pierre de, *L'Éducation Anglaise en France*, Hachette et Cie, Paris, 1888, p. 94.
3. EYQUEM, Marie-Thérèse, *op. cit.*, p. 10. Sans autre précision.

vues nouvelles et indépendantes... Je sortais de ces cours avec la lumière plein l'esprit[4].

L'époque est aux interrogations politiques. La France bourgeoise part à la conquête des débouchés industriels et des espaces coloniaux, mais sur fond d'amertume et d'inquiétude : la défaite est trop proche, la montée des protestations sociales trop évidente.

Comme toujours en pareil cas, c'est le pédagogue et la pédagogie, boucs émissaires traditionnels, qui sont remis en cause. Non seulement la critique porte sur le statut social des institutions d'éducation, au nom d'une «race» mythique, gauloise et conquérante (COUBERTIN exaltera l'apport «celtique» dans le «fonds français») et il en découle un appel au muscle fort, à la santé gaillarde, à l'intelligence créatrice, contre le dressage d'hier dans des locaux-casernes, et pour une éducation «moderne», libératrice de «forces neuves» ; mais en même temps, le regard avide de la jeune génération politique franchit les frontières : l'enquête extra-muros surgit en même temps que la conquête des marchés.

Ainsi s'ancre l'idée que si l'instituteur prussien a vaincu à SEDAN, ailleurs en Suède, en Angleterre, dans le Nouveau-Monde, d'autres systèmes d'éducation font la grandeur d'autres nations (de surcroît amies) et méritent réflexion et comparaison.

À LING, on demande le pourquoi de la «gymnastique suédoise», et les raisons des succès qu'on lui attribue dans la lutte contre l'alcoolisme. Et c'est le Dr TISSIE, à la tête de la Ligue Girondine d'Éducation Physique, qui enquête et répond. On sonde les fondements de la puissance économique prodigieuse des États-Unis. Et si le crédo de WALT WHITMAN commence à traverser l'Atlantique, c'est TOCQUEVILLE surtout qui fait entendre et comprendre la symphonie.

Cependant c'est l'Empire Britannique, au sommet de la gloire victorienne, qui attire essentiellement l'attention avide et anxieuse de la classe politique française.

Compagnon d'études d'AUSTIN CHAMBERLAIN, disciple de TAINE, dont les «Notes sur l'Angleterre» ont fait sensation, lecteur pas encore si éloigné de «La vie de Collège

---

4. EYQUEM, Marie-Thérèse, *op. cit.,* source non précisée.

de Tom BROWN[5]», COUBERTIN va d'un coup s'enflammer
pour l'éducation anglo-saxonne au travers de l'œuvre de
Thomas ARNOLD[6].

Malgré l'anglophobie, de mise au sein de la bourgeoisie d'affaires et politique française d'alors, Pierre de COUBER-
TIN ira aux sources.

En 1883, il embarque pour l'Angleterre — il a 20 ans —
bien décidé à percer les secrets de l'éducation britannique.

À partir de cette époque, nous sommes assez bien renseigné sur les démarches d'une vie publique, fixées dans Une
campagne de 21 ans[7], autobiographie, certes, et livre d'aventures, et le plus passionnant qui soit, tant les recherches et les
investigations, les réussites et les échecs, et la volonté de
convaincre, créent des situations difficiles que la perception
globale des ensembles, la souplesse tactique et la ténacité dé-
nouent avec succès. Mais surtout livre de sagesse, réflexion
philosophique sur l'état des mœurs universitaires et politiques
en FRANCE et en ANGLETERRE, dans les années 90, méditation sur l'action, chant passionné envers la jeunesse du
monde: la haute carrure du réformateur s'y campe déjà, et à
jamais, pour la postérité.

À RUGBY, COUBERTIN entre de plain-pied dans l'œuvre de Thomas ARNOLD: rencontre capitale, sans laquelle
son génie ne serait resté qu'à l'état d'ébauche. Il y constate
l'existence d'une société scolaire, libérale et démocratique inconnue. Quoique l'expérience de TOYNBEE HALL[8] le frappe, ce n'est
pas encore l'envolée lyrique vers le peuple, COUBERTIN n'est pas
TOLSTOÏ, et encore moins JAURÈS, mais c'est la certitude que les
jeunes adolescents qu'il côtoie, ceux-là même qui demain dirige-
ront l'Empire, peuvent faire eux-mêmes, et par eux-mêmes, l'apprentissage de leur propre conduite sociale.

---

5. *Tom BROWN's School Days* de Thomas HUGHES, sera traduit par DARYL
Philippe, alias GROUSSET Paschal, journaliste qui un temps, après la Commune, se réfugia en Angleterre.
6. ARNOLD, Thomas, Headmaster du Collège de RUGBY (Angleterre), de
1828 à 1842.
7. COUBERTIN, Pierre de, *Une campagne de 21 ans, op. cit.*
8. TOYNBEE HALL, c'est dans un quartier défavorisé de Londres, le lieu
de rencontre où la gentry vient s'enquérir des conditions d'existence de la
plèbe, afin de remédier à la misère par des actes chrétiens de charité.

Car RUGBY, c'est beaucoup plus la vie elle-même, qu'une préparation à la vie hors les murs. La compétition sportive, telle que l'a acceptée, plus ou moins contraint, le Révérend Thomas ARNOLD, anime «ce vaste monde adulte en miniature», tout comme dans la société libérale la lutte pour la vie — et pour le débouché des marchés — est le ressort essentiel de l'action.

COUBERTIN est conquis : ses regrets n'en sont que plus vifs à voir l'Université Française étouffer dans un carcan de restrictions et de règlements hérités de l'ère napoléonienne.

Dès lors, sa vocation est trouvée. La France, bourgeoise et conquérante, a besoin d'une nouvelle forme d'éducation pour atteindre à la grandeur et à la puissance politiques. Tels ses ancêtres prêchant croisade, il sera le pèlerin d'une réforme pédagogique indispensable et nécessaire.

De retour d'ANGLETERRE, inscription à la Faculté de Droit.

> Les études de Droit me répugnaient horriblement... C'était mon supplice, le jour de l'examen annuel, d'avoir à endosser une de ces robes noires à rabat blanc qu'on imposait alors aux candidats. Comment j'arrivais dans ces conditions à me faire recevoir, Dieu seul le sait [9] !

Ainsi, ni les Armes, ni la Politique, ni le Droit, n'arrivent à retenir cet étudiant doué qui eût pu percer sur les divers fronts de la réussite bourgeoise. Sa passion l'attire, le draine vers d'autres royaumes, plus obscurs, où la gloire est tout aussi rare que l'argent. Impérieusement, COUBERTIN va vouer sa vie au combat pour l'éducation, mais pour une éducation capable de produire :

> du calme collectif, de la sagesse et de la force réfléchie [10].

À cette lutte, il faut un support qui enflamme l'opinion : le sport moderne sera le vecteur de l'éducation rénovée, dans la mesure où il se placera dans le sens de l'histoire. Or, l'histoire enseigne la victoire définitive de la démocratie et du cosmopolitisme. Que le sport serve la démocratie et l'internationalisme, et l'éducation sera bouleversée de fond en com-

9. EYQUEM, Marie-Thérèse, op. cit., Manuscrits inédits, p. 54.
10. COUBERTIN, Pierre de, Une Campagne de 21 ans, op. cit., p. 2.

ble: les Jeux Olympiques, ressurgis des temps archaïques, ne peuvent avoir d'autre rôle que d'enthousiasmer la jeunesse et l'opinion publique pour la cause sacrée de l'éducation, celle dont dépend, finalement, la survie des civilisations. Telle est la trame de la passion coubertinienne.

Mais c'est à la France d'abord que songe COUBERTIN, et c'est au collégien français qu'il importe d'abord d'accorder tous les soins. Alors, sans discontinuer, COUBERTIN va faire surgir les initiatives; vont naître les fondations, se créer les mouvements. Inlassable, toujours sur la brèche, il arpentera jusqu'à sa mort la France, puis tout l'hémisphère occidental, en quête d'idées, d'amis, de soutien.

Certes, il se lance dans l'aventure:

> Avec l'émoi d'un novice qui se jette dans l'eau profonde encore incertain s'il ne coulera pas à pic[11].

Mais, obstiné, patient, lucide, rusé souvent, il triomphe des formules polies et des ricanements obtus, des laudateurs enthousiastes et des contempteurs grincheux; et du quotidien, si pénible, auquel il faut faire face.

Les buts une fois arrêtés, son sens tactique est étonnant.

En 1887, une violente campagne, orchestrée par les hygiénistes, est lancée contre le surmenage scolaire: c'est là le maître-mot, le sésame de tous les cénacles et de tous les salons parisiens.

L'occasion est trop belle. Avec la fougue d'un trois-quarts de rugby, il s'engouffre dans la brèche, et bat aussitôt campagne non pas contre le latin ou le grec, mais pour les jeux et les sports.

En 1890, avec le Comte de POURTALÈS, Président de la section parisienne de Young Men of Christian Army (Y.M.C.A.), il rejoint les rangs de l'Union Sportive Française des Sports Athlétiques (U.S.F.S.A.) créée durant l'hiver 1887 par Georges de Saint-CLAIR — après une courte lutte contre Paschal GROUSSET qui, lui, fulmine contre ces aglomanes:

> qui proposent d'importer en France les Jeux scolaires du Royaume-Uni, comme on y importe des chiens d'arrêt, des chevaux de course.

---

11. EYQUEM, Marie-Thérèse, op. cit., p. 64. Carnets inédits.

La renaissance du sport français, amorcée déjà depuis une bonne décade — le HAVRE Athlétic Club, premier club français de football-association, est créé en 1872 — s'est surtout manifestée aux alentours de 1880. Les élèves des lycées parisiens disputent à cette époque des courses à pieds, selon les rites et les paris des courses de chevaux. C'est alors que COUBERTIN survient, et qu'encouragé par Jules SIMON, Jules FERRY, SADI-CARNOT, il décide d'introduire le sport dans la carapace fermée des établissements d'instruction. Mais, fait significatif quant à ses conceptions pédagogiques: dans cette lutte, ses alliés seront les élèves eux-mêmes, c'est par eux que naîtront les premières Associations Sportives Scolaires[12]. Il crée un prix «Pierre de COUBERTIN», doté d'une très belle médaille, qui récompensera chaque année le meilleur sportif de chaque Association.

Avec une intelligence tactique, mâtinée, il faut bien le dire, de quelque rouerie paysanne, COUBERTIN va faire de l'U.S.F.S.A. qu'il présidera durant sept années, l'instrument de sa mission. Chemin faisant — on ne met pas tous les œufs dans le même panier — il transforme, en janvier 1891, le Comité pour la Propagande des Exercices Physiques dans l'Éducation (dit Comité Jules SIMON, du nom de son président) créé en 1888, en Conseil Supérieur de l'Éducation Physique. Ainsi progresse-t-il sur deux fronts: celui de la masse, dirions-nous aujourd'hui, et celui de l'élite... COUBERTIN, ou la création du premier «lobby» olympique.

En même temps, il essaie de convaincre l'Université, d'abord en intéressant un certain nombre de chefs d'établissements parisiens à ses projets[13], ensuite, en mettant son intelligence et son entregent politique à la disposition des cabinets ministériels, toujours avides de missions à effectuer ou de réformes à promouvoir.

C'est ainsi qu'à la demande du Directeur du Second Degré du Ministère de l'Éducation Nationale, il embarque sur le «BRETAGNE» pour les AMÉRIQUES vers le milieu de

---

12. Ainsi Pierre MAC-ORLAN créera-t-il la Normale Sportive Rouennaise en 1906.
13. Tels RILDER, Directeur de l'École Alsacienne, le R.P. OLIVIER, Supérieur de Juilly, l'Abbé DEBILDOS, Directeur de l'École Gerson, A. GODART, Directeur de l'École Monge...

1889, chargé officiellement de préparer un rapport sur: «L'organisation, le travail, et la vie dans les collèges américains.»
Il écrira au retour:

> Quelle leçon pour les éducateurs du Vieux Monde qui persistent, les ciseaux de la routine à la main, à tailler les caractères en charmilles, avec des allées bien droites, des arches bien régulières, et des angles bien nets[14]!

Les résultats comblent ses vœux: partout en France surgissent de nouvelles associations sportives scolaires, se révèlent des éducateurs ignorés, conquis par le sport balbutiant.

Il peut alors s'écrier, le 5 juillet 1891, lors de la Seconde Assemblée Générale de l'École des Sciences Politiques:

> Il y a un athlétisme français, il est encore en enfance, je le veux bien, mais il existe, et parce qu'il existe et qu'il est français, il vaincra!

L'homme est déjà au zénith.

À moins de trente ans, il sait qu'il atteint au but poursuivi. Un élan intérieur sans faille le pousse à l'essentiel. Sa joie de vivre, son enthousiasme, sont communicatifs:

> Ce qui me frappa le plus lors de ce premier contact, ce fut la vivacité de cet homme de petite taille que je savais déjà si illustre..., je fus aussi frappé d'emblée par ses grands yeux si vifs — je ne voyais qu'eux dans son visage — des yeux qui pétillaient d'intelligence, de finesse, et de malice. Son visage était barré d'une forte moustache noire, en broussaille, à la française[15].

COUBERTIN aime la vie. Il adore galoper à cheval. Il fréquente les salles de boxe et les salles d'armes. Comme son compatriote MAUPASSANT, il aime à aller «sur l'eau», moins pour canoter plaisamment que pour lutter, payer de sa personne, se battre contre les éléments, contre les mille lassitudes qui guettent le rameur et s'installent insidieuse-

---

14. COUBERTIN, Pierre de, _Souvenirs d'AMÉRIQUE et de GRÈCE_, 1897, p. 96.
15. Le Docteur MESSERLI a conté sa surprise quand, en 1908, il fit sa connaissance, à Lausanne, à l'Hôtel Beau-Site: «Je m'étais en effet figuré le baron de COUBERTIN comme un homme de grande taille, d'allure herculéenne».

ment au profond des biceps, au creux des jambes et des gout-
tières vertébrales. Ses neveux se souviennent de sa joie à
arpenter l'étang de MIRVILLE. Quelques mois avant sa mort,
une photographie nous le montre sur le Lac Léman, tirant
des bras et des jambes sur des grandes pagaies.

Dès que la bicyclette apparaît, il en est un fervent adepte. Non sans humour, il surnomme le nouvel engin «Nini
pattes en l'air», du nom d'une célèbre danseuse de music-
hall. En Normandie, il joue au «lawn-tennis»: à ÉTRETAT,
certains anciens se souviennent encore l'avoir vu fréquenter
les courts[16]. À MIRVILLE, les lignes de fond sont tracées
par des bandes de calicot — les tissages de LILLEBONNE
sont proches.

Gail D. SCHOPPERT B.S. — remarque avec raison:

> COUBERTIN tried to practice what he preached, and in
> 1901, at Cannes, he gave an impromptu exhibition wherein
> he accomplished six hours of physical work in an eight
> hour period. He spent an hour each in rowing, tennis,
> cycling, automobiling, and horseback riding, and divided
> an hour between fencing an boxing. He then submitted
> himself to a physical examination wich indicated that he
> was still in excellent condition[17].

Il est, en famille, le joyeux boute-en-train, le grand enfant, l'étudiant qu'il ne cessera jamais d'être, et qui adore le
canular.

Madame de NAVACELLE assure qu'il n'avait rien d'un
pédant ou d'un travailleur ténébreux.

> C'était un jeune homme plein d'allant et de gaieté, d'hu-
> meur sociable. Les nombreuses relations de ses pa-
> rents lui facilitaient une vie mondaine à Paris. Par ail-
> leurs, excellent compagnon, ami de la plaisanterie et de
> la blague, aimant à organiser de petites fêtes, où sa fan-
> taisie excellait. Il avait même dans les divertissements,
> et il le conserva longtemps, cet esprit un peu juvénile
> et collégien... Doué pour les arts, dessinant avec une

---

16. Monsieur LINDON, Maire d'ÉTRETAT. Lettre en date du 4/5/1956.
Nous possédons un daguerréotype de COUBERTIN en tennisman, prise à
l'Ile de Puteaux et datant vraisemblablement des années 1885.
17. Gail D., SCHOPPERT (B.S.), *op. cit.*, 1963, p. 30. Nous n'avons pu
trouver ailleurs témoignage de ce récit.

extrême facilité..., (il jouait) du piano d'instinct et s'amusait à composer et à orner les programmes[18]:

Il adore tenir un rôle. De là ce goût de la mise en scène, ou de la mise en évidence, comme il plaira. Ce côté cocardier, souvent naïf, qui lui fera rechercher le décorum, sinon la décoration[19].
Et même s'il s'en défend, en grand seigneur!
Sa mémoire est prodigieuse: il ne se trompe jamais de date. L'étude de ses manuscrits est révélatrice non seulement de sa vaste érudition, mais de la concision de la pensée et de la forme, signifiée par une mise en page harmonieuse, servie par une écriture cursive, incisive, convaincante[20].
Jusqu'à sa mort, il s'est voulu:

Libre du joug insupportable de la pédanterie dactylographique[21]

et tient à honneur d'écrire à la main, et au porte-plume. Ce qui nous vaut nombre de manuscrits émouvants, mais crée bien des difficultés au chercheur égaré par tant d'ébauches de lettres griffonnées sur un cahier d'écolier, au verso d'une carte de visite ou d'un prospectus, et presque toujours sans référence d'enregistrement ou d'envoi.
Mais que ce soit au travers des articles imprimés ou des notes brusquement jetées, une même pulpe généreuse et humaine éclate.
Sensible, poète, COUBERTIN est un sentimental impénitent. Il aime à collectionner les souvenirs, tient aux anniversaires, aux traditions, à tout ce qui relie au passé et à sa charge émotionnelle.
1888-1894, années critiques.
Patiemment, COUBERTIN convertit l'opinion à l'idée de réforme. Dès 1888 — il s'en est entretenu en AMÉRIQUE avec

18. Madame de NAVACELLE, Archives de la Ville du Havre, op. cit.
19. Le Docteur MESSERLI, dans son entretien du 25 août 1964 nous a assuré que si Pierre de COUBERTIN n'avait pas obtenu la Légion d'Honneur, ce n'était pas parce que le Gouvernement Français par l'intermédaire de son Ambassadeur à Berne ne lui avait pas proposée, mais parce que Pierre de COUBERTIN entendait être fait Officier d'emblée.
20. Tel « 1er Brouillon de la Conférence pour la Société Nationale de Londres, 1887». Collection personnelle.
21. COUBERTIN, Pierre de, A rchives du C.I.O.

son ami SLOANE — il a songé à faire renaître les Jeux Olympiques.

Car c'est bien là, pour lui, le catalyseur qui doit enflammer l'opinion publique — les «idées courantes» comme il dit[22] — dont il sait, et souhaite le développement. Car la démocratie, c'est d'abord le dialogue tel que COUBERTIN l'a vu pratiquer à HARVARD et à CAMBRIDGE, au sein des «debating societies». Mais c'est à une démocratie éclairée, sage et modérée, qu'aspire dès cette époque Pierre de COUBERTIN. Aussi pour triompher, toute idée nouvelle doit-elle emporter l'adhésion, et surtout convaincre l'élite. Conception politique qui concilie fort bien aristocratisme de naissance et libéralisme de raison.

C'est en Sorbonne, le 25 novembre 1892, qu'il lance l'annonce, dans une incompréhension quasi totale, du rétablissement des Jeux Olympiques. Pourtant, au milieu de l'indifférence générale, ou des prises de position chauvines — MAURRAS lui reproche d'aliéner la patrie à des mœurs étrangères — COUBERTIN poursuit sa route.

En France, au sein de l'U.S.F.S.A. et dans les Associations sportives scolaires qui à son appel se lèvent, et non seulement à Paris, mais à Rouen (Francs-Joueurs du Lycée Corneille), Bordeaux, Reims, Orléans..., en Grande-Bretagne, où Sir CHAMBERLAIN et les successeurs d'ARNOLD continuent l'œuvre de Rugby, en Amérique au sein des Universités et près de SLOANE, en Russie près du Comte OBOLENSKY, Grand Chambellan du Tsar, en Bohème, en Finlande, en Hongrie, partout dans l'émisphère occidental, COUBERTIN surgit, explique, enflamme, sème la bonne parole, dresse les enthousiasmes.

Certes, il est «à l'aise», comme on dit dans le Pays de Caux. Sa fortune, considérable, évaluée à 500.000 francs or de l'époque, lui permet d'être libre de ses initiatives et des déplacements[23].

---

22. COUBERTIN, Pierre de, *Une Campagne de 21 ans, op. cit.,* l'État des choses en France.
23. Conversation avec Madame ZANCHI, Secrétaire Générale du Comité International Olympique, août 1964: «Son frère aîné reçut en héritage la Seigneurie de COUBERTIN, évaluée à 500.000 francs or. On peut estimer que Pierre reçut au moins la même somme en titres et en dotations».

Mais la partie est dure à gagner. Même bien né, même riche, est-on pour autant écouté par ses pairs?

Il faut donc frapper l'opinion publique, quitte à employer quelque ruse paysanne.

Le 23 juin 1894, COUBERTIN convoque en Sorbonne un Congrès International. Des délégués sont venus d'Europe Centrale, mais aussi d'Amérique et de l'Empire Britannique. On traitera de l'amateurisme, sujet à la mode comme le surmenage, et parce qu'il est nécessaire d'assainir un milieu tenté par les paris et l'exhibitionnisme de foire. En fait, COUBERTIN le redira maintes fois, et particulièrement dans «Mémoires Olympiques», le vrai but, le but caché du Congrès, c'est essentiellement de faire avaliser la renaissance des Jeux par une assemblée internationale.

Subitement, l'intitulé des convocations est modifié: les personnalités françaises et étrangères se voient conviées à un «Congrès pour le Rétablissement des Jeux Olympiques». Le tour de passe-passe est effectué: clandestinement, Olympie ressurgit après onze siècles d'oubli.

COUBERTIN a conté avec verve et passion, dans ses mémoires, son labeur enthousiaste. Prévus initialement pour 1900, les premiers Jeux se dérouleront à Athènes, en 1896, et de là, tous les quatre ans, sauf durant les deux guerres mondiales [24], dans l'un des quatre continents.

Notre projet n'est pas ici de retracer l'histoire des Jeux modernes, même si Pierre de COUBERTIN fut la poutre maî-

---

Gaston, MEYER, in *Le Phénomène Olympique, op. cit.,* p. 8, arrive à une semblable estimation: «cet homme va consacrer l'essentiel de sa vie à la réalisation de son idéal. Il réussira au-delà de ce qu'il espérait, y laissant sa fortune: 450.000 francs or!»

Nous n'avons pu obtenir du Comte de MADRE aucune confirmation sur la vraisemblance de ces chiffres: «Enfin vous me posez des questions au sujet de la fortune de mon oncle et j'estime que c'est un sujet hors propos»... (Lettre du 12/8/1964).

Un exemple cependant de cette fortune, reflet de l'aisance de ces rentiers d'alors. Sur les conseils de son médecin: «un peu Américain d'origine et tout à fait yankee de procédés», Pierre de COUBERTIN s'embarque au Havre, le 29 août 1902, sur le transatlantique Bretagne afin de guérir un influenza, soit dix-huit jours en mer, cinq à terre dont un aux chutes du Niagara. In *Revue du Pays de Caux,* no 3, septembre 1902.

24. Les nazis organisèrent en 1942 des Jeux d'Hiver à Cortina d'Ampezzo, réservés aux seuls alliés de l'Axe. Ce qui n'empêcha pas Carl DIEM d'exalter alors l'idée olympique (sous contrôle nazi).

tresse de leur reconstitution. La raison en est simple: une littérature importante existe et surtout, COUBERTIN s'en est longuement expliqué dans «Mémoires Olympiques», et «Une Campagne de 21 ans[25]».

Ce qu'il nous paraît essentiel de mettre en valeur dans la vie de COUBERTIN, parce que trop de critiques ne l'ont pas souligné, c'est la constance de la longue quête pédagogique.

Dans la courbe de l'œuvre, les Jeux Olympiques ne sont pas l'essentiel. Le lit profond du fleuve disparaît quelquefois, mais fait toujours résurgence: en attestent les multiples congrès, les innombrables conférences, manifestes et appels à l'opinion en faveur d'une éducation moderne soucieuse du fait social, et qui ouvrent et ferment la voie publique où, prophète quasi inspiré, COUBERTIN avance, souvent seul:

18 avril 1887 —
    Conférence à la Société d'Économie Sociale: Rôle du Sport dans la vie scolaire britannique.
30 août 1887 —
    Article dans *Le Français* sur le Surmenage.
14 novembre 1887 —
    Conférence donnée à Londres à la Société Nationale Française:
    Un Programme
    Exposé des doctrines de Frédéric LE PLAY.
29 mai 1888 —
    Plan pour le Remède au Surmenage et la Transformation des lycées de Paris.
    (Trois parcs scolaires, véritables plaines de jeux devront être créés autour de la capitale).
31 mai 1888 —
    Création du Comité pour la Propagation des exercices Physiques dans l'Éducation,
    dit Comité Jules SIMON, du nom de son président.
24 septembre 1888 —
    Conférence donnée au Théâtre de BOLBEC (Sei-

---

25. *Op. cit.*

ne Inférieure), sous la présidence de Jules SIEG-
FRIED, député et maire de la Ville du Havre:
La France et l'Europe.

26 janvier 1889 —
Conférence à l'Association Française pour l'avancement des Sciences:
L'Éducation Athlétique (Philosophie de l'Éducation).

15 au 22 juin 1889 —
Congrès des Exercices Physiques:
Exposition Universelle de Paris.

30 novembre 1889 —
Communication au Physical Training Congrès de
Boston (U.S.A.):
Athletics and gymnastics.

1890 —
Création de la Revue Athlétique.

30 octobre 1890 —
Discours inaugural du Cercle d'Études Françaises
du Mason Collège de Birmingham (Grande-Bretagne).

8 janvier 1891 —
Rapport et propositions, en Sorbonne, à l'Assem-
blée Générale du Comité Jules SIMON:
Le Conseil Supérieur de l'Éducation Physique.

11 avril 1891 —
Conférence faite à l'Union Chrétienne de Jeunes
Gens de Paris (Y.M.C.A.):
L'Athlétisme, son Rôle, son Histoire.

19 mai 1892, Revue Universitaire —
Rapport présenté devant le Comité Jules SIMON:
Organisation et Fonctionnement des Associations Sportives dans les Lycées et Collèges
français.

25 novembre 1892 —
Conférence faite en Sorbonne:
Les Exercices Physiques dans le Monde Mo-
derne.

15 mars 1893 —
   Article dans *La Nouvelle Revue:*
   *Un Mensonge Historique (COUBERTIN dénonce
   l'action* «tardive, insuffisante, et négative» des
   Grandes Puissances à l'égard de la Grèce).
Avril à septembre 1893 —
   Lettres au *Journal des Débats:*
   À travers l'Athlétisme.
Août 1894 —
   Communication au Congrès de l'Association pour
   l'Avancement des Sciences (Caen, Calvados):
   La Vérité sur les Résultats des Sports Scolaires.
16 novembre 1894 —
   Conférence donnée à ATHÈNES à la société litté-
   raire «Le Parnasse»:
   Le Néo-Olympisme.
Novembre 1895 —
   Conférences populaires données à l'Hôtel de Ville
   du Havre:
   La Question d'Orient.
   L'Empire britannique.
   Le Monde Américain.
   Le Partage de l'Afrique.
   L'Extrême-Orient.
22 octobre 1896 —
   Journal *Le Temps:*
   Le Mouvement Universitaire aux États-Unis.
1897 —
   Ville du Havre:
   Premier Congrès de Pédagogie Sportive.
   Divers articles se rapportant à l'histoire contempo-
   raine paraissent de 1896 à 1898 dans:
   L'American Review of Reviews
   The Fornightly Review (Londres)
   The Century Magazine
   Deutsche Revue (Leipzig).
1898 —
   La Revue Bleue des 25 juin, 2 et 9 juillet:
   Nos Lycéens.

1er avril 1899 —
 La Nouvelle Revue:
  L'Urgente Réforme.

1er juillet 1900 —
 Revue des Deux-Mondes:
  La Psychologie du Sport.

15 février 1902 —
 Journal *Le Figaro:*
  La Force Nationale et le Sport.

1902-1903 —
 La Revue du Pays de Caux
  12 numéros
 Elle sera remplacée par la *Revue pour les Français.*

2 mars 1902 —
 Conférence donnée dans l'Amphithéâtre de la So-
 ciété de Géographie, sous le patronage du Touring
 Club de France et sous la présidence du Professeur
 MAREY:
  Une Nouvelle Formule d'Éducation Physique.
 De 1902 à 1906, paraissent dans *Le Figaro,* les
 Pages d'Histoire Contemporaine.

1903 —
 Comité de la Gymnastique Utilitaire qui deviendra
 Société des Sports Populaires.

1904 —
 Journal *Le Gaulois* des 12 et 26 janvier et du 6 fé-
 vrier:
  Les Bases de la Pédagogie Prochaine.
 Conférence donnée en Sorbonne, à l'Union des
 Professeurs de Gymnastique:
  La Gymnastique Utilitaire.
 Projet rédigé à la demande de Léopold II, Roi des
 Belges, en vue de la préparation à la vie coloniale:
  Un Collège Modèle.

1905 —
 Congrès de Bruxelles:
  pour l'étude des questions se rapportant à la
  technique sportive.

1906 —
   Fondation de l'Association pour la Réforme de
   l'Enseignement.
   Conférence consultative des Arts, des Lettres, et
   des Sports,
      Comédie Française, Paris.
1909 —
   Fondation de la Ligue Franco-Roumaine pour le
   rapprochement entre les deux pays.
9 juin 1910 —
   Conférence donnée à l'Exposition de Bruxelles:
      L'Avenir du Sport aux points de vue psycholo-
      gique, international, et démocratique.
   Création de la Ligue d'Éducation Nationale, visant à
   la formation de scouts français et à la diffusion d'une
   culture historique parmi la jeunesse.
1911 —
   Fondation de la Société de Propagande Nationale,
   Amsterdam.
19 mars 1911 —
   Discours contre l'abus des championnats sportifs.
1913 —
   Congrès de Psychologie Sportive, Lausanne.
17 juin 1914 —
   Discours prononcé en Sorbonne à l'occasion de la
   célébration du XXe anniversaire du Rétablissement
   des Jeux Olympiques:
      Le Sport et la Société Moderne.
1916 —
   Première semaine de l'Amérique Latine à Lyon.
   Création de l'Institut Olympique de Lausanne.
   «Ceci tuera cela»
      (Le gymnase antique rénové contre l'alcoolis-
      me).
24 février 1918 —
   Association des Hellènes Libéraux, Lausanne:
      «Ce que nous pouvons maintenant demander
      au sport.»

1923 —
Discours prononcé au Capitole, à Rome, en pré-
sence du Roi d'Italie:
Le Sport et la Colonisation, la conquête de
l'Afrique.
7 juillet 1924 —
Réponse au Prince de Galles lors du banquet offert
à Paris par la British Olympic Association:
OLYMPIE et RUGBY.
1925 —
Fondation de l'Union Pédagogique Universelle
(U.P.U.).
1926 —
Conférence internationale de l'U.P.U. à OUCHY
(Suisse):
Le Rôle pédagogique de la Cité.
1928 —
Fondation du Bureau International de Pédagogie
Sportive.
1930 —
La Charte de la Réforme Sportive.

Ces titres recouvrent des domaines multiples et débordent
du seul champ de la pédagogie. Mais l'énumération des nombreuses et principales interventions ayant l'éducation pour
thème, en dehors des ouvrages édités en librairie, nous semble
d'une rare éloquence et prouve une rare constance. C'est aussi
la manifestation d'une vie publique intense, tout entière dé-
vouée au bien commun.

Face à une telle activité, se pose le problème de la vie
privée de l'homme.

Hormis dans ces Carnets personnels auxquels a eu accès Marie-Thérèse EYQUEM, et qui, depuis la publication de
L'Épopée Olympique sont devenus interdits au chercheur par
la famille[26], COUBERTIN ne fait pas allusion, dans son œuvre
écrite, à sa vie affective et sentimentale.

---

26. Par lettre en date du 12/12/72, Geoffroy de NAVACELLE nous écrit:
« Vous me demandez ce qu'il est advenu des carnets intimes dont fait état M.
Th. EYQUEM dans son livre *L'Épopée Olympique;* ceux-ci, à vrai dire, se rédui-
saient à quelques petits agendas sur lesquels étaient consignés des rendez-

On sait seulement, d'après Marie-Thérèse EYQUEM, mais sans références précises que, jeune homme, il a connu Marie de ROTHAN, Alsacienne, fille de diplomate et protestante de confession, et qu'il l'épousera, au grand dam de son milieu catholique et romain, le 12 mars 1895.

> L'amour n'avait pas été entre eux cet appel impérieux qui bouleverse toute lucidité; mais plutôt une même pensée, un confort de l'âme...[27]

Il faut bien parler ici de ce mariage.

«Le Roman d'un Rallié» autobiographie à peine déguisée, paru dans la *Nouvelle Revue* en 1897, nous éclaire sur les qualités de ses sentiments juvéniles. Étienne de CRUSSÈNE en qui s'incarne Pierre de COUBERTIN, éprouve une grande passion pour une jeune Américaine, Miss HEBERTSON, où il est facile de reconnaître les traits de Mademoiselle de ROTHAN, la fiancée.

Sur fond d'histoire et de politique — la naissance de la 3e République — COUBERTIN bâtit un roman classique, dans le style de Paul BOURGET: l'amour chevaleresque de la Femme et l'amour éclaire du terroir et de la Patrie se confondent.

Il semble donc bien qu'il y eut là un grand élan d'amour, mais masqué par un voile pudique.

Le mariage fut-il pour autant heureux?

Il est évidemment très délicat de répondre. Ce que nous savons par des témoins oculaires[28], c'est que Madame de COUBERTIN, fut une personne de rare caractère, épouse autoritaire et mère captative: les *Carnets Intimes,* cités par Marie Thérèse EYQUEM, ne laissent aucun doute à cet égard. Une plainte déchirante traverse ces méditations: on y lit un amour profond pour cette femme originale, qui vit à l'hôtel, laisse les meubles et les chers souvenirs au garde-robe, et distribue la portion congrue au mari:

---

vous et quelques réflexions intimes dont l'aspect purement familial ne saurait être intéressant pour des tiers et même pour celui qui s'intéresse comme vous à la personnalité de Pierre de COUBERTIN. Ils ont été détruits par sa nièce après lecture attentive, n'en ayez aucun regret.»

27. EYQUEM, Marie-Thérèse, *op. cit.,* p. 141.
28. Mme ZANCHI, Dr. MESSERLI, déjà cités; et le Dr. Paul MARTIN, champion olympique suisse.

Vie agitée, incohérente, violente...[29]

dit peut-être un peu vite, cependant, Marie-Thérèse EYQUEM.
Du côté des enfants, COUBERTIN ne retirera pas toutes
les joies attendues. Lui, si grand, qui se sent investi d'une
mission si noble, a des descendants pour le moins inadaptés:
Jacques, le fils, mourra à l'asile, et Renée, la fille, sensible et
douée, se réfugiera dans une schizophrénie coupée de rares
heures d'équilibre, dont seule la mort la délivrera[30].

De ces drames, COUBERTIN est conscient, et ne cessera d'en souffrir; mais aucune plainte ne s'échappera en public
de ce cœur meurtri par la fatalité.

La Grande Guerre va surprendre COUBERTIN hors des
cadres de réserve. Il ne s'engage pas moins, en qualité d'in-
terprète. Vite réformé, il met sa plume et sa verve au service
de la propagande nationale, mais heureusement, sans jamais
tomber dans le «bourrage de crâne», alors de rigueur. C'est
apparemment, et surtout, aux citoyens français de l'arrière,
et aux Sud-Américains, qu'il dédie sa profession de foi patriotique[31].

À compter de 1916, il séjourne pratiquement à Lausanne
où il se fixera définitivement en 1922, année où il vendra la
maison familiale de Paris.

De Suisse, mal résigné, un peu «au-dessus de la mêlée»
--- mais toujours, au contraire de ROMAIN ROLLAND, il fera
corps avec la politique nationaliste de la France — il assiste
au choc vertigineux des armées alliées et allemande et frémit à constater dans quel abîme s'écrasent les valeurs spi-
rituelles de l'Occident. C'est, pour COUBERTIN, et plus spécialement, l'époque des réflexions sur l'Histoire: comme toujours quand les civilisations croulent et que l'homme est à la
recherche de ses filiations. Et ce sera, aboutissement logique

---

29. EYQUEM, Marie-Thérèse, *op. cit.*, p. 233.
30. Avant les Jeux de Grenoble.
31. COUBERTIN, Pierre de, 1915, *L'organisation de la propagande nationale*, rapport établi à la demande du Ministère des Affaires Étrangères. *La
Propagande et l'Éducation*, publié dans la *Petite Gironde*. 1916, *À travers
l'histoire sud-américaine*, offert par la Municipalité de Lyon. *Anniversaires
historiques à célébrer entre bons Français*. 1917, *Que es olimpismo?* Brochure, Imprimerie Rirachowski, Paris, 1917.

de cette période, une *Histoire Universelle,* qui sortira avec la paix[32].

Dès 1917, à la demande des gouvernements alliés, il a ouvert, à Lausanne, un Institut Olympique afin d'y accueillir les soldats internés français et belges. Il mettra alors en application les idées pédagogiques, qu'avec tant de fougue et de persévérance il a développées depuis plus de trente ans.

Période exaltante pour le patriote et l'humaniste. Pourtant la guerre a ruiné COUBERTIN. La moitié de sa fortune — croit-on — est disparue, en Bourse, avec les emprunts russes entre autres. Le 10 juillet 1918, selon Marie-Thérèse EYQUEM, il note dans ses carnets:

> Matinée misérable à découvrir les dettes et à courir partout pour connaître l'étendue du désastre[33].

Pourtant, rien n'arrête cette âme d'élite.

En 1920, aux Jeux d'Anvers, premiers Jeux Olympiques de la paix revenue, dans une Belgique encore exsangue, il s'écrie:

> La VIIe Olympiade se célèbre sur la crête des monts qui séparent des mondes dissemblables; elle se réclame du passé qu'elle prétend continuer, mais les regards de ceux qui y participent se dirigent vers un avenir que remplissent à la fois de grands périls et de larges espoirs.
> Travaillons à écarter les uns et à réaliser les autres[34].

Appauvri, quoique au sommet de la gloire, il exalte la pureté de l'action, la beauté de l'œuvre désintéressée. Mais il songe à se retirer.

Dès le 17 mars 1921, il a pris la résolution d'abandonner la présidence du Comité International Olympique. Il attendra cependant la fin des Jeux de Paris (1924) pour le faire.

---

32. COUBERTIN, Pierre de, *Histoire Universelle* (Les Empires d'Asie, le Drame Méditerranéen, les Celtes, les Germains, et les Slaves, la Formation et le Développement des Démocraties Modernes), *Conférences Publiques à la Maison du Peuple,* Lausanne, 1919, Imprimerie ROUBAUD, Aix-en-Provence, 650 pages.

33. EYQUEM, Marie-Thérèse, *op. cit.,* p. 22.

34. COUBERTIN, Pierre de, *Discours prononcé à la séance d'ouverture de la XVIIIe session plénière du Comité International Olympique,* tenue à l'Hôtel de Ville d'Anvers en présence de S.M. le Roi des Belges, le mardi 17 août 1920.

Rien ne nous paraît plus noble que cette décision. Pourtant, tous ceux qui ont dit de COUBERTIN, n'ont pas mis en évidence cet acte de la plus grande exemplarité sociale et morale.

Une fois de plus, et souvent par les meilleurs, COUBERTIN, vu sous le seul angle du dirigeant sportif, est traité comme une quelconque vedette d'un tour de France cycliste : sitôt acclamé, choyé, envié, sitôt disparu, oublié, méprisé. Or, quelle leçon ne donne pas là COUBERTIN! Aux gérontocrates des fédérations sportives, d'abord, qui vivent tant de leurs beaux discours et de leur paternalisme philo-jeune. Aux professionnels de l'intelligence, ensuite : quelle admirable image du désintéressement n'offre-t-il pas à leur réflexion, quand, riche d'honneurs et d'adorations, il rompt avec le monde, et choisit de se retirer, afin de mieux servir l'homme et la société.

Car c'est à l'anonymat du pédagogue et de l'éducateur que retourne alors COUBERTIN. Certes, son renom lui ouvrira toujours les cabinets ministériels les plus fermés et attirera toujours, à l'occasion d'initiatives hardies, des personnalités de toute la terre. Mais c'est face à lui, finalement, que se dresse l'homme, dans l'épreuve de vérité provoquée par la mort qui vient.

Et il est bien vrai que, durant toute sa vie, COUBERTIN se dressera. Il fallait un caractère bien trempé, une énergie hors du commun pour oser affronter le monde avec tant de panache. Toute l'existence de COUBERTIN ne fut qu'un long défi à la médiocrité, et une lutte sans merci contre un destin familial implacable. Drame antique, où le chœur chante, marmoréen, la montée tragique vers l'Olympe.

Rude jouteur, COUBERTIN n'esquive aucun coup, mais déjoue, pare, attaque, et avance dans le siècle, tendu par sa seule passion. Il est de ces rares élus, fils des lumières, qui revendiquent et tiennent à honneur d'assumer les risques et les tourments d'un idéal[35].

---

35. L'image pourrait laisser entendre que COUBERTIN aurait pu être franc-maçon. Le Grand Orient de France nous a précisé qu'il n'en fut rien. Le Dr. MESSERLI (août 1964) nous a simplement dit que COUBERTIN eut, à Lausanne, «de solides relations maçonniques».

Dans *Le Roman d'un Rallié* il proclame:

> La vie est simple parce que la lutte est simple. Le bon
> lutteur recule, il ne s'abandonne point: il ne cède, il ne
> renonce jamais. Si l'impossible se lève devant lui, il se
> détourne et va plus loin. Si le souffle lui manque, il se
> repose, et il attend.
> S'il est mis hors de combat, il encourage ses frères de
> sa parole et de sa présence. Et quand bien même tout
> croule autour de lui, le désespoir ne pénètre pas en lui[36].

Il s'agit bien là de ce courage banal, voire de cet héroïsme tout simple, qui, dans l'esprit du plus grand nombre, s'identifie au stoïcisme. Et rien de plus logique si l'on veut bien se rappeler à quelle idéologie pédagogique se rattache la formation de COUBERTIN. Son armature morale, COUBERTIN la trouve en effet, dès la prime enfance, chez les Jésuites du Collège de la Rue de Madrid — dans la Vie des Saints et dans la Vie des Hommes Illustres — et dans le climat puritain et moral des familles aristocratiques d'alors où, socialement déchu, il fallait dignement surmonter la décadence politique, ou bien, converti «au veau d'or bourgeois», travailler toujours plus, par le fruit d'une rigueur non sans grandeur, à se rendre maître des nouveaux moyens technologiques de production, en vue de la réussite économique. Plus tard, il en sera de même dans le choix de ses relations et de ses amitiés d'adulte. Le Père DIDON, professeur au Collège d'Arcueil, et auteur de la devise olympique: Citius, Altius, Fortius[37]; Théodore ROOSEVELT, «trustee» d'une démocratie conquérante, et animateur de clubs de boxe pour la jeunesse des bas-quartiers de New York; Jules FERRY et les corps expéditionnaires coloniaux; LYAUTEY et les Officiers sociaux des Affaires Indigènes; tous, amis de COUBERTIN, professent le stoïcisme commun, sans aucune attache consciente avec l'œuvre de ZÉNON ou des maîtres de la *stoa*, mais qui permet à l'homme quelconque de tenir par temps d'orage[38].

---

36. COUBERTIN, Pierre de, *Le Roman d'un Rallié, op. cit.,* dernière page. En tête de l'*Index des Oeuvres, (op. cit.),* ces lignes figurent également. Elles ont été choisies: «comme résumant la philosophie pratique dont s'inspirent la plupart des écrits de l'auteur mentionnés dans le Répertoire».
37. «Plus vite, plus haut, plus fort.»
38. GARAUDY, Roger, *De l'Anathème au Dialogue, Un mariste s'adresse au Concile,* Plon, Éditeur, 1967, p. 97. GARAUDY écrit: *Le stoïcisme* cet art de vivre par temps d'orage.

Peu de critiques ont souligné cet aspect de l'homme et cette coloration de l'œuvre : sans doute parce qu'un large consensus attribue au sport des vertus de courage physique et moral — et fascisme et nazisme fondèrent aussi leur statut sur cet aspect masochiste de la compétition sportive — et que la production littéraire coubertinienne ne saurait faire exception à la règle une fois pour toute admise.

Seul Ernest SEILLIÈRE, de tous les critiques, a abordé cette question. C'était, quoi de plus normal, en 1917, à l'heure tragique des bilans, par souci de fournir un fondement moral à la victoire des armes françaises et pour élever un rempart contre l'anarchisme pédagogique à base de rousseauisme, que l'auteur voyait poindre, et réfutait.

SEILLIÈRE trouvait en COUBERTIN un pédagogue du stoïcisme, dans la mesure où, au contraire de Charles FOURRIER et de ses petites hordes uniquement orientées vers la recherche du bonheur ludique, il exigeait des équipes sportives la soumission des instincts à la hiérarchie suprême de « l'impérialisme rationnel[39] ».

Cette attitude « stoïque », qui n'est autre finalement que le sentiment exalté de la dignité humaine, est donc un trait dominant du caractère de COUBERTIN. Peut-on dire pour autant que l'auteur fut instruit de la doctrine stoïcienne ? Nous ne le croyons pas, puisque, dans les 60,000 pages de l'œuvre, on ne trouve que quelques lignes qui fassent référence au « stoïcisme éternel » :

> Ce ne sont pas seulement les types prodigieux de l'histoire ou de la légende qui surgissent : tels ANTAR subissant à cheval ou la lance à la main les tortures du poison, ou RÉGULUS passant la mer pour retourner librement à d'abominables supplices ; ce sont encore les multiples anonymes, disciples successifs du stoïcisme éternel, honneur de l'humanité : le Romain silencieux ou souriant devant la mort, les Bayards oubliés de tous les temps, et ces hommes jaunes qui mettaient hier encore leur faux point d'honneur à s'ouvrir eux-mêmes le ventre[40].

---

39. SEILLIÈRE, Ernest, *op. cit.*, p. 42 et ss.
40. COUBERTIN, Pierre de, *Essais de Psychologie Sportive*, 1 vol. in 12, Payot et Cie, Lausanne, 1913, 265 pages, in *La Face;* l'article parut précédemment dans la *Revue Olympique*, en mai 1910.

Mais, familier ou non de la doctrine du Portique, COUBERTIN reste un tribun sans compromission. Le refus de la facilité, le mépris de l'argent, toute cette longue montée vers toujours plus de spiritualité, rien ne nous apparaît plus noble. Et d'autant plus que cette ascèse ne se refuse pas au monde, mais se fait dans le monde, par un ancrage toujours plus conscient dans la réalité sociale. La sollicitude de COUBERTIN pour le prolétariat en témoigne, dont, avec prescience, il décrit la royauté proche; la création des Universités Ouvrières, ouvertes toutes grandes sur le Temple de la Connaissance, la mise, gratuite, à la disposition de tous de gymnases municipaux, institutions que nous étudierons en infra, en sont la marque d'évidence.

Il avait souhaité que son cœur reposât à Olympie. Que ne l'eût-il sans doute préféré voir placé sous une touffe d'asphodèles, au pied de la statue de Zeus HORKIOS, protecteur des serments, plutôt que muré dans une urne de marbre, à l'occasion d'une cérémonie académique et officielle[41]?

Les dernières années de sa vie, il les passera quasiment seul, de plus en plus seul, de plus en plus pauvre.

L'argent manque, qu'il a entièrement sacrifié au mouvement olympique[42]. C'est la misère:

> Les circonstances adverses qui n'ont cessé depuis huit ans de traverser ma vie sur un rythme précipité ont réduit nos ressources et accru nos dépenses obligatoires, de telle sorte que cette vie va se terminer dans l'angoisse à l'égard des miens et du sort qui les menace. Ayant constamment soutenu de mes deniers les œuvres que je créais en vue du Bien Public et du progrès pédagogique, ma fortune personnelle s'est trouvée hors d'état de résister aux effondrements financiers de ces dernières années...[43]

---

41. Samedi, 26 mars 1938.
42. COUBERTIN, Pierre de, Lettre à l'éditeur du *Morning Post* (Londres, 1912): Il se dit: «l'homme qui sacrifie 20 ans de sa vie et une partie de sa fortune pour faire revivre les olympiades».
43. COUBERTIN, Pierre de, Testament du 5 août 1937. Nous avons eu le rare privilège de lire ce document, grâce à l'extrême compréhension du Dr. MESSERLI de Lausanne, exécuteur testamentaire de Pierre de COUBERTIN, Entrevue du 25 août 1964.

À 72 ans, il tente d'obtenir une situation rémunérée, et chérit l'espoir d'obtenir une chaire à l'Université de Lausanne ou une place d'administrateur à la Compagnie du Canal de Suez. Démarches humiliantes, il échoue.

La France qu'il aime tant, à qui il a dédié d'abord ses travaux et sa vie, l'ignore.

Aux Jeux d'Hiver de Garmisch-Partenkirchen, le Docteur MESSERLI en appelle à la charité des Comités Olympiques Nationaux : cinquante mille francs sont ainsi réunis. Presqu'en même temps, la Comtesse Renée de MONTMORT, sorte de Suzanne WEIL du Service Social, nous dit Marie-Thérèse EYQUEM, prend l'initiative de créer un fonds temporaire en sa faveur.

L'homme est amer, on le serait à moins, malgré l'amitié constante d'une garde fidèle : Mme ZANCHI, le Professeur MEYLAN, les Docteurs MESSERLI et MARTIN. C'est le moment que choisissent les nazis, et Carl DIEM, pour tenter d'annexer l'homme et l'œuvre.

Le 25 juin 1937, lumière dans la pénombre d'une fin de vie, il est fait «bourgeois d'honneur» de sa bonne ville de Lausanne.

Le 2 décembre 1937, il s'affaisse discrètement à Genève, Parc Municipal de La Grange — terrassé, mais à hauteur d'homme.

De cette longue vie, nous avons voulu essentiellement retenir la richesse humaine et la «multiple splendeur», mais surtout la fidélité à des principes moraux : Pierre de COUBERTIN oppose à l'argent qui corrompt et aux honneurs qui pervertissent, un humanisme dépouillé et une vie et une passion au service de l'esprit.

COUBERTIN, c'est d'abord, et essentiellement, ce pèlerin de l'Idéal, qu'il est réconfortant d'avoir pour ami et de retrouver, radieux, dans la grisaille des hommes, alors que l'argent, l'envie, la haine, enténèbrent notre vie quotidienne.

Dans les chapitres qui suivent, nous nous sommes assigné de démythifier COUBERTIN et de l'envisager, non pas comme une sorte de jongleur merveilleux, rénovateur par un tour de passe-passe magique de Jeux Olympiques défunts, mais comme un homme et un éducateur debout, fruit de sa propre histoire certes, mais témoin partisan et déchiré du siècle, porte-parole et déviant d'une classe sociale que ses audace effrayeront, poète visionnaire d'une démocratie sociale où le sport, clef de voûte d'une éducation rénovée effectivement populaire, permettrait l'intégration harmonieuse du prolétariat dont il fut l'un des rares pédagogues du XXe siècle à saisir l'importance historique et l'avenir politique.

chapitre III

genèse d'une pensée : les déterminants de l'homme

L'homme n'est jamais seul. Le vieillard amer et triomphant, le patriarche de l'Olympe vers lequel montent les hymnes de la jeunesse du monde, le tribun grandi par les luttes et les victoires, quelles sentes secrètes a-t-il gravi, hors des allées visibles de la gloire? Quelle fut, dans l'enfance de Pierre de COUBERTIN, l'influence des paysages et de l'éducation? Quels furent, dans sa longue vie, les souffrances, les joies, les drames, les rencontres, tous les incidents de parcours, ignorés mais définitifs, qui modifièrent le cours du fleuve, créèrent ou effacèrent des méandres, jusqu'à l'étale de pleine mer? Quel fut, chez COUBERTIN, l'importance de l'idéologie de classe et des idées communes de l'époque?

Nous allons tenter, dans ce chapitre, de répondre à cette interrogation, quoique l'état actuel des recherches coubertiniennes, encore incertaines et balbutiantes, rende notre projet aventureux. Déterminer les portants de l'homme et de l'œuvre est en effet une tâche où l'insuffisance des données, le subjectivisme, l'interprétation hasardeuse des faits, voire l'amalgame, guettent le chercheur.

Mais il nous a semblé impossible de comprendre Pierre de COUBERTIN, et d'expliquer son œuvre, sans cette tentative d'approche de la genèse de sa pensée.

Nous nous proposons d'envisager successivement les points suivants :
3.1. — La famille et l'éducation
3.2. — L'appel de l'histoire
3.3. — L'influence de Frédéric LE PLAY

3.1 la famille et l'éducation

> *« Le courage moral, c'est de savoir déroger, s'il le faut, à son moi de prédilection. »*
>
> Jean ROSTAND
> *Pensées d'un biologiste*

Rue Oudinot, fin du XIXe siècle... L'ambiance y est provinciale, un peu « illusions perdues », un peu émigrés de l'intérieur. La culture classique et la religion y sont les suprêmes remparts contre la vilenie d'un temps si peu respectueux des traditions et des grandeurs passées. On vit entre gens courtois, à pas feutrés, au milieu de fantômes. L'urbanité est de mise: elle n'est que la forme civile du refus politique.

Le Comte de MADRE précise:

> Mes grands-parents appartenaient à ce qu'on peut appeler l'aristocratie moyenne. Cette classe de la Société conservait des traditions et des idées que les événements dépassaient de beaucoup[1].

La plupart des membres de cette société fermée faisaient leur carrière dans l'armée — et c'est vers elle que par la force des conventions fut d'abord dirigé COUBERTIN — dans la diplomatie, les ordres, la magistrature, ou les carrières libérales. Peu dérogent dans le commerce ou l'industrie: en tous cas, sont-ils montrés du doigt. La plupart, surtout les aînés de famille, possèdent des terres et le château de la Seigneurie; ils y résident de moins en moins, coupés de plus en plus de la réalité sociale du monde paysan, quitte à y revenir en villégiature, ou au moment de la chasse.

Mais le milieu est cultivé. On tient à vertu d'avoir fait ses humanités, de peindre « à l'aquarelle », et de jouer joliment du piano.

Les parents de Pierre de COUBERTIN apparaissent comme le symbole même de cette éducation:

> Tous deux cultivés et artistes... Sa mère avait fait des études classiques et était pieuse et musicienne. Son père était peintre[2].

---

1. Comte de MADRE, *op. cit.*
2. Mme de NAVACELLE, *op. cit.*

La mère, selon le Comte de MADRE, avait en outre appris le latin en suivant les cours de ses frères :

> Elle me montrait avec orgueil, quand j'étais enfant, son vieux Virgile, qu'elle conservait pieusement. Mais il me semble qu'elle ait, au cours de sa vie, beaucoup pratiqué la lecture ou l'étude. Elle écrivait beaucoup de lettres, aimait à faire et à recevoir des visites, ne sortait jamais qu'en voiture, même à la campagne, et consacrait une grande partie de son temps à des œuvres de charité. Élevée, comme beaucoup de jeunes filles de son temps, à ne jamais s'occuper de la gestion de ses biens — affaire exclusive de son mari — elle ne connaissait, à part son métier de maîtresse de maison, pas grand'chose de la vie. Son extrême bonté, sa sensibilité naturelle, s'ajoutaient à cette inexpérience pour la rendre facilement crédule, ce dont bien des gens abusaient. Elle dessinait agréablement et était musicienne.

Elle adorait son jeune fils, qu'elle élevait dans un climat mystique, le destinant aux ordres. Il semble que sa religion était celle, sans problèmes, de l'Église Catholique, apostolique et romaine. Et que, soucieuse de la tradition, elle ait surtout été attachée au rituel de la liturgie. De là ces accessoires du culte, en qui elle voyait l'évidence divine, et qu'elle proposa au respect de son fils, dès la toute jeune enfance. On sait d'ailleurs que le résultat recherché ne fut pas atteint. En tout cas, COUBERTIN ne fut jamais cagot et s'éleva toujours au-dessus des querelles des sectes et des dogmes : son mariage «mixte» avec une protestante le prouve, et aussi cette spiritualité dont il ne se départira jamais.

Ce que le Comte de MADRE appelle :

> un excès de puérilité religieuse

eut donc l'effet opposé : il est cependant capital à nos yeux, puisqu'il fut le fait de la mère.

Le père était, lui :

> un homme d'assez belle allure, très attaché aussi à ses principes religieux ou autres, mais d'un tempérament beaucoup plus froid. On disait que sa mère était janséniste et qu'il en avait gardé des traces. En tous cas, son jugement était sain, raisonné, sa nature droite, et loyale. Sa culture était étendue. Lorsqu'il fut frappé de cata-

racte, il prit une lectrice intelligente, mais sa vocation était la peinture[3].

Né à Paris, et disciple de PICOT, Charles Louis FREDY, après avoir ramené d'Extrême-Orient des aquarelles que l'on disait fort sensibles, se tourna, sous l'influence de sa femme, vers la peinture religieuse. Il décora entre autres les églises de St-Rémy de Chevreuse et d'Étretat. NAPOLÉON III se rendit acquéreur de «La Promenade d'un Cardinal Romain»; le Vatican possédait «Le Cortège Pontifical», primé au Salon de 1861.

La facture des toiles, selon nos sources:

> était bonne, classique, celle d'un homme juste éloigné des passions du siècle. Pas de génie certes, mais un solide équilibre[4].

Et il nous paraît bien que c'est là le maître-mot de cette société: l'équilibre, même s'il s'agit d'une illusion de fin de classe.

Qu'on veuille bien imaginer la vie d'un jeune enfant, puis d'un jeune «dandy», dans ce milieu social coupé des vicissitudes du siècle, où les déviants sont prévus, où les éclats, vite affadis et amortis, ne laissent derrière eux que parfums discrets de bergamote ou d'encens[5], où la soumission à la naissance, aux traditions, aux rites, justifie un orgueil de caste, une jouissance d'«happy-few».

C'est dans ce climat assourdi, désuet, mais digne, moral, et cultivé, de fidélité au Roi et de haine de la République que va grandir le jeune Pierre.

Deux souverains seulement sont reconnus par la famille:

> Le Pape Roi qui règne à Rome, et le Comte de CHAMBORD, seul Roi de France, les ORLÉANS, les BONAPARTE et la République étant considérés comme des usurpateurs[6].

---

3. Comte de MADRE, *op. cit.*
4. *Op. cit.*
5. À l'âge de six ans, Pierre de COUBERTIN posera pour son père, pour une toile destinée au Séminaire des Missions Etrangères de la Rue du Bac à Paris. On songe à l'analyse que David RIESMAN fait, dans *La Foule Solitaire,* (Éditions Arthaud, 1964) des sociétés «innerdirected», et de leur équilibre «gyroscopique».
6. Comte de MADRE, *op. cit.*

Chaque année, les COUBERTIN se rendent à Rome: Paul, l'aîné des fils, servira quelque temps dans les Zouaves Pontificaux. Voyage en voiturin, où l'émerveillement du dépaysement cède parfois le pas à la rudesse du phaéton... C'est à Rome, sans doute, que Pierre dût découvrir l'ordre et la majesté de l'âge classique, là qu'il dût éprouver le choc qui le fera remonter aux sources, vers cette Hellène mythique dont il ne cessera, par la suite, de chanter l'eurythmie.

En 1880, la famille se rend en pélerinage dans le Tyrol autrichien, à Frohsdorf, où se trouve exilé le prétendant au trône de France[7].

Pierre de COUBERTIN aurait fait un récit alerte de cette entrevue, récit conservé dans la famille, et où se seraient exprimés:

les sentiments juvéniles d'un royalisme ardent.

Cette affirmation, peut-être plus conforme à la projection personnelle de l'oncle, qu'aux sentiments personnels de l'enfant, appelait vérification. Nous n'avons pu obtenir du Comte de MADRE, communication du récit[8].

Par contre, l'œuvre en langue anglaise de COUBERTIN nous donne une description sans fards de cette visite à Frohsdorf: les sentiments du jeune bachelier sont loin d'y être admiratifs.

Nous pensons utile de donner ici la traduction de larges extraits de l'article paru dans The Century Magazine, en septembre 1897:

Le Château de Frohsdorf, où l'héritier d'Henri IV et de Louis XIV passa ses derniers jours dans un paisible crépuscule, est un bâtiment massif situé sur une colline boisée, non loin de Vienne. Une fois le seuil franchi, on ne rencontre plus que des Français; les objets et les meubles qui le garnissent ont été apportés de France comme si l'habitant de cette demeure voulait marquer davantage encore l'exil qui le frappe.

---

7. COUBERTIN, Pierre de, «*Royalists and Republicans, notes of a Parisian, The Century Magazine,* Vol. LIV, septembre 1897, no 5. M. Th. EYQUEM, *op. cit.,* situe ce voyage en 1879.

8. Par lettre en date du 27/9/1964, le Comte de MADRE nous disait qu'il n'y avait pas intérêt à compulser «quelques pages écrites par un jeune enfant». (Notons quand même que COUBERTIN avait alors 17 ans.)

> Lorsque j'eus pour la première fois l'honneur de voir le
> Comte de CHAMBORD, c'était en 1880, trois ans avant
> sa mort et il était alors âgé de soixante ans; j'étais un
> tout jeune homme à l'époque et j'accompagnais mes pa-
> rents. Sa tenue vestimentaire laissait beaucoup à dé-
> sirer, de même que celle de la Comtesse qui, étant sans
> beauté et sourde par surcroît, se contentait de sourire
> de temps à autre.
> Les allusions politiques rendaient le Comte maussade,
> lui rappelant l'existence qu'il aurait dû mener. Il avait
> probablement abandonné tout espoir de monter sur le
> trône en 1856, alors que NAPOLÉON III était au faîte de
> sa gloire. Un espoir lui revint après la guerre franco-
> allemande, mais il se rendait compte que la France, au
> lieu de se rapprocher de lui, s'en éloignait chaque jour[9].

Le tableau est sans complaisance. Si tant est que le jeune COUBERTIN ait pu croire encore au rétablissement de la
monarchie, il repartait de Frohsdorf avec la certitude qu'une
restauration était impossible, et que l'exil n'améliorait pas
les hommes.

Marie-Thérèse EYQUEM écrit d'ailleurs:

> Pierre lui trouva (au Comte de CHAMBORD) une tête de
> FLAUBERT triste et résigné[10].

Il est certain, qu'à «l'âge de l'enthousiasme juvénile[11]»,
c'est là un choc qui dût être déterminant: nous pensons
cependant plus sage d'avancer que déjà, au moment de l'entrée à l'Université, COUBERTIN avait opté pour la République.

Par contre, ce que nous appellerons «les intermèdes
normands», nous paraissent d'une toute autre importance.

Chaque été ramenait en effet les COUBERTIN près de
Bolbec, en Haute-Normandie, dans le fief maternel de Mirville.

Mirville, c'est dans un village de quelques dizaines de
feux, un manoir modeste et charmant, un peu Louis XIII,
beaucoup Renaissance, niché près d'une pièce d'eau, dans
un parc de belle élégance. De l'échauguette de la tour d'angle, où le jeune Pierre a sa chambre, la vue embrasse un val

---

9. COUBERTIN, Pierre de, *Royalists and Republicans. Notes of a Parisian,*
op. cit.
10. EYQUEM, Marie-Thérèse, *op. cit.*, p. 23.
11. DEBESSE, Maurice, *Les Étapes de l'Éducation*, Paris, P.U.F., 1967. *En-*
cyclopédie Pédagogique, no 20.

moussu, cerné par les «fossés» traditionnels plantés d'ormes, de hêtres et chênes[12]. Les abeilles du métayer bruissent au soleil. À droite du porche d'entrée, au-dessus d'une remise à calèches, se trouve l'atelier de peinture du père. Une fois par jour, l'omnibus Rouen-Le Havre secoue le viaduc tout proche et, beaucoup plus, trouble la quiétude d'un monde paysan où la terre se vend et se loue en fonction du prix du quintal de blé ou du kilogramme de beurre.

C'est là qu'à la sortie de la vie de collège et de salon, après l'amertume de Frohsdorf, il fait bon écrire, peindre, et rêver. Là où le monde d'hier, paysan et solide, commence à s'ébranler aux fracas de la machine à vapeur, là où les balbutiements des temps nouveaux sont d'autant plus perceptibles qu'inhabituels, et incongrus, là où, dans la méditation, s'élaboreront les douze numéros de «La Revue du Pays de Caux» dont Pierre de COUBERTIN sera, à lui seul, le commanditaire, le rédacteur, le secrétaire et l'illustrateur. Et c'est ainsi que de novembre 1902 à novembre 1903, trois cents Normands du terroir, médusés par tant de munificence — et sans doute bien inquiets sur l'équilibre mental de l'expéditeur — recevront gratuitement une publication beaucoup plus politique que littéraire.

La vie durant, Pierre de COUBERTIN restera fidèle à cette terre des aïeux : avec quelle émotion et quel orgueil ne dût-il pas accéder, le 20 mai 1888, à la charge de conseiller municipal de Mirville[13].

Mais Mirville, c'est aussi la proche banlieue du Havre, ville de négoce colonial qui draine vers elle les produits locaux de la terre cauchoise et reçoit en retour les interrogations et les inquiétudes paysannes.

La lecture des journaux de l'époque est éloquente. *Le Journal du Havre* des années 80 résonne des appels de sirè-

---

12. Dans le Pays de Caux, les «fossés» sont des talus surélevés plantés d'une double rangée de bois de haute fûtaie. Ces rideaux d'arbres protègent des vents dominants d'ouest et des colères de la Manche, toute proche.

13. Pierre de COUBERTIN fut conseiller municipal de Mirville, du 20 mai 1888 au 22 septembre 1892. (Lettre du Secrétaire de Mairie de Mirville, en date du 28 décembre 1967). On trouvera, en annexe, photocopie d'une délibération du Conseil Municipal de Mirville, en date du 22 juillet 1888, relative à l'entretien des chemins ruraux, et portant la signature de Pierre de COUBERTIN.

nes des cargos, longs courriers de l'économie de traite, les lecteurs sont des familiers de Madagascar, du Tonkin, du Dahomey, de la Tunisie et de l'Algérie.

Quotidiennement, des lettres de planteurs sont publiées: non pas les bucoliques de Paul et Virginie — Bernardin de SAINT-PIERRE est fils de la ville — mais les récits du dur corps à corps terrien, semé d'embûches et de maladies, avec, en récompense, les biens au soleil tropical, et l'escarcelle, garnie de napoléons. Des conférences d'éducation populaire sont données par des missionnaires, des commerçants, des navigateurs. On sent non seulement l'intérêt de la classe des marchands et des tréfileurs pour les possessions lointaines, mais encore l'engouement du palefrenier d'Harfleur, du charpentier du Quai Notre-Dame, de l'instituteur de Bléville, pour «la colonie».

Le Havre, fin du XIXe siècle, c'est une atmosphère virile et tendue, un climat d'affaires et de trafic portuaire, un appel incessant au travail et à la lutte.

La ville vit, frémit, se développe, étend ses tentacules toujours plus en amont de la baie de Seine, sous la houlette de grands administrateurs, tel Jules SIEGFRIED, patriote alsacien chassé de ses usines textiles par la guerre récente, et père d'André SIEGFRIED, futur maître à penser de la IIIe République.

Le Havre, c'est aussi la naissance du prolétariat, chez Augustin NORMAND, dans les chantiers navals, aux tréfileries, dans les docks, sur le port. La C.G.T. y est active, l'idée socialiste vivante: Jules DURAND, syndicaliste havrais et homme de conscience, sera condamné à mort, en 1910, par la Cour d'Assises de Seine-Inférieure, pour des crimes qu'il n'aura pas commis. En même temps, fruit de l'aisance des fabriques, du troc avec «la colonie», et du commerce avec la Grande-Bretagne, surgit, en 1872, par la volonté de jeunes bourgeois retour d'Oxford et de Cambridge, le Havre Athletic Club, premier club de football français.

Dès son plus jeune âge, COUBERTIN connaîtra le Havre, sa fébrilité, sa joie de vivre, son modernisme. Un temps, il possèdera une maison à Sanvic, en proche banlieue. En 1895, il y donnera «Cinq Conférences sur l'Histoire Contem-

poraine». En 1898, sollicité par Jules SIEGFRIED, il songe
à s'y présenter à la députation[14].

COUBERTIN raconte, dans des pages inédites de ses
mémoires, et que nous reproduisons en annexe, comment,
ayant à peine atteint sa vingt-cinquième année, il fut tenté par
la politique.

Des groupes d'électeurs havrais ont calculé en effet:

> Le bénéfice qu'ils retireraient de la candidature d'un re-
> présentant de l'aristocratie locale jusque là inféodé à la
> cause monarchique.

C'est l'époque où, cependant, l'action nationale envers
les «sports virils», l'accapare en entier. Il hésite.

Il n'en va pas moins voir A. RIBOT, ancien Président
du Conseil, personnalité morale unanimement respectée.
RIBOT le reçoit, et lui révèle que devenir parlementaire c'est,

---

14. Nous touchons là, très concrètement, au problème des sources. Dans
Une Campagne de 21 Ans, 1887-1908, COUBERTIN écrit, page 2, parlant
de la réforme du collège français: «Je n'imaginais pas, toutefois, que cela se
pût en dehors de la politique. Croyant alors à la puissance efficace du parle-
mentarisme pour transformer les mœurs, il me semblait que la transformation
rêvée devait nécessairement trouver son point de départ dans le Parlement et
en recevoir les encouragements désirables.»
Marie-Thérèse EYQUEM, *(op. cit.,* p. 53), renchérit: «La solution lui parut
être d'accéder au Parlement pour y déposer et faire aboutir un certain
nombre de projets de lois.»
Fort de ces deux remarques, nous avions recherché dans les Archives
Départementales de la Seine-Inférieure si COUBERTIN avait fait acte de candidature, soit au Conseil Général, soit au Parlement, vers les années 1880.
En 1966, le Conservateur Adjoint au Directeur des Archives Départementales de la Seine-Maritime nous a précisé n'avoir trouvé aucune indication
sur le dépôt d'une candidature de Pierre de COUBERTIN pour les élections
au Conseil Municipal de la Ville du Havre, ou au Conseil Général de la
Seine-Inférieure, où à la députation, pour les années 1880-1883, et suivantes.
Et pour cause, puisque COUBERTIN ne s'y présenta jamais.
Mais il fallut attendre 1972 pour pouvoir trouver la *Lettre aux Électeurs de
l'Arrondissement du Havre,* (Librairie Havraise — 10, place de l'Hôtel de
Ville) adressée aux citoyens havrais en mars 1898, document non signalé,
tant par l'index des œuvres (C.I.O. 1933) que par la liste bibliographique
établie par le Carl DIEM Institut (Cologne 1966).
Or, ce document, pour ce qui concerne ce point d'histoire, est déterminant.
COUBERTIN écrit en effet, page 3: «Si je m'adresse à vous aux approches
des Élections Générales, ce n'est pas seulement pour remercier ceux d'entre vous qui deux fois déjà, en 1889 et en 1893, m'ont offert d'appuyer une
candidature que je n'ai pas le dessein de poser.» COUBERTIN ne fut donc
jamais candidat à des élections parlementaires: il fut seulement pressenti.

pressé par le quotidien, renoncer assurément aux études désintéressées. COUBERTIN se précipite au Bois de Boulogne, pour y «respirer», conscient d'avoir échappé, selon lui, à un grand danger. COUBERTIN ne sera jamais député.

À l'occasion du Congrès Olympique de 1897, il écrira à Paul MARAIS, maire du Havre:

> Appartenant à notre belle cité de fait et de cœur, il était naturel pour moi d'éprouver le désir qu'elle put s'associer à une œuvre qui m'est si chère[15].

C'est du Havre qu'il s'embarquera, en 1883, pour l'Angleterre, en quête d'une pédagogie autre que celle octroyée par la rébarbative Instruction Publique française.

En 1922, le cinquantenaire de la fondation du Havre Athletic Club lui permet à nouveau d'affirmer son attachement à la cité havraise.

On se plaît à l'imaginer, enfant et adolescent, sur la falaise de Sainte-Adresse, face à cette baie de Seine où tant de Vikings abordèrent, où tant de boucaniers, corsaires, marins du Roy, découvreurs de terres et de rêve s'embarquèrent pour le Nouveau Monde, où sous le ciel le plus sensible de France, tant de savants bénédictins firent halte dans leur longue quête, sur les chemins de Jumièges et de Saint-Wandrille.

La Normandie! Combien l'a-t-il chantée!

En 1897, il est aux U.S.A., qu'il admire:

> (Pour) la volonté, l'énergie, la persévérance par lesquelles (on) parvient à la fortune[16].

Mais soudain:

> S'évoque par contraste l'image d'une ferme normande avec sa hêtraie, ses pommiers, son toit de chaume, les roses trémières qui égayent le vieux sol noirci, et le verjus au large feuillage qui court sur la façade claire[17].

---

15. COUBERTIN, Pierre de, *Lettre à Paul MARAIS,* maire de la Ville du Havre, en date du 25 juin 1897. Archives Municipales, Section R 2-42. Ce document n'a pas encore été édité.
16. COUBERTIN, Pierre de, *Souvenirs d'Amérique et de Grèce,* Paris, Librairie Hachette, 1897, p. 73.
17. *Idem,* pp. 21-22.

Nulle ville qu'il ne connaisse, nulle campagne qu'il n'ait arpentée. Il est à Rouen, à Bolbec, à Dieppe, à Étretat. À Étretat surtout et régulièrement chaque été, où depuis la vogue des bains de mer, la bourgeoisie industrieuse du Havre se rend pendant les grandes vacances.

Or, Étretat, c'est après la traversée du Pays de Caux, la révélation de la mer. Plus humaine qu'alentour, elle sertit des falaises célèbres. Alphonse KARR et Gaston LEROUX, ISABEY et MANET aiment et habitent les lieux. Entre la Manneporte et l'Aiguille d'Aval, au creux des valleuses herbues, les vagues, venues d'Irlande, parlent des sagas de légende.

C'est là, content les Mémoires, que pour la première fois, Pierre de COUBERTIN songea à Olympie.

Il nous semble en tous cas difficile de comprendre COUBERTIN en dehors des rythmes du pays cauchois : cette houle des moissons pleines et des marées lourdes, et soudain, venues d'Ouest avec les cris des mouettes, ces rafales de vent qui cabrent les hommes et obligent à lutter à fin de lucidité.

Il nous semble impossible de situer l'œuvre de COUBERTIN en dehors des paysages et des cieux normands, en dehors de la Manche, mer glauque et dense, capable des bleus les plus tendres et des majestés les plus grandes, en dehors d'un certain climat historique, où rêve et réalité se côtoient, où panache et aventure coulent de source [18].

En Pierre de COUBERTIN, se retrouveront les humeurs de tous les compagnons de Guillaume. En lui s'incarneront les vertus de la race normande, travailleuse et patiente jusqu'à l'obstination, violente et coléreuse jusqu'à la passion, race de hérauts et de juristes, de poètes et d'aventuriers, plus capable encore, quoi qu'on dise, d'enthousiasme lucide que de calcul retors.

---

18. Et tels nous apparaissent bien, exemplairement, les *Mémoires Olympiques,* Bureau International de Pédagogie Sportive, Lausanne, 1931, écrits primitivement à la demande du journal *L'Auto,* sans souci du bien-dire, au jour le jour de l'article de presse.
Nouvelles dramatiques, allègres, mais aussi philosophiques, ces « mémoires » où le drame est toujours tempéré par un sens paysan de l'humour, font de COUBERTIN le frère de terroir de MAUPASSANT.

Combien, en regard de ces temps de liberté, le retour
au carcan de la vie de collège devait paraître encore plus
insupportable au jeune homme.

Sur ce point, nulle équivoque, tous les auteurs concor-
dent: la révolte coubertinienne c'est, sur fond d'intelligence
sensible, la réponse à un embrigadement scolaire hérité de
l'Empire.

En 1908, à quarante-cinq ans, il ne peut encore qu'ex-
haler sa rancœur:

> Maxime Du CAMP n'avait-il pas écrit ces sombres lignes:
> «Encore à l'heure qu'il est, je ne puis voir passer une
> bande de lycéens sans être pris de tristesse et lorsque,
> par hasard, je rêve que je suis rentré au collège, je me
> réveille avec un battement de cœur». Beaucoup de Fran-
> çais en eussent dit autant[19].

En 1889, Maurice BARRÈS dédiera son roman «L'Homme libre»:

> Aux collégiens de France victimes d'une discipline abo-
> minable.

Ce n'est que le 7 juillet 1890, qu'une circulaire ministé-
rielle permettra aux enfants de parler au réfectoire, pendant
les promenades et les exercices gymniques.

Conséquence de telles brimades:

> Le mensonge est chez les collégiens français élevé à la
> hauteur d'une institution et je dois dire que les maîtres
> s'en inquiètent assez peu[20].

Tout ce climat d'amoralité l'écœure. L'enfant, blessé,
refuse le système[21]. Opposant, puis révolté, il s'affirme contre un dressage militaire qui ne donne que des êtres veules
et soumis, alors que:

> cette classe dirigeante qui ne dirige déjà plus rien[22].

---

19. COUBERTIN, Pierre de, *Une Campagne de 21 ans, op. cit.,* p. 8.
20. Idem, *L'Éducation en Angleterre,* Paris, Hachette, 1888, p. 313.
21. Il note dans le même ouvrage, à la même page: «La réaction des
élèves présente un côté sensuel parfaitement caractérisé; le corps se venge
du mépris avec lequel il a été traité.»
22. COUBERTIN, Pierre de, *L'Éducation en Angleterre,* Paris, Hachette,
1888, p. 313. Il surenchérira plus tard: «Rien n'est à attendre de l'aristocratie», *Revue du Pays de Caux,* no 1, 1903.

délaisse, par paresse ou par snobisme, les grandes écoles du devenir: Centrale, Polytechnique, d'où devraient sortir les chefs d'industrie et les maîtres politiques des temps nouveaux.

C'est là, à n'en pas douter, un choc considérable pour le jeune COUBERTIN. Et désarroi d'autant plus grand que si l'enfant aspire au siècle, il tient encore, par toutes ses fibres, au milieu affectif du père et de la mère. Peut-on avancer, pour autant, que la rébellion coubertinienne n'eut pour but que de récupérer l'image mythique du père?

Ce que l'on peut dire en tout cas, et sans risques d'erreurs, c'est que Pierre de COUBERTIN refuse le chemin des convenances et de la facilité.

Il aurait pu être de ces hommes, condamnés:

> au nom des privilèges dont jouissaient leurs pères, à mener une existence d'exception et à en souffrir. Ils sont assis, spectateurs solitaires, dans la tribune de marbre aux tapis de pourpre, où leur dignité les retient, qu'ils ne peuvent quitter sans déchoir... Les aristocraties sont lentes à mourir[23].

S'il s'est refusé à:

> rester là-haut à compter les années, à parler du passé, à gémir d'un présent, à se méfier de l'avenir[24]

c'est, nous semble-t-il, et en premier, par refus de ce qui salit, par amour de la Beauté, certes jamais tant découverte que pendant les temps de liberté, quand les rythmes puissants de la nature et des hommes enchantèrent à jamais sa sensibilité d'enfant, mais surtout, par souci politique de comprendre et de maîtriser l'avenir.

3.2 l'appel de l'Histoire

Il est sans doute banal de rappeler que COUBERTIN est né en 1863. Pourtant, le fait est déterminant.

C'est qu'à sept ans, l'âge «de raison» pour un catholique, il a vu la défaite des armées impériales et connu le siè-

---

23. COUBERTIN, Pierre de, *Le Roman d'un Rallié, op. cit.*, p. 5.
24. *Ibid.*, p. 52.

ge de Paris. Certes, nous manquons presque totalement de renseignements sur cette partie de sa vie[25], hormis qu'il garda un souvenir horrifié des «pétroleurs» de la Commune.

Cependant, en 1880, alors qu'il vient d'obtenir le grade de bachelier ès-lettres et de bachelier ès-sciences, COUBERTIN refuse de céder au découragement et de s'identifier à ces trop nombreux Français qui:

> à quelque opinion qu'ils appartinssent, n'étaient pas satisfaits d'eux-mêmes (et sur qui pesait) le sentiment de l'impuissance nationale à construire quelque chose de stable[26].

Certes, comme eux il pense que:

> Trois monarchies, deux empires et trois républiques en moins d'un siècle, c'était beaucoup — même pour un peuple de ressources comme le peuple français[27].

Et lui aussi en souffre, dans les poches duquel la cohabitation de pièces de monnaie, aux effigies différentes, trouble l'«amour-propre national».

Mais il ne se sent pas l'âme d'un vaincu et ne se reconnaît pas le droit de douter de la France.

L'amour de la patrie apparaît bien comme l'une des causes déterminantes de sa vie militante. En atteste cet inédit, de l'année 1888:

> Ma France adorée, ils me disent que tu meurs; ils me disent que tu descends au tombeau marche par marche et que déjà la pourriture sépulcrale t'envahit; ces horreurs, il faut que je les entende quotidiennement et que je fasse taire l'indignation qu'elles soulèvent en moi. Ils me disent que tout est inutile, notre travail, nos pensées qui devancent ta marche pour aplanir le chemin que tu vas suivre, nos efforts pour soulager ta fatigue, nos paroles par lesquelles nous soutenons ta foi en toi-même. Oh! s'ils se doutaient à quel point ils me déchirent l'âme!... Ils ne voient point la nouvelle œuvre vers laquelle tu te

---

25. Nous avons noté cette courte phrase dans l'œuvre: «Pour moi, dont la première enfance se déroula à travers les tristesses de 1870...»
COUBERTIN, Pierre de, *Un programme d'Action Nationale*, 25 avril 1910, *Revue pour les Français*, no 4, p. 291.
26. COUBERTIN, Pierre de, *Une Campagne de 21 Ans, op. cit.*, p. 1.
27. *Idem.*

diriges; ils ont les chaînes du passé après eux et ils s'irritent de nous voir courir si légèrement auprès de toi.
Pardonne-leur! Ils t'ont aimé à leur manière, mais sois
toute à nous vibrante de foi et de courage..., à nous qui
te regardons comme un rayon de la Divinité, à nous qui
te sacrifierons le bonheur, la gloire, tout...[28].

C'est le cri épique et lyrique d'une âme jeune et pas-
sionnée, l'adieu définitif aux formes politiques défuntes, le
Cantique des Cantiques élevé à la gloire d'une France debout
et vibrante, l'engagement total de l'homme au service de la
patrie. C'est l'identification à l'Histoire.

Fait d'une telle évidence, qu'il semble bien qu'aucun
des coubertinologues ne l'ait envisagé, sauf Marie-Thérèse
EYQUEM: COUBERTIN a conscience d'être et de faire l'histoire.

Tout l'y incite: ancêtres, naissance, tradition, éducation
— et l'époque, faite de réussites technologiques exaltantes,
de conquêtes coloniales ambitieuses, et d'anxieuse interrogation.

C'est dans l'histoire, et par l'histoire, qu'il cherchera
remède aux instabilités politiques de la France, et par elle
qu'il sera ramené à la réflexion pédagogique, car:

l'Histoire ne se nourrit que de vérité[29].

Peut-être n'a-t-on pas vu assez qu'il se veut d'abord historien, témoin attentif du monde contemporain, investiga-
teur des siècles passés.

C'est pourquoi la division arbitraire, proposée par le Répertoire des publications[30], ne nous agrée pas, et que nous
préférons la bibliographie chronologique, même incomplète,
proposée par le Carl DIEM Institut[31]. Car toutes les publica-

---

28. COUBERTIN, Pierre de, Manuscrit inédit, communiqué par Geoffroy de
NAVACELLE. La date: «1888» portée au crayon, en bas de page à droite, est
de la main de COUBERTIN.
29. COUBERTIN, Pierre de, *Le Pays Vaudois, son âme, son visage*, Sans
date précise de publication. L'index du C.I.O. porte: «une brochure pour
l'Office Suisse du Tourisme date d'après la guerre».
30. Répertoire des Écrits, Discours et Conférences de Pierre de COUBER-
TIN, *op. cit.*
31. Carl DIEM Institut, Cologne (R.F.A.), 1966, *Bibliographie de l'Oeuvre
de Pierre de COUBERTIN*, in *L'Idée Olympique*, Éditions Internationales
Olympiques, Lausanne.

tions ayant trait à la pédagogie et à l'éducation, tous les
écrits se rapportant à la politique et à la sociologie, et même
les «variétés» (*Souvenirs d'Amérique et de Grèce, Le Roman
d'un Rallié*), toutes les initiatives et fondations, font référence à l'histoire, sont implicitement l'histoire.

La méthode historique utilisée par Pierre de COUBERTIN
doit donc être étudiée avec attention.

COUBERTIN incite à respecter les proportions, à ne pas
voir la vérité :

> à la manière des surfaces planes... l'avers et le revers...,
> le pour et le contre [32]

mais au contraire à prendre une vue prismatique des faits :

> On ne l'obtient qu'en tournant alentour de ce dont l'on
> veut juger et en complétant par un travail de libre ré-
> flexion les renseignements insuffisants de la vision [33].

Soucieux d'universel, il s'insurge contre le principe de
causalité et rejette la dialectique comme outil d'investigation. Car le principe de causalité oblige à pourchasser le
détail, et le contrôle rigoureux, fût-il bénéfique, fait sombrer
dans la myopie intellectuelle. Or, la grandeur de la France
exige de ses dirigeants qu'ils pensent grand, et qu'ils voient
loin.

En conséquence, les phénomènes historiques seront in-
terprétés selon une fonction, mais :

> la fonction en histoire ne se laisse pas suivre à décou-
> vert [34].

Il parle de parallélisme, d'interdépendance des événements, de rejet des «causes premières» et des «causes
secondes» :

---

32. COUBERTIN, Pierre de, *De la Transformation et de la Diffusion des
Études Historiques: Caractère et Conséquences*, Conférence à la Société
littéraire «Le Parnasse», Athènes, 31 mars 1927.
33. *Idem.*
34. *Idem.*

Car les actions humaines ne ressemblent-elles pas aux vagues, distinctes et pourtant solidaires, sans commencements ni fins appréciables[35]?

En fait sa méthode n'apparaît pas clairement. Il semble qu'il traite l'histoire en moraliste plus qu'en historien.

«L'Histoire Universelle[36]», œuvre essentielle en la matière, vaut surtout par le souffle généreux qui l'anime, par le rejet des classifications communément acceptées et qui font les nationalismes, par un souci de cosmopolitisme politique qui nous paraît bien refléter l'a-priori idéologique de l'auteur. Et c'est bien là, apparemment, le fil directeur coubertinien: moins révélation des faits, moins travail de chartiste, que souci d'honnête homme d'écrire une histoire tolérante des civilisations.

D'ailleurs, à quels lecteurs potentiels s'adresse-t-il?

Un fait s'impose: les livres de COUBERTIN ayant trait à l'histoire, ont d'abord été publiés, article par article, dans des journaux et dans des revues. L'Évolution Française sous la troisième République[37] a d'abord paru dans La Nouvelle Revue; France since 1814[38], a connu, au préalable, les pages de la Fornightly Review de Londres; L'Avenir de l'Europe[39] fut primitivement une enquête pour l'Indépendance Belge; Pages d'Histoire Contemporaine[40] a d'abord été destiné aux lecteurs du Figaro (1902-1906) avant d'être édité (1909).

Mieux, Histoire Universelle[41], a été soumise, en premier, au rodage de conférences publiques, données à la Maison du Peuple de Lausanne puis répétées à Luxembourg (1919) et à Mulhouse (1920), avant de sortir de presse en 1926-1927, tandis que Histoire de la troisième République fut offert, en six leçons, en 1919, aux habitués de la Salle du Sénat de l'Université de Lausanne, après que des sommaires en eussent été publiés dans la Feuille d'Avis de la même ville.

---

35. Idem.
36. COUBERTIN, Pierre de, L'Histoire Universelle, op. cit.
37. Idem., Paris, 1896, Librairie Plon.
38. Idem., Macmillan and Co, New York, Chapmann and Hall, London.
39. Idem., Librairie de l'Indépendant, Bruxelles, 1900.
40. Idem., Librairie Plon, Paris, 1909.
41. Idem., Histoire Universelle, 4 vol., in-8, 1926-1927, Aix-en-Provence, Société de l'Histoire Universelle.

Si l'on ajoute les innombrables discours et interventions ayant pour thème l'actualité, l'histoire, la politique, prononcés à Paris, le Havre, Bolbec, Lyon, Genève, Bruxelles, Athènes, Rome, Birmingham... devant des auditoires variés, souvent populaires, on voit bien à qui s'adresse COUBERTIN. À la classe politique, aux intellectuels et aux universitaires, c'est l'évidence. Mais aussi aux petits employés, aux ouvriers, aux gens sans importance des Universités Populaires et dont il sait qu'ils forment la trame du sens commun. Car son but, par la causerie et l'écrit historiques, c'est

de compléter l'instruction primaire[42].

Si COUBERTIN écrit l'histoire, s'il la brosse en tableaux vivants, s'il sait dramatiser les situations afin de motiver l'attention de son auditoire[43], c'est en moraliste et en philosophe qu'il le fait, car l'histoire est une sagesse qui s'enseigne[44].

L'essentiel de sa pensée historique, COUBERTIN la doit, et il le dit, à Taine et à LE PLAY, mais surtout à TOCQUEVILLE. Albert SHAW l'avait noté :

> Une largeur d'esprit universelle est devenue comme une seconde nature chez Monsieur de COUBERTIN. C'est le TOCQUEVILLE de notre époque... doué d'un rare talent pour l'histoire politique et institutionnelle[45].

Et il est vrai, le parallèle est tentant.

Tous deux ont à secouer la léthargie de leurs contemporains, tous deux veulent créer ces grandes lignes traversières, où doit suivre l'opinion publique.

Tous deux sont plus préoccupés d'histoire récente que d'histoire ancienne. Tous deux feront plus œuvre de moraliste que d'historien.

---

42. Journal *Le Havre* du 22/10/1895. À la suite des cinq causeries données Salle Franklin, au Havre, en 1895, le même journal parle «d'éloquente péroraison», de «brillante et patriotique improvisation».
43. Le 25 mars 1925, au Casino d'Aix-en-Provence, à la demande de l'Association Sportive Aixoise, il traitera du sujet: «Alexandre le Grand, recordman de l'heure».
44. Nous pensons à VOLTAIRE (Lettre à Jacob VERNET du 1/6/1744): «Il me semble qu'on n'a guère considéré l'histoire que comme des compilations chronologiques; on ne l'a écrite ni en citoyen, ni en philosophe...»
45. SHAW, Albert, *op. cit.*

TOCQUEVILLE écrit:

> Je me suis donc mis, tout en parcourant les montagnes
> de Sorrente, à chercher un sujet. Il me le fallait contem-
> porain, et qui me fournit le moyen de mêler les faits aux
> idées, la philosophie de l'histoire à l'histoire elle-même[46].

Par la force de l'image, surgit COUBERTIN, arpenteur
des douves de Mirville, rêveur des valleuses cauchoises,
penseur épris d'intérêt politique immédiat:

> Il arrive souvent que les contemporains ont des clair-
> voyances, qui étonnent leurs descendants: dans ce siè-
> cle, MIRABEAU et Alexis de TOCQUEVILLE en ont don-
> né des exemples frappants...[47].

Et dans l'exergue du même ouvrage:

> (Ces chroniques s'inspirent) beaucoup moins du souci
> de satisfaire le goût d'actualité du lecteur, que de la vo-
> lonté de développer et de défendre certaines idées.

On connaît l'influence de TOCQUEVILLE sur les hommes qui firent la Constitution de 1875, et combien il prit
exemple dans les mœurs et la Constitution des États-Unis
d'Amérique. Le goût des réformes, le besoin de renouveau
dans un monde économique et social en mue, le sentiment
commun et amer de la défaite, le traumatisme de la Commune, font tourner alors les yeux de l'élite bourgeoise vers la
grande démocratie de l'Ouest.

En 1835, paraît le premier tome de «La Démocratie en
Amérique» et, en 1856 «L'Ancien Régime et la Révolution».
C'est dire combien, pour un jeune esprit libéral, les écrits
de TOCQUEVILLE, de la génération qui précède, sont d'actualité. De plus, à l'École des Sciences Politiques où va fréquenter COUBERTIN, c'est ce libéralisme qui anime l'idéologie dominante.

En 1888, COUBERTIN, lui, part pour l'Amérique du Nord
et de là, date un long commerce avec la pensée américaine.
Comme TOCQUEVILLE, COUBERTIN, restera, sa vie durant,

---

46. TOCQUEVILLE, Alexis de, *Lettre à Gustave de BEAUMONT*, 26 décembre 1851.
47. COUBERTIN, Pierre de, *Pages d'histoire contemporaine, op. cit.*,
Avant-propos, p. IX.

en communication et en liaison étroite avec les institutions d'outre-Atlantique, curieux de l'évolution des mœurs, soucieux d'information sur les découvertes technologiques et la puissance économique des États-Unis. Il s'y fera des amis fidèles: Théodore ROOSEVELT, futur président de la République, William SLOANE, professeur d'Université, futur membre du Comité International Olympique. Il sera, pour les U.S.A., le meilleur informateur des choses du «Vieux Monde», par le truchement des revues déjà signalées, et vice-versa, l'un des diffuseurs les plus éclairés de la philosophie politique et des réalisations nord-américaines dans la vieille Europe. Du 30 novembre 1889[48] au 23 juin 1934[49], 46 publications (souvenirs, roman, articles de revues), en langue française ou en langue anglaise — dont 3 seulement après 1917 — se rapporteront, sous sa plume, aux faits de civilisation ou à la vie politique des États-Unis.

Comme TOCQUEVILLE, COUBERTIN pense lui aussi depuis l'entrevue de Frohsdorf, que l'Ancien Régime est bien mort, et que:

> ceux-là (sont) bien aveugles qui pensent retrouver la monarchie de HENRI IV, ou de LOUIS XIV[50].

Et si TOCQUEVILLE écrit:

> il ne se trouvera (bientôt) plus de place que pour la liberté démocratique et la tyrannie des tyrans.

COUBERTIN, lui, s'insurge contre le vieil idéal napoléonien:

> Jacobin, radical, aujourd'hui socialiste,

ce pouvoir

> tutélaire et immense[51]

qui dérobe la France profonde à elle-même.

Le Docteur MESSERLI assure combien COUBERTIN lisait TOCQUEVILLE, dont il connaissait, selon lui, toute l'œu-

---

48. COUBERTIN, Pierre de, *Athletics and Gymnastics*, (Conférence, *op. cit.*), 1889, Boston.
49. *Idem.*, *Message to american Youth*, Lausanne, 23 juin 1934.
50. TOCQUEVILLE, Alexis de, *La Démocratie en Amérique*, dernière page.
51. COUBERTIN, Pierre de, *La Revue du Pays de Caux*, *op. cit.* .

vre. Mais surtout, notre interlocuteur nous faisait remarquer que c'était également au travers des écrivains et des hommes politiques de la génération de 1875, influencés par TOCQUEVILLE, que se situait l'apport de ce dernier — et de l'histoire contemporaine — dans la pensée coubertinienne[52].

Avec l'avidité intellectuelle qui le caractérise, COUBERTIN lit tout ce que publient ses contemporains. Dans le catalogue de sa bibliothèque, 40 pages, sur 73, sont réservées aux livres d'histoire. Et parmi ces livres, aucun n'est antérieur à 1822, alors qu'abondent les titres parus entre 1875 et 1900, puis entre 1920 et 1930[53].

C'est ainsi que l'on sait que Pierre de COUBERTIN a lu «Vues sur le Gouvernement de la France» de Louis de BROGLIE, livre saisi en 1861 par la police impériale, puis réédité en 1870, et qu'il n'ignora rien de «La Cité Antique» de Fustel de COULANGES.

Or, ce que demande COUBERTIN à l'histoire, beaucoup plus qu'une méthode, c'est une certitude. Il cherche l'invariant, le fil d'Ariane de la pensée historique qui lui permettrait d'expliquer et d'interpréter la continuité du génie national. Car passent ou s'écroulent les régimes, la France demeure.

Or, constate-t-il, pérenne à tous les cataclysmes historiques, survivant à toutes les révolutions, le droit populaire (ou «droit naturel»), perdure. Il est le seul lien qui permette de comprendre la grandeur d'une nation:

> La Troisième République a vu s'opérer une évolution générale dans les idées, dans les mœurs, dans les formes politiques, dans les rapports sociaux. Pour trouver l'origine de cette évolution, il faudrait remonter aux jours sombres de 1792, où bien nettement, en face du droit monarchique, se dressa le droit populaire. Il est lui-même le plus ancien des deux, et se trouve à la base

---

52. MESSERLI, Docteur, Entrevue, août 1964.
53. Nous remercions ici, Monsieur le Procureur CHAVAN, (lettre du 28/9/1964), de Lausanne, Tuteur de Mlle Renée de COUBERTIN, qui a bien voulu nous adresser le catalogue (rare) de la Vente de la Bibliothèque de Pierre de COUBERTIN survenue à Lausanne les 19 et 20 mai 1944, par les soins de la *Guilde du Livre,* et à la demande de Madame Pierre de COUBERTIN. Ce fut là une perte irréparable pour la recherche coubertinienne.

de tout pouvoir; mais il a subi, à travers les siècles, de nombreuses éclipses et consenti de nombreuses abdications[54].

Ainsi passent les rois, passent les révolutions, l'État subsiste:

Les changements dynastiques (apparaissent) ainsi comme de simples accidents de l'histoire[55].

Le danger, que dénonce COUBERTIN, dès son entrée en lice, et qu'avec une rare constance il pourfendra jusqu'à sa mort[56] c'est l'absolutisme de l'État, qu'il soit césarique ou démocratique; c'est l'oppression de l'individu par la bureaucratie, l'absorption des membres par la tête, l'extinction de toute vitalité civique.

Tout particulièrement il s'attaque au pouvoir censitaire, injuste et oppresseur:

La responsabilité sociale conçue de cette façon est facile à mesurer: elle se chiffre en arpents de bonne terre et en titres de rente[57],

Jérôme PATUROT est l'anti-héros coubertinien.

Ainsi donc, le commerce de l'histoire contemporaine avivé aux leçons des classiques et des grands maîtres d'hier: TOCQUEVILLE et TAINE, détermine de façon positive la pensée politique coubertinienne. C'est à l'histoire contemporaine que COUBERTIN demandera, plus qu'une méthode, une sagesse et une idéologie à mettre au service d'une pédagogie.

3.3 l'influence de Frédéric LE PLAY

Sensibilité, intelligence, culture, conscience civique, projettent COUBERTIN dans l'avenir, sans souci des intérêts personnels ou de famille, au-delà des mesquineries et des médiocrités du commun. Ce sont là des faits patents, qui ex-

---

54. *Pages d'histoire contemporaine, op. cit.*
55. *Idem.*
56. Par exemple, en se fixant définitivement en Suisse après 1917, et en défendant le municipalisme helvétique.
57. *Pages d'histoire contemporaine, op. cit.*

pliquent des déterminations et des conduites. Ils ne sont pas les seuls.

Il nous semble en effet évident, qu'en outre, l'une des motivations profondes de la pensée coubertinienne est la prise de conscience précoce, et aiguë, de l'acuité de la question sociale.

Certes, ce serait faire injure à la mémoire de COUBERTIN que de le voir, tel une quelconque douairière des beaux quartiers, hanté par la peur du grand soir. COUBERTIN, cependant, a connu les affres de la guerre civile, et le salon de la Rue Oudinot a dû bien souvent résonner des propos malveillants tenus sur la populace par les invités de sa mère.

Nous avançons comme hypothèse que COUBERTIN a, toute sa vie, voulu conjurer cette peur enfantine. Mais que, au lieu de condamner sans coup férir le prolétariat, il a au contraire transcendé ses réflexes d'auto-défense et, dans un dépassement de soi tout à fait hors du commun pour un homme de son extraction, essayé de comprendre et d'analyser la question sociale telle qu'elle se présentait à un jeune aristocrate, aux alentours de 1880.

En 1883, date du premier départ pour l'Angleterre, COUBERTIN a vingt ans, TARDE quarante, DURKHEIM vingt-cinq, Auguste COMTE est mort en 1857, Frédéric LE PLAY vient de mourir : la sociologie est adulte.

Aucun écrit de COUBERTIN ne permet d'avancer qu'il eût commerce avec la pensée de ces grands sociologues. Nous pensons qu'il vint à la sociologie par le détour de l'histoire et de la pédagogie, au travers de l'œuvre de TAINE et des cours qu'il suivit à l'École des Sciences Politiques.

Or, TAINE est un disciple du positivisme appliqué. Pour lui, le meilleur des gouvernements est celui conforme aux lois de la nature. Comme la nature a fait les hommes inégaux, créant une classe supérieure dirigeante et une plèbe qui doit accepter sa condition, toute éducation naturelle doit viser à reproduire cette aristocratie : c'est là le seul garant de la stabilité sociale, comme du dynamisme social.

La classe supérieure est celle qui, pour TAINE, possède des qualités spécifiques de caractère et d'élégance, développées par un système d'éducation dans lequel la formation physique prime l'instruction, et la santé morale la résistance physique.

Ce n'est pas le moment de développer ici les conceptions de Pierre de COUBERTIN sur l'éducation. Par contre, il est fondamental de souligner combien COUBERTIN fait sienne la conception élitique avancée par TAINE. Et combien, lorsqu'il va rencontrer LE PLAY[58], la leçon première va se trouver singulièrement renforcée.

En matière sociale, le maître de la pensée coubertinienne, c'est Frédéric LE PLAY : en tous temps, en tous lieux, de l'entrée dans la vie jusque dans la vieillesse, il ne cessera de se réclamer de l'auteur de «La Réforme Sociale».

Nulle part nous n'avons pu lire clairement que COUBERTIN fut membre d'une des nombreuses Sociétés d'Économie Sociale créées par LE PLAY. Tout le laisse supposer, cependant. C'est dans «La Réforme Sociale», organe des Sociétés d'Économie Sociale que COUBERTIN publie, dès l'automne 1886, les premiers résultats de son enquête sur l'éducation britannique : c'est à l'assemblée générale de ces même Sociétés qu'il donne, le 18 avril 1887, le compte rendu détaillé de sa mission.

En 1889, à propos de «l'inhumain» régime scolaire, il cite LE PLAY :

> Maintes fois, F. LE PLAY a insisté sur les déplorables tendances de notre régime scolaire actuel et sur la nécessité d'une prompte réforme[59].

C'est en 1932, si notre lecture a été attentive, qu'il lui rend une dernière fois hommage :

> LE PLAY fut, avec ARNOLD, le maître auquel va ma gratitude maintenant que le soir est proche. À ces deux hommes je dois plus que je ne puis dire[60].

---

58. LE PLAY, Frédéric : né à la Rivière-Saint-Sauveur (près de Honfleur) en 1806, mort à Paris en 1882. *La Réforme Sociale,* son œuvre majeure, paraît en 1864 et devient rapidement, par le biais des Sociétés d'Économie Sociale, la bible d'un certain patronat social. Opposé autant aux socialistes qu'aux «libéraux optimistes», LE PLAY est le fondateur du paternalisme.

59. COUBERTIN, Pierre de, *L'Éducation Anglaise en France,* 1 vol. in-12, Hachette et Cie, Paris, appendice, p. 199.

60. COUBERTIN, Pierre de, *Manuscrits inédits,* Archives du C.I.O. Nous avons pu les dater avec certitude (cf. M. Th. EYQUEM, *op. cit.,* p. 57.)

Nous sommes renseigné de façon indiscutable, et par COUBERTIN lui-même, sur l'apport déterminant, fondamental, que la philosophie sociale de LE PLAY eut sur la pensée coubertinienne.

Le 14 novembre 1887, en effet, COUBERTIN donne à Londres devant les membres choisis de la société française, une conférence intitulée: «Un Programme». COUBERTIN y déclare sans ambages son adhésion aux doctrines de LE PLAY. L'admiration[61], la déférence, la passion militante, donnent le ton:

> L'homme illustre dont ·je viens vous parler au nom de ceux qui poursuivent en France le triomphe de ses idées — Frédéric LE PLAY — n'était ni un rêveur, ni un idéologue[62].

COUBERTIN loue en effet LE PLAY d'avoir mis les ressources de son esprit scientifique au service de l'observation des sociétés, qu'elles soient simples ou compliquées, que la famille soit le seul rouage social fondamental ou que des «engrenages multiples», de «savantes combinaisons», en rendent la vie extraordinairement complexe.

Contre:

> l'a priori inauguré par ROUSSEAU, (contre) ces principes préconçus, ces constitutions idéales combinées dans le silence du cabinet,

COUBERTIN opte pour la solution rationnelle avancée par son maître à penser.

Mais l'essentiel n'est pas, pour le pédagogue engagé qu'est déjà, à vingt-trois ans, Pierre de COUBERTIN, qu'une science nouvelle s'affermisse, crée ses méthodes, et conquière son champ d'action. Ce qui est le plus important, dans l'œuvre de LE PLAY, c'est qu'une réforme sociale y soit proposée, ou plutôt:

---

61. COUBERTIN dira dans cette conférence: «Je représente devant vous la première génération de ceux qui n'ont point connu LE PLAY, qui sont entrés dans la vie active alors que cette grande intelligence venait de s'éteindre, mais qui ont suivi le sillage lumineux qu'elle avait tracé dans son passage à travers ce siècle tourmenté.»

62. COUBERTÍN, dans cette même conférence, avance que les Sociétés d'Économie Sociale comptent trois mille cinq cents adhérents.

un programme de réforme sociale en France, dont tous
les points reposent sur l'observation contemporaine des
peuples et sur l'examen impartial des périodes de décadence et de relèvement qui marquent les différentes
phases de l'histoire.

Pour cela, aucun abandon n'est requis. Aucune remise
en cause révolutionnaire n'est prônée. Foin de ces :

> remèdes d'ordre politique dont notre pays a tant souffert...

Les libéraux, et les patriotes ne peuvent qu'adhérer à
un programme qui fait appel à la notion d'ordre et à l'esprit
chrétien. Le but est bien, en effet, après les troubles révolutionnaires du siècle, de retrouver la stabilité politique et la
paix sociale et d'accéder à «une véritable fraternité... gage
d'un avenir prospère». Ce qui ne saurait dispenser pour autant d'un travail d'éducation préalable :

> Car il faut (qu'une telle réforme) soit accomplie d'abord
> dans les idées et dans les mœurs avant de pouvoir de-
> venir une réalité.

Que la constitution de la famille française soit modifiée,
que l'État rentre dans des limites dont il n'aurait jamais dû
sortir, que les rapports sociaux soient plus fraternels : alors,
la France, gommant de fallacieuses utopies politiques, retrouvera le chemin de la paix et de la grandeur.

Telle est la doctrine de LE PLAY, celle à laquelle adhère
COUBERTIN à l'entrée dans la vie active.

Sans doute, la famille est-elle menacée par ceux qui se
refusent de l'envisager comme une création directe de Dieu,
par les partisans de l'égalité des sexes, zélateurs de l'union
libre, par tous ces socialistes qui veulent faire triompher un
régime anti-naturel ; et sans doute aussi par les découvertes
de la science, le progrès matériel, et même la politique. Mais
surtout, la famille subit :

> (le) détestable régime de succession qu'une double er-
> reur a inauguré et fait passer dans nos codes et que l'o-
> pinion publique, le considérant à tort comme une con-
> quête de 89, s'obstine à maintenir.

C'est là un régime illogique, contraire à l'ordre naturel :
ainsi la propriété s'effrite, ainsi la fortune se défait au moment où elle commençait à se faire.

C'est bien là une angoisse de terrien. Et qu'on ne dise pas à l'auteur qu'il verse dans «l'obscurantisme». Il s'en défend avec une rare véhémence. Car il n'entend pas protéger un «droit d'aînesse anachronique», même si

> LE PLAY a pu faire remarquer que ce droit constituait une force appréciable dans un milieu aristocratique d'esprit, et surtout tant que les devoirs qui équilibrent un si grand privilège ne sont ni méconnus, ni négligés.

Ce que réclame COUBERTIN à la suite de LE PLAY, c'est la liberté testamentaire, telle qu'elle règne dans de nombreux pays où elle a pour conséquence heureuse :

> (de) donner au fils les moyens de continuer l'œuvre de son père, (de) former le gage de la souveraineté de celui-ci en lui fournissant la possibilité de récompenser ou de punir, (de) rendre à notre race enfin le rang de fécondité et d'expansion qu'il a perdu.

Ainsi sera régénérée la famille française, et la nation.

Quant à l'État, chacun sait qu'il est tout, qu'on l'accable de responsabilités, que, «bonne à tout faire» du citoyen, on exige de lui qu'il répare tous les maux sociaux : c'est là «un luxe ruineux» auquel il faut remédier.

Or, la commune est méconnue. Si la liberté règne au sommet de la pyramide :

> il n'y a à la base qu'autoritarisme et tyrannie.

Aucune initiative d'ordre politique, juridique, administratif n'est laissée à :

> cette petite patrie où l'amour du clocher mène à l'amour de la grande patrie.

Et citant TOCQUEVILLE («Les institutions communales sont à la liberté ce que les écoles primaires sont à la science») et CHAMPFORT («Une nation ainsi pulvérisée n'est pas plus une nation que la charpie n'est du linge»), COUBERTIN réclame pour les administrateurs municipaux le droit à la direction de la police locale, la possibilité des emplois communaux, et s'oppose au veto du Préfet, ingérence inacceptable du pouvoir central à l'échelon municipal. De même demande-t-il plus de liberté pour les Conseils Généraux qui n'ont «ni le droit d'instruire, ni le droit d'exécuter».

COUBERTIN ne voit que bénéfice à ce que ce municipalisme, dûment enseigné dans les écoles, remplace un autocratisme que l'histoire a imposé mais que le bon sens réprouve. Alors:

> Entre la République et la Monarchie, voire même entre
> l'autoritarisme et la liberté, la France fortifiée et défen-
> due contre les envahissements du pouvoir pourrait se
> prononcer en connaissance de cause.

De sages réformes, basées sur l'expérience et l'observation, pourraient, sans détruire l'ordre établi, amener ainsi
à une décentralisation politique. L'État gagnerait en stabilité,
puisque soutenu par l'adhésion d'une opinion acquise, et
consciente de l'être.

Cette conception a minima de l'État, développée classi-
quement par les tenants du libéralisme, et fondée sur l'inégalité des hommes et la domination de droit de la bourgeoisie, implique, d'une part, l'acceptation par la classe ouvrière
de son état d'infériorité et de tenue en laisse, sinon d'esclavage, et d'autre part, et en contre-partie, l'obligation morale
pour l'élite nantie, d'un «devoir social».

Hier, le seigneur féodal sacrifiait à cette obligation.
Aujourd'hui, l'absentéisme social est facteur de toutes les
crises. Il faut remettre en honneur la vertu noble du dévouement, qui loin d'être acte de charité qui guérit après coup,
est initiative prophylactique qui empêche les travailleurs de
sombrer dans la misère, le désespoir, et la révolte:

> La grande gloire de LE PLAY est d'être venu proclamer
> (ce devoir social) à la face d'une société qui l'avait oublié
> ou le repoussait volontairement.

La jeunesse, espoir d'une France bourgeoise, virile et
conquérante, doit en premier être consciente de cette obligation, et «vivre avec ardeur». Mais il est temps, également,
que les descendants de Monsieur PRUDHOMME, ou les gen-
dres de Monsieur POIRIER, reconnaissent qu'à l'alternative
coutumière: être soldat, prêtre, ou laboureur, s'offre dorénavant la possibilité d'être chef d'industrie, sans pour autant que le blason ternisse. Enfin, les chefs de fabriques
et les patrons d'usines doivent pratiquer le «patronage»,
afin que les ouvriers, connaissant le prix de leur sollicitude,

n'aient pas de mauvaises pensées et ne se rebellent pas contre l'état de faits et le droit naturel. Quant au partage des bénéfices, cette «participation» est d'une telle utopie, et d'un tel danger, que COUBERTIN, emboîtant l'opinion de LE PLAY, la condamne sans appel.

Renforcement de l'autorité paternelle au niveau de la famille, diminution de l'autorité de l'État et renforcement du municipalisme au plan politique, paternalisme plus ou moins discret pour ce qui concerne les rapports de classes, telle est la doctrine sociale de LE PLAY que fait sienne COUBERTIN, avec enthousiasme et passion, à l'orée de sa croisade réformatrice.

Malgré les inévitables remises en question, dues en particulier aux conséquences politiques de la première guerre mondiale, l'influence de LE PLAY restera toujours primordiale dans la pensée de COUBERTIN. Elle explique l'élan du cœur et l'insuffisance de l'analyse politique.

Il est impossible de penser et d'expliquer COUBERTIN sans l'identification et sans la reconnaissance de cette influence capitale, déterminante et constante.

chapitre IV

le cadre historique de l'œuvre

«Jamais temps n'a été plus gros de futurs prodiges. »

Émile ZOLA

4.1 l'époque, une ère de réformes

La France revient de loin. La défaite militaire et la Commune ont prouvé à la classe possédante que son pouvoir politique pouvait vaciller et être remis en cause.

Plus que tout, la victoire prussienne a été celle d'une technologie de pointe au service d'une industrie lourde. Or, la France de l'Industrie et du Commerce, entrée plus tôt que la Prusse dans l'ère capitaliste, s'est endormie sur ses lauriers, et n'a pas fait cette seconde révolution des techniques dont a bénéficié d'emblée l'ennemi.

Il serait par trop simple d'avancer que les domaines de la vie culturelle se trouvent d'un coup envahis par les modifications survenues dans les modes de production. Mais il nous semble bien que les tentatives des plus lucides, parmi les bourgeois libéraux, ne visèrent rien moins alors qu'à modifier les mentalités, à «rattraper le temps perdu», c'est-à-dire à tenter de trouver une congruence entre des modèles culturels dépassés et des modes nouveaux de production. Et la vie et l'œuvre de COUBERTIN nous paraissent, vus sous cet éclairage, en tous points exemplaires.

C'est qu'alors la bourgeoisie d'affaires, au nom d'une démocratie économique plus mythique que réelle, et au nom d'une fluidité sociale, avancée mais non démontrée, invite la France, toutes classes confondues, à produire :

Viril, opiniâtre, l'effort qui s'accuse est un signe.
Dans un moment d'abandon, un peuple s'est laissé séduire par d'alléchantes promesses de bien-être et de paix:
mûr pour la liberté, il n'a pas rougi de mettre sa sécurité au prix de son indépendance. Reniant de généreuses traditions, il s'est, pieds et mains liés, livré à CÉSAR.
Le fatal retour des événements l'a cruellement mais justement châtié de son heure de défaillance[1].

Mais produire ne peut s'effectuer qu'à l'aide d'un minimum de connaissances: l'idéologie républicaine va donc
établir le primat de l'instruction en tant que facteur de progrès humain et d'intégration sociale. Certes, pour COUBER-
TIN — et pour TAINE et LE PLAY — les classes sociales exis-
tent. Mais les conquêtes de la science et de l'instruction bif-
feront nécessairement les inégalités sociales et permettront
au pauvre d'aujourd'hui, pour peu qu'il soit patient et ne re-
mette pas fondamentalement en cause l'ordre social, de devenir le riche de demain.

Pourtant, rien n'est aussi tranché et aussi simple, car
le capitalisme naissant traverse des crises graves, et qui ne
sont pas sans répercussions idéologiques: au positivisme
optimiste et scientiste, fait suite, dans les périodes de dé-
flation, un scepticisme que traduit bien COUBERTIN, lorsqu'il écrit de la science qu'elle passe son temps:

à se mettre le doigt dans l'œil[2].

L'évangile républicain postule donc, tant dans la Déclaration des Droits de l'Homme et du Citoyen et dans le *Bill
of Rights*, que dans l'appareil juridico-politique tel le Code
Napoléonien et les directives de l'Instruction Publique, que,
par le savoir, l'homme se transforme, «gravit les échelons
du corps social», en même temps que par son bulletin de
vote il transforme la société: pour un bourgeois libéral, la
liberté ne se trouve pas au bout du fusil mais au bout du
savoir.

Ainsi la France, sortie de l'ère féodale, accèdera-t-elle
aux grands destins mondiaux.

---

1. COLLINEAU, A., *La Gymnastique générale* (Conclusion Générale), p. 794
Paris. Baillieu et fils, 1884.
2. COUBERTIN, Pierre de, *La Revue du Pays de Caux*, 1902, *op. cit.*

De là, dans l'Université, et bien avant la défaite, des projets ambitieux, et parallèlement, là où le bâton ne peut tout résoudre, un paternalisme lénifiant destiné à diluer la combativité d'une classe ouvrière de mieux en mieux organisée et de plus en plus revendicative.

Il semble qu'on ne puisse nier que ce climat de réformes, de remise en question de l'éducation de la génération passée, n'ait été sensible au jeune COUBERTIN, et justement dans le milieu familial et social qui était le sien.

En fait, aux approches de 1870, un certain nombre d'intellectuels et d'hommes politiques libéraux ont su se dégager de l'horizon borné où le Second Empire les tenait prisonniers. De grands esprits, de grands universitaires, tels PÉCAUT, GRÉARD, BUISSON, LIARD, MARION, COMPAYRE, THOMIN, PAYOT, LAVISSE..., tous cités par COUBERTIN dans son œuvre[3], pressentant l'essor de l'ère industrielle, ont, dans les allées du pouvoir, dans les commissions ministérielles, essayé d'imaginer l'avenir :

> Une poignée d'hommes d'élite, attirés précisément par ce qui écartait la foule, à savoir l'âpreté du labeur et l'austérité du sujet, avaient été chercher le nouveau Graal (la Science) et l'avaient rapporté dans leur patrie. C'est à eux que la France doit d'avoir pu regagner rapidement le temps et le terrain perdus et d'avoir échappé à un Sedan intellectuel. En tête de ceux-là, le premier par le génie et par l'influence qu'il a exercée est Hippolyte TAINE. Cette influence est bien différente de ce que l'on avait cru tout d'abord ; on peut dire de TAINE que ce qu'il a produit n'est rien à côté de ce qu'il a provoqué[4].

Certes, note COUBERTIN, l'intérêt que l'on porte aux questions de l'éducation ne date pas d'aujourd'hui. Sans remonter jusqu'à « L'Éducation Homicide » de M. de LAPRADE[5], ou même :

> jusqu'au célèbre mémoire qu'il y a trente ans bientôt, M. SAINTE-CLAIRE DEVILLE[6], présenta à l'Académie sur

3. Et tout spécialement dans *Une Campagne de 21 ans*.
4. COUBERTIN, Pierre de, *L'Évolution Française sous la Troisième République, op. cit.*, p. 383.
5. LAPRADE, Victor Richard de, 1812-1883. Membre de l'Académie Française.
6. SAINTE-CLAIRE DEVILLE, 1814-1876. Professeur au Collège de France.

le même sujet, les Français ont été maintes fois appelés
à faire leur examen de conscience quant à la manière
dont ils élèvent leur fils; chaque fois qu'ils le renouvel-
lent, cet examen, ils s'adressent à eux-mêmes de multiples et graves reproches et pourtant les choses demeurent en l'état; aucune modification appréciable n'est in-
troduite; le système est toujours identique[7].

C'est que chroniqueurs et orateurs restent dans l'anec-
dotique, exhalent leurs souvenirs et leurs rancunes personnels, ne s'en tiennent qu'aux banalités et, finalement, ne traitent que du seul point qui les intéresse. Au lieu de chercher
une solution globale au problème, on l'écartèle:

> Chacun l'attache à la queue de son propre cheval et
> fouaille l'animal dans la direction préférée, au grand amu-
> sement des apôtres du *statu-quo* et de la routine, qui
> regardent, rassurés et moqueurs[8].

Or, on ne sauve pas un édifice dont les fondations s'ef-
fondrent. C'est moins de la place du latin dans l'éducation
dont il s'agit, ou du rôle des mathématiques, ou de telle ou
telle discipline, que des finalités mêmes de l'éducation. Moins
que de replâtrer il faut construire, c'est-à-dire créer, pour
une bourgeoisie conquérante, des hommes d'action et de foi.
C'est donc vers les collèges de l'enseignement secondaire
que convergent tous les regards, vers ces lieux de formation
qui n'ont pas changé depuis l'Ancien Régime et NAPOLÉON.

Certes, la Faculté et l'Académie des Sciences se sont
émues. Raoul FRARY, dans une violente campagne, a récla-
mé la suppression du latin et des langues mortes et l'allège-
ment des programmes. Les esprits les meilleurs exigent que
soit mis fin au surmenage scolaire: c'est toujours le signe
avant-coureur, dans l'histoire de l'éducation, d'une remise en
cause des méthodes et des contenus. Il semble, à prononcer le mot même de surmenage, qu'une sorte d'exorcisme
va jouer et que, par enchantement, la bonne couleur va revenir aux joues chlorosées des pensionnaires de France.
Lorsque COUBERTIN se lance dans l'arène, en publiant
un article sur le surmenage, dans le *Gaulois* du 23 août 1887,

---

7. COUBERTIN, Pierre de, *L'Évolution Française sous la Troisième République*, p. 383 et ss.
8. *Idem., L'Urgente Réforme, Nouvelle Revue*, 1er Avril 1899, p. 385.

il n'innove pas, puisque nombreux sont ses pairs qui, dans la classe intellectuelle ou dirigeante, ont fait de même ou s'apprêtent à le faire. Et il agit avec une très grande prudence.

Car il ne s'agit pas de détruire, encore moins d'affoler par l'annonce de grands projets. Mais, par la brèche offerte, de pénétrer dans l'enceinte réservée de l'Université, de placer un pion en vue d'une lutte dont il sait, en historien et en sociologue, qu'elle ne peut être que longue, difficile, et à fleurets mouchetés.

En tous cas, au-delà des querelles étroites et partisanes qui déchirent «classiques» et «modernes», COUBERTIN entend prendre du champ. Moins que d'instruction, c'est de l'éducation des caractères dont il faut se préoccuper :

> Car enfin, de quoi s'agit-il ? De quoi se plaint-on ? Il s'agit de nos garçons qui n'apportent d'entrain et d'énergie que dans les carrières toutes tracées, qui n'accomplissent avec zèle et persévérance que les services commandés, et qui, surpris, désorientés, se dérobent devant des entreprises d'initiative privée ou bien s'y donnent timidement pour s'arrêter, bientôt découragés. Voilà de quoi se plaignent les explorateurs qui voient l'empire colonial créé par eux rester en friche, les comptoirs commerciaux fondés par eux demeurer sans agents, les débouchés ouverts par eux s'ensabler faute de trafic[9].

Ce dont a besoin la jeunesse française, c'est «d'allant et de passion», ou comme il le dit de façon suggestive, montrant ainsi quelle importance le sport doit tenir dans l'éducation du jeune adolescent, de «rebronzage pédagogique».

> Ce qui lui faisait défaut, c'était ce jardin pour la culture de la volonté que constitue le sport organisé. Elle ne le possédait ni au collège, ni au sortir du collège[10].

Dans ce dernier quart du XIXe siècle, COUBERTIN ne se distingue donc pas, au départ, d'une cohorte nombreuse d'hommes politiques, d'universitaires, de médecins libéraux

---

9. *Ibidem*, p. 388.
10. *Idem*, in *Olympie*, (Conférence), p. 8, *op. cit.* : «À la fin du XIXe siècle, profondément évolutionniste mais rempli de réalisateurs illusoires, l'Europe continentale et surtout la France, avaient un pressant besoin de rebronzage pédagogique.»

qui, alertés par la révolution industrielle, traumatisés par Sedan et la Commune, remettent en cause, par patriotisme
bourgeois et par intérêt de classe, un système de dressage
hérité du premier Empire et resté en concordance avec le
mode de production féodal. Pourtant, nous le pressentons,
Pierre de COUBERTIN va faire plus, et autre, suivant en cela
l'exemple anglo-saxon : le sport, en tant que moyen d'éducation, va devenir l'outil majeur de son action réformatrice.

4.2 l'influence du monde anglo-saxon

L'apport de Thomas ARNOLD et de ses successeurs.

> *« I heard that you ask'd for something to
> prove this puzzle the New World and to
> define America, her athletic Democracy. »*
>
> Walt WHITMAN
> *Leaves of Grass, 1887*

Quand, en 1883, Pierre de COUBERTIN rend visite pour
la première fois au Collège de Rugby, l'ère victorienne est à
son apogée : l'Empire Britannique, le plus puissant du monde,
s'étend sur tous les continents.
Mais le monde anglo-saxon :

> cette race qui embrasse déjà le globe et qui est destinée
> à le remplir un jour en entier...[11]

est plus vaste encore :

> Il n'est guère au XIXe siècle de fait plus frappant que la
> formation d'un univers anglo-saxon comprenant toute
> l'Amérique du Nord, l'ensemble du Continent Australien
> et l'Archipel Néo-Zélandais[12].

COUBERTIN le ressent d'autant plus qu'historien passionné d'histoire contemporaine il essaie de déchiffrer le
monde, afin d'en tirer sagesse pour la plus grande gloire de
la France. Tout, chez lui, en cette période de vie, se mesure

---

11. DILKE, Ch., cité par Robert SCHNERB, Histoire des civilisations, tome VI.
Paris, P.U.F., 1961.
12. SCHNERB, Robert, *Histoire des Civilisations,* Tome VI. Paris, P.U.F., 1961.

à l'aune du rayonnement national. Or, si la Reine d'Angleterre est également Impératrice des Indes, le Président de la République des États-Unis d'Amérique, lui, est à la tête d'un vaste continent aux ressources insoupçonnées :

> Qui l'emportera : l'Angleterre ou les États-Unis ? Quoi qu'il en soit, nous devons admettre que, d'une manière ou d'une autre, le triomphe de la civilisation anglo-saxonne est assuré et marque de son empreinte le monde de demain[13].

Si le choc initial, chez COUBERTIN, provient de sa rencontre avec l'éducation britannique, il n'en manifeste pas moins, très tôt, un très grand intérêt pour les États-Unis. Moins d'ailleurs pour y rechercher une spécificité nationale, que pour y retrouver les linéaments de l'éducation conçue dans les collèges victoriens.

Aussi part-il avec enthousiasme en mission officielle, le 17 juillet 1889, chargé par le Ministre de l'Instruction Publique d'enquêter sur l'organisation des Universités des États-Unis d'Amérique et du Canada.

Il en ramène un volumineux rapport, fort peu académique dans la forme, mi-journal de voyage, mi-recueil philosophique, qui est publié, en 1890, sous le titre : «Universités Transatlantiques». Il n'y cache pas son admiration pour les États-Unis :

> Le degré de civilisation atteint par ce grand pays, son passé court, mais glorieux...

où de

> fortes leçons de patriotisme et des exemples admirables de vertu et d'énergie[14]

sont de nature à faire impression sur les jeunes Français et à les inciter à l'action la plus généreuse.

---

13. COUBERTIN, Pierre de, A French View of the British Empire, in The Review of Reviews, New Series, 1.er décembre 1887.
14. COUBERTIN, Pierre de, Universités Transatlantiques, Paris, Librairie Hachette, 1890, 377 pages. On lit, au chapitre «La Nouvelle Angleterre», page 123 : «Le headmaster... est un clergyman et un athlète tout à la fois, la vraie incarnation des préceptes du grand ARNOLD». Plus loin, page 367, il parlera des écoles américaines fondées sur «l'immortelle doctrine du grand ARNOLD».

Selon Gail D. SCHOPERT, déjà cité[15], c'est en 1896 qu'il devient correspondant de la revue américaine *Review of Reviews*. En tout cas, il sera très vite, sur le vieux continent, le correspondant le plus ouvert aux progrès d'outre-Atlantique. Ainsi s'indigne-t-il que tout ce qui vient des États-Unis soit, en France, vilipendé.

Relatant l'expérience de TELLS d'APERY, jeune enfant new-yorkais créateur d'une «mission des va-nu-pieds» devenue prospère, il s'écrie:

> Et tout cela vient des États-Unis, de cette République calomniée que l'on prend pour une nation de trafiquants et de coureurs de dollars, sans songer que déjà elle a donné au monde un héros comme WASHINGTON et des soldats comme LEE et SHERMAN, sans s'aviser que sur son sol fécond de très grandes idées se développent, qui bousculent étrangement l'économie branlante du Vieux Monde...[16]

En 1897, il situe la quasi totalité de l'action du «Roman d'un Rallié», en Amérique du Nord. Séduit par le Nouveau Monde:

> très simple et très près des origines, très près de la nature, tout plein de liberté vraie (alors que le Vieux Monde est) hiérarchique et compliqué,[17]

il ne s'en pose pas moins une question, remarquable par l'acuité de la vision:

> Que deviendra l'Amérique quand il n'y aura plus de Far-West... Les Américains, enfermés dans le cercle de fer, se soumettront-ils, ou bien leur puissance d'expansion les entraînera-t-elle à faire la guerre au loin pour le plaisir de vaincre?

En 1905, il dédie «La Gymnastique Utilitaire[18]» à Th. ROOSEVELT, Président des États-Unis d'Amérique, à qui le lie une correspondance régulière et réciproque; c'est près

---

15. SCHOPERT, Gail D., *op. cit.*
16. COUBERTIN, Pierre de, *La Nouvelle Revue, La mission des Va-Nu-Pieds*, Paris, 15 septembre 1896, p. 370.
17. COUBERTIN, Pierre de, *Le Roman d'un Rallié, Nouvelle Revue*, Paris, 1897, p. 110.
18. COUBERTIN, Pierre de, *op. cit.*

du Professeur SLOANE[19], de l'Université de Princeton qu'il trouve, très vite, l'appui qu'il recherche outre-Atlantique, dans sa lutte pour la renaissance des Jeux Olympiques.

Tout au long de sa vie, la fidélité de COUBERTIN envers les États-Unis d'Amérique ne faillira pas. Nous en voulons pour preuve l'«Adresse à la Jeunesse Américaine», qui date de 1932:

> Dear friend beyond the seas... I have the deepest faith in the destiny of your great country wich I still admire and love in the twilight as I did in the dawn of my life[20].

Mais, si importantes soient-elles, l'attirance de COUBERTIN pour les États-Unis et l'influence qu'il en reçut, ne sauraient faire oublier qu'à l'heure première, il y eut d'abord la rencontre avec l'éducation britannique[21].

COUBERTIN a douze ans. Alors paraît en feuilleton dans le Journal de la Jeunesse, «La vie de Collège de Tom BROWN[22]. C'est, traduit par J. GIRARDIN, puis par Paschal GROUSSET sous le pseudonyme d'André LAURIE, le Tom BROWN's School days de Thomas HUGHES, disciple et continuateur de Thomas ARNOLD.

Le livre, dont le succès n'a d'égal en Angleterre que la Bible, fait rapidement fureur en France: il semble qu'il ait été, pour une jeunesse avide de liberté, la clef des terres libres promises.

Au demi-pensionnaire du Collège de Jésuites de la Rue de Madrid, à l'enfant privé du vert paradis des falaises du Pays de Caux et des frondaisons du Val de Seine, on imagine

---

19. COUBERTIN, Pierre de, *Une campagne de 21 ans, op. cit.*, p. 92. «Ce résultat fut acquis grâce à l'ingéniosité active de SLOANE...»

20. COUBERTIN, Pierre de, *Message to the American youth*, Lausanne, juin 1934.

21. Au cours de la seconde moitié du XIXe siècle, l'éducation anglaise suscite en France un grand mouvement de curiosité.
Dans les dernières années du Second Empire, MM. DEMOGEOT et MONTUCCI furent chargés par le Ministère de l'Instruction Publique de conduire une vaste enquête dans les Collèges Britanniques. Deux forts volumes en résultèrent, où TAINE puisa largement pour le chapitre réservé à l'Éducation dans «Notes sur l'Angleterre».

22. On relève dans le Catalogue de la Bibliothèque du Baron Pierre de COUBERTIN (Lausanne 1944), page 52: *Tom BROWN at Oxford*, London, Mac MILLAN, 1880, with illustrations by Sidney P. HALL. Et *Tom BROWN'S School days*, Tauchnitz, avec la signature du Baron Pierre de COUBERTIN.

aisément quelle bouffée d'air pur, quelle soif d'espace et d'action, quel encouragement à la réflexion, durent apporter les aventures de Tom BROWN, fils quelque peu rebelle de squire, qui, comme Pierre de COUBERTIN, fils rebelle de Baron, aimait à courir la campagne et à se mêler aux jeux, aux défis païens, et aux travaux des paysans [23].

C'est là, dira plus tard COUBERTIN, qu'au-delà de l'anecdote romancée et du souvenir fleuri, il découvrira :

> la figure puissante de Thomas ARNOLD et le glorieux contour de son œuvre incomparable [24].

C'est de là que surgira une passion qui ne se démentira jamais.

L'influence de la pensée arnoldienne sur l'œuvre de COUBERTIN fut si décisive qu'il est important de l'analyser en détail, puisqu'aussi bien, si les coubertinologues ont signalé le rôle déterminant joué par l'exemple et les écrits du réformateur de Rugby, aucun, en France, ne s'est posé la question de savoir si, réellement, ce fut bien l'œuvre d'ARNOLD — et non pas celle de ses continuateurs — qui influença COUBERTIN.

Il est vrai que Pierre de COUBERTIN lui-même, par une continuelle référence à l'œuvre d'ARNOLD, et strictement à cette œuvre, par une piété sans faille, égare les chercheurs.

Le rituel débute par une méditation sur la tombe du père, dans la crypte de Rugby :

> Combien souvent, au crépuscule, seul dans la grande chapelle gothique de Rugby, tenant les yeux fixés sur la dalle funéraire où s'inscrit sans épitaphe ce grand nom de Thomas ARNOLD, j'ai songé que j'avais devant moi la pierre angulaire de l'Empire Britannique [25].

---

23. Entrevue avec Madame HAQUET, gouvernante, du temps où le Château de Mirville appartenait au Colonel Albert de COUBERTIN, frère de Pierre, novembre 1956.
Madame HAQUET se souvenait fort bien combien le jeune Pierre aimait à herboriser dans la campagne, attentif à la vie des bêtes et aux travaux des champs, et combien il était «libéral» avec les petites gens.
En Normand, «libéral» doit s'entendre, gentil, aimable, pas fier pour son rang.
24. COUBERTIN, Pierre de, *Archives Olympiques.*
25. COUBERTIN, Pierre de, *L'Éducation en Angleterre,* Hachette, 1888, *op. cit.,* Les Public-schools.

Avec la même ferveur, l'hommage est maintenu, la foi toujours ravivée.

En 1890, dans la conclusion du rapport sur les Universités Américaines, il écrit:

> Le programme d'ARNOLD y est presque entièrement reproduit. C'est lui, en effet, qui s'est, le premier, servi de l'athlétisme pour produire des volontés fermes et des cœurs droits en même temps que des corps droits[26].

En 1894, à Athènes, s'agit-il des difficiles problèmes provoqués par le Gouvernement grec au sujet de la renaissance des Jeux, il n'en exalte pas moins la grandeur arnoldienne:

> Puis vint Thomas ARNOLD, le plus grand éducateur des temps modernes... Du jour où la première génération façonnée par ses mains fut lancée au dehors, les Affaires de l'Empire Britannique changèrent de face[27].

La même année il écrit dans la *Revue de Paris:*

> Ce grand citoyen... le premier des éducateurs anglais, donnait la formule du rôle de l'athlétisme dans la pédagogie[28].

En 1902, la précision est d'importance:

> Je crois que la grande découverte de Thomas ARNOLD fut de se rendre compte de l'importance que possède l'éducation scolaire vis-à-vis de l'ordre social. Jamais auparavant l'école n'avait autant représenté les traits de la société[29].

En 1918, l'admiration ne fait que grandir. Du rang de bienfaiteur national, ARNOLD accède à celui de pédagogue de l'humanité:

> Il était réservé à ce grand Anglais, Thomas ARNOLD, de reprendre l'œuvre grecque au point où les destins con-

---

26. COUBERTIN, Pierre de, *Universités Transatlantiques, op. cit.*
27. *Idem, L'Athlétisme dans le monde moderne et les Jeux Olympiques,* Athènes, 1894. Compte rendu publié dans le *Bulletin du Comité International des Jeux Olympiques,* Paris, janvier 1895.
28. COUBERTIN, Pierre de, *Le Rétablissement des Jeux Olympiques, La Revue de Paris,* 15 juin 1894, p. 175.
29. COUBERTIN, Pierre de, *Are the Public Schools a failure? The Fornightly Review,* LXXII, p. 979, décembre 1902.

traires l'avaient interrompue et de la munir d'une formule pédagogique appropriée aux conditions modernes[30].

En 1929, il précise que les «règles fondamentales de la
pédagogie sportive» sont le fait de Thomas ARNOLD[31].
En 1932, il rappelle que la lecture des Lettres de Thomas ARNOLD est essentielle:

> Il y a deux livres dont les moindres détails devraient être
> présents à la mémoire de ceux qui vont visiter Rugby.
> L'un est le recueil de lettres de Thomas ARNOLD, l'au-
> tre est l'histoire d'un écolier nommé Tom BROWN[32].

Enfin, dans le n° 7 du *Bulletin International de Pédagogie Sportive*, il proclame le rôle fondamental que tient
Thomas ARNOLD dans la théorie et la pratique de l'éducation physique:

> Muscular activity's influence on the formation and de-
> velopment of true mainliness was demonstrated prac-
> tically by the fourteen years work of the never — to
> be forgotten Thomas ARNOLD, Headmaster of Rugby.
> It stands as a corner stone of the great Physical Edu-
> cation building[33].

Ce sont là des affirmations péremptoires qui de-
mandent investigation: que trouve COUBERTIN dans l'oeuvre pédagogique de Thomas ARNOLD?

Il y approfondit essentiellement une philosophie et un
système éducatif déjà abordés par le biais de l'oeuvre de
TAINE, au cours des discussions qu'il avait eues, à l'École des

---

30. COUBERTIN, Pierre de, *Que pouvons-nous maintenant demander au
Sport?* Conférence, Lausanne, 24 février 1918.
31. COUBERTIN, Pierre de, *Olympie.* Conférence donnée en 1929 à la Mai-
rie du XVIᵉ Arrondissement. Paris, p. 7.
32. COUBERTIN, Pierre de, *L'Éducation en Angleterre, op. cit.*, Les Public-
Schools. Dans le catalogue de la Bibliothèque de Pierre de COUBERTIN,
page 52, on trouve deux livres se rapportant à la vie et à l'œuvre de Thomas
ARNOLD:
— WORBOISE, Emmena Jane, *The Life of Dr. ARNOLD,* in 8 pleine toile,
London, 1885.
— PENRHYN STANLEY, Arthur, *The Life and Correspondance of Thomas
ARNOLD D.D.* With portrait, 2 vol. in 8 pleine toile, London, John MURRAY,
1882.
33. COUBERTIN, Pierre de, *Bulletin no 7 du B.I.P.S.* Date non précisée,
A forgotten side.

Sciences Politiques de Paris, avec son condisciple britannique Austin CHAMBERLAIN.

ARNOLD lui offre en effet, en miroir, la clef des problèmes qu'il se pose. COUBERTIN adhère d'emblée au modèle; il semble qu'il sacrifie même à une sorte de manichéisme: d'un côté, la caserne napoléonienne, sombre, humide, et des caporaux-instructeurs pour une jeunesse mise au pas et passive, de l'autre, le collège victorien, spacieux, aéré, pour une adolescence respectée, et heureuse de vivre.

Aux sources arnoldiennes, COUBERTIN puise donc des réconforts, des certitudes, et des espérances.

La première des vérités reçues, vérités d'autant plus acceptées qu'elles tombent sur un terrain intellectuellement et affectivement prêt à les recevoir, c'est que l'éducation prime l'instruction. Non que COUBERTIN, formé aux humanités classiques, puisse l'ignorer. Mais c'est la pratique d'une telle affirmation théorique qui lui est pour la première fois révélée. Son adhésion est sans bornes: COUBERTIN loue l'éducation britannique d'avoir choisi entre l'instruction qui donne des connaissances et orne l'esprit, et l'éducation qui fait des hommes et forge des caractères. Car la mission de l'éducateur:

> n'est pas de former des esclaves, mais des maîtres! des maîtres souverains qui bien plus tôt que la loi ne le reconnaît, se trouvent libres d'user et d'abuser de ce qui leur est soumis [34].

Et d'illustrer son propos, de façon imagée et non ambiguë:

> Quand on est squatter en Nouvelle Zélande ou planteur en Amérique, les muscles et le caractère sont des objets de première nécessité [35].

C'est que, comme le remarque Eugen WEBER [36], le Collège britannique est alors:

> une splendide institution pour la Nation et pour l'Empire,

---

34. COUBERTIN, Pierre de, *L'Éducation Anglaise, op. cit.*
35. *Idem.*
36. WEBER, Eugen, *Bulletin du C.I.O.,* avril 1972, no 55, p. 164.

et qu'il est destiné :

> à forger une race de jeunes officiers, hardis, et téméraires :.

Pourquoi donc ce qui a si bien réussi à la Grande-Bretagne, ne pourrait-il être utile à la France ? Puisque l'Empire Britannique a été bâti à chaux et à sable par d'anciens boys de Rugby, de Malborough ou d'Eton, pourquoi l'Empire Colonial Français ne pourrait-il être maintenu, développé, reconquis, par de jeunes Français moins férus d'intellectualisme morose que d'action virile et dangereuse ?

Sans doute, si COUBERTIN adhère avec tant d'évidence aux théories arnoldiennes, c'est que son milieu social aspire à une volonté de puissance. Et, à l'époque, le vicomte E.M. de VOGUË, et les officiers sociaux formés à l'école de LYAUTEY, ne parlent pas un autre langage. Durcir les muscles, savoir vouloir, oser, risquer, sont des termes que l'on retrouve dans les cercles politiques et militaires de France. Mais c'est un peu comme l'expression d'un souhait, l'aspiration à une réforme patricienne des mœurs. Or, c'est justement ce climat de rigueur et de tension physique et de caractère, que rencontre COUBERTIN à Rugby, à Cambridge, et à Eton. Et c'est cet élitisme qu'il fait sien.

ARNOLD avance :

> Il n'est pas nécessaire qu'il y ait trois cents, cent, ni même cinquante élèves, mais il est nécessaire qu'il n'y ait que des Christian-Gentlemen[37].

Et COUBERTIN traduit :

> C'est toujours l'élite que l'on a en vue, car une phalange supérieure et peu nombreuse rend infiniment plus que la médiocrité très répandue ; ainsi toutes choses tendent à donner à ceux qui ont déjà, comme dans l'Évangile[38].

Certes, cette philosophie utilitaire — mais peut-on effectuer sans rougir ce rapprochement — tend à produire des individus égoïstes. Et COUBERTIN n'en est pas dupe :

> Le sens pratique (de l'écolier anglais) confine souvent à l'égoïsme.

---

37. Cité par COUBERTIN dans *L'Éducation Anglaise.*
38. COUBERTIN, Pierre de, *L'Éducation Anglaise, op. cit.*

Mais il prend ses responsabilités:

> Pour le timide, le faible, l'indolent, la vie n'est pas tenable... Nulle part, la sélection n'est plus impitoyable. Il y a deux races distinctes: celle des hommes au regard franc, aux muscles forts, à la démarche assurée, et celle des maladifs, à la mine résignée et humble, à l'air vaincu. Eh bien! c'est dans les Collèges comme dans le monde: les faibles sont écartés; le bénéfice de cette éducation n'est appréciable qu'aux forts[39].

Il est bien évident que cet aspect totalitaire de la pédagogie coubertinienne ne peut nous satisfaire et que nous devons nous élever contre une telle conception de l'éducation. On comprend d'ailleurs pourquoi Carl DIEM, fonctionnaire nazi, exalta cette façade négative de l'œuvre de COUBERTIN.

Bill HENRY note d'ailleurs que Pierre de COUBERTIN se convainquit, à l'école d'ARNOLD et de DARWIN que:

> le progrès individuel de l'homme passe nécessairement par le chemin rugueux de la vie moderne et compétitive[40].

Seconde certitude puisée dans la philosophie arnoldienne par COUBERTIN: les chefs se forment eux-mêmes, en fonction de leur propre devenir. Être un chef, c'est refuser la passivité face à l'événement, c'est, au prix d'un long entraînement moral, s'exercer à vaincre et à vouloir vaincre. C'est vivre, et toujours, sans tuteur: la hiérarchie se mérite.

Thomas ARNOLD écrivait:

> Je veux former des Christian-Gentlemen, mon but est d'apprendre aux enfants à se gouverner eux-mêmes, ce qui est bien meilleur que de les gouverner bien moi-même[41].

En 1908, COUBERTIN notera:

> ARNOLD a agi et parlé d'après cette conviction que l'adolescent bâtit lui-même sa propre virilité avec les matériaux dont il dispose — et qu'en aucun cas on ne peut la bâtir pour lui[42].

---

39. *Idem.*
40. HENRY, Bill, *An approved history of the Olympic Games,* New York, G.P. PUTNAM'S Sons, 1948.
41. COUBERTIN, Pierre de, *L'Éducation Anglaise, op. cit.*
42. *Idem. Une Campagne de 21 ans,* 1908, *op. cit.,* p. 5.

L'auto-formation est la clef de l'éducation.

D'où un système pédagogique, fondé sur le concept de liberté, à l'opposé de la contraignante instruction publique française. Puisque l'homme doit être libre: postulat fondamental, l'enfant sera libre.

Liberté donc dans les jeux — jamais le football, le cricket, le lawn-tennis ne sont imposés à un jeune anglais.

Liberté dans l'internat:

> Les petits Anglais ont leur chambre à eux la plupart du temps... Ce sanctuaire est quasi inviolable; le maître en franchit le seuil le plus rarement possible et plutôt en visiteur qu'en surveillant.

Liberté dans la discussion, et l'association:

> Les debating-societies ne sont pas l'une des moindres particularités de ce système: ce sont, vous le savez des assemblées où les usages parlementaires sont scrupuleusement suivis et où l'on s'exerce à la parole.

Liberté pour la presse scolaire, libre de toutes contraintes, hormis celles de la bienséance.

Cette liberté, «sagement réglée», possède deux corollaires indispensables: la responsabilité et la hiérarchie, c'est-à-dire, dit COUBERTIN:

> la surveillance des élèves par les élèves eux-mêmes.

Car des gentlemen doivent toujours avoir présent à l'esprit et au cœur la notion de service social, et ne jamais oublier:

> (Qu'ils) ont hérité de la vieille maxime chevaleresque que le corps de l'homme doit être bien exercé et bien développé par son maître pour ensuite servir à la protection des faibles, à l'avancement de toutes les causes justes et à la conquête du monde[43].

COUBERTIN retrouve là une des idées-forces de LE PLAY, dont on sait qu'il se veut le disciple.

De là, un système de protection, voire de mise en tutelle du nouveau par l'ancien, du cadet par l'aîné, qui n'est pas sans rappeler l'éducation pédérastique décrite par Irénée MARROU[44], qui peut mener aux brimades (fagging) et

---

43. COUBERTIN, Pierre de, *L'Éducation Anglaise.*
44. MARROU, Irénée, *L'Education dans l'Antiquité, op. cit.*

dont le «bizutage» du potache français apparaît comme une survivance lointaine et dégradée.

Ainsi le sport n'est-il pas pour ARNOLD, et selon la vision coubertinienne, une fin en soi. Si les jeux sportifs sont acceptés à Rugby, c'est qu'ils servent aux fins religieuses avancées, et que par eux l'adolescent peut mieux se connaître, se comparer, c'est-à-dire prendre la mesure de sa liberté et l'importance de sa responsabilité.

En 1883, COUBERTIN est donc l'admirateur enthousiaste d'une «muscular christianity», qui fait s'écrier à ARNOLD:

> Jeune homme, vous appartenez à une armée dont le signe de ralliement est de craindre Dieu et de faire 100 km en 100 heures.

C'est à Rugby, et dans l'œuvre d'ARNOLD, croyons-nous pouvoir avancer, que COUBERTIN va déceler la résurgence de l'Olympisme antique. C'est de là que part sa décision de faire du sport l'outil majeur de sa politique de réforme.

Ainsi donc, tout semble dit de façon irréfutable par COUBERTIN lui-même: d'une part, la puissance de l'Empire Britannique et l'orientation définitive de l'éducation physique moderne vers le sport, sont le fait de Thomas ARNOLD; d'autre part, c'est dans l'œuvre théorique (la correspondance, les biographies), et dans l'œuvre pratique (Rugby) de Thomas ARNOLD, que COUBERTIN a puisé sa détermination et conforté ses espérances et sa foi.

Il semblerait donc qu'il puisse y avoir quelque mauvaise grâce à pousser plus avant la critique. Et d'autant plus que des spécialistes étrangers de qualité abondent dans le même sens.

Tel le Professeur EICHEL, de l'École Supérieure d'Éducation Physique et Sportive de Leipzig:

> La bourgeoisie anglaise doit à ARNOLD d'avoir placé l'Éducation Physique sous sa coupe[45].

Tel Grzégorz MLODZIKOWSKI, de l'Académie d'Éducation Physique de Varsovie:

> La devise de Thomas ARNOLD était: la Chapelle, l'École, l'Internat, et le Stade[46].

---

45. Cité par G. MLODZIKOWSKI, *Revue Kultura Fizycna*, Varsovie.
46. MLODZIKOWSKI, Grzégorz, *op. cit.*

Mais Jacques ULMANN, en France, s'en tient aux faits historiques, et nous alerte:

> Il n'est pas douteux qu'ARNOLD ait joué un rôle important dans l'apparition du sport britannique. Mais il nous semble qu'on n'entend pas toujours très exactement ce rôle... Toutes les réformes instaurées à Rugby n'intéressent pas le sport[47].

John Apostal LUCAS ira même jusqu'à s'inscrire en faux contre:

> la légende de Thomas ARNOLD[48].

Deux faits, en outre, n'ont jamais semble-t-il été soulignés: d'une part, que Pierre de COUBERTIN a visité Rugby, quarante ans après la mort de Thomas ARNOLD, survenue en 1842, et que l'exemple pédagogique qu'il eut sous les yeux avait eu le temps d'être gauchi par les successeurs d'ARNOLD; d'autre part, qu'il connaîtra très tard, et seulement à compter de 1882 et 1883 de la pensée théorique d'ARNOLD, et encore au travers de biographies, écrites par Arthur PENRHYN STANLEY D.D. et Emmena Jane WORBOISE[49].

On doit donc se poser la question de savoir si COUBERTIN, emporté par l'admiration, pressé par la passion militante, n'a pas été influencé beaucoup plus, à son insu, par les travaux des successeurs d'ARNOLD que par l'œuvre d'ARNOLD lui-même.

L'ouvrage de Peter MAC INTOSH[50], paru en 1963, nous permet aujourd'hui d'élucider ce point d'histoire.

Matthews ARNOLD, fils de Thomas ARNOLD, et témoin lucide, selon P. M. INTOSH, de la révolution industrielle, propose «modestement» une classification scientifique de la société anglaise de la seconde moitié du XIXe siècle.

Les «Barbares» étaient la classe la plus élevée et la plus policée, «mais se trouvaient écartés de la lumière par les facilités et les charmes de la splendeur, de la sécurité, et des plaisirs du monde».

---

47. ULMANN, Jacques, op. cit., p. 327.
48. LUCAS, John Apostal, op. cit.
49. PENRHYN STANLEY, Arthur, D.D., op. cit., WORBOISE, Emmena Jane, op. cit.
50. MAC INTOSH, Peter, op. cit., chapitre VII, 2.

Les «Philistins» étaient la classe moyenne à laquelle s'identifiait Th. ARNOLD. «Ils étaient ainsi appelés parce que le mot porte en lui une idée d'entêtement et de perversité dans la résistance à la lumière et à ce qu'elle pouvait révéler.»

La classe laborieuse occupait le bas de l'échelle, intrigant de nombreux bourgeois et intellectuels par sa grossièreté, ses colères, ses rassemblements et ses cris incompréhensibles.

Quand Thomas ARNOLD prend la tête de Rugby, en 1828, les fils des Philistins ont, depuis quelques années, forcé la porte des Collèges et des Public-Schools. Cependant, à Rugby comme ailleurs, les descendants de l'aristocratie traditionnelle continuent de s'adonner à leurs passe-temps favoris: la chasse, le tir, et l'élevage des meutes de chiens. Les abus sont nombreux, le climat moral dépravé:

> GLADSTONE et d'autres hommes de sa génération ont témoigné des déplorables conditions d'existence règnant dans les écoles anglaises sous régime de dotation au début du XIXe siècle, moralement comme dans les manières de vivre. Brutalité, tyrannie, boisson et jeux de cartes, étaient habituels et généraux[51].

Mais, très rapidement, les sports dont s'est emparée la classe moyenne, et dont font fi les «Barbares», pénètrent dans les internats, à la suite des fils des «Philistins». Et ce n'est pas par hasard, si les jeux sportifs collectifs: football, cricket, vont concurrencer les jeux traditionnels des fils de lords:

> Les jeux d'équipe encourageaient exclusivement les qualités de coopération et de conformité aux besoins du troupeau si en faveur dans la classe moyenne, laquelle classe commençait d'affirmer son influence et son pouvoir à travers le monde entier[52].

Thomas ARNOLD n'invente donc pas le sport, ou mieux ne l'introduit pas à Rugby: il y était déjà implanté à son arrivée. Ce que confirme Peter MAC INTOSH:

> Le développement du culte des jeux est souvent attribué au Dr. ARNOLD de Rugby, mais il était déjà impor-

51. SLOANE, William Milligan, *Modern Olympic Games, Report of the Olympic Comittee,* New York, 1920.
52. MAC INTOSH, Peter, *op. cit.,* chapitre VII, 2.

tant à Rugby et ailleurs lorsque Thomas ARNOLD devint proviseur en 1828.

ARNOLD portait personnellement peu d'intérêt au cricket, un peu plus à la natation, à la gymnastique et au lancement du javelot. Il ne s'intéressa aucunement au type de football auquel son école donna le nom, et pas davantage à l'athlétisme[53].

ARNOLD était uniquement préoccupé de soucis métaphysiques : le but suprême de l'éducation étant pour lui :

la soumission à Dieu, à l'école, et à lui-même[54].

Et c'est pourquoi il supprima sans pitié le désordre qui régnait dans son collège, et par là même fit disparaître les sports et activités campagnardes des «Barbares», dispersant les meutes de chiens et interdisant les jeux de lièvres et de chiens.

Dès lors, les jeux sportifs collectifs des «Philistins» avaient devant eux le champ libre : cricket et football entamaient, sur les pelouses des internats de Grande-Bretagne, leur ascension irrésistible.

Et comme Thomas ARNOLD entendait faire de la vie de collège une réplique de la vie sociale vraie, il saisit très vite la possibilité d'utiliser la hiérarchie sportive, l'élitisme sportif, comme leviers d'éducation civique, sociale et politique. Dans les mains d'ARNOLD, le sport, en tant que moyen, entrait dans la panoplie de l'éducateur britannique de l'ère victorienne, au même titre que les disciplines intellectuelles : mais sans aucune prépondérance.

En fait, les successeurs de Thomas ARNOLD : Thomas HUGHES et Matthews ARNOLD, dépassèrent la pensée de leur prédécesseur, contraints sans doute en cela par le culte de la compétition sportive, qui, très vite, avait gagné toutes les

---

53. *Idem, op. cit.,* chapitre VI : Jacques ULMANN contredit ici MAC INTOSH : «Quoique (Th. ARNOLD) ait été l'initiateur de certains jeux, tel celui dont le nom rappelle qu'il eût son origine à Rugby...» in *De la Gymnastique aux Sports Modernes,* p.327.

54. TREVELYAN, Georges-Mac, *British History in the nineteenth Century and after (1782-1919),* Londres, Longmans, Green and Cie, 1948, pp. 171-172. A.P. STANLEY note in *The Life and Correspondance of ARNOLD,* New York, Scribnen's Sons, 1892, p. 26 : «C'était vers la théologie qu'il portait la plus grande part de ses efforts, le domaine où les besoins de ses élèves étaient les plus grands.»

couches de la société[55]. Ce furent eux qui donnèrent au sport, dans l'institution scolaire, le statut prépondérant que COUBERTIN découvrit en 1883, à Rugby, lors de son premier voyage en Angleterre.

Thomas HUGHES, successeur d'ARNOLD, faisait partie de ces nombreux hommes d'Église à qui le sport permettait de concilier leur croyance en Dieu et leur dévotion à l'Empire. Fondateurs des «muscular christian», ils voyaient dans l'acte sportif, l'acte libéral par excellence[56]. C'est eux qui vont développer l'attitude triomphaliste qui éblouira tant COUBERTIN, eux qui sans doute, par souci de se référer au Messie afin de mieux évangéliser, prêteront à Thomas ARNOLD des intentions qu'il n'eut pas, en tous cas pas tout à fait; eux qui par leurs écrits laudateurs abuseront souvent de leurs contemporains, compatriotes et étrangers, au point que Peter MAC INTOSH et les historiographes d'aujourd'hui sont fondés à écrire:

> Si ARNOLD a été maintes fois loué ou blâmé pour sa vénération des sports réglementés, la faute en incombe à Thomas HUGHES et à son roman *La vie à l'école de Tom BROWN*[57].

---

55. Un exemple de la progression du football (association) en Grande-Bretagne, cité par Peter MAC INTOSH, *op. cit.*, p. 71.
— *Nombre d'équipes:*
    1871:   50
    1905:   10 100
— *Nombre de spectateurs à la finale de la Coupe d'Angleterre:*
    1871:   2 000
    1880:   4 000
    1890:   23 000
    1900: 110 802
56. NEWMAN, Cardinal, Cité par Peter MAC INTOSH, *op. cit.* «Le sport est une fin en soi méritant l'appellation libérale.»
On rapprochera ce texte de la citation d'Aneurin BEVAN leader socialiste de gauche, mentionnée par Peter MAC INTOSH, page 74 du même ouvrage: «Je pense que le désir de jouer est la justification même du jeu; il n'est nullement besoin de justifier le jeu: votre propre bien-être est une justification suffisante. Cette idée de vouloir emprunter quelque raison de justifier le jeu est un des pires legs de la Révolution Puritaine.»
57. MAC INTOSH, Peter, *op. cit.* De même Raymond BOISSET commettra-t-il la même erreur d'interprétation *(Revue Éducation Physique et Sport*, no 49, mars 1960.) Pareille mésaventure arrivera à Per Henrik LING, fondateur de la gymnastique suédoise, par suite de l'adoration sourcilleuse de son fils Hjalmar.

COUBERTIN n'a donc connu de l'œuvre pédagogique concrète de Thomas ARNOLD qu'au travers de l'exemple que lui en fournirent Thomas HUGHES et Matthews ARNOLD. Qu'il ait attribué à Thomas ARNOLD beaucoup plus que celui-ci ne prétendit dire, ou faire, semble l'évidence.

C'est là un point d'histoire, important certes, et qu'il fallait préciser, mais qui cependant, ne nous apparaît pas essentiel pour la compréhension de la genèse de la pensée coubertinienne, puisqu'aussi bien il n'y eut nulle contradiction fondamentale entre la pensée de Thomas ARNOLD et celle de ses successeurs; tout au plus, un gauchissement.

L'essentiel reste qu'à Rugby, à l'âge de vingt ans, COUBERTIN puisa des certitudes et des espérances. C'est à Rugby que se précisa sa philosophie pédagogique. C'est de là que part sa croisade.

4.3　la naissance en France du sport moderne

Dans «Essais de Psychologie Sportive», qui date de 1909, COUBERTIN note, coupant à l'avance la plume à tous ceux qui voudraient n'en faire qu'un admirateur éthéré de la «grécitude»:

> Il était réservé aux démocraties cosmopolites qui s'épanouirent dans la troisième moitié du XIXe siècle et que servit une industrie scientifique merveilleuse de faire renaître, çà et là, l'obligation du sport, de sorte que, l'utilitarisme aidant, tous bientôt seront sportsmen, mais les uns avec conviction, et les autres malgré eux...[58].

Aucune étude comparative n'existe, à l'échelon européen, qui intégrerait à la fois les données économiques, les faits historiques et sociologiques, et l'action des grands pionniers du sport.

En France, on cherche en vain, en outre, un universitaire qui aurait consacré une recherche scientifique à la naissance du sport moderne français[59]. Certes, Jacques ULMANN[60]

---

58. COUBERTIN, Pierre de, *Essais de Psychologie Sportive*, Lausannem mai 1909, p. 113.
59. SCHNERB, Robert, *op. cit.*, consacre deux lignes au sport: «Le sport et la promenade à bicyclette font lentement délaisser les formes incommodes (du costume féminin», p. 209.

aborde le problème, LE FLOCH'MOAN[61], mais sa documentation est de seconde main; et surtout Georges BOURDON[62] apportent une masse de renseignements et d'anecdotes non négligeables. Mais aucun travail d'ensemble n'a encore été consacré à cette seconde moitié du XIXe siècle qui vit, avec retard par rapport à l'Angleterre, et au milieu de difficultés très grandes, fruits de l'histoire française et des habitudes et des mœurs, le sport moderne se développer en France.

Les «démocraties cosmopolites», dont parle COUBERTIN, sont le fait des bourgeoisies nationales qui se sont emparées des moyens de production de la grande industrie. Dans cette course, la France est partie avec un temps de retard, l'Angleterre l'a devancée, l'Allemagne la dépassera bientôt: l'infrastructure industrielle française, insuffisamment développée, freine en France l'éclosion du sport.

Mais l'industrialisation tardive ne peut à elle seule expliquer les difficultés constatées en France pour que le sport devienne fait de civilisation. S'y ajoutent des «blocages» qui ressortissent à l'histoire même de l'éducation physique dans notre pays, et à l'état des mœurs en pays d'obédience catholique.

Dans son long cheminement pédagogique, la France n'a rencontré ni un JAHN et sa grandeur tragique, ni un LING et sa froide détermination, ni un ARNOLD et sa foi dans le «self government». Tout au mieux, a-t-elle croisé AMOROS, colonel et étranger, dont l'effort considérable s'enlisera dans le maquis des intrigues, des cabales, et des maladresses.

JAHN et le TURNKUNST voulaient que, par des jeux pris en commun dans la nature allemande et les Turnplatzen allemands, la jeunesse allemande résiste à l'occupation française et apprenne à servir la nation et l'état allemands[63].

---

60. ULMANN, Jacques, *De la Gymnastique au Sport Moderne, op. cit.*
61. LE FLOCH'MOAN, *Genèse du Sport,* Petite Encyclopédie Payot, Paris, *op. cit.*
62. BOURDON, Georges, *Encyclopédie des Sports,* Paris, 1924, *op. cit.*
63. JAHN, Friedrich-Ludwig, 1778-1852.
La défaite d'Iéna (1812), où, disent les biographes, il blanchit en une nuit, l'affecta profondément.
Le 3 février 1813, à l'appel du Roi de Prusse, 10.000 gymnastes formés par JAHN se levèrent contre NAPOLÉON: la tête de JAHN fut mise à prix dans «Le Moniteur de l'Empire».
En 1861, 6,000 gymnastes évoluent à Berlin. En 1863, année de naissance

COUBERTIN dira de l'œuvre de JAHN :

> L'esprit général resta ce que JAHN avait voulu qu'il fût :
> énergique et rude, sportif par conséquent[64].

ARNOLD et *muscular christianity* n'ont pas de défaite à effacer, et pas de nation à créer. Eugen WEBER[65] en conclut un peu vite qu'en conséquence, il fallait civiliser les éleves, d'où mettre en relief l'auto-éducation du caractère, privilégier l'individu sur le groupe, et tendre vers le dégagement d'une élite : de ce point de vue, le sport offrait à la bourgeoisie anglaise plus d'avantages que la «gymnastique». En fait, le but était bien, fondamentalement, de servir la nation et l'empire britanniques.

AMOROS, malgré une aide énorme des corps sociaux et de l'État (en 1821 il reçut une subvention de 20,000 francs or et en 1834 de 32,000 francs[66]), ne réussira pas, durant le temps où ARNOLD triomphe, à faire de la France un pays sportif.

Sans doute parce que la France napoléonienne avait trop marché au travers de l'Europe et que le pays, saigné à blanc, aspirait à des joies plus prud'hommesques. Mais surtout, parce que depuis le triomphe de la première révolution bourgeoise, l'éducation physique et le sport s'opposaient déjà dans notre pays.

D'une façon schématique, mais qui correspond cependant à la réalité historique, on peut dire que dans le dernier tiers du XIXe siècle, l'État français continue à pencher, à des fins nationales, pour l'éducation physique, alors que le sport reste l'apanage d'une minorité nantie.

C'est ainsi que le Club Alpin Français, fondé en 1874 sous le coup de la défaite, entend être une école de coura-

---

de COUBERTIN, ils seront 20,000 à Leipzig.

Le Turnplatz, «lieu de contestations chevaleresques», selon JAHN, joua bien son rôle d'unificateur et de régénérateur de la nation allemande.

64. COUBERTIN, Pierre de, *Pédagogie sportive*, Éditions Crès, Paris, 1922, p. 39.

65. WEBER, Eugen, *op. cit.*

66. Chiffres cités par COUBERTIN, *Pédagogie sportive, op. cit.*, p. 41. COUBERTIN avait écrit dans «*La Préface des Jeux Olympiques*», *Cosmopolis*, Vol. II no 4, avril 1896, p. 155 : «La France était parmi les plus rebelles à l'athlétisme : le pauvre colonel AMOROS y avait perdu ses peines.»

ge physique et moral et d'entraînement prémilitaire, mais que son recrutement reste cantonné aux classes moyenne et supérieure[67].

Certes, des essais sérieux sont faits pour que le sport, en vue d'une revanche guerrière, pénètre la classe populaire. Les Clubs de marche, les Sociétés de gymnastique[68], fondés pour muscler et viriliser la France, n'ont pas d'autre raison d'être. Mais les ouvriers français qui travaillent plus de dix heures par jour, et parfois toute la semaine, n'ont pas de temps de loisirs, ou si peu, qu'ils ne peuvent songer à une quelconque activité ludique.

La classe politique française, les intellectuels avides de revanche, n'auront pas d'autre solution que de chercher, ailleurs que dans le peuple, un terrain où faire pénétrer leur idéologie. Et c'est tout logiquement qu'ils se tourneront vers l'école, et tout spécialement, vers l'école secondaire.

Or, le réarmement moral passe nécessairement par l'ascèse physique: être bon soldat, c'est croire dans la patrie, mais c'est aussi, et toujours, effectuer des marches forcées. L'écolier français, future piétaille d'une stratégie encore inspirée par l'épopée napoléonienne, doit donc exercer virilement son corps.

Malheureusement, l'Université française du XIXe siècle est peu sportive. Les hommes d'état, arrivés à maturité vers 1850, n'ont fréquenté que des collèges religieux — et dans le meilleur des cas des collèges de Jésuites où la guenille est moins méprisée qu'ailleurs. Moulés dans le carcan rigide d'une redingote, ils n'ont pas joué durant leur enfance: l'obéissance est le fin mot de leur éducation.

Détenteurs du pouvoir politique ou spirituel, ils professeront à l'égard des jeux et des sports un mépris de bon aloi: la phtisie guette le sportif, quand ce n'est pas, péché irrémédiable, le sensualisme et la luxure. Tout au plus, tolérera-t-on à une élite, élevée dans des collèges hors de la

---

67. WEBER, Eugen, *Revue Olympique*, no 52, extrait des statuts du C.A.F. les motivations suivantes: «École d'énergie physique et de force morale (pour que les jeunes Français soient) plus virils, plus aptes à supporter la vie militaire, mieux préparés à affronter, sans se décourager, un long conflit.»

68. Avant la première guerre mondiale, elles regrouperont 500,000 adhérents.

portée du commun, de pratiquer le football et le rugby. Mais les enfants du peuple, si proches du vulgaire, si peu maîtres de leur conduite, devront être tenus éloignés de telles tentations : on ne leur enseignera que l'éducation physique, qui garantit de tous excès.

Les initiatives gouvernementales[69], pour ne citer que les plus remarquables, sont à cet égard tout à fait significatives. Il faut louer J. THIBAUT[70] de les avoir mises à jour :

1845 — (21 octobre)
> Le Ministre de l'Instruction Publique, SALVENDY, crée une commission en vue de l'étude du problème de l'enseignement de la gymnastique dans les écoles et dans les collèges.

1850 — (14 mars)
> La gymnastique devient facultative dans les écoles primaires.

1854 —
> Elle est rendue obligatoire dans les lycées.

1868 — (3 février)
> Victor DURUY décrète l'obligation de la gymnastique dans les écoles primaires.

1869 —
> Un brevet de maître de gymnastique est créé.

1871 —
> Après le Traité de Versailles, Jules SIMON prescrit aux Recteurs d'Académie d'organiser sans retard l'enseignement de la gymnastique :
>> « partout où les instructeurs capables pourront se rencontrer ».

1880 — (27 janvier)
> Jules FERRY rend obligatoire la gymnastique pour les garçons et les filles de six à treize ans. Dans la circulaire d'application no 400 du 29 mars 1881, il précise :
>> « C'est une œuvre patriotique que nous poursuivons. »

---

69. On pourrait remonter à la Convention : 1793 : LEPELLETIER DE SAINT-FAGEAU et ROBESPIERRE proposent une loi en faveur de l'éducation physique à l'école.
70. THIBAUT, J. *op. cit.*

1882 — (28 mars)
Paul BERT, Ministre de l'Instruction Publique, crée
les Bataillons Scolaires: les exercices militaires,
la marche, la topographie, l'école du soldat, y sont
enseignés.

1884 —
Un Manuel d'Exercices Physiques, fruit des travaux
d'une Commission nationale présidée par MAREY,
est édité.

Toutes ces interventions n'ont pour but que de créer
l'armée de la revanche. L'individu est d'abord un citoyen tenu en laisse. On ne lui tolérera aucun excès, aucun écart:
pas de jeux, encore moins de sport. Aucun souci de libération individuelle, ou d'hédonisme: la gymnastique ne peut
être que l'adjuvant d'une éducation civique, puritaine et morale.

Toutes les classes sociales adhèrent à ce programme:
JAURÈS, et Jean MACE, fondateur en 1869 de la Ligue Française de l'Enseignement, qui préfacera un ouvrage sur le tir
aux armes de guerre, s'y retrouvent, avec GAMBETTA et
DÉROULÈDE.

Mais les résultats sont pratiquement nuls. L'instituteur,
magister à la superbe primaire engoncé dans son costume
noir, son col en celluloïd, et sa cravate à système, ne veut
pas descendre de son piédestal dans l'arène du jeu enfantin,
et entend garder son autorité d'essence répressive, jusques
et y compris dans la cour de récréation. Les terrains font
défaut: en 1854, sur soixante-dix-sept lycées, treize seulement ont un champ d'ébats. Les Bataillons Scolaires eux-
mêmes, malgré la flamme patriotique des caporaux-instructeurs, malgré le soutien des républicains, mais contre l'opinion catholique et ultramontaine qui voit dans leur institution une manoeuvre anticléricale destinée à détourner les
jeunes gens de la pratique de la messe, s'écroulent, tués par
le ridicule, dans un pays qui y est sensible.

En 1870, la France est dans son ensemble bancale. Le
Dr PROUST écrit:

> Lors du Siège de Paris, en 1870, nous avons vu arriver la
> garde mobile de la province dans un singulier état d'igno-
> rance des mouvements du corps, marchant mal, se tenant

mal, très rebelle aux mouvements d'ensemble, dépourvue, en un mot, de toute culture musculaire[71].

Les manuels d'instruction, tous patronnés par le Ministère de la Guerre, sont tous consacrés, de 1870 à 1889, aux seuls exercices de plain-pied et aux déplacements inspirés par la gymnastique suédoise, ainsi qu'aux mouvements aux agrès introduits par AMOROS dans la didactique française. L'unanimité est touchante: la gymnastique de la IIIe République Française est résolument d'essence militaire, telle que définie sous la Restauration[72]. Rien n'a bougé. Hormis peut-être, en 1889, dans le nouveau Manuel des Exercices Physiques et des Jeux Scolaires, patronné par le Ministre de l'Instruction Publique, où les jeux font, pour la première fois officiellement, une timide apparition sur le bureau de l'instituteur français.

Le sport moderne, méconnu et méprisé par l'élite politique, inconnu des travailleurs des champs et des villes — le curé catholique français, au contraire du pasteur anglican a une peur instinctive du sport et refuse d'en être le vecteur — ne pouvait pénétrer que par effraction dans la vie française du XIXe siècle.

La renaissance sportive va venir d'en bas, empiriquement, grâce à des associations librement constituées, issues en général des milieux intellectuels et scolaires:

> (La réforme) est l'œuvre de la jeunesse elle-même; guidée par quelques hommes de vues larges et d'initiative hardie[73].

Une seule exception, semble-t-il, celle des ports de la Manche, où, très tôt, des ouvriers français vont se mesurer

---

71. PROUST, Dr, *Traité d'Hygiène Publique et Privée*, 1re édition, Paris, 1893.
72. AMOROS y ONDEANO, Francisco, Marquis de SOTELO, Colonel, *Manuel d'Éducation Physique, Gymnastique et Morale*, Paris, 1830. Librairie Encyclopédique de RORET, Tome II, p. 490. Extrait du Discours prononcé par le colonel AMOROS, Directeur du Gymnase normal, militaire et civil, «À l'ouverture du cours pour MM. les officiers destinés, en octobre 1829, à le suivre, afin de répandre sa méthode gymnastique» (séance du 14/10/1829): «La gymnastique française, la gymnastique que j'ai l'honneur de professer, est à la tactique moderne ce que l'invention de la poudre fut à la tactique ancienne».
73. BOURDON, Georges, *L'Encyclopédie des Sports, op. cit.*, p. 156.

à des équipes britanniques, en raison des échanges portuaires et commerciaux:

> À cette époque «héroïque» peu de clubs existaient en France, et à part le Havre Athletic Club, la Normandie ne comptait guère d'équipes de football. La plupart des matches opposèrent donc le Football Club Dieppois à des équipes formées par les équipages des paquebots britanniques dont l'arrivée était attendue avec impatience[74].

Mais la composition sociale des équipes françaises d'alors ne laisse aucun doute sur l'origine des joueurs: directeurs d'usine, avocats, médecins, commerçants... et nombreux Anglais résidant en France.

C'est au cours des années 1880-1890, que le sport moderne conquiert la France, et d'abord, fait à nos yeux signifiant, par les jeux de plein air: course à pied, football (rugby, puis association), en usage dans les collèges britanniques dorénavant conquis par les fils des «Philistins».

Quelques dates permettent de mieux suivre cette progression et ce cheminement[75]:

Course à pieds

1875 —

Fondation du Club des Coureurs, dont la vie sera éphémère.

L'un des fondateurs est anglais.

1877 —

André BERTHELOT (1862-1938), élève au Lycée Saint-Louis, à Paris, réunit quelques camarades sur les pelouses du Bois de Boulogne, en vue de jouer au football et de courir.

1880 —

Jean CHARCOT, élève de l'École Alsacienne, crée la Société Sans Nom, et l'entraîne à jouer au foot-

---

74. Football Club Dieppois (Siège Social: Dieppe, 76) Brochure éditée en 1962 pour les fêtes du soixantenaire du Club. Le F.C.D. a été créé en 1896, le Havre Athletic Club en 1872, par de jeunes industriels de retour d'Oxford et de Cambridge, ce qui se retrouve dans l'étrange maillot du H.A.C., mi bleu ciel, mi bleu foncé.

75. Nous empruntons cette documentation aux diverses sources: BOURDON, LE FLOCH'MOAN, WEBER, déjà signalées. Mais en outre à l'*Illustration*, le *Petit Journal* et aux différents journaux traitant du sport, tel *Le Véloce*.

ball sur les pelouses de l'Avenue de Madrid.
COUBERTIN vouera une admiration sans bornes
à Jean CHARCOT[76].

1881-1882 —

Des élèves des Lycées parisiens: Condorcet, Rollin
et de l'École Monge (qui deviendra Carnot), se dé-
fient à la course dans la Salle des Pas Perdus de la
Gare Saint-Lazare.
Le Racing Club de France (R.C.F.) naîtra de ces
rencontres.

1882 — (23 novembre)

Décret d'autorisation du Racing Club de France
(R.C.F.)
Les coureurs sont classés en écuries, portent des
noms de chevaux, s'habillent comme des jockeys,
et reçoivent des prix en espèces.
Ferdinand de LESSEPS est le premier Président
du R.C.F. En 1884, il remet une cravache d'or au
vainqueur du « Prix de Panama ».

1883 —

Des élèves du Lycée Saint-Louis fondent le Stade
Français qui obtient de s'ébattre sur la Terrasse
de l'Orangerie.

1885 — (22 novembre)

Deux coureurs du Racing Club de France, Henri
de LABORDERIE et Henry PASCAL, se rendent à
Bruxelles et triomphent, sur 300 mètres, d'un lot
d'adversaires belges et anglais.

1886 — (1er janvier)

Le premier championnat international régulier d'a-
thlétisme se dispute à la Croix-Catelan, au Bois de
Boulogne.

---

76. CHARCOT, Jean, 1867-1936, Savant et Explorateur. COUBERTIN écrit,
in *Discours à la remise des Diplômes Olympiques, Berlin 1909, Revue Olympique,* juin 1909: «Laissant à d'autres le soin de glorifier l'explorateur,
nous saluons en CHARCOT l'homme qui, résolument et méthodiquement,
d'une façon voulue et continue, a cherché dans le sport cette culture totale
de l'être humain que nous préconisons. Il a aimé et pratiqué nos doctrines en véritable apôtre. C'est justice que nous le donnions en exemple aux
jeunes générations.»

1887 — (18 janvier)
Fondation de l'Union des Sociétés Françaises de courses à pied.

Cette Union créée par les dirigeants du Racing Club de France et du Stade Français est rendue nécessaire pour coordonner l'effort des Associations sportives, et pour réglementer les rencontres internationales. Sa devise est : *Ladus pro Patria*. L'organe de l'U.S.F.S.A. est : Les Sports Athlétiques.

1889 —
L'Union des Sociétés Françaises de Sports Athlétiques est créée.

Football

Le football d'abord pratiqué est le rugby. Ce n'est qu'assez tardivement que le football-association, fait du rustre et de la populace, sera pris en charge par l'U.S.F.S.A.

1872 —
Fondation du Havre Athletic Club.

En 1922, Pierre de COUBERTIN, dans un Message adressé à l'occasion du cinquantenaire de la fondation du Club, rend hommage au Havre Athletic Club, doyen des associations sportives de province[77].

Le H.A.C. deviendra champion de France le 7 mai

---

77. Ce «Message du Baron Pierre de COUBERTIN au cinquantenaire du H.A.C.» était jusqu'en 1972, inconnu et inédit.
Il ouvre la luxueuse brochure : «*1892-1972*». *Centenaire du Havre Athletic Club,* Presses de l'Ancienne Imprimerie Étaix, 7, rue André Caplet, 76 Le Havre.
Nous extrayons de cette brochure, les renseignements suivants, page 38 : «En 1872, et dans les années qui suivirent, les deux sections de Rugby et de Football apparaissent comme des «Sœurs Siamoises» unies dans la «combination» et groupant, sous les auspices d'un même Comité, les mêmes pratiquants en général britanniques, peu nombreux d'ailleurs.
Cette unité consanguine existait encore en 1884. En effet, si nous en croyons les archives, l'Assemblée Générale du 20 octobre 1884, réunissant 24 membres, adopta la Combination par 12 voix contre 10 pour l'Association et 2 pour le Rugby.
Les règles étaient encore imprécises et adaptées aux dimensions et aux accidents du terrain. Combien d'années se pratiqua encore ce football primitif ? Nous l'ignorons, mais les premiers statuts en notre possession, datant de 1894, ne prévoient encore que la pratique de trois sports : football, lawn-tennis, cricket.»

1900 en battant le Club Français par 1 but à 0. Six des joueurs de l'équipe sont anglais.

1894 —

L'U.S.F.S.A. qui consacre tous ses efforts à la diffusion du rugby qui, à l'image du sport britannique, est un sport de gentlemen, finit par céder à la pression du mouvement, et consent à organiser le premier championnat national de football-association.

En 1899, une soixantaine de clubs de football adhèrent à l'U.S.F.S.A.

Aux environs de 1900, se situent les premières rencontres internationales de football, et toujours contre l'Angleterre.

Jusqu'en 1914, c'est une longue énumération de défaites :

1906 : 15-0
1908 : 12-0
1909 : 11-0
1910 : 10-1
1911 : 3-0

Ce n'est qu'en 1921, qu'une élite nationale se faisant jour peu à peu, la France vainc l'Angleterre par 2 buts à 1.

Rugby

Au contraire du football qui tend de plus en plus à avoir une assise populaire, le rugby gagne la France par l'intermédiaire des établissements secondaires.

Bordeaux et sa région vont jouer un très grand rôle dans la propagation de ce sport, à partir du stade Bordelais, fondé le 5 avril 1890 et adhérent à l'U.S.F.S.A.

WEBER a raison de noter que les règles utilisées en France seront celles de la Ruby Union[78]. Par contre il a tort d'avancer que le Docteur Philippe TISSÉ, Président de la Ligue Girondine d'Éducation Physique (1888) fut le propagateur du rugby dans le Sud-Ouest. Bien au contraire !

Contre le football (rugby) homicide, TISSÉ prône la barrette. Il écrit dans la *Revue des Jeux Scolaires*, 1895, page 6 :

> « Nos jeunes Français, sensibles, délicats, quelque peu efféminés dans le sens excellent du mot, répugnent aux lut-

---

78. WEBER, Eugen, *op. cit.*

tes brutales des Anglo-Saxons, que le tempérament sanguin pousse trop à la violence.»

Parallèlement, en fin de siècle, les sports mécaniques se développent:

Automobilisme

1894 —
> Paris-Rouen. C'est une voiture tractée de DION-BOUTON qui triomphe.

1903 — (24 mai)
> La course Paris-Madrid, trop meurtrière pour les spectateurs et les pilotes, est stoppée à Bordeaux sur ordre du Ministre de l'Intérieur.

Aviation

L'aviation française est loin alors en tête dans le monde:

> PRÉVOST, le détenteur de la Coupe GORDON-BENETT internationale, n'est-il pas celui qui accomplit le stupéfiant exploit de parcourir plus de 200 kilomètres dans l'heure[79]?

Il ne saurait s'agir, dans cette étude, d'étudier de façon exhaustive l'histoire de la naissance du sport moderne en France. Tout au plus, situant le cadre général d'une époque sportive vivante, active et courageuse, picaresque et tragique, avons-nous pour ambition d'y déceler quelques lignes de force, et d'y lire l'action des pionniers et l'apport personnel de Pierre de COUBERTIN.

Entre 1880 et 1900, la France, après l'Angleterre, et un peu avant l'Allemagne, est donc touchée par le sport moderne.

L'influence britannique est à cet égard tout à fait évidente: L'Almanach des Sports des années 95, les comptes rendus sporadiques des compétitions qui paraissent dans les journaux de l'époque, montrent quels furent les itinéraires de pénétration du football en France: les ports de la Manche et de la Mer du Nord, en premier lieu; puis, le Nord

---

79. COUBERTIN, Pierre de, *Pour bien comprendre la France*, *(La France Sportive*, Paul ROUSSEAU).

et le Lyonnais, en raison des nombreuses industries textiles qui y sont implantées et qui se trouvent en relations de commerce avec les lainiers de Grande-Bretagne; la vallée de la Seine à partir de l'estuaire; enfin Paris, où vit une importante colonie britannique.

Deux sports vont en outre, par le dynamisme de leurs propres vertus ludiques, ouvrir la voie au sport moderne:

> Les deux instruments de cette conquête ont été le ski et la bicyclette. En face de l'Angleterre de plus en plus sportive se tenait, il y a environ trente-huit ans (c'est-à-dire vers 1885), une Europe convaincue que le sport, particularité nationale de la vie britannique, ne saurait être nécessaire aux autres races: conviction qui ne déplaisait pas à l'insularisme des Anglais[80].

COUBERTIN note qu'au travers de la trouée que fit le ski, passèrent des sports «intensément excitants», tels que le hockey sur glace, et, venus d'Amérique, le «steel skeleton» et «l'ice yachting»:

> Ainsi s'est éprise de sport toute une portion de l'Europe; la bicyclette a conquis le reste[81].

Ce n'est plus «le grand bicycle» dont il s'agit, et qui du point de vue sportif, tant par son danger et son élégance attirait tant COUBERTIN, mais la bicyclette avec chaîne et roue dentée qui, le Touring Club de France aidant, allait devenir:

> le merveilleux engin, bientôt muni de pneumatiques..., utilitaire sans cesser jamais d'être sportif[82].

Trois millions de bicyclettes sillonnent alors les routes de France. La presse sportive s'appelle: *Le Cycle, Le Journal des Vélocipèdes, Paris-Vélo, L'Auto-Vélo, Le Vélocipède Illustré.*

La course Paris-Rouen, patronnée par *Le Vélocipède Illustré*, dont l'animateur est Richard LESCLIDE, secrétaire

---

80. COUBERTIN, Pierre de, *Pédagogie Sportive*, Éditions Crès, 1922, *op. cit.*, p. 51-53.
81. COUBERTIN, Pierre de, *La Revue de Paris*, 15 juin 1894, p. 176.
82. *Idem, Pédagogie sportive, op. cit.*, p. 53.
  On consultera avec intérêt le très beau livre de Jean DURRY: *La véridique histoire des géants de la route*, Lausanne, Edita-Denoël, 1974.

de Victor HUGO, réunit deux cents engagés le 7 novembre
1869. Cent coureurs prennent le départ, cinquante atteignent
le but.

En 1903, a lieu le premier Tour de France: six étapes,
64 participants, 18 arrivants.

> La soif d'air, (ce) besoin physiologique (qui se trouve)
> à la base de tous les sports modernes,

est créée. Mais COUBERTIN, qui fait cette remarque, pense
que la bicyclette est surtout le sésame de nouveaux modes
de relation entre l'homme et la nature.

Il écrit:

> Sur toutes les routes court la bicyclette endiablée, ren-
> versant les bourgeois et les préjugés[83].

Car l'usage de la bicyclette fait sortir l'homme des maisons calfeutrées, l'oblige à lutter contre les éléments, à
choisir une tenue qui découvre la peau et la fait respirer, à
établir des contacts directs avec le monde, hors du cocon
originel qu'est le village ou le quartier; bref, à braver le conformisme de l'opinion publique.

Les bourgeois durent faire payer bien cher sans doute
ces manifestations de lèse-majesté pour qu'en 1908 COU-
BERTIN se souvienne encore de leurs réactions:

> On n'était pas très doux en ce moment pour notre rou-
> lante corporation. Nous avions été assez longtemps hors
> la loi. J'ai encore ma carte de circulation en vélocipède
> dans Paris, délivrée par la Préfecture de Police (2e division,
> 3e bureau[84]).

Fin de siècle, sans prétendre à l'ampleur du fait britannique, le sport moderne français n'en atteint pas moins à un
niveau de développement tout à fait remarquable. Certes,
les conditions historiques se sont trouvées réunies pour
qu'il en soit ainsi. Mais les temps, si denses soient-ils, n'ac-
couchent jamais seuls de nouveaux modes de pensée et de
nouveaux modèles de vie: l'homme de génie et l'artisan
obstiné ont besoin d'être présents quand l'histoire fait des
clins d'œil.

---

83. COUBERTIN, Pierre de, *La Revue de Paris*, (15/6/94) *op. cit.*, page 176.
84. *Idem, Une Campagne de 21 ans, op. cit.*

Quels furent, fin du XIXe siècle; les artisans d'une telle maïeutique? Quel rôle y joua COUBERTIN?

Dire que la jeunesse des collèges secoua elle-même le joug oppressif du règlement en créant des associations sportives scolaires, est insuffisant. En fait, alertés par la Campagne des Hygiénistes, soutenus par les interventions de l'Académie de Médecine[85] un certain nombre d'universitaires sont prêts à faire le pas et à tenter une réforme intra-muros. Mais les pesanteurs auraient été trop grandes, si, de l'extérieur, des adultes, libres de toute attache avec la hiérarchie universitaire, n'avaient prêté main forte aux collégiens eux-mêmes et aux chefs d'établissements consentants.

Georges de SAINT-CLAIR fut le chef de file de ces hommes désintéressés, et paraît bien être le précurseur de COUBERTIN sur le front du sport moderne.

De mère écossaise et de père français, né le 16 janvier 1845 à Plainpalais, près de Genève, interné en Suisse en 1870 avec l'armée Bourbaki, de SAINT-CLAIR est l'exemple édifiant de ces jeunes bourgeois aisés, cultivés et cosmopolites, qui vont se faire, sur le continent, de par leur double appartenance, les chantres de l'éducation anglaise.

Secrétaire du Racing Club de France, il va tendre à faire supprimer casaques, noms de chevaux, cravaches, bas noirs, à abolir les prix en espèces et à introduire la définition britannique de l'amateurisme dans les usages du sport français naissant.

Grâce à lui, et à MARCADET, du Stade Français, des rencontres internationales — avec l'Angleterre — sont rendues possibles. Le 18 janvier 1887, il fonde l'Union des Sociétés Françaises de Courses à Pied, suivie, en 1889, par l'Union des Sociétés Françaises de Sports Athlétiques:

> Voilà ce qui existe. On développera l'embryon, on n'innovera point. On fera davantage. On ne fera pas mieux.

---

85. BOURDON, Georges, *L'Encyclopédie des Sports, op. cit.,* page 106. En 1887, à l'appel de savants tels les Docteurs BROUARDEL, LAGNEAU, PETER, ROCHARD, TRELAT: «L'Académie de Médecine signale que l'éducation reçue par la jeunesse française n'est conforme ni à la nature, ni à la raison. Trop d'heures de travail, pas assez d'heures de récréation; trop d'études, trop d'intellectualisme, pas assez de repos, de détente, d'exercices. C'est ce que l'on nomme d'un mot qui, tout de suite, fait fortune, et qui incontinent passe dans le vocabulaire courant, le surmenage.»

Or, la construction initiale, c'est le Racing Club de France, et le constructeur, c'est Georges de SAINT-CLAIR. D'innombrables associations se formeront sur tout le territoire et ne cessent pas d'en surgir : aucune n'égale encore en puissance ni le Racing Club ni le Stade Français, et toutes ont pour prototypes le Racing et le Stade. Des hommes nouveaux monteront sur le navire, prendront la rame, la barre, le commandement : aucun n'apportera une idée que n'ait exprimée Georges de SAINT-CLAIR, et chacun, selon son tempérament, son talent, ses facultés d'organisation et de direction, ses loisirs, devra, faute de pouvoir inventer, se résigner à élargir et à fortifier l'œuvre créée par SAINT-CLAIR. D'ailleurs, en ce mois de mai 1887, aucun de ceux-ci ne s'est encore manifesté — Nul autre que lui n'a encore parlé[86].

Au plan de l'organisation et du travail sur le terrain, c'est là un fait indiscutable. Rappelons cependant que déjà COUBERTIN a publié deux volumes[87], et qu'il s'apprête à faire son entrée dans l'arène publique[88].

Georges BOURDON, soucieux sans doute de vérité historique, mais sans complaisance aucune envers COUBERTIN, écrit à la suite :

C'est maintenant que va apparaître un homme qui a voué la plus grande partie de sa vie à la renaissance de l'éducation physique, et dont le nom mérite d'être pleinement associé, avec quelques autres, à celui de G. de SAINT-CLAIR. En mars 1888, la librairie Hachette met en vente un volume intitulé *l'Éducation en Angleterre* et qui porte une signature pour la première fois inscrite sur la couverture d'un livre : Pierre de COUBERTIN. Esprit curieux et fin, intelligence cultivée et attirée par les problèmes sociologiques, caractère entreprenant et tenace, dissimulant, sous les dehors de la courtoisie et les façons élégantes d'une ingénieuse diplomatie, une volonté claire, le baron Pierre de COUBERTIN, alors âgé de 26 ans, s'était engagé dans une enquête sur l'éducation anglaise et, riche d'un neuf savoir, il était revenu en France avec l'intention de travailler au réajustement de l'éducation française. En 1887, il avait entrepris certains sondages

---

86. BOURDON, Georges, *op. cit.*, p. 107.
87. 1886 : *Les Universités Anglaises.* 1887 : *L'éducation anglaise.*
88. *Article sur le Surmenage :* 30 août 1887, dans *Le Français.* Ces lignes tombent comme un couperet. Il est vrai — et nous remercions à nouveau Bernard GILLET pour les sources qu'il nous a révélées — que BOURDON haïssait COUBERTIN.

et commencé certaines démarches, plus tard divulguées dans un ouvrage publié en 1908, *Une Campagne de 21 ans*, et qui, rempli de faits, respirant la fierté de l'oeuvre accomplie, pêche seulement par une confusion dans l'exposé historique, par l'omission d'un assez grand nombre de dates qui permettraient de placer sans erreur tous les événements à leur rang chronologique, et par une information à ce point incomplète et comme dédaigneuse de la partie antérieure à 1888, qu'elle pourrait donner à penser au lecteur mal préparé que l'ère de la renaissance physique date du jour où parut *l'Éducation en Angleterre*[89].

— D'une part, COUBERTIN a peu produit avant 1887.

— D'autre part, dans *Une Campagne de 21 ans*, COUBERTIN fait débuter le renouveau athlétique à 1888. Mais ce qu'omet de signaler BOURBON, c'est qu'il s'agit uniquement du renouveau athlétique *dans les établissements d'enseignement secondaire* de la capitale. C'est si net, d'ailleurs, qu'au chapitre III du même ouvrage, COUBERTIN consacre des pages amères aux «ouvriers de la première heure». SAINT-CLAIR y est cité, et BOURDON (plus en publiciste d'ailleurs, qu'en créateur)[90].

Jalousie de pionnier, sans aucun doute. Restons-en de toutes façons aux faits.

L'égratignure de BOURDON, cependant, nous est précieuse: elle permet de mieux préciser et de mieux situer l'action personnelle de COUBERTIN parmi tous les pionniers qui aidèrent au développement du sport moderne en France.

Son propos fut moins en effet la naissance d'un sport civil que d'un sport scolaire, en quoi il voit l'outil de libération des collégiens eux-mêmes et le fondement d'une réforme de l'enseignement secondaire.

Le mérite essentiel de COUBERTIN c'est, à nos yeux, d'avoir su dégager, d'entrée de jeu, une philosophie de l'éducation par le sport, et d'avoir voulu que le sport moderne soit au service de la démocratie.

---

89. COUBERTIN, Pierre de.
90. *Idem, Une Campagne de 21 ans, op. cit.*, p. 18. «Antérieurement à la Société de Sport de l'Ile de Puteaux avait été fondé le Racing-Club de France dont Monsieur Georges BOURDON a copieusement narré l'histoire.»

La gloire de COUBERTIN c'est d'avoir refusé le «drill» prussien et la militarisation de la jeunesse, tentée alors par le biais du Bataillon Scolaire.

Lui attribuer seul la renaissance du sport en France serait sans nul doute une erreur. Mais il est nécessaire de préciser le rôle original qu'en éducateur intuitif et persévérant il va jouer pour l'introduction du sport dans le collège français.

Né dans un climat d'intense activisme sportif, COUBERTIN n'a pas créé le sport moderne français. Fait plus important, il l'a fait respecter de la classe intellectuelle du pays, et, le plaçant sur des perspectives éducatives justes, a forcé l'Université française à lui ouvrir ses portes.

4.4. la renaissance des Jeux Olympiques

Il ne peut être question, dans cette thèse, de traiter en détail des multiples tentatives qui, dès la fin du 18e siècle, eurent pour objet de faire renaître les Jeux Olympiques. Puisqu'aussi bien c'est là un des aspects les mieux connus du néo-olympisme, même si seules ont été tracées de grandes perspectives [91].

Mais soucieux d'envisager le cadre historique de l'œuvre et de restituer le climat de l'époque, au moment où Pierre de COUBERTIN va fixer ses ambitions d'homme et d'éducateur, il nous est apparu impossible de ne pas traiter, même succintement, de la renaissance de ces Jeux.

Ce sont les archéologues qui, les premiers, attirèrent l'attention de l'opinion sur l'ancienne Olympie:

> Ce n'est qu'au début du 18e siècle que les érudits songèrent à retourner sur cette terre sacrée, pour tenter de

91. Parmi les ouvrages essentiels, citons: SABBATHIER, Professeur, *Les Exercices du Corps chez les Anciens pour servir à l'Éducation de la Jeunesse*, Tome premier: chez Delalain, Librairie, rue de la Comédie-Française, chez Hérissant, fils, rue des Fossés-Monsieur-le-Prince, Paris, 1772.
BILL, Henry, in *Olympic games in Track and Fields Kenneth Doherty*, New York, Prentice Hall, 1954.
Dr FERENC, Mézo, *Les Jeux Olympiques*, Budapest, 1956.
MEYER, Gaston, *Le phénomène Olympique*, Paris, La Table Ronde, 1960.
MEYER, Otto, Chancelier Olympique, *À travers les Anneaux Olympiques*, 1960. *Rétrospectives Olympiques*, Genèse 1960.
LUCAS, John Apostal, Dr, *op. cit.*
EYQUEM, Marie-Thérèse, *op. cit.*
BERLIOUX, Monique, *Les Jeux Olympiques, Olympica, op. cit.*

lui arracher quelques-uns de ses secrets. Un des premiers, DOM BERNARD DE MONTFAUCON, attira l'attention sur les riches et utiles découvertes qui pourraient
y être faites[92].

Le Directoire songea à faire renaître Olympie sur le
Champ-de-Mars, mais en vain:

> ...Lorsque le Directoire, pénétré des souvenirs de l'Anti-
> quité, veut établir sur le Champ-de-Mars parisien quel-
> que chose qui rappelle les Jeux Olympiques, un élé-
> ment indispensable lui fait défaut: les concurrents[93].

GUTHS-MUTS, à la fin du siècle, est le premier, parmi
les disciples de ROUSSEAU, à signaler l'importance historique et signifiante des Jeux[94]. Cependant que les recherches
sur les temples d'Olympie, commencées dès 1766 par les
Anglais CHANDLER, puis LEALSE, DODWELL, Lord STAND-
HOPE, et le Français CHAUVEL, se trouvent interrompues par
le soulèvement grec contre l'occupation turque.

En 1788, T.B. HOLLIS pouvait écrire au Président Josiah
WILLARD, de l'Université d'Harvard:

> Nos documents portent mention d'une éventuelle renais-
> sance des Jeux Olympiques en Amérique. Les amis de
> cette dernière le souhaitent et prétendent en être capa-
> bles: après avoir agi selon les principes grecs, ils de-
> vraient pratiquer des exercices grecs[95].

En 1826, Abel BLOUET, membre de l'expédition française de Morée, découvre à Olympie l'enceinte sacrée et rapporte à Paris, comme premier témoignage, un métope du
Temple de ZEUS[96].

---

92. BOISSET, Raymond, *Revue Education Physique et Sport* no 49, mars
1960.
93. COUBERTIN, Pierre de, *Le Rétablissement des Jeux Olympiques*,
Revue de Paris, 15/6/94, p. 171.
94. GUTHS-MUTHS, *Gymnastik für die Jugend*, Schnepfenthal, 1793, pp. 60-
157.
95. LUCAS, John Apostal, *op. cit.*
HOLLIS, T.B., *Letter to President Josiah WILLARD of Harvard*, January 30,
1788. «*Proceeding of the Massachusetts Historical Society*, (Boston, The
society, 1905) XLIII, 629.
96. COUBERTIN, Pierre de, *Olympie*, Conférence prononcée à Paris, Salle
des Fêtes de la Mairie du 16ᵉ Arrondissement, 1928. Pierre de COUBERTIN
rappelle à cette occasion: «(Les) coups de pioche rudimentaires donnés,
il y a cent ans, par la mission française qui accompagnait l'expédition de
Morée et à laquelle on dut la découverte d'Olympie, car, pendant des siè-

À cette époque, une tentative sérieuse de résurrection des Jeux Olympiques est le fait des Scandinaves. Elle semble avoir échappé à l'attention des physiographes d'Europe occidentale.

Tadeuz BIERNAKIEWEIZ, citant ses sources[97], signale que depuis 1833, un organisme olympique existe en Suède et qu'il a, en 1834 et 1836, organisé en Scanie, à Ramlösa, des Jeux Olympiques Scandinaves.

L'idée en revient à Gustav Johann SCHARTAU, Professeur à l'Université de Lund.

Par une annonce publiée dans le Hälsingbürgposten, en juin 1834, Gustav J. SCHARTAU, convie tous les athlètes scandinaves à une manifestation sportive,

en commémoration des Anciens Jeux Olympiques Grecs.

À Ramlösa, le 14 juillet 1834, figurent au programme des compétitions de lutte, d'agilité et d'équilibre, de saut en hauteur, à la perche, de saut au-dessus d'un cheval vivant, de grimper à la corde et au mât, de courses de vitesse courte et longue.

En juillet 1836, une nouvelle invitation est lancée par le Nyer Hälsingbürgposten.

Le 4 août 1836, à nouveau à Ramlösa, SCHARTAU organise les Jeux Olympiques Scandinaves.

Le programme est modifié; les sauts sont remplacés par des exercices de gymnastique: le grimper d'un mât très haut subsiste seul.

Mais surtout, SCHARTAU, renouant avec la tradition antique, introduit des déclamations de dissertations sur des sujets se rapportant aux Jeux Olympiques Anciens, et organise des tournois dans le style médiéval.

---

cles, la trace en avait été perdue: le limon déposé par l'Alphée et le Cladéos dont la jonction s'opère au pied des ruines, avait achevé l'œuvre des convulsions de la nature et de la barbarie des hommes. Rien n'indiquait plus l'emplacement de tant de gloire, de tant de passion, de tant d'énergie dépensée».
97. BIERNAKIEWIEZ, Tadeuz, *Un précurseur de Pierre de COUBERTIN: Gustave Johan SCHARTAU*, in *Kultura Fizycna*, Varsovie, septembre 1964. T. BIERNAKIEWIEZ cite ses sources: a) Magazin für die Litteratur der Auslandes: *Spiel in Schweden Schon vor 100 Jahren* 1936. b) PAPE, John, 1951, *Annuaire des Musées d'Helsingfors: «Kring Kärnan»*.

Ces Jeux, selon John PAPE, remportèrent un énorme succès. Mais ils furent sans lendemain : les temps n'étaient pas mûrs, et SCHARTAU, le précurseur, manquait, dit-on, de caractère.

Pas plus que GUTHS-MUTHS, Pierre de COUBERTIN ne cite SCHARTAU. Tout au plus écrira-t-il, mais sans préciser l'origine de sa documentation :

> Les Jeux du Nord (ont donné lieu notamment) à de merveilleuses prouesses équestres[98].

La coïncidence des projets est en tous cas frappante. L'idée de faire revivre les Jeux Olympiques semble bien en effet consubstantielle au développement du sport moderne, porté sur les fonts baptismaux de l'histoire par des universitaires et des intellectuels.

William SLOANE ne s'y trompait pas :

> The sports lovers were for the most part, though not entirely, men of the scholar class, the learned and though ful men who perfectly understood the dangers of a narrow patriotism. It was but natural that their minds should recur to historic examples, and of these by far the most eminent was the Olympic Games, one of the forms in wich Greek culture had for centuries expressed its unity[99].

Nous ne savons donc pas, et une mince phrase de l'œuvre ne suffit pas à nous déterminer, si COUBERTIN connut des tentatives scandinaves. Ce dont nous sommes sûr, en revanche, c'est de la rencontre de Pierre de COUBERTIN et du Docteur W. P. BROOKES, personnage haut en couleurs comme seule peut en connaître la patrie de DICKENS.

W. P. BROOKES originaire de Wenlock-in-Shropshire[100], est né en 1807. John A. LUCAS en fait un compagnon d'études de COUBERTIN — ce qui est impossible. Et d'autant plus — et COUBERTIN le confirme[101] —, que la rencontre des deux hommes n'aura lieu qu'en 1889 : c'est l'époque où Pierre de

---

98. COUBERTIN, Pierre de, *La Gymnastique Utilitaire* 5e édition, 1906, p. 98.
99. SLOANE, William, *op. cit.*, p. 76.
100. COUBERTIN, Pierre de, *A typical Englishman : Dr. W. P. BROOKES of Wenlock-in-Shropshire*, in *The Review of the Reviews*, 15 janvier 1897, p. 60.
101. LUCAS, John A., *op. cit.* fait naître BROOKES en 1802. Or, COUBERTIN note qu'il l'a connu en 1889, et que W. BROOKES avait alors 82 ans.

COUBERTIN recrute, dans l'univers anglo-saxon, des bonnes volontés par voie de presse.

Le Docteur BROOKES propose ses services, adresse une brochure et des photos, et invite COUBERTIN à visiter Wenlock.

On ne peut dire avec précision quand COUBERTIN assista pour la première fois aux Jeux de Wenlock. 1891 ? Sans doute, si l'on veut bien tenir compte de la périodicité alors annuelle de ses séjours en Angleterre, et compte tenu du voyage qu'il nous dit avoir fait à Wenlock, en octobre 1890 [102].

La description qu'il fait des festivités est en tous points succulente :

> Ce festival avait une allure bien particulière... Le défilé se formait... Le héraut s'avançait à cheval, revêtu d'une cape richement brodée, coiffé d'une toque de velours rouge... Derrière lui venaient le comité et les officiels et l'orphéon... Puis s'avançaient les enfants des écoles chantant des hymnes et lançant des fleurs de leurs corbeilles. En dernier lieu caracolaient la petite noblesse terrienne et les compétiteurs des épreuves hippiques [103].

Le terrain comprenait deux pistes en herbe, l'une pour la course à pied, l'autre pour les sports hippiques, des courts de tennis, des terrains de cricket, un bassin de natation et une piste de danse.

Des arbres d'essences très rares, plantés par les concurrents, entouraient le stade.

Les dames assistaient aux Jeux et couronnaient les lauréats.

COUBERTIN écrit :

> Bien qu'admirant les Athéniens, le Dr. BROOKES leur reproche leur manque de galanterie ; aucune femme n'a jamais été admise dans un stade grec. Notre vieux docteur était vivement peiné de ce manque d'égards dûs à la beauté et au charme du sexe faible.

---

102. «Une autre invitation m'amena en octobre (1890) aux frontières du Pays de Galle. Dès l'origine de ma campagne, j'avais reçu les enthousiastes félicitations du Dr. W. P. BROOKES de Much-Wenlock. Ce médecin anglais, d'un autre âge, romantique et pratique, avait fait de sa petite ville une métropole des sports populaires.» in Pierre de COUBERTIN, *Une Campagne de 21 ans*, pp. 52-53.
103. COUBERTIN, Pierre de, *A typical Englishman*, op. cit.

Le moins que l'on puisse dire, c'est que COUBERTIN, misogyne impénitent, ne se rangera pas, par la suite, aux côtés de son ami britannique.

Depuis 1849, en tous cas, des «Festivals olympiques» avaient lieu à Wenlock. D'autres se déroulèrent par la suite, aux mêmes moments, à Birmingham, Shrewsbury et Wellington. Mais aucun mouvement organisé n'en résulta.

En 1860, l'ode primée à Wenlock fut chantée par les étudiants de l'Académie Royale de Musique de Londres. On en parla dans les gazettes. L'Ambassadeur de Grèce en réclama le texte, qu'il transmit à son souverain, lequel remercia les organisateurs.

Un instant, le Dr BROOKES caressa l'espoir de restaurer les Jeux Olympiques, persuadé, comme le dira COUBERTIN plus tard, que:

> La poussière olympique est encore ce qui excite le mieux et le plus naturellement leur émulation (des Britanniques).[104]

À Wenlock, COUBERTIN voit concrètement un rêve diffus prendre vie. Ces jeux de Wenlock, alliance du sport et de l'art, de l'idéal grec et du mythe chevaleresque, du peuple et de l'aristocratie, sont comme la préfiguration des Jeux Olympiques Modernes: ils n'ont pu qu'exercer une influence positive sur la philosophie du néo-olympisme coubertinien.

Parallèlement à ce courant anglo-saxon, l'Allemagne, en proie aux rêves wilhelminiens, et à la recherche de sa propre archéologie, se penche sur le passé d'Olympie:

> En Allemagne, qui est au XIXe siècle la terre d'élection de la philologie et de l'archéologie classiques, la classe intellectuelle se rallie après 1871 à l'Empire bismarckien. Les Doriens, peuple «barbare» et conquérant, séduisent particulièrement les partisans d'un espace vital agrandi, dit MITTEL-EUROPA. Or, ce qu'on connaît des Doriens, c'est surtout la SPARTE de l'époque classique, apparue vers 600, après la conquête de la Messénie, et

---

104. COUBERTIN, Pierre de, *L'Éducation Anglaise,* Conférence, Paris, 18 avril 1887, Imprimerie Levé, 23 pages.

conçue pour maintenir cette contrée dans une servitude perpétuelle[105].

Le «mythe dorien» incitera les Allemands à prendre à leur compte les fouilles d'Olympie.

On songe à HÖLDERLIN:

> Wo ist dein Delos, wo dein Olymp, Dass wir uns alle finden am höchsten Feste? Doch wie errät der Sohn, was du den Deinen, Unsterblichs, längst bereitest[106]?

L'intérêt des archéologues et des écrivains allemands pour le sanctuaire est ancien.

Walter UMMINGER[107] fait remonter le courant à un peintre de peu de talent: Adam OESER[108], (1717-1794), directeur de l'Académie des Beaux-Arts de Leipzig: Johann Wolfgang von GOETHE sera l'élève d'OESER.

Le premier grand nom connu de cette pléiade de savants paraît bien être cependant Joachim WINCKELMANN[109], qu'une mort brutale empêchera d'entreprendre les fouilles projetées.

Le 17 juillet 1813, Bettina Von BRENTANO (1785-1859) adresse une lettre à Achim Von ARNIM (1781-1831). Il est difficile de résister au bonheur (tout romantique), de la citer:

> NIEBUHR s'est décidé à parler d'un projet qu'il avait déjà mentionné une fois et concernant ses artistes de Rome... Il projette une vaste salle qui, une fois décorée comme il se doit, pourra servir à la reprise des Jeux Olympiques. Puis on modifia le projet pour faire une salle où les mendiants pourraient dormir et trouver une place confortable... Les mendiants portent des vêtements qui rappellent un peu ceux des Grecs et, après avoir retrouvé leurs

---

105. AMSLER, Jean, Professeur, Agrégé d'allemand, Détaché au Centre de Recherche et de Documentation de l'Institut National des Sports de Paris, Entrevue du 7 janvier 1968 et lettre du 30 janvier 1968.
106. HÖLDERLIN, Friedrich, Gesang des Deutschen (Époque dite de Suttgart vers 1800), in *Sämtliche Werk,* édité par F. Beisseer 1961, Insel, Augsgabe, p. 321.
107. UMMINGER, Walter, *Sport 64, La contribution allemande à la restauration des Jeux Olympiques.*
108. OESER, Adam, «*Les statuts et œuvres d'art des anciens représentent la vraie notion de l'Art.* »
109. WINCKELMANN, Joachim, 1717-1768. Préfet des Antiquités Romaines à la Bibliothèque du Vatican. Auteur d'une *Histoire de l'Art chez les Anciens* (1798-1803). Il fut tué à Trieste par un voleur alors qu'il s'apprêtait à partir pour la Grèce.

forces, ils seraient à même de reprendre les Jeux Olympiques, d'autant plus qu'ils n'auraient que quelques haillons à quitter pour être nus.

Mais comme le note John A. LUCAS[110] :

> L'aube des Jeux Modernes se leva au cours d'une conférence donnée à Berlin le 10 janvier 1852 par Ernst CURTIUS sur le sujet : Les Jeux Olympiques.

CURTIUS, précepteur du Prince FRÉDÉRIC (futur FRÉDÉRIC III) séjourna en Grèce de 1837 à 1840. Son «Histoire de la Grèce» fut rédigée de 1857 à 1861. Il dirigea les fouilles d'Olympie de 1875 à 1881.

Il note, en 1852, dans un projet déposé au Centre Scientifique de Berlin :

> Les Grecs ne concevaient pas que l'homme se composât de deux moitiés aux droits inégaux et que seul le don intellectuel lui ait été confié. La fraîcheur dans la santé du corps, la beauté de la silhouette, un pas à la fois ferme et léger, l'habileté vigoureuse et l'élasticité des membres, l'endurance à la course et à la lutte, un œil clair et courageux, le sang-froid et la présence d'esprit que l'on n'acquiert que dans le danger quotidien, toutes ces qualités étaient pour les Grecs aussi importantes que la culture de l'esprit, la rigueur du jugement, la pratique des Beaux-Arts... L'équilibre de la vie intellectuelle et physique, l'éducation harmonieuse de tous les penchants naturels, représentaient, chez ce peuple, la tâche de l'éducation... C'est là-dessus que reposait la prospérité des États.

Pendant ce temps, Henri SCHLIEMANN, un marchand qui avait tellement lu HOMÈRE,

> qu'il lisait AGAMEMNON au lieu de «angenommen»,

découvre Troie, puis Mycène.

Mais c'est à Wilhem DORPFELD, successeur de CURTIUS, que revient l'honneur de découvrir en 1929 le tombeau de PELOPPE — ce qui confirmera l'hypothèse de SCHLIEMANN que les Jeux Olympiques eurent pour origine une cérémonie funèbre.

---

110. LUCAS, John Apostal, *op. cit.*

En 1935, DORPFELD publie l'ouvrage resté classique:

Olympie Antique — Recherches et fouilles relatives à l'Histoire du plus ancien sanctuaire de l'Histoire de la Grèce Antique.

Carl DIEM, haut fonctionnaire du sport allemand, tant sous la République de Weimar que sous le Troisième Reich, sera le continuateur logique de ce rêve dorien. Il sera l'initiateur en 1936 du transfert de la «flamme sacrée» d'Olympie aux Jeux d'Été de Berlin. Il deviendra le secrétaire perpétuel de l'Académie Olympique Internationale de Berlin.

Le zèle des archéologues allemands eut un immense retentissement. COUBERTIN ne l'ignora pas.

Il note dans ses mémoires:

L'Allemagne avait déblayé ce qui restait de l'Ancienne Olympie, pourquoi la France ne ferait-elle pas renaître l'Ancienne Splendeur?

Et encore:

Il est exact qu'un temps j'ai entrevu de rendre la vie à l'Olympisme dans une Olympie restaurée. C'était là une impossibilité à tous égards.

En Grèce même, les travaux de CURTIUS eurent une particulière résonance.

En 1859, le Commandant Evanghelis ZAPPAS organisa à Athènes les premiers Jeux Panhelléniques du monde moderne. GENNADIUS expose dans *Cosmopolis* d'avril 1896, dans quelles circonstances ces Jeux furent envisagés:

Né dans la province la plus septentrionale de la Grèce (la Macédoine), Evanghelis ZAPPAS, homme d'affaire avisé, menant une vie austère tout en amassant une immense fortune dans la Principauté Danubienne, légua la totalité de ses richesses à la Grèce pour le rétablissement des Jeux Olympiques. Son but était de combiner périodiquement des expositions industrielles et des réunions athlétiques; les circonstances ne favorisèrent pas la réalisation immédiate de la seconde condition[111].

---

111. GENNADIUS, J., *The Revival of the Olympic Games, Cosmopolis 11* (April 1896), p. 70. Il est à noter que les Jeux Olympiques de 1900 (Paris), 1904 (St. Louis) et 1908 (Londres) furent inclus ou eurent pour cadre une Exposition Universelle.

Le Gouvernement grec soutint Evanghelis ZAPPAS, accepta l'argent, mais organisa les Jeux de façon assez fantaisiste. John V. GROMBACH les commente ainsi :

> Les Jeux (issus de l'initiative d'Evanghelis ZAPPAS) furent de bons modèles de ce qu'il ne faut pas faire... provoquant chaos et confusion[112].

Les épreuves athlétiques de ces Jeux manqués comprenaient l'équivalent des courses plates de 200 mètres, le triple saut et le lancement du disque à l'antique. Le Roi et la Reine étaient présents parmi 20,000 spectateurs particulièrement indisciplinés :

> Des spectateurs furent piétinés et blessés par la police montée qui essayait de laisser le libre passage dans les rues aux concurrents ; des athlètes furent arrêtés par la police, pris par erreur pour des spectateurs «resquilleurs». Des enfants et des vieillards s'engagèrent à la dernière minute dans les compétitions, participant aux éliminatoires afin de mieux s'infiltrer dans les barrages de la police. Un aveugle se présenta à l'une des épreuves, chanta, et retira une fort jolie somme de la foule amassée...[113].

Quant aux Jeux de 1875, selon un témoin oculaire :

> leur organisation fut indigne de leur glorieux passé.

Vingt-cinq concurrents seulement disputèrent les épreuves du programme: 200 mètres, grimper au mât, lancer des fléchettes et du disque de bois[114].

Ce fut un fiasco complet.

Cependant, et John V. GROMBACH semble avoir raison de le souligner, ils représentent :

> un lien assez logique entre le brumeux passé et l'avenir incertain.

On comprend mieux aujourd'hui, à la lumière de faits qui prouvent l'attachement de la Grèce et du peuple grec à

---

112. GROMBACH, John V., *Olympic Cavalcade of Sports*, Ballantine Books 1936, p. 7, New York.
113. *Ibid.*
114. MAHAFFY, J. P., *The Olympic Games at Athènes in 1875,* Mac Millan Magazine XXXIII pp. 324-327, August 1875.

un passé, si mythique soit-il, l'opposition qui fut faite à COU-BERTIN par le gouvernement hellénique, quand, entre 1894 et 1896, furent entreprises les premières démarches pour l'organisation des «Jeux d'Athènes[115]».

Un richissime marchand, Georgios AVEROFF, de la li-gnée d'Evanghelis ZAPPAS, avait monnayé la reconstruction, en marbre blanc du Pirée, du Stade d'Athènes. Dans l'es-prit des contemporains, aucun doute n'était possible:

> Georgios AVEROFF is with entire justice hailed by the whole Greek people as the true founder of the olympic Games[116].

COUBERTIN fut indiscutablement au courant des tenta-tives faites çà et là en vue de restaurer les Jeux:

> À vrai dire, le nom (des Jeux Olympiques) n'était pas tom-bé en désuétude; on l'a employé souvent soit pour dé-signer des concours locaux comme ceux que le Direc-toire tenta d'établir jadis dans le Champ-de-Mars pari-sien, comme ceux qui se célèbrent encore dans cer-tains villages grecs, soit pour désigner quelque restitu-tion prématurée ou maladroite comme celle dont Athènes fut le théâtre sous le roi OTHON[117].

En France même, et de son temps, et quoi qu'il en dise peu, COUBERTIN sera le témoin de publications ou de tentati-ves d'organisations dont on peut supposer raisonnablement qu'elles eurent une influence sur ses déterminations.

Tel en 1885 par exemple un article de Demetrius BIKELAS publié à Paris: *De Nicopolis à Olympie.* BIKELAS écrit:

> «L'Antiquité se montre ici (à Olympie) beaucoup plus im-posante qu'à l'Acropole même».

Et encore:

> «Vous vous rappelez que durant mille ans, tout ce que la Grèce a eu de gloire est venue chercher ici et y a trouvé sa consécration.»

---

115. COUBERTIN, Pierre de, *Mémoires Olympiques, op. cit.,* p. 28. («Sitôt que j'eus quitté la Grèce, M. SCOULONDIS s'employa à abattre les fonde-ments posés».)

116. PHILÉMON, Timoléon, J., *The Olympic Games of 1896,* p. 24.

117. COUBERTIN, Pierre de, *Les Jeux Olympiques, 776 av. J.C.,* Paris, 1896. Le document est daté: Athènes, 7-9 avril 1896. OTHON 1er fut roi de Grèce de 1832 à 1862.

COUBERTIN a montré par ailleurs son enthousiasme pour l'Exposition de 1889 en lui consacrant un article pour le titre : «Une exposition athlétique» Il serait étonnant qu'il n'ait pas vu, au Palais des Beaux-Arts, la très imposante reconstitution des monuments d'Olympie présentée par l'architecte Victor LALOUX. Peut-être aussi a-t-il assisté, le 21 juillet, à la conférence prononcée sur Olympie par le très inédit Paul MONCEAUX.

Enfin, COUBERTIN fait état des relations nouées en 1890 avec le Général FÉVRIER, qu'il placera à la présidence du Stade Français, et avec le Père DIDON qui l'invitera au collège d'ARCEUIL. Or ces deux hommes ont été l'un et l'autre élèves du petit séminaire de Rondeau, près de GRENOBLE, ils y ont été lauréats de «Jeux Olympiques» qui furent organisés dans cet établissement pendant soixante ans. Certe, ces Jeux ne pouvaient pas être comparés aux Jeux Anciens ou modernes : mais ils prouvaient la persistance de l'idéal et la puissance d'évolution du passé. Le Père DIDON tint à assister aux premiers Jeux d'Athènes (1896).

Par contre, COUBERTIN est d'un étrange silence, concernant les idées et les travaux de deux de ses contemporains : Paschal GROUSSET et Georges de SAINT-CLAIR[118].

Or, et les critiques sont unanimes, ces deux hommes vont jouer un rôle déterminant dans la mobilisation de l'opinion publique en faveur de la résurrection des Jeux Olympiques.

Gaston MEYER écrit de façon pertinente :

> Accorder au seul COUBERTIN la paternité de la rénovation des Jeux Olympiques serait pourtant injuste à l'égard de deux autres précurseurs : un journaliste et un animateur.
> Le journaliste s'appelait Paschal GROUSSET... L'animateur, le vrai père du sport français, c'est Georges de SAINT-CLAIR[119].

Et G. MEYER de préciser :

> Cette idée, la renaissance des Jeux exprimée par Ferdinand de LESSEPS en 1885, reprise par Georges de SAINT-CLAIR en 1888, adoptée et vulgarisée par COUBERTIN...

---

118. Voir infra : *La naissance du sport moderne en France.*
119. MEYER, Gaston, *Le Phénomène Olympique, op. cit.*

Il est certain que COUBERTIN a connu les concours nationaux et internationaux de sports organisés en 1889, pendant l'Exposition Universelle de Paris, à l'initiative du Comité de Propagation des Exercices Physiques, à l'occasion du Congrès des Exercices Physiques. Ces concours furent réservés aux scolaires, très parisiens, à l'exception de quelques escrimeurs. Leur succès fut mitigé. Il n'y eut ni tennis, ni vélocipède; la paume, le football, et l'aviron, ne furent présentés qu'en démonstration. Georges de SAINT-CLAIR, commissaire aux sports athlétiques, y joua cependant un rôle important: COUBERTIN paraît l'ignorer.

En 1890, en conclusion d'une série d'articles donnés au Temps, Philippe DARYL (alias Paschal GROUSSET) écrivait:

> Souvenons-nous de l'exemple des Grecs. Entraînons rationnellement la jeunesse française, comme fut entraînée la jeunesse hellénique. Créons partout des terrains de jeux...
>
> Comment (les savants et les professeurs) n'ont-ils pas compris encore que l'homme complet est celui qui peut, après EURIPIDE, écrire *Iphigénie* de la même main qui vient de gagner aux Jeux Olympiques la couronne des athlètes? Jeux Olympiques, le mot est dit: il faudrait avoir les nôtres[120].

Georges BOURDON est donc bien en droit d'avancer:

> La résurrection des Jeux Olympiques, appelée par Paschal GROUSSET, prématurément tentée, sous une forme élémentaire, par Georges de SAINT-CLAIR, réalisée avec ampleur par Pierre de COUBERTIN, est le couronnement d'une campagne de douze années... On croirait à la création du monde. Au début, il y a le néant. Un homme paraît qui pétrit la matière, crée un organisme, plante un drapeau: c'est Georges de SAINT-CLAIR. Autour de ce drapeau quelqu'un vient, qui joue du fifre, bat les environs, convainc les hésitants et rassemble les chefs de tribu: c'est Pierre de COUBERTIN. Enfin, arrive le porteur de trompettes, qui traîne une fanfare et ameute la foule autour du drapeau devenu étendard: c'est Paschal GROUSSET[121].

120. MEYER, Gaston, *Le Phénomène Olympique, op. cit.* p. 10.
121. BOURDON, Georges, *L'Encyclopédie des Sports, op. cit.*, Les rencontres internationales avant 1896, p. 147.

On ne trouve nulle trace, dans toute l'œuvre de COU-
BERTIN, d'un salut, voire d'une référence, à l'action de
GROUSSET et de SAINT-CLAIR. Or, il fut impossible à COU-
BERTIN d'ignorer leurs travaux.

Petit travers de grand homme? Souci de tracer un portrait sans failles pour les siècles à venir? Simple oubli de militant, qui néglige le détail, et brosse un ensemble? Il est difficile de répondre.

Le 1er août 1893, Pierre de COUBERTIN saisira Adolphe
de PALISSEAUX, Président de l'U.S.F.S.A. :

> de la possibilité du rétablissement des Jeux Olympiques.
> Dans quelles conditions pourraient-ils être rétablis?

Ce que nous devons retenir c'est que le rêve olympique
flottait déjà dans l'air depuis au moins un siècle, que de nombreuses tentatives de résurrection des Jeux avaient vu le jour
en Angleterre, en Grèce, et en Scandinavie, et qu'en France
même, deux précurseurs avaient émis l'idée, avant Pierre de
COUBERTIN, de les faire renaître.

L'histoire accolera au nom de Pierre de COUBERTIN
celui de «Rénovateur des Jeux Olympiques». Et ce ne sera
que justice, si l'on veut s'en tenir aux seuls talents d'organisateur du «rénovateur». Mais c'est là une simplification
abusive.

Est-ce pour autant diminuer le rôle de Pierre de COU-
BERTIN, que de restituer aux précurseurs la part de gloire
olympique qui leur revient?

chapitre V

un bourgeois libéral

> «La force des citoyens fait la force de la
> Cité.»
>
> Pierre de COUBERTIN
> The Present Problems and
> Politics of France
> août 1898

5.1 l'appel de la République

> «Rien n'est à attendre de l'aristocratie»
>
> Pierre de COUBERTIN
> Revue du Pays de Caux
> No 1 – 1903

Loin des salons et des facilités mondaines où son nom, ses talents, un certain dandysme, eussent fait merveille, COUBERTIN tourne le dos à la «belle époque».

Ce qui l'attire, ce sont les tumultueuses années de naissance de la République, qu'il a eu la chance de voir surgir:

> La période présente n'est pas une période de calme; il y a vraiment de la violence dans l'air; les jugements sont tranchants, les rivalités âpres, les opinions enfermées comme dans des forteresses du Moyen-Âge[1].
> No «regime» inspired less confidence than the Third Republic... Yet lasted so long[2].

William-Milligan SLOANE, en exergue à une étude sur COUBERTIN, remarque:

---

1. COUBERTIN, Pierre de, L'Urgente Réforme, La Nouvelle Revue, 1er avril 1899, p. 394.
2. COUBERTIN, Pierre de, France since 1814, Fornightly Review, LXXII, December 1899, p. 981.

> It was an epoch in France of morbid introspection, but not of inertia[3].

Ce que COUBERTIN confirme en citant RONSARD, «notre vieux poète», dans sa préface à «l'Évolution Française sous la Troisième République:

> Le Français semble un saule verdissant.
> Plus on le coupe et plus il est naissant
> Il rejetonne en branches davantage
> Et prend vigueur dans son propre dommage[4].

La France veut vivre, et le prouve au monde étonné:

> D'un peu plus de dix milliards, la dette française allait monter d'un bond à vingt milliards. Quelles économies eussent pu combler un gouffre pareil? M. POUYER-QUERTIER proposa un premier emprunt de deux milliards. Paris à lui seul dépassa de cinq cents millions et la France entière d'un milliard et demi la souscription nécessaire. Avec les souscriptions de l'étranger on atteignit, et au-delà, les cinq milliards de la contribution de guerre. L'année suivante (1872), le ministre des Finances se rendit à Berlin pour y négocier la libération anticipée du territoire: le 29 juin 1872, un second traité, signé à Versailles, en régla les détails. En même temps était décidé un second emprunt de trois milliards et demi qui fut couvert quinze fois. Paris souscrivit quatorze milliards; la province, dix; l'Angleterre trois cent trente-quatre millions; la Hollande, cent soixante-dix; Strasbourg, quarante-quatre, et Mulhouse, vingt-deux. Cet événement excita un vif enthousiasme[5].

Malgré des tendances au despotisme et la persistance de l'esprit bonapartiste, le régime républicain, seul capable, pour COUBERTIN, de libérer les énergies, s'affirme un peu plus chaque jour. Si, en 1874, les Conseils Généraux comptent 1469 Républicains et 1531 Conservateurs, ces chiffres deviennent respectivement 2129 et 1869 en 1883: la démocratie est bien un phénomène irréversible[6].

---

3. SLOANE, William, Milligan, *op. cit.*
4. RONSARD, Cité par Pierre de COUBERTIN, *L'Évolution Française sous la IIIe République*, Avant Propos, p. 20. Paris, Plon et Nourrit, 1896.
5. COUBERTIN, Pierre de, *L'Évolution Française sous la IIIe République*, p. 23.
6. *Ibidem*, p. 19.

Après «l'ébranlement terrible[7]», où vont les sympathies politiques de COUBERTIN?

Vers 1880, il fait partie de la Conférence MOLE, adhère au groupe des Républicains, et fustige les Camelots du Roy. Mieux, il refuse d'adhérer à une «Assemblée d'Ancêtres», que préside le Marquis de BEAUCOURT et qui, à sa manière, entend fêter le Centenaire de 89:

> Les Ancêtres contemplaient en ma personne, je le sentis fort bien, le «bon élève» que l'esprit du siècle avait dévoyé, et ils s'affligèrent en pinçant les lèvres[8].

Rien n'est plus significatif que son attitude face au problème des rapports de la République et de l'Église.

> Il était dans la logique des choses qu'un conflit éclatât entre la troisième République et l'Église Romaine, non point que le catholicisme et la démocratie soient incompatibles, mais parce que la lutte longue et passionnée dirigée par les catholiques de France contre les institutions républicaines devait nécessairement amener des représailles[9].

On aurait pu s'attendre, même si politiquement COUBERTIN tourne le dos à l'Ancien Régime, à ce que, dans le tréfonds de lui-même, il restât soumis aux dogmes et aux rites de l'Église catholique, apostolique et romaine: l'influence de l'enfance est souvent indélébile dans la conscience de l'adulte. Or, il n'en est rien.

COUBERTIN constate combien les Congrégations sont un état dans l'État. Il cite GAMBETTA:

> En 1881, 1/1505 du territoire leur appartient, la valeur vénale de leurs biens s'élève à 712.538.980 francs or, les impôts qu'elles paient ne sont que de 0,022 pour cent[10].

Mais surtout, il s'insurge contre la formation du curé français, formation reçue dans des séminaires d'un autre âge, en vue de recueillir les subsides de l'argent royaliste, alors que les évêques, éloignés du bon sens paysan de leurs ouail-

---

7. *Ibidem.*
8. EYQUEM, M. Th., *op. cit.*, p. 55. La source n'est pas précisée.
9. COUBERTIN, Pierre de, *L'Évolution Française sous la IIIe République,* *op. cit.*, p. 275.
10. *Ibidem,* p. 275.

les, trouvent dans le luxe suranné de leur palais toutes les
raisons de croire en leur souveraineté temporelle et politique.
    Ainsi, la République a-t-elle le droit de lutter contre un
état de fait réactionnaire, qui empêche la France d'avancer
sur le chemin du progrès économique et social?
    Est-ce à dire que COUBERTIN soit anticlérical? Non, et
c'est l'évidence. Mais l'Église à laquelle il aspire est celle de
l'après-concile de 1870, celle de LÉON XIII, «pape des ouvriers[11]», qui appelle les Archevêques français, le 8 février
1884, à suivre la République. Il est pour une Église dans le
siècle, aux côtés du Cardinal LAVIGERIE qui, le 12 novembre 1890, recevant à Carthage l'escadre française fait jouer la
Marseillaise par la fanfare des Pères Blancs, au grand dam
des conservateurs. Il est avec MONTALEMBERT qui tonnait
à MALINES, le 18 août 1863:

> Les catholiques sont partout inférieurs à leurs adversai-
> res dans la vie publique, parce qu'ils n'ont pas encore
> pris leur parti de la grande révolution qui a enfanté la
> société nouvelle, la vie moderne des peuples. Elle leur
> fait peur... Beaucoup d'entre eux sont encore, par le
> cœur et par l'esprit, et sans trop s'en rendre compte,
> de l'ancien régime, c'est-à-dire d'un régime qui n'admet-
> tait ni l'égalité civile, ni la liberté politique, ni la liberté
> de conscience; cet ancien régime avait son grand et beau
> rôle. Je ne prétends point le juger, encore moins le con-
> damner; il me suffit de lui connaître un défaut, mais ca-
> pital; il est mort. Il ne ressuscitera jamais ni nulle part[12].

    Il refute le Syllabus de PIE IX mais approuve, au prin-
temps de 1891, l'Encyclique RERUM NOVARUM, et soutient,
au nom de la foi, et contre les cagots et la réaction, les ca-
tholiques gallicans.
    Il est contre l'étroitesse des dogmes, et les superstitions
cléricales. Des trois vertus théologales, la charité est pour
lui la première, de telle sorte que l'action précède la contem-
plation, ce qui permettra à tous les chrétiens d'unir leurs efforts sans que des discussions byzantines les séparent.

---

11. Cité par COUBERTIN, Pierre de, *L'Évolution Française sous la III,e République*, p. 299.
12. Cité par COUBERTIN, Pierre de, *L'Évolution Française sous la IIIe République*, p. 291.

C'est moins question de métaphysique — COUBERTIN est moins un rebelle qu'un déviant — que parti pris politique de mouvement.

L'heure est grave, le choix est nécessaire, la France en mutation pèse sur chaque destin, appelle chacun de ses enfants à l'action:

> La génération nouvelle s'en rend compte... (Elle entrevoit) de vastes territoires qui sont le XXe siècle. L'aurore est pâle. Elle ignore si le jour qui vient doit être une grande matinée de printemps ou un midi printannier. Mais elle est résolue... Et l'esprit de la France est avec elle[13].

L'appel de la République, COUBERTIN y répond moins par instinct patriotique, que par déduction rationnelle: puisque la IIIe République est fidèle au génie historique de la France, alors, il faut y adhérer.

Rien n'est plus révélateur à cet égard que ses admirations et ses amitiés.

Parmi les grands hommes de l'époque dont il recherche le commerce — il aime à coopter et à être coopté — trois reçoivent constamment son éloge: Jules SIMON, Victor DURUY et Jules FERRY.

Jules SIMON (1814-1896), est l'homme de caractère, l'universitaire intègre chassé en 1852 de la Sorbonne pour avoir refusé de prêter serment à l'Empire, c'est l'homme de devoir, un de ces grands esprits:

> qui résident à des hauteurs proches de la divinité[14]

et que COUBERTIN consultera constamment au cours de sa lutte.

Victor DURUY (1811-1894), est, pour COUBERTIN, le précurseur de la République, moins par l'action politique qu'il mena que par sa croyance dans le progrès humain, et par sa conception rigoureuse de l'éducation et des mœurs publiques.

Jules FERRY (1832-1893), c'est l'homme politique admiré entre tous, tant pous ses qualités intellectuelles et humaines que pour la hauteur de ses conceptions d'homme d'état.

---

13. *Ibidem.*
14. COUBERTIN, Pierre de, *Revue du Pays de Caux,* 1903, no 3.

COUBERTIN loue Jules FERRY d'avoir proclamé que:

> la démocratie et la République sont le point d'arrivée de
> tout le progrès moderne et doivent concentrer en elles
> tout ce qu'il y avait de bon, de grand et d'utile dans le
> passé.

Il exalte son œuvre, triple à ses yeux:

> Il a restauré l'idée du gouvernement parlementaire et l'a
> affermie; il a détourné l'activité et l'attention nationales
> vers les colonies et créé une «France extérieure»; en-
> fin, il a fait de l'instruction et de l'éducation des fortes
> assises de la République[15].

Ainsi COUBERTIN se rallie-t-il à la République, parce
que la République, sans solution de continuité, au delà des
péripéties de l'histoire, intègre la richesse du passé et s'avère
la forme de gouvernement la plus apte à assurer la grandeur
présente et à venir de la France.

C'est donc un «rallié» qui rejoint les rangs de la République, mais un rallié conscient et militant, et qui entend être
utile et marquer l'époque.

5.2 avant le Décalogue de 1915

L'homme a choisi la République: monarchistes, ci-
devants de l'Ancien Régime sont des attardés, le passé est
bien mort:

> Si demain, par suite de circonstances tragiques, le mo-
> narchisme ou le césarisme s'implantaient à nouveau en
> France, leur triomphe serait infailliblement de courte du-
> rée car leurs racines n'auraient point le temps de pous-
> ser dans le sol national que la sève républicaine aurait
> reparu tenace[16].

Le phénomène est irréversible, et la République en croissance ne peut être que démocratique. Adossée à Sedan et
à la Commune elle se veut libre, instruite et conquérante:
au nom des principes de 89.

---

15. COUBERTIN, Pierre de, *Le Ministère Jules FERRY*, p. 160-161.
16. COUBERTIN, Pierre de, *Un Programme d'Action Nationale. Revue pour
les Français*, no 4, 25 avril 1910.

Un sang fougueux irrigue le pays :

> Cette prodigieuse démocratie française qui, au lendemain d'un cataclysme effrayant, a su mettre debout et faire durer la puissante République d'aujourd'hui apparaît extraordinairement vivante. Avec toutes ses tares et ses défauts... elle s'impose quand même au respect de l'Univers. Pour moi, dont la première enfance se déroula dans les tristesses de 1870, je ne sens mon pays ni vaincu, ni décadent et, si je mourrais demain, j'emporterais la joie d'avoir vécu une période qui est non seulement belle sous bien des aspects, mais féconde aussi et qui autorise les plus belles espérances[17].

Où se situer ?

Avec les socialistes ou les radicaux ? Avec les tenants des Congrégations ou les Combistes ?

COUBERTIN ne se laisse pas si facilement réduire à un schéma, il est impossible de le cataloguer dans un parti bourgeois, sauf celui du « mouvement ». C'est du moins ainsi qu'apparaît le héros du « Roman d'un Rallié », ennemi de tout extrémisme[18].

Il cite avec une évidente sympathie, un certain ERNOUL :

> Ne sentez-vous pas qu'en France les extrémités sont froides,

mais pour dénoncer tout autant le centralisme administratif excessif que les partis extrémistes, au dogmatisme désincarné.

Il est contre :

> les niaiseries de 1793 et de 1848[19]

et on sait son aversion viscérale pour la Commune :

> L'insurrection communiste éclata à Paris; elle comblait la mesure de nos infortunes. Malgré les tentatives qui ont été faites depuis pour donner à ce mouvement un caractère socialiste et humanitaire qu'il n'eut jamais,

---

17. COUBERTIN, Pierre de, *L'Évolution Française sous la IIIe République*, p. 22.
18. HOHROD, Georges, Pseudonyme de Pierre de COUBERTIN. *Le Roman d'un Rallié* parut à frais d'auteur en 1902. Albert LANNIER. Imp. Édit. 43, rue de Paris, AUXERRE.
19. COUBERTIN, Pierre de, *Les Hommes d'État sous la IIIe République*, in *The Fornightly Review*, LXXVI, p. 623.

le temps, qui atténue tant de choses, n'a rien enlevé de leur horreur aux sombres souvenirs de 1871.

L'assassinat des généraux LECOMTE et Clément THOMAS, le Second Siège de Paris, les orgies et les bouffonneries de la Commune, le massacre des derniers jours et cette fin immonde et bestiale dans le sang et dans le pétrole, passèrent sur la France comme un cauchemar...[20].

De même à l'opposé de l'éventail politique condamne-t-il l'aventurisme du Général BOULANGER. Marie-Thérèse EYQUEM[21] écrit, mais sans précision bibliographique:

> Il se déclare très hostile au Boulangisme; l'œillet rouge qu'ils aiment arborer comme signe de ralliement ne représente pour lui qu'une entreprise de démolition.

Pourtant, les textes sont sans équivoque. BOULANGER a conspiré contre la République, il doit comparaître devant la Haute-Cour:

> BOULANGER s'installa à Jersey, délaissé et honni. Il sortait de l'histoire par la petite porte; il devait quitter la vie, deux ans plus tard, en héros de roman ayant fait preuve d'incapacités qu'on lui pardonnera, et commis contre le patriotisme un crime pour lequel il n'existe pas d'amnistie[22].

Face au fanatisme religieux, il est tout aussi net.

S'il a soutenu Jules FERRY, en état de légitime défense contre une Église figée dans des habitudes d'Ancien Régime, et parce que:

> la pédagogie congréganiste était alors dirigée contre la République[23]

il n'en condamne pas moins, avec autant de vigueur, les outrances de COMBES:

> médecin déplorable, dilettante incapable, à la vantardise de pontife laïque.

---

20. COUBERTIN, Pierre de, *L'Évolution Française sous la IIIe République*, *op. cit.*
21. EYQUEM, M. Th., *L'Épopée Olympique*, *op. cit.*, p. 55.
22. COUBERTIN, Pierre de, *L'Évolution Française sous la IIIe République*, *La Crise (1885-1889)*, p. 241.
23. COUBERTIN, Pierre de, *Un programme d'Action Nationale*, *op. cit.*

Le mérite de la République est bien d'être éloigné des extrêmes:

> THIERS et GAMBETTA ont créé la République, tâche méritoire et difficile: il ne suffisait pas de créer la République, il fallait aussi la faire fonctionner, et les désastreuses expériences de 1792 et de 1848 n'y aidaient pas. THIERS freinait les réactionnaires et GAMBETTA les révolutionnaires, prêchant et pratiquant sagesse, modération, patience[24].

L'attitude de COUBERTIN face à deux problèmes qui se posaient alors avec acuité à l'opinion publique: l'affaire DREYFUS, et le Socialisme, illustre bien cette attitude ambiguë d'homme du centre.

Dans l'affaire DREYFUS, il est anti-dreyfusard, moins sur le fond, que parce que ZOLA et les dreyfusards ont manqué à ses yeux de mesure:

> Dans cette affaire DREYFUS aucune preuve n'a été apportée en faveur de l'innocence de cet homme. En revanche il a été prouvé que les attaques de ZOLA contre les officiers de la Cour Martiale n'étaient pas fondées. ZOLA est le plus prétentieux des écrivains et a déjà montré en diverses occasions son manque de sens commun. Il a cru qu'il faisait œuvre de justice mais peu de gens, et des moindres, ont partagé ses idées.
> L'affaire DREYFUS n'est pas réglée, non que la culpabilité du condamné soit douteuse, mais parce que des irrégularités ont été commises durant le procès[25].

Et un peu plus tard:

> Dans cette affaire, seuls les Juifs furent logiques et de bon sens. Nationalistes et humanitaristes qui se prirent aux cheveux à leurs propos furent également absurdes. Toutefois, cela se passait entre «intellectuels», le gros de la nation ne donna pas[26].

Si Émile LOUBET est loué et doué de raison politique, c'est parce qu'il est éloigné autant des partisans de DREYFUS

---

24. COUBERTIN, Pierre de, *The Fornightly Review*. LXXXVI. *Les Hommes d'État et la IIIè République*, p. 623.
25. COUBERTIN, Pierre de, *The American Monthly Review of Reviews* XVIII, August, 1898, *The Present Problems and Politics of France*, p. 186.
26. COUBERTIN, Pierre de, *Un Programme d'Action Nationale*, op. cit.

que de ses adversaires[27] : COUBERTIN est bien un homme du centre.

L'attitude de COUBERTIN est ici tout à fait légère et regrettable, même si au même moment, ce qui ne saurait l'excuser, d'autres que lui et non des moindres, furent abusés. Passe encore, quoi que nous ne partagions pas ce point de vue, sur le jugement sans appel porté sur le ZOLA de «*J'accuse*» : la critique littéraire est remplie de telles erreurs. Mais peut-on admettre qu'il appartient à l'innocent de faire la preuve de son innocence ?

Heureusement, en d'autres circonstances, COUBERTIN sut être plus perspicace. Quand, par exemple, il imposa aux délégués autrichiens, racistes, la présence, comme membre du C.I.O., du hongrois KEMENY — dont la faute était d'être Juif. Quand également, en 1903, dans «Pages d'Histoire Contemporaine», il prit position contre DRUMMONT — ce que Marie-Thérèse EYQUEM a raison de rappeler :

> Il flétrit l'antisémitisme, accuse DRUMMONT d'avoir réveillé les haines religieuses qui sommeillaient (Et de citer COUBERTIN): «C'est l'influence de ses prédications virulentes (celles de DRUMMONT) qui provoqua la fondation, par les Assomptionnistes, d'une foule de petites feuilles hargneuses lesquelles semèrent, dans les provinces, le virus antisémite.»

Face à la doctrine socialiste, ses positions ne sont pas moins tranchées.

Le socialisme est pour lui une religion, dont MARX est le prophète.

Il le dit, à propos des socialistes allemands :

> Leur enthousiasme pour les doctrines marxistes vient principalement du fait qu'incapables de suivre la plupart des raisonnements de MARX, ils sont éblouis par son pathétique scientifique.
> En même temps, l'esprit allemand est naturellement porté au prophétisme. MARX est un prophète moderne. Théologie et utopie sont ainsi les grands soutiens de l'agitation socialiste en Allemagne[28].

---

27. COUBERTIN, Pierre de, *Émile LOUBET, Président of the Third Republic,* The Century Magazine. Vol. LXII, May 1901, no 1.
28. COUBERTIN, Pierre de, *The Review of the Reviews,* Vol. XXI, février 1900.

Il dira également du socialisme allemand que son autorité repose «sur un mirage et une fiction»[29] et qu'il est une religion fondée:

> Sur les vertus chrétiennes théologales: foi, espérance, et charité.

En somme, il s'agit là du vieil évangile, renouvelé, et rajeuni.

COUBERTIN n'envisage pas la doctrine socialiste au plan de la raison politique, mais au plan d'une foi religieuse, qui mérite l'estime, même de ses adversaires. Il s'agit là du point de vue doctrinaire, d'une théorie:

> infiniment respectable, car (elle) procède de ce qu'il y a de meilleur dans l'âme humaine, la notion de justice et l'impulsion de bonté[30].

Mais au niveau politique, crime sans égal, le socialisme égalitaire ravale la pensée à un rôle mineur. L'enseignement supérieur n'a plus alors de raison d'être:

> Or, sans être injuste envers le socialisme, il est permis de dire qu'il affiche, partout, une préférence non équivoque pour les sciences exactes, une dédaigneuse indifférence pour la littérature et les arts et qu'il professe fort peu de respect pour la vérité historique: en un mot, il se montre utilitaire au premier chef, ce qui est compréhensible étant donné son but et ses tendances... Tel qu'il se présente à nous, le socialisme apparaît comme l'adversaire le plus redoutable de l'enseignement supérieur[31].

Ce sont là des jugements enfantins, qui ne grandissent pas leur auteur. En fait, sa vie durant, COUBERTIN méconnaîtra MARX et méprisera les théories socialistes. Même après la 1re Guerre Mondiale, quand il entendra faire tant de place au prolétariat dans la direction des affaires publiques.

Jamais son credo dans la justification morale et l'infaillibilité du capitalisme ne se départira. Que la chose soit entendue une fois pour toutes, nous dit COUBERTIN: cha-

---

29. COUBERTIN, Pierre de, *Revue du Pays de Caux*, 1902, no 3.
30. *Ibidem.*
31. COUBERTIN, Pierre de, *Notes sur l'Éducation Publique, op. cit., L'Université Moderne*, p. 268.

que ouvrier a dans sa musette un bâton de patron d'usine, puisque la richesse, avec tant de naïve évidence, s'offre à tout un chacun, quelle que soit sa condition sociale:

> On peut prévoir l'heure où naîtra le type de l'ouvrier capitaliste qui travaillera de ses mains dans une usine et aura un petit pécule engagé, loin de là, dans quelque autre entreprise[32].

COUBERTIN reprend donc à son compte le slogan bien connu lancé à la petite bourgeoisie par GUIZOT: «Enrichissez-vous». Mais moins qu'à l'histoire récente de la France, c'est à l'histoire des États-Unis qu'il se réfère. Le héros coubertinien est toujours le va-nu-pieds d'outre-Atlantique, fils d'émigrant qui, par le courage, la persévérance et le pragmatisme, devient millionnaire. Ce n'est pas par hasard si COUBERTIN cite Andrew CARNEGIE:

> Que faut-il faire pour devenir millionnaire? Être ambitieux, habile à manier les hommes, prompt à s'orienter, et être pauvre[33].

La démocratie, c'est le capitalisme: aucun doute éthique, aucune inquiétude morale. Le millionnaire moderne n'est pas en effet un privilégié. Travailleur sorti du rang, il ne bénéficie pas des prérogatives du seigneur du Moyen Âge. L'instabilité des sociétés modernes, qui menace constamment l'ascension de rechute, l'oblige à un constant qui-vive:

> La fortune capricieuse (féconde son) travail intelligent[34].

C'est le principe du «laissez-faire», au plan économique, adossé au concept de liberté individuelle, au plan social, avec pour corollaire la mise en question du dirigisme de l'État.

L'idéal est bien en effet, pour COUBERTIN, un capitalisme sauvage libéré des entraves de l'État, car l'État doit consacrer: «l'initiative heureuse des citoyens[35]», la liberté individuelle étant la condition nécessaire de la «libre entreprise»:

32. COUBERTIN, Pierre de, *Revue du Pays de Caux*, no 3, 1902, *op. cit.*
33. *Ibidem.*
34. *Ibidem.*
35. COUBERTIN, Pierre de, *L'Évolution Française sous la IIIe République op. cit.*, p. 340.

L'homme qui fait des affaires a besoin d'être libre tout comme celui qui lance des idées; le passeport et la police, la censure et la bureaucratie sont des entraves dont ni l'un ni l'autre ne peuvent s'accommoder[36].

L'État ne doit donc apporter aucune restriction à l'enrichissement de chacun: la richesse générale de la nation repose sur l'initiative privée et est fonction de la liberté totale laissée à chaque citoyen d'édifier sa propre fortune. L'histoire prouve d'ailleurs que les initiatives économiques de l'État sont toujours vouées à l'échec:

La Compagnie des Chemins de Fer de l'État ne rapporte rien, la vitesse y est inférieure à celle qu'atteignent toutes les autres lignes, les retards dans les horaires y sont beaucoup plus fréquents... Depuis 1881, les Chemins de Fer officiels causent au Trésor un découvert de 500 millions[37].

Il y a dans cette pensée libérale, de droite, nulle ombre de remise en cause, nul souci de déontologie politique, mais comme une sorte d'ingénuité et d'émerveillement enfantins devant les possibilités révélées et infinies du siècle, et les miracles de la bourgeoisie triomphante.

Si COUBERTIN cite FEURBACH:

Le vrai Dieu, le dieu humain, c'est l'État,

c'est pour mieux le réfuter[38].

Il est contre le «jacobinisme», père de tous les maux. Mais par jacobinisme il entend cette tendance à la centralisation politique et culturelle bien antérieure, dans notre histoire, à la période révolutionnaire:

Car le jacobinisme est bien antérieur à la Révolution et, avant de trouver en LOUIS XIV un prototype si parfait que NAPOLÉON 1er lui-même l'égale à peine, les jacobins avaient marqué de leurs traces plus d'un sentier de notre histoire[39].

---

36. COUBERTIN, Pierre de, *La Revue du Pays de Caux, op. cit.* no 3, p. 77.
37. *Ibidem.*
38. COUBERTIN, Pierre de, *L'Avenir de l'Europe,* brochure, Bruxelles, Imprimerie Deverver Deneuve, 1900, 48 pages, p. 10.
39. COUBERTIN, Pierre de, *Notes sur la France d'Aujourd'hui.* Offert aux délégués des Comités Olympiques Nationaux à l'occasion des Fêtes du XXe anniversaire du Rétablissement des Jeux Olympiques. Paris, 7 juin 1914, pp. 8-9.

Aussi est-il contre CÉSAR et contre MARX, contre la soumission inconditionnelle des membres à la tête, ce qui entrave l'initiative économique et ligote le citoyen : il y voit là l'héritage des Gallo-Romains. La puissance y gagne en apparence, à coup sûr l'étroitesse d'esprit et la suffisance.

Il n'a, en conséquence, que mépris pour l'Administration et le fonctionnarisme érigé au rang d'institution sacrée :

> L'Administration Française (que personne n'envie ni ne copie au dehors) confine au ridicule. Il y a en France 950.000 fonctionnaires environ : là-dessus on pourrait en supprimer 200.000 en six mois sans le moindre inconvénient. Il n'en résulterait qu'un allègement de la machine et un meilleur fonctionnement de tous les rouages. Une nouvelle hécatombe de 100 à 150.000 victimes pourrait suivre, et dût-on donner à tous ces révoqués une pension à vie, le budget y trouverait encore son compte[40] !

Tout cela n'est pas très sérieux, reconnaissons-le. Et ne s'élève guère au-dessus de propos de basse polémique.

Quant à la bureaucratie, lui qui, toute sa vie, dirigea le Comité International Olympique à la seule force de sa seule plume, il l'exècre :

> Ah, la bureaucratie, Seigneur Dieu. Quelle lèpre pour une civilisation[41].

La solution, qu'il emprunte aux travaux de LE PLAY, réside dans une décentralisation administrative régionale. Les anciennes provinces seraient rétablies[42], le département devenant ce que l'arrondissement est alors au département. En même temps, le Conseil Général gérerait directement les affaires du département et ferait contrepoids aux « inutiles » — les bureaucrates — de préfecture. :

---

40. COUBERTIN, Pierre de, *Un programme d'Action Nationale, op. cit.,* Revue pour les Français, no 4, 25 avril 1910.
41. COUBERTIN, Pierre de, *Revue du Pays de Caux,* no 3, 1903.
Il notera dans : *The present problems and politics of France. The American Monthly Review of Reviews,* XVIII, p. 186, août 1898 : « Les bureaux de l'Exposition de 1900 contiennent un nombre de chefs et sous-chefs de bureaux et d'employés suffisants à l'Administration d'un État de 10 millions d'habitants »
42. COUBERTIN, Pierre de, *The Present Problems and Politics of France op. cit.:* « Il est temps de décentraliser, de rétablir les vieilles provinces, leur vie et leurs institutions ; sinon, le socialisme triomphera et plongera le pays dans cet ennui et cette langueur qui caractérisent les nations centralisées. »

Sans que le Préfet reste seul en évidence[43].

COUBERTIN pousse très loin sa pensée politique puisqu'il suggère et recommande même, face aux ingérences de l'État, l'entente entre les conseils généraux:

> Il faut, par exemple, doubler, tripler les attributions des Conseils Généraux et autoriser l'entente entre les conseils généraux d'une même région.

Ainsi, chaque Français, concerné par la gestion du bien public, pourra-t-il voir épanouir toutes ses vertus, et participera-t-il activement à l'exercice de la démocratie. Ainsi la France — but suprême des pensées coubertiniennes — sera-t-elle grande, par la force additionnée des valeurs de chacun de ses fils.

Mais la France coubertinienne est d'abord alors celle de la bourgeoisie française qui, aux alentours des années 1880, entend conquérir sa place au soleil des grandes puissances.

Le droit à la liberté d'entreprise entraîne le droit à la liberté de conquête: la colonisation est consubstantielle à un tel mode de pensée économique. COUBERTIN n'échappe pas à cette logique:

> Comme JANUS, la France a deux visages. L'un regarde la grande muraille continentale, l'autre est tourné vers les entreprises lointaines... mer ou continent: le vieux dilemme se pose devant nous comme au temps où LOUIS XV se vantait de faire la guerre en roi et non en marchand[44].

Puisqu'aussi bien, à ses yeux, il ne peut s'agir d'une guerre de revanche contre l'Allemagne, guerre qu'il juge inutile, épuisante, et dangereuse pour l'avenir des deux pays[45],

---

43. COUBERTIN, Pierre de. *La Revue du Pays de Caux, op. cit.*
44. COUBERTIN, Pierre de, *Pages d'Histoire Contemporaine*, p. 4.
Il écrira en outre, dans la *Revue du Pays de Caux*, no 3, septembre 1902, à propos de la succession d'Autriche, alors que la politique extérieure française paraît hésiter entre l'expansion continentale et la conquête coloniale: «Ne lâchons pas la proie pour l'ombre et périssent les principes creux et les ambitions vaniteuses plutôt que le radieux Empire de la France lointaine.»
45. COUBERTIN, Pierre de, *Les Hommes d'État de la IIIe République*, The Fornightly Review, LXXVI, p. 623. Jules FERRY a eu le mérite de détourner la puissance et la prospérité françaises d'une guerre contre l'Allemagne, ce qui: «eût amené l'épuisement des deux pays».

la France est justifiée à posséder un empire colonial. La IIIe République française comble ses vœux :

> La France est de tous les pays du monde celui dont l'empire s'est le plus agrandi en cinquante ans. Détenir un pareil record et ne pas même le savoir, n'est-ce pas honteux ? La vérité est que l'empire colonial français est le plus beau du monde[46].

Hommage donc, sans restrictions, à la République conquérante et à ses vaillants soldats :

> L'histoire fixera le tracé de la courbe ascendante qui a permis à la République d'écrire en quarante ans la plus admirable des épopées coloniales[47].

Assiste-t-il à un banquet officiel ? Il se laisse gagner par l'émotion, alors que Jules SIMON lève son verre :

> aux petits soldats français qui sont en train de faire de la gymnastique au Bénin[48].

Et d'ajouter en commentaire :

> Ce fut la plus belle (péroraison) que j'ai jamais entendu tomber de ses lèvres. Il fit passer dans l'assistance de prodigieux frissons ; certains pleuraient.

Car c'est là une entreprise très noble, à la hauteur des ambitions que place COUBERTIN dans la France et dans sa jeunesse. Il loue :

> Ces hommes audacieux qui parcourent le continent noir et jouent gaiement leur santé et répandent vaillamment leur sang, pour ouvrir un comptoir de plus au commerce national, pour planter une fois de plus nos trois couleurs sur une case indigène[49].

Pour lui, aucun doute, aucune inquiétude, et d'autant plus que comparée à la main de fer anglaise, la méthode française est humaine[50]. La colonisation repose pour COU-

46. COUBERTIN, Pierre de, *Un programme d'action, op. cit.*
47. COUBERTIN, Pierre de, *Ce que nous pouvons maintenant demander au sport*, Lausanne 24/2/1918.
48. COUBERTIN, Pierre de, *Une Campagne de 21 ans, op. cit.*, p. 76.
49. COUBERTIN, Pierre de, *La Jeunesse De France*, Conférence, Paris, 1890.
50. La seconde Internationale elle-même sera divisée sur le colonialisme. On lira avec intérêt, à ce sujet, l'ouvrage de M. REBERIOUX et G. HAUPT. Le Mouvement Social, *Revue trimestrielle de l'Institut Français d'Histoire Sociale,* Les Éditions Ouvrières, Paris, page 20.

BERTIN sur un principe de droit divin, à savoir que les races sont de valeurs différentes, et qu'à la race blanche, d'essence supérieure, toutes les autres races doivent faire allégeance. L'idée n'est que commune, fin du XIXe siècle : seuls quelques esprits libres s'en offusquent[51]. La majorité de l'opinion éclairée, l'unanimité du peuple français, pensent que la France de 89 doit là-bas, très loin dans les Colonies, chez les «Sauvages», apporter la civilisation, comme jadis elle le fit à l'Europe, dans les fourgons de l'armée impériale.

Dans le numéro 1 de la *Revue du Pays de Caux* (mars 1902), COUBERTIN commente *La fille Sauvage* de Francis de CUREL, gentilhomme riche et de bonne noblesse et qui vient dit-il, en six actes, de poser le problème moral de la colonisation.

Une «sauvage» recueillie par un ethnologue, puis élevée dans un couvent, retourne aux erreurs ataviques. Devenue reine d'un royaume africain, elle massacre les missionnaires. Moralité : le barbare reste le barbare, des abîmes le séparent du civilisé :

> La théorie de l'égalité des droits pour toutes les races humaines, conduit à une ligne politique contraire à tout progrès colonial. Sans naturellement s'abaisser à l'esclavage ou même à une forme adoucie du servage, la race supérieure a parfaitement raison de refuser à la race inférieure certains privilèges de la vie civilisée[52].

Avancer que l'européanisation ne peut être légitimement tentée, que les religions ethniques valent la religion chrétienne, qu'un noir et un jaune sont autres mais valent un blanc, ce sont là dit-il :

> d'aimables sophismes qu'on soutient au fumoir, après un bon dîner, mais qui n'ont ni valeur, ni portée : paradoxe de décadence dont on peut sourire un instant mais dont il ne faut jamais se faire une règle de conduite[53].

---

51. COUBERTIN, Pierre de, *La Revue du Pays de Caux,* 1903, no 1, p. 87. «N'oubliez pas sous quel régime ont prospéré les mines du Sud Afrique... Que n'y a-t-il de plus voisin de l'esclavage que cette institution là ? Eh bien, elle n'entame en rien la dignité humaine, parce qu'elle est Anglaise, parbleu !»
52. COUBERTIN, Pierre de, *France on the Wrong Track,* in *The Review of the Reviews,* avril 1901.
53. COUBERTIN, Pierre de, *Revue du Pays de Caux,* no 1, mars 1902.

Des jurés de MONTPELLIER viennent-ils à relâcher des Arabes, coupables de rébellion dans le village algérien de MARGUERITTE :

> L'acquittement, dont ces criminels viennent d'être l'objet, ne peut engendrer dans leur esprit que la notion de la légitimité de l'insurrection ou celle de la faiblesse française, et peut-être les deux à la fois.
>
> Ils (les jurés) comprendront alors ce que valent ces théories humanitaires, dures aux colonisateurs jusqu'à l'absurdité, tendres aux colonisés jusqu'à la démence, dont quelques rêvasseurs de bureau ont répandu, dans les sillons de la pensée française, le genre morbide[54].

À quarante ans, Pierre de COUBERTIN, est donc bien, comme l'écrit Ernest SEILLIÈRE «un artisan d'énergie française», dans la ligne politique de BARRÈS et de LYAUTEY[55], celle d'une bourgeoisie expansionniste à qui les vastes étendues de l'Empire offrent l'occasion d'assumer, pour les meilleurs, une fièvre d'action et de croisade humanitaire et chrétienne, et, pour les pires, mais sans doute les moins hypocrites, une passion de lucre.

COUBERTIN résume clairement cette philosophie dans *Lettre aux Électeurs de l'Arrondissement du Havre*, publiée en 1898, document quasi inconnu et que nous devons à l'aimable obligeance de Monsieur de NAVACELLE.

C'est un cri d'alarme, lancé à toutes les couches sociales de la ville, en faveur d'une France tendue et debout. Moins que des intérêts immédiats, ce qui est en cause, à l'occasion des élections de 1898, c'est, pour COUBERTIN, l'avenir de la nation en tant que grande puissance :

> À vous de les faire souvenir (les députés) que l'œuvre est loin d'être achevée, que la question sociale barre l'avenir, que notre régime administratif constitue un embarras et un danger, que *notre race recule, que nos colonies végètent,* que notre système d'éducation engendre l'inquiétude et la nervosité[56].

---

54. COUBERTIN, Pierre de, *idem*, no 1, page 48.

55. SEILLIÈRE, Ernest, *op. cit.*

56. COUBERTIN, Pierre de, *Lettre aux Électeurs de l'Arrondissement du Havre*, 1898.

Et pourtant, c'est ce même COUBERTIN qui, en 1923, dans «Où va l'Europe», puis en 1925, dans «Histoire Universelle», va exalter l'Afrique dans des termes si chaleureux, qu'ils rassurent sur la pensée définitive de l'auteur:

> Ces peuples possèdent pour la plupart des aptitudes artistiques remarquables. Leurs chants de guerre ou d'amour sont expressifs, leurs rythmes originaux, leur style est imagé, certaines de leurs langues se recommandent par la richesse et la souplesse, tels d'entre eux ont inventé des instruments de musique ingénieux, tels autres ont sculpté l'ivoire et ciselé l'or de façon à éveiller la vive recherche des collectionneurs modernes. Mais ce qui importe avant tout c'est de pénétrer l'organisation familiale qui les distingue, la conception qu'ils ont de la vie, le secret des croyances qu'ils professent. Sur ce dernier point, il semble que le fanatisme soit étranger à leur nature, et que, lorsqu'il s'est manifesté, la responsabilité en incombe aux blancs.

Et de réclamer pour cette piétaille noire subjuguée par la colonisation blanche, le droit à la liberté et à la dignité.

Entre temps, en 1924, COUBERTIN s'est fait le propagandiste enthousiaste et lucide de l'ouverture de l'Afrique au sport. Non pas de l'Afrique des Colons, mais de l'Afrique des Africains. La majorité des membres du C.I.O. voudra que colonisateurs et colonisés forment des équipes communes. Mais même sous cette forme, par suite de l'opposition des «métropoles», les Jeux Africains prévus à Alger, en 1925, puis à Alexandrie, en 1927, n'auront pas lieu. Il faudra attendre que l'Afrique retrouve sa quasi liberté, pour que les premiers Jeux Africains réservés aux seuls Africains voient enfin le jour: à BRAZZAVILLE, en 1963.

Ainsi donc, face au racisme et au colonialisme, un abîme sépare la pensée coubertinienne d'avant 1914 de celle d'après 1918. Il semble bien qu'aucun auteur n'ait souligné ce contraste. Comme si, une fois pour toutes, il doive être entendu que COUBERTIN est né sans défauts et que sa pensée doive sortir toute casquée du berceau de la naissance.

La connaissance de la pensée du jeune COUBERTIN, (son évolution, ses erreurs, ses déchirements), nous paraît au contraire tout à fait fondamentale pour l'explication de l'homme et de l'œuvre adultes.

En l'occurence, se pose la question de savoir pourquoi Pierre de COUBERTIN échappa aux dangers que nous dénonçons.

Nous formulons l'hypothèse que s'il en fût ainsi c'est parce que, très tôt en lui, outre des qualités de générosité humaine évidentes, un courant cosmopolite, parallèle au flux nationaliste, prit corps et se développa au point d'annuler, finalement, les sources premières.

Où situer l'origine de ce courant ?

Sans doute dans cette vive curiosité du jeune COUBERTIN pour le monde; dans la mode du temps où il est de bon ton, pour la classe aisée, de fréquenter obligatoirement ces lieux internationaux où les élites cosmopolites se confrontent; sans doute, dans le fait sportif lui-même, qui de l'opposition à l'échelon du clocher, débouche nécessairement sur l'affrontement pacifique à l'échelle des nations.

Mais COUBERTIN n'est pas un voyageur de l'Orient-Express, un de ces individus de partout et de nulle part, hôtes des palaces internationaux et des villes d'eaux princières, qui se recrutent essentiellement dans une aristocratie décadente.

Qu'on ne l'oublie pas, sa quête première c'est le terroir, et c'est la France.

Il ne faudrait pas que COUBERTIN fût victime des mots: la confusion est toujours très grande, dans le sens commun, entre cosmopolitisme et internationalisme. Or, COUBERTIN est on ne peut plus net. S'adressant à ses compatriotes normands il leur dit, en 1902:

> Notre premier désir est de vous rappeler à la fois que vous avez une petite patrie dans la grande et que la grande n'est pas la seule dans le monde[57].

Quatre ans plus tôt, il avait précisé sans ambages:

> Personne n'a rien à gagner à fréquenter la société dite cosmopolite. À proprement parler, le cosmopolitisme convient à ceux qui n'ont pas de patrie, alors que l'internationalisme devrait être l'état d'esprit de ceux qui aiment leur pays au-dessus de tout, qui cherchent à lui

---

57. COUBERTIN, Pierre de, *La Revue du Pays de Caux*, 1902, no 1.

attirer l'amitié des étrangers en montrant à l'égard de ces pays étrangers une sympathie intelligente et éclairée[58].

COUBERTIN est donc contre un humanitarisme lénifiant. Il est contre un monde supra-national, mais pour un monde des patries louablement affrontées au sein d'une pacifique émulation[59].

En lui, patriotisme et internationalisme vont de pair, et d'autant plus qu'à ses yeux la France incarne alors les valeurs fondamentales de l'humanité.

Le sommet de cette conjonction paraît bien être atteint en pleine guerre, avec la promulgation du *Décalogue de 1915.*

C'est une proclamation solennelle adressée «aux jeunes Français», éditée par les soins du journal *Excelsior*[60], et destinée à la diffusion dans les coins les plus reculés de France.

Le jeune Français, «maître de l'heure», va voir s'ouvrir devant lui le monde de l'après-guerre, pacifié, mais plein de dangereuses tensions. Il importe donc qu'il soit conscient du rôle qui va lui incomber, et qu'il «sculpte dans son cerveau» dix commandements, qui, d'abord, sont destinés à continuer, par d'autres moyens, la victoire des armes françaises. Mais, s'il importe nécessairement :

de se lancer à la conquête du monde et (d') organiser la bienfaisante invasion du commerce, de l'industrie, de la science, des lettres, de l'art français (article 2),

il s'agit encore et toujours :

de devenir plus large d'épaules, plus fort de muscles, plus insouciant des intempéries, plus résistant à la fatigue (article 4),

Ainsi donc, avant la première guerre mondiale, la pensée politique de Pierre de COUBERTIN est celle d'un bour-

58. COUBERTIN, Pierre de, *Does cosmopolitan life lead to international friendliness? The Review of Reviews,* 1898, p. 429.
59. COUBERTIN, Pierre de, *Les Néo-Encyclopédistes et la Guerre. Bibliothèque Universelle et Revue Suisse,* no 235, juillet 1915.
60. COUBERTIN, Pierre de, *Le Journal Excelcior,* 88, Champs Élysées, Paris, qui l'a édité, (le décalogue) le tient à la disposition de tous les bons Français contre 0,10 par affiche; la douzaine: 1 F., les cinquante: 3 F., le cent: 5 F.» On trouvera le texte de ce Décalogue en annexe.

geois libéral qui trouve dans le système juridico-politique de la 3ᵉ République satisfaction à ses intérêts matériels et à ses aspirations culturelles.

Partisan d'un capitalisme sans limites, il est en conséquence, à l'intérieur, contre un pouvoir d'état centralisateur, et, à l'extérieur, pour un colonialisme sans rivages. Son attitude, face à l'Affaire DREYFUS, appelle les plus grandes réserves. Sa critique du socialisme est enfantine: COUBERTIN, c'est évident, n'a lu ni HEGEL ni MARX. C'est là, disons-le net, un COUBERTIN peu sympathique, même si nous ne devons jamais séparer action et attitudes humaines du contexte historique et des réflexes de classe qui les déterminent, et si, en outre, nous ne pouvons ignorer les mutations profondes survenues dans la pensée coubertinienne de l'après-guerre.

Avant 1914, la pensée politique de Pierre de COUBERTIN ne serait donc que celle de la droite classique française, si une générosité humaine, un souci de l'internationalisme des peuples, une confiance dans l'éducation de l'homme, n'entraient très tôt en lutte contre des attitudes conformes au consensus social. De plus en plus, ce sont ces valeurs morales qui se développeront et finiront par prendre le pas sur des habitudes de pensée réactionnaires.

Certes, en 1915, la cause n'est pas encore définitivement entendue. Mais le Décalogue aux jeunes Français, et les commentaires qui l'accompagnent, montrent que la victoire est proche et que, dorénavant, la pensée coubertinienne débarassée des dernières entraves, va pouvoir se diriger vers des sommets qu'elle n'abandonnera plus jamais, une fois la paix recouvrée.

5.3 après l'année 1916

COUBERTIN « a fait son devoir ». À l'endroit où l'âge et ses compétences l'ont placé, il a aidé à gagner la guerre patriotique par une propagande intelligente, jamais haineuse, située bien au-delà du « bourrage de crâne » officiel.

Pour mieux comprendre la France[61], édité à l'occasion du vingtième anniversaire de la décision de rétablir les Jeux Olympiques, et destiné à l'information des membres du Comité International Olympique, met l'accent sur les mutations de la France et sur l'urgence d'une réforme de l'enseignement.

«Anniversaires historiques à célébrer entre bons Français[62]», paru en 1916, légitime la lutte de la France contre l'Allemagne, pour le Droit et la Liberté: les grands aïeux sont mobilisés, de du GUESCLIN aux maréchaux d'Empire.

Mais surtout, en pleine guerre, COUBERTIN songe à la paix future, et entend participer à la création de lendemains plus justes et plus fraternels.

Marie-Thérèse EYQUEM rapporte qu'à son ami DELCASSÉ, Ministre des Affaires Étrangères, et qui lui disait:

> Il faut gagner la guerre, et tout le reste suivra,

COUBERTIN répondait déjà:

> Hé non, tout le reste ne suivra pas, même si nous arrivons à la gagner complètement. La guerre n'aura de portée mondiale qu'autant qu'elle provoquera l'émancipation de toutes les nations opprimées et la restauration des États supprimés par la violence[63].

La liberté des nations est donc la condition première de la paix, comme la démocratie est le garant premier de la morale internationale.

Que la démocratie soit la forme supérieure de gouvernement, COUBERTIN en trouve la preuve dans la capacité démontrée par les démocraties à se hisser au niveau des circonstances terribles imposées par la guerre mondiale. La République Française est à cet égard exemplaire, qui fait face avec tant de sang-froid, de persévérance, d'abnégation, de mesure, à des périls si grands:

---

61. COUBERTIN, Pierre de, *Pour mieux comprendre la France,* in *Notes sur la France d'Aujourd'hui,* Grand 1914, Imprimerie Van Dooselaere, pp. 7-9. Le catalogue bibliothèque du Carl Diem, Institut de Cologne porte par erreur: no 116: «Pour bien comprendre la France».

62. COUBERTIN, Pierre de, *Anniversaires Historiques à célébrer entre Bons Français,* Brochure, 1916.

63. EYQUEM, M. Th., *L'Épopée Olympique,* p. 215. La date de l'entretien n'est pas précisée, ni la source bibliographique.

Moralement, la France n'a pas dévié depuis dix mois de son point de départ. Elle se bat pour ce qu'elle considère comme la cause de la Justice et du Droit, sans marchandage et sans calculs.

Et COUBERTIN ajoute :

> On peut résumer les choses en disant que le prestige que vient de conquérir la démocratie est fait de cette double constatation que, hostile à la guerre et travaillant à l'éviter, elle s'est montrée capable de l'affronter et d'y exceller quand il a fallu la faire[64].

Ainsi, aucun absolutisme d'ordre constitutionnel ou divin ne pourra remettre en cause, la paix revenue, la forme démocratique de gouvernement. C'est un point capital acquis sur lequel il serait vain de revenir : le temps des Césars est résolu, celui d'une interdépendance des nations démocratiques commence.

Constat d'évidence, la guerre a remis fondamentalement en cause la texture des sociétés : rien désormais ne pourra plus être comme avant. Y compris le gouvernement des hommes :

> Pour la première fois, nous nous trouvons en face d'une guerre mondiale. De cette crise mondiale les intérêts des nations vont sortir encore plus solidaires et ceux des individus encore plus enchevêtrés que par le passé. L'émulation cosmopolite reprendra inévitablement et il deviendra de plus en plus certain que le meilleur moyen de bien servir sa patrie est de bien connaître les nations et les races rivales[65].

L'idée n'est pas neuve pour COUBERTIN : il l'a développée en début de siècle et tout spécialement dans la *Revue du Pays de Caux*. Mais il a le courage d'en appeler, au-delà des rancœurs guerrières, à une coopération internationale qu'il juge absolument indispensable.

Le Décalogue de 1915 laissait présager cette attitude. En 1916 — l'année de VERDUN — loin d'exalter l'impérialisme français, COUBERTIN au contraire précise :

---

64. COUBERTIN, Pierre de, *Les Néo-Encyclopédistes et la Guerre, op. cit.*
65. COUBERTIN, Pierre de, *L'Ignorance qui a préparé la guerre et l'Éducation qui assurera la paix.* Conférence prononcée à Paris le 15 décembre 1916 à la Ligue Française de l'Enseignement.

Quels que soient en effet les fondements encore inaper-
çus de l'édifice qui va s'élever sur les ruines de l'ancien
ordre de choses européen, tout le monde est d'accord
pour concevoir comme indispensable à la solidité de cet
édifice une étroite coopération des bonnes volontés[66].

1916 paraît bien être, pour COUBERTIN, l'année char-
nière, celle où, définitivement, il tourne une page de sa vie,
celle où il pressent de nouveaux destins pour le monde:

Les vieilles chroniques racontent comment, la nuit du
31 décembre de l'an 406, les Barbares passèrent le Rhin
et, culbutant ceux qui le gardaient, se répandirent sur
les Gaules. Combien souvent le rapprochement s'est imposé à moi lorsque, dans mon souvenir, s'évoquent ces
derniers jours de l'année 1916, où il sembla que les peuples franchissaient une crête douloureuse pour dévaler
désormais, dans la nuit, de l'autre côté des monts, vers
des plaines inconnues. La lutte alors changea de caractère, de grands spasmes sociaux se produisirent, secouant la Russie jusqu'en ses fondements, suscitant de
tous côtés des espérances et des inquiétudes également
passionnées[67].

Jusqu'alors, COUBERTIN a essentiellement été préoccupé de la France, même si l'œuvre olympique a donné une
dimension internationale à son action et à sa réflexion. À mi-
parcours de la première guerre mondiale, il dresse un diagnostic clinique, froid, lucide, et en tire les conséquences politiques qui s'imposent. Mais comme la politique n'est, chez
lui, que finalité pédagogique, il va, pour le reste de sa vie,
chercher remède aux maux du monde.

C'est de Lausanne, où il réside pratiquement depuis
1915[68], date du transfert des archives du Comité International Olympique dans cette ville, qu'il va, désormais, se livrer
à la méditation. C'est de Suisse:

Jardin d'essai des nations civilisées

---

66. COUBERTIN, Pierre de, À l'Institut Olympique de Lausanne, Séance du
12 avril 1917, pp. 4 -5, Extrait de la Bibliothèque Universelle et Revue Suisse,
mai 1917.
67. COUBERTIN, Pierre de, Entre deux batailles, De l'Olympisme à l'Université ouvrière, Revue de la Semaine, 20 janvier 1922.
68. Le 10 avril 1915.

que partiront désormais, «au-dessus de la mêlée», ses appels à la conscience universelle.

5.4 COUBERTIN et l'Europe

Peut-être à cause de l'idée mondialiste qui sous-tend les Jeux Olympiques, a-t-on par trop oublié que COUBERTIN se veut d'abord européen; peut-être aussi, parce que DIEM et les nazis ont perverti l'idée européenne. Mais il serait injuste de laisser dans l'ombre la sollicitude et la tendresse de COUBERTIN pour l'Europe.

Trois dates, trois publications, jalonnent cet itinéraire sentimental et politique:

1888 —

COUBERTIN prononce le 24 septembre à BOLBEC (Seine Inférieure) une conférence:
«La France et l'Europe[69]».

1899 —

COUBERTIN livre à «l'indépendance Belge» ses réflexions sur:
«L'Avenir de l'Europe[70]».

1923 —

COUBERTIN lance un cri d'angoisse dans «La Tribune de Lausanne»:
«Où va l'Europe?[71]».

Première étape: 1888

Depuis cent ans, l'Europe a changé: l'Allemagne et l'Italie ont achevé leur unité, l'Empire Ottoman se disloque, l'élite russe se désagrège. Quant à l'Angleterre, ignorante de

---

69. COUBERTIN, Pierre de, *La France et l'Europe*, 10 pages manuscrites. BOLBEC, 13,000 habitants, Chef lieu de Canton de l'Arrondissement du Havre (Seine Maritime), est une ville de textile située à quelques kilomètres du château de Mirville.
70. COUBERTIN, Pierre de, *Cinquante Huit Lettres d'un Indépendant concernant l'Avenir de l'Europe*. L'Indépendance Belge 1900. Ces cinquantes huit lettres furent réunies en une brochure: *L'Avenir de l'Europe*, Bruxelles, Imprimerie Deverver Deneuve, 1900, 48 pages.
71. COUBERTIN, Pierre de, *Où va l'Europe?* Étude parue dans la *Tribune de Genève*, 1923.

l'Europe, elle continue à vouloir se singulariser des autres nations. D'un moment à l'autre, de cet enchevêtrement et de cette cacophonie, peut surgir un cataclysme. Il est temps pour la France de connaître mieux cette Europe si lourde de nuées.

L'absurdité de la situation européenne, COUBERTIN en est conscient, provient d'une lutte stupide entre des nationalismes destructeurs:

> Ce qui constitue l'horreur de l'heure présente, ce qui fera sans doute l'étonnement des générations à venir, c'est de voir toutes les pensées, toutes les préoccupations, tous les efforts des périodes de paix tournées vers le même point, tendant au même but: la destruction perfectionnée.

La faute en incombe à l'Allemagne wilhelminienne en mal d'hégémonie:

> Nul doute n'est possible, c'est l'Allemagne qui a commencé...
> C'est à ce rêve de suprématie impériale que nous devons les charges qui pèsent si lourdement sur nous tous...
> En ce qui concerne l'Europe, l'Allemagne porte la responsabilité d'un état de choses qui nous écrase et nous ruine tous.

La France doit donc être absoute du péché de réarmement: elle n'est pas l'agresseur, mais la victime potentielle.

Pourtant, malgré ces tensions et ces contradictions, et quels que soient les régimes politiques et les gouvernements, sur toute l'Europe plane, en 1888:

> la grande préoccupation démocratique, qui caractérisera la fin du présent siècle; chacun, pour peu qu'il soit honnête et sincère, cherche la solution du grand problème et se demande s'il n'existe pas une meilleure organisation sociale, si l'on ne réalisera pas un état de choses dans lequel la justice récompensera le travail.

La France ne peut se dérober à ce courant impérieux: elle doit, afin d'être conforme à son propre génie, se pencher sur «une meilleure organisation sociale», en tournant le dos, à:

> certains charlatans politiques, (qui) fabriquent des remèdes à la douzaine.

Il semble bien, en fait, que l'Europe, et ses problèmes, ne sont encore pour COUBERTIN que prétexte à plaidoyer pour la France bourgeoise et pour le Gouvernement de la République Française, contre les attardés de l'Ancien Régime et les Déroulède de la revanche: la pensée politique européenne de COUBERTIN s'entend alors en contre-chant de ses ambitions nationales.

Seconde étape: 1889

    L'Indépendance Belge, journal:

> qui défend les idées de Progrès, de Justice, de Pacification sociale et internationale,

a demandé à COUBERTIN de sonder l'avenir de l'Europe.

Le problème du jour, c'est le démantèlement de l'Empire austro-hongrois, face au monde anglo-saxon où se font jour de dangereuses passions engendrées par: «une force jeune, une ivresse facile, une ambition naïve, et un orgueil excusable».

Or, le temps des croisades est passé. L'Europe du fer et du sang, qui eut sa grandeur, doit céder le pas à l'Europe du travail et de la paix. Car la paix n'est pas seulement une obligation économique:

> elle est devenue une nécessité morale, le gage de tout perfectionnement, la condition de tout progrès.

Fin du XIXe siècle, l'éclatement du Royaume des Habsbourg peut aboutir à de dangereuses tensions où de dangereux appétits, pour peu qu'ils se trouvent excités en sous-main par des pêcheurs en eau trouble, peuvent à nouveau ensanglanter le continent. La «question des Balkans» secoue dans leurs tréfonds les deux plus grands états d'Europe: l'Allemagne, et la Russie, alors que l'Angleterre, prisonnière de la puissance des États-Unis, risque de se trouver à la remorque d'un bellicisme conquérant et naïf.

Face à cette situation explosive, où est l'avenir pacifique de l'Europe?

Pour COUBERTIN, l'espoir réside dans l'esprit public, c'est-à-dire dans la lutte contre le mensonge:

> grand pourvoyeur de la guerre, car si les peuples se con-

naissaient et se comprenaient, combien rarement ils voudraient s'entr'égorger.

Or, dans le monde moderne, les piliers de l'esprit public sont: l'enseignement, la presse et la religion:

> C'est par l'enseignement et la presse que l'opinion peut arriver à la connaissance des faits sociaux; la religion doit lui apprendre à les juger avec bienveillance.

Il faut, dit-il constamment, démystifier:

> les faux points de vue qu'un tortueux patriotisme a semés, découvrir et dénoncer ces «Histoires» impudentes et ces «Géographies» falsifiées au bas desquelles de soi-disant éducateurs ont mis leurs signatures déshonorées — percer à jour les plans criminels d'hommes d'État sans scrupules — arracher la presse à ceux qui la pervertissent et trafiquent de ses faiblesses — pousser hors de la religion les mesquines intolérances et les haines déguisées, voilà l'Oeuvre de Paix. Elle n'a rien d'utopique...

Or, les grandes nations traînent, de ce point de vue, dans la sanie. Et la France surtout, la plus atteinte:

> La vanité y revêt un caractère tout particulier.

Le diagnostic est d'une lucidité sans faille et sans complaisance: le patriotisme de COUBERTIN n'est jamais étroit. Objectif, sévère souvent envers ce qu'il appelle les défauts de la race, COUBERTIN cède rarement aux rodomontades du coq gaulois.

Déjà, en tous cas, en 1900, s'affirme cette conviction que la Paix est le bien suprême des peuples, que la démocratie ne s'entend pas sans une information honnête éloignée de tout chauvinisme: l'éducation est la source de tous les progrès économiques et humains, l'école est toujours libératrice.

Troisième étape: 1923

La guerre a vu l'Europe s'entredéchirer. La faillite a été générale:

> L'Europe était le précepteur du monde. Elle devait cette

situation à son passé et à sa culture. La voici en passe de
la perdre[72].

Les forces sur lesquelles reposait la suprématie européenne: formules gouvernementales, vie religieuse, force
armée, diplomatie, production intellectuelle, presse, législation, ont failli ou menti.

L'intellectuel européen, tout spécialement:

> est devenu un objet de salon, un centre de snobisme,
> il fait partie essentielle des futilités mondaines, ce qui
> implique que son temps soit très pris et que son juge-
> ment ne soit plus très sain: Académiciens, journalistes,
> romanciers, poètes (s'il en reste) sont maintenant mêlés
> aux niaiseries quotidiennes de la vie des sots[73].

L'homme de lettres européen n'est plus le maître à
penser de l'Univers.

Aussi bien, des fissures sont-elles visibles: les vain-
queurs doutent de la fécondité de la guerre, les vaincus ru-
minent leur défaite. Un phénomène très lent, très secret, dont
bien peu s'avisent, mine les fondations, corrode les rouages:
l'individu devient l'esclave d'une spécialisation grandissante,
le tissu social se distend et se corrompt.

Si jamais COUBERTIN misa sur la solidarité post-guer-
rière des anciens combattants, sa lucidité lui fit vite comprendre l'inanité d'une telle attitude.

> La bataille terminée, la danse des passions a repris de
> plus belle autour du veau d'or...[74].
> C'est simplement le signe d'une morale épuisée, l'aveu
> d'une société qui s'abandonne.

---

72. COUBERTIN, Pierre de, *op. cit.* On songe à Paul VALÉRY: «L'Europe
restera-t-elle ce qu'elle paraît, c'est-à-dire la partie précieuse de l'Univers
terrestre, la perle de sa sphère, le cerveau d'un vaste corps?»
73. COUBERTIN, Pierre de, *Où va l'Europe, op. cit.*
74. COUBERTIN, Pierre de, *Les Néo-Encyclopédistes et la Guerre, op. cit.*
COUBERTIN constate qu'après dix mois de guerre, la France a tenu moralement et que «l'union sacrée» est un fait indubitable. Il note qu'il serait
sans doute vain d'espérer que cette belle unanimité subsistât, la paix recouvrée, «mais alors les soldats revenant du front en rapporteront un ciment
susceptible de combler bien des crevasses, le ciment de la fraternité militaire fait de souffrances communes héroïquement supportées». On sait quel
sort fut fait à cette solidarité par les groupements fascistes, «Croix de
Feu» ou «Soldatenheim». Jamais dans l'œuvre de COUBERTIN n'apparaît
l'ombre d'une quelconque adhésion à de tels mouvements.

Pourtant, l'Europe ne doute pas encore de la solidité de son préceptorat, pas plus qu'elle ne doute,

de la légitimité de ses titres à l'exercer.

Ce n'est là que parade devant un palais qui se vide.

Les Africains, une poignée certes, ont fait la guerre — et bien — dans le grand creuset en apparence égalitaire de l'Armée.

Revenus au pays, ils mettent en cause les assises du monde colonial:

Ils menacent de faire l'école buissonnière si on ne leur promet pas qu'ils seront désormais traités en égaux, en hommes libres, en citoyens du monde.

Il y a beaucoup plus.

C'est de l'intérieur même de l'Europe que la contestation surgit: les masses qui ont fait la guerre — et bien elles aussi — prétendent, comme les peuples coloniaux, à plus de dignité et de liberté:

Cette guerre... a sur un point, présenté une singularité inattendue. C'est le rôle qu'ont joué les masses: non plus un rôle passif comme lorsqu'elles se faisaient tuer docilement par ordre et discipline, mais un rôle actif, on oserait presque dire un rôle directeur.
...Le privilégié, le maître, (a dû) composer pour sa propre sauvegarde avec l'inférieur jusqu'ici dédaigné.

Ainsi donc, ressurgit avec une acuité accrue

la dramatique question sociale.

Or, COUBERTIN a peur d'une «victoire sans tête», celle où les sonneries du triomphe font oublier les problèmes fondamentaux[75].

---

75. COUBERTIN, Pierre de, note en 1936 (Feuille dactylographiée, Archives du C.I.O.), parlant de ses souvenirs à paraître en langue allemande et dont un seul volume *Mémoires Olympiques,* vit le jour: «Je pense appeler l'autre (volume) *La Victoire sans Tête,* ce qui, j'en conviens, n'est pas poli pour les Alliés.»

5.5 une question de vie ou de mort

L'Appel au 4e État
Les lettres à Duchoslav FORST.

Les problèmes sociaux, ou plutôt les problèmes des rapports entre les classes sociales, sont sous-jacents à toute la pensée politique coubertinienne.

Disciple de LE PLAY, influencé par l'expérience de TOYNBEE HALL[76], les diverses formes de charité anglo-saxonne, l'University Extension des campus d'outre-Atlantique[77], COUBERTIN, par une pente normale de sa sensibilité et de sa réflexion, va se trouver amené à poser avec courage, et de façon personnelle, le problème de l'avènement du prolétariat aux responsabilités politiques, dans les sociétés modernes de type industriel.

1890 — L'Appel en faveur du «4e État»

En 1890, COUBERTIN lance un *Appel pour la Création d'un Enseignement Universitaire Ouvrier*[78]. Le document manuscrit en notre possession, et différent de celui proposé par l'Anthologie de 1933, ne laisse pas de surprendre par la prescience et l'intuition politiques.

Certes la classe ouvrière, vingt ans après «l'année terrible», recèle des auto didactes d'une étonnante qualité. Mais ce sont là des exceptions. Car le mouvement socialiste, et les syndicats, voient toutes leurs forces concentrées sur la lutte sociale, en vue d'une amélioration des conditions matérielles d'existence de l'ouvrier: avant de se poser la question de savoir pourquoi il vit, le prolétariat doit d'abord lutter pour survivre.

---

76. TOYNBEE HALL: cf. page 39.
77. COUBERTIN, Pierre de, *Les Universités Transatlantiques, op. cit.*, On peut lire: «Dans cet ordre d'idées précisément, les Anglo-Saxons ont eu une initiative féconde. De chez eux est parti ce grand mouvement appelé University Extension, par lequel des liens durables ont été établis entre la jeunesse studieuse et les masses ouvrières et qui constitue l'une des plus belles œuvres de paix sociale dont le temps présent puisse s'enorgueillir».
78. COUBERTIN, Pierre de, *Appel pour la Création d'un Enseignement Universitaire Ouvrier, 1890-1933*, Anthologie, p. 165, *op. cit.*

Ce n'est qu'en 1898, huit ans après l'appel de COUBER-
TIN, que, le 12 mars, naît la Société des Universités Populaires. Jusque-là, aucune initiative d'envergure n'a été envisagée
en faveur d'une éducation des adultes : la Ligue Française de
l'Enseignement elle-même, quoique fondée depuis 1866, s'est
uniquement préoccupée de faire accéder le peuple à un enseignement gratuit, laïc, et obligatoire, mais seulement pour les
enfants.

En 1922, COUBERTIN évoquant son initiative de 1890,
écrira :

> J'ai retrouvé récemment le texte d'une convocation adres-
> sée en 1890 à une vingtaine de personnalités qualifiées
> en vue d'examiner les moyens de préparer « le quatriè-
> me État » (on disait le quatrième État en ce temps là,
> pour désigner les prolétaires) à la mission gouvernemen-
> tale que l'extension démocratique semblait devoir lui ré-
> server. Nul ne s'y intéressa, hormis M. le Recteur GRÉARD,
> qui m'avait assuré l'hospitalité de la Sorbonne (l'ancienne
> Sorbonne, cette fois), pressé, peut-être, de me voir quitter
> le terrain de l'éducation physique où mes entreprises
> le contrariaient quelque peu.

Pourquoi une telle convocation, adressée à JAURÈS,
LYAUTEY, GRÉARD,... ? Parce que, répond COUBERTIN,
s'il est futile de chercher des formules et de manier la rhétorique sociale, il est impérieux de préparer le « quatrième
État » :

> pour le rôle que les circonstances peuvent lui assigner
> dans un avenir proche.

Or, le prolétariat n'est pas prêt pour cette relève.
En 1923, ce ne sont plus quelques personnalités, fussent-
elles parmi les plus sages qui peuvent trouver, seules, solution à la question ouvrière.

Ce ne sont pas non plus ces Internationales si violemment opposées les unes les autres :

> Car elles reposent sur la lutte des classes. Leurs diri-
> geants sont presque toujours des « sans-patrie » au sens
> réel du mot, et les ploutocrates encore plus que les pro-
> létaires, tant ils se montrent incapables de subordonner
> leurs intérêts de classe au bien général.

En tout cas, ce n'est sûrement pas l'utopie communiste, ou le bolchevisme:

> Ne versons pas dans l'utopie du Communisme intégral[79].

La vérité est fruit du juste milieu: aux uns — les privilégiés — COUBERTIN déclare que la propriété est un bien inaliénable, aux autres — les prolétaires — que les privilèges doivent être limités:

> Une société qui compterait une poignée de milliardaires et des foules de travailleurs sans ressources s'affirmerait probablement comme la plus vile et la plus rabaissée qui puisse être[80].

La pensée politique coubertinienne, éloignée des extrêmes, reste donc constante. Mais comme le prolétariat augmente en nombre et en puissance, COUBERTIN constate que le centre de gravité social s'est déplacé, et qu'il faut en tenir compte. Il pense qu'il appartient dorénavant aux classes moyennes et au prolétariat de s'unir pour résoudre la question sociale:

> C'est dans ces milieux-là que devront se recruter les architectes du nouvel état social si l'on veut qu'il ait quelque solidité et quelque durée.

Le souci de COUBERTIN sera dorénavant de favoriser le brassage social des classes moyennes et du prolétariat, en les rendant solidaires d'une culture et d'un patrimoine historique communs.

Ainsi, même si la pensée politique, pragmatique, est commune, un souffle généreux et lucide, une rigueur intellectuelle et morale qui ne se démentent pas avec l'âge (COUBERTIN a soixante ans), forcent tout homme de progrès à reconnaître en COUBERTIN un des siens.

---

79. COUBERTIN, Pierre de, *Que pouvons-nous maintenant demander au sport?* Lausanne, 24 février 1918.

80. COUBERTIN, Pierre de, *Où va l'Europe?* op. cit. On rapprochera cette citation de COUBERTIN extraite de: *La Jeunesse de France,* 1890. «Nous sommes dépourvus de passions et de préjugés. Nous ne considérons pas la propriété, selon une formule célèbre, comme un vol, mais nous n'admettons pas davantage qu'on en fasse un dogme et qu'on l'étaie sur une sorte de droit divin que rien ne justifie.»

Cinq ans plus tard, début 1928, les «Lettres à Duchoslav FORST», précisent le cheminement de la pensée politique.

1928 — Lettres à Duchoslav FORST [81]

Début 1928, une correspondance s'est établie entre Pierre de COUBERTIN et Duchoslav FORST, de Prague.

Duchoslav FORST, né en 1901, Docteur ès-lettres, est alors membre du Comité des Éducateurs de l'Union des Gymnastes ouvriers Tchécoslovaques: animateurs culturels dans la pure tradition sokole, ces éducateurs sont chargés d'élever le niveau idéologique des gymnastes.

L'ensemble des textes manuscrits en notre possession, comprend trois lettres inédites de Duchoslav FORST, datées des 10 janvier, 14 février, et 11 mars 1928, et les cinq premiers jets, fortement raturés, des réponses effectuées par Pierre de COUBERTIN.

Le tout se trouve à l'intérieur d'une chemise portant mention:

Armatures déjetées — La Cité Prochaine — L'Appel au Prolétariat.

et en bas de page:

Lettres à D.F. [82].

Les relations entre les deux correspondants paraissent suffisamment cordiales pour que Duchoslav FORST sollicite l'honneur d'être le légataire des Mémoires de Pierre de COUBERTIN et pour que ce dernier lui fasse part de ses soucis de famille [83].

D'un côté, FORST dit ses doutes, face au monde capitaliste de 1928: c'est «l'état d'âme» d'un socialiste tchèque.

De l'autre, Pierre de COUBERTIN reprend les grands thèmes de sa pensée politique: union des classes, pédagogie nouvelle.

---

81. Nous possédons, depuis 1956, les brouillons des lettres adressées par Pierre de COUBERTIN et les réponses de Duchoslav FORST.
Duchoslav FORST est toujours vivant et réside à Prague, d'où il a bien voulu nous écrire. Malheureusement, sa bibliothèque a subi les sévices de nombreux événements. Depuis fin 1968 nous n'avons pu entrer en liaison avec M. FORST.
82. Don de M. Otto MAYER, Chancelier honoraire Olympique.
83. Il s'agit de la maladie de sa fille, Renée de COUBERTIN.

Mais l'espoir qu'il pouvait avoir en 1923 de voir la société bourgeoise se réformer est, cette fois, totalement abandonné.

Les capacités de régénérescence de l'ancienne société sont plus que jamais aléatoires, COUBERTIN le pense. Le prolétariat, au stade où il se trouve, est-il pour autant capable :

> de nous procurer les cadres d'une nouvelle société normale et viable ?[84].

La condamnation du système capitaliste est d'autant plus sans appel qu'elle est prononcée au plan moral :

> La société capitaliste actuelle ne repose plus que sur des hypocrisies et c'est là une constatation d'une haute gravité[85].

La plus grande aux yeux de COUBERTIN est l'hypocrisie religieuse : la façon dont les Sociétés, dites chrétiennes, s'appuient sur l'Évangile pour mieux en trahir l'esprit, est proprement scandaleuse. Et d'en appeler aux vrais croyants, écartés de l'Église, alors que tant d'indifférents en sont membres.

C'est encore au nom de la religion, que COUBERTIN va pour la première fois, et avec autant de netteté, rendre hommage au prolétariat. Mais la religion de COUBERTIN, épurée du rituel sacré, est une aspiration individuelle vers l'Esprit. Elle est un humanisme :

> Je ne suis pas de ceux qui considèrent que l'humanité puisse se passer de religion. Je prends ici le mot dans son sens le plus général, non comme croyance à une forme déterminée de réalité divine, mais comme adhésion à un idéal de vie supérieure, d'aspiration au perfectionnement. Dans ce sens là, il est très important de constater que le prolétariat est puissamment avantagé car il possède dans la pratique déjà avancée de l'altruisme un ferment religieux, le ferment d'une religion d'action dont le ploutocratisme n'est guère capable.

Là ne réside pas d'ailleurs la seule chance du prolétariat.

---

84. COUBERTIN, Pierre de, Première lettre à Duchoslav FORST, 1928, Inédite dans son intégralité.
85. *Ibidem.*

L'analyse de l'évolution des sociétés fait dire à COUBER-
TIN que :

> Dans trente ou quarante ans (sinon plus tôt) ce sont
> les grands États qui auront disparu au profit des petits,
> ou même au profit des cités; et j'estime que cela aussi
> constitue une chance pour le prolétariat.

Sans doute, l'affirmation est-elle fausse, l'histoire ne l'a
que trop prouvé; mais dans la logique du raisonnement,
COUBERTIN débouche sur le municipalisme politique et culturel, dont la Suisse des cantons lui donne l'exemple.

Il faut donc que :

> Le prolétariat... (fasse) de l'altruisme sa base religieuse
> et de la cité sa cellule politique[86].

La confiance et l'espérance que place Pierre de COU-
BERTIN dans le prolétariat est totale. Car c'est lui, à ses
yeux, qui incarne dorénavant la Vertu, face à des élites bourgeoises, usées et hypocrites :

> Depuis que j'ai l'âge d'homme, je tends l'oreille à cette
> profonde rumeur issue de la foule des déshérités, des
> esclaves, des malheureux et, du plus loin que je me sou-
> viens, j'ai cru y distinguer la netteté de ce triple postu-
> lat: du pain, de la dignité, du savoir — les «philan-
> thropes» ne retiennent que le premier terme, ils admet-
> tent partiellement le troisième et négligent toujours le
> second. Or, il n'y a pas à s'y tromper, ces trois mots cons-
> tituent tout un programme. de reconstruction; ils défi-
> nissent une architecture de l'humanité. Le prolétariat se
> sent-il de taille à tenter l'aventure? Et pourquoi non?
> Il n'est pas seulement puissant par le nombre et la souf-
> france; il l'est encore par l'affaiblissement de ses ad-
> versaires inquiets, énervés, méfiants d'eux-mêmes et
> d'autrui. Qu'il le devienne aussi par la culture d'une vo-
> lonté collective claire et unie, son action a chance de
> devenir irrésistible.

Assurément, c'est là une page d'une haute élévation
morale. COUBERTIN y apparaît débarrassé de tout paternalisme, de tout métayage intellectuel, nu, dépouillé de tous les
oripeaux que sa classe sociale avait pu jusqu'alors maintenir accolés à sa personnalité.

---

86. COUBERTIN, Pierre de, Seconde lettre à Duchoslav FORST.

À ce titre, certains ont cru pouvoir se servir, à des fins partisanes, de la pensée politique coubertinienne: tels DIEM et les nazis, tels certains journalistes et pédagogues des pays de l'Est.

Parlons des rapports de COUBERTIN avec l'Allemagne nazie. Sans doute, COUBERTIN n'a jamais affiché une quelconque sympathie pour HITLER, qu'il devait juger vulgaire et de basse extraction. La figure du dictateur lui semble «étrange», «curieuse», «inattendue». Il est sur la réserve, étonné, médusé — C'est peu... on eût aimé évidemment qu'il condamnât, au nom de l'olympisme — Notons, en tous cas, qu'il n'approuva jamais.

Pourtant, il faut bien le dire, COUBERTIN — par DIEM interposé — fut circonvenu par les nazis. DIEM en effet, commis-voyageur de l'Olympisme à la manière hitlérienne, va n'avoir de cesse qu'il n'arrache à COUBERTIN des paroles d'acquiescement à la politique sportive du Führer. Il n'y parviendra pas explicitement, mais COUBERTIN donnera cependant des gages à l'Allemagne hitlérienne: parce qu'elle poursuit les fouilles d'Olympie, parce qu'elle développe le sport dans la jeunesse (mais quel sport et pour quelle jeunesse?), parce qu'elle promet, alors que la France officielle boude, de continuer à faire paraître à BERLIN, la *Revue Olympique.*

Parce que, il faut bien le dire, DIEM flatte, encense un COUBERTIN chez qui l'âge ne fait que renforcer des aspects schizoïdes certains.

En quoi, par ailleurs, COUBERTIN peut-il être annexé par l'idéologie communiste? En quoi peut-il être considéré, comme on peut le lire dans certaines publications des pays de l'est européen, «comme un allié objectif de la classe ouvrière»?

Une remarque s'impose: la reconnaissance des vertus du prolétariat, de son rôle dirigeant au plan politique, peut n'être qu'attitude romantique, campagnonnage idyllique de route. Une chose est de déceler le rôle primordial du prolétariat, une autre de s'engager à ses côtés dans la lutte sociale, pour «le pain, le savoir, et la dignité».

COUBERTIN, au niveau de la praxis sociale n'avance pas de démarche révolutionnaire. Il a la hantise du «grand soir». Certes, écrit-il à FORST, ce rêve:

a endormi bien des chagrins et pansé des blessures. Et le charme du «grand soir» est fait de la croyance implicite à l'aube ensoleillée du lendemain, promesse d'un long jour sans nuages.

Mais note-t-il également, les lendemains de révolution sont toujours tristes, car le soleil ne brille jamais après un cataclysme:

> Il n'y a pas d'exemple dans l'histoire qu'il en puisse être autrement et les lois sociales historiques ne vont pourtant pas recevoir un démenti soudain pour satisfaire aux exigences d'un parti politique[87].

Quelles sont ces lois historiques?

Les «lois politiques coubertiniennes» obéissent à la mécanique du pendule: un coup à droite, un coup à gauche:

> Ces lois se résorbent toutes en ce principe supérieur qu'on pourrait appeler le principe des alternances collectives et qui se peut ainsi définir: toute action sociale collective qui s'exerce dans un sens donné provoque dans un délai indéterminé une réaction d'étendue à peu près similaire et dont la violence sera proportionnelle à celle qui sera manifestée dans l'action[88].

La violence engendre donc la violence. Mais surtout, elle engendre la réaction sociale. Et c'est à ce titre que COUBERTIN condamne les anarchistes français et les bolchevistes russes:

> Les premiers furent des nigauds, les seconds sont des sots... La Russie soviétique constitue l'une des plus efficaces usines de réaction qui fonctionnent à la surface du monde... Les socialistes sincères et sérieux n'ont donc pas de plus grand ennemi que la Russie bolcheviste et — d'une façon générale — que la violence[89].

Il n'en reste pas moins évident que la haine s'est accumulée en sédiments profonds dans la conscience des prolétaires. Comment faire pour l'éliminer?

Peut-on, en 1928, offrir en pâture aux instincts des hommes la conquête d'un Nouveau Monde? Hélas, l'Amérique n'est plus l'Amérique, et même:

---

87. COUBERTIN, Pierre de, Seconde lettre à Duchoslav FORST.
88. *Ibidem.*
89. *Ibidem.*

La recette transatlantique était une recette de hasard, ou mieux une recette de circonstances dont nous ne pouvons nous prévaloir.

Peut-on raisonnablement, en 1928, prôner l'aventure coloniale? Mais, avec:

L'Asie rajeunie, l'Afrique toute neuve[90]

l'ère des empires coloniaux est finie.

Reste une seule issue, celle de l'éducation, c'est-à-dire, pour le prolétariat, la possibilité de se montrer digne de la sagesse des siècles, en faisant taire ses rancunes et ses haines, en devenant politiquement adulte:

> Alors, il ne reste pour échapper à la néfaste violence qui compromettrait la cause du prolétariat que ce troisième moyen, le seul pratique en même temps que le seul digne: mettre le prolétariat en état de culture suffisante pour qu'il ait la force de résister à lui-même, de faire front contre la colère même légitime, contre l'injustice, même flagrante, afin qu'il puisse travailler tenacement mais calmement à sa propre élévation[91].

La philosophie du prolétariat doit donc, selon COUBERTIN, tenir compte du temps historique et des progrès culturels de l'individu-citoyen. La violence, ultime recours révolutionnaire, est refusée à l'opprimé.

Un paramètre échappe en outre à l'équation proposée: la réaction de l'adversaire social. En toute candeur, COUBERTIN pense que lui ayant signifié par édit son arrêt de mort, la bourgeoisie, éberluée, abasourdie par la révélation de ses faiblesses, de ses tares, et de ses crimes, va capituler sans combat.

Telle nous apparaît la pensée politique de Pierre de COUBERTIN. Ballottée entre deux courants contradictoires, elle ne prononce pas au fond la condamnation du capitalisme. Utopique, elle fonde sa pertinence sur l'idéal républicain d'égalité de tous, mais surtout des déshérités, devant le savoir et la connaissance. Par un amalgame entre le moral et le politique, elle évacue le concept de lutte de classes. Fruit d'un cœur gé-

---

90. COUBERTIN, Pierre de, *L'utilisation Pédagogique de l'Activité Sportive,* Conférence prononcée à l'aula de l'Université de Lausanne, Brochure Lausanne 1932, p. 3.
91. COUBERTIN, Pierre de, Seconde lettre à Duchoslav FORST.

néreux et d'une tête politique faible, elle ne peut être qu'ambiguë; c'est là où réside sa faiblesse. C'est ce qui explique le succès qu'elle obtint près des fascismes et du nazisme, et celui qu'elle continue d'avoir près des tenants des démocraties libérales et des communismes.

La pensée politique de COUBERTIN est donc bien celle d'un bourgeois libéral, qui ne viendrait rien moins qu'à la reproduction de l'ordre établi, si une conception idéaliste de la culture, menée avec une rigueur logique vers d'ultimes conséquences démocratiques ne poussait l'homme et l'œuvre vers des horizons de progrès.

COUBERTIN n'est sûrement pas un penseur politique original (il n'aura rien compris, entre autres, au socialisme, et aura méconnu l'importance de la révolution bolchévique). Mais aux hommes politiques et aux éducateurs soucieux d'équité sociale, de liberté individuelle, et d'égalité culturelle, il apporte la caution de son humanisme, la grandeur de sa stature internationale, et sa foi dans l'éducation. C'est en ce sens qu'il devient un libérateur.

C'est envisagée sous cet angle, que nous aborderons son œuvre pédagogique.

seconde partie

l'œuvre pédagogique
« la symphonie inachevée »

« Mais l'Olympisme ne représente qu'une partie de mon entreprise, la moitié à peu près. Donc ma « symphonie » pédagogique se compose d'une partie achevée et d'une autre qui ne l'est point. »

1936 — Pages inédites des Mémoires.

introduction

> «*Cinquante ans ont passé depuis le jour où ayant compris que la réforme de l'éducation était, pour l'époque qui s'ouvrait, le centre, le nœud de tout progrès, j'ai résolu de consacrer toutes mes forces à une telle œuvre. Le destin qui m'a durement traité à d'autres égards, m'a favorisé en ceci[1].*»

Cette constance, cette passion, vont faire de COUBERTIN un éducateur engagé, militant d'une pédagogie différente, dont nous essaierons de savoir si elle fut autre, c'est-à-dire en rapport avec les critères et le courant historique de l'éducation nouvelle[2].

Face au siècle qui vient, COUBERTIN est l'éveilleur de conscience, le combattant exalté, souvent le prophète inspiré, d'une éducation à inventer et à concevoir pour une bourgeoisie encore engluée dans la tradition nobiliaire, mais qui cherche dans l'éducation le ciment et le levain d'une nouvelle société, et le baume à verser sur les plaies du corps social.

Mais COUBERTIN est plus. Pédagogue certes, et soucieux d'empirisme, mais surtout théoricien de l'éducation, compte tenu des données de l'histoire et de la sociologie. Ouvert aux grandes mouvances des sociétés, il est l'un des premiers, en France, à imaginer l'avenir et les conditions d'accès du prolétariat aux sources de la culture. Car pour lui, la bourgeoisie est condamnée en tant que classe, et l'avènement des gouvernements populaires est proche. Aux yeux de cet homme de rigueur, préoccupé essentiellement de la défense des valeurs morales, le seul problème à résou-

---

1. Texte inédit, Archives du C.I.O.
2. COUBERTIN, Pierre de, «Je sais bien que tous ces moyens sont un peu modernes, mais j'imagine que nous avons à former des hommes pour le XXᵉ siècle et non pour le XVIIᵉ» in *Universités Transatlantiques. op. cit.,* p. 370.

dre, en conséquence, est celui de la passation de la garde des trésors du Temple, sans heurt, des mains trop lisses des notables aux cals rugueux des travailleurs.

Nous tenterons de décrire la généreuse montée de la pensée coubertinienne qui, faisant référence d'abord à la France seule, à l'enseignement secondaire seul, à la bourgeoisie seule, embrasse, après 1918, toute l'humanité et tous les secteurs de l'éducation, y compris, et de plus en plus, celui des adultes.

Mais l'idée directrice reste constante, à savoir que la paix sociale ne peut être gagnée que par une réforme de l'éducation:

> Cinquante ans ont passé pour moi depuis ce jour de 1886 où, écartant toute préoccupation d'ordre personnel, j'ai voué l'effort de ma vie à la préparation d'un redressement éducatif, convaincu que nulle stabilité politique ou sociale ne pourrait être obtenue désormais sans une réforme pédagogique préalable[3].

C'est pourquoi rien n'est plus noble, et plus pressant, que de participer à cette immense tâche dont dépend le destin des démocraties modernes.

De multiples fois, tout au long d'une longue vie, avec une constante ferveur, COUBERTIN exposera sa conviction.

Il écrit à l'orée du siècle:

> Une idée philosophique grandit dans le monde civilisé et s'étend comme une tache d'huile, c'est que pour une génération, l'œuvre par excellence est de former la suivante. Juste ou non, l'idée est belle et bien certainement un grand morceau d'avenir lui appartient[4].

En 1913:

> Dès que j'ai eu l'âge d'homme et que j'ai cherché à quoi employer les ressources dont je disposais, il m'est apparu premièrement que nos grandes démocraties modernes avaient la figure des toiles d'araignée dont l'éducation serait le centre et, deuxièmement, qu'aucune éducation

---

3. *Aux coureurs d'Olympie-Berlin* 1936, Allocution prononcée à Radio-Berlin.
4. COUBERTIN, Pierre de, *Notes sur l'Éducation Publique*, Avant-propos, p. 2, Paris, 1901.

n'était digne de ce nom qui ne se proposait pour principe essentiel de développer toutes les forces de l'individu[5].

En 1925 :

L'éducation — surtout celle de l'adolescent et de l'adulte retardé — domine la plupart des problèmes humains en sorte que la société ressemble à ces vieilles cités, dont toutes les rues, si divergentes ou tortueuses fussent-elles, nous ramenaient malgré nous au même carrefour central. On l'appelait souvent la place de l'Hôtel de Ville ou de la Cathédrale. C'est aujourd'hui la place de la pédagogie. Tout y aboutit et tout en part[6].

Certes les choses ont bien changé, depuis le jour où COUBERTIN, à propos du surmenage, fustigeait les pensionnats napoléoniens! Et déjà en 1901, pouvait-il remarquer :

Depuis quinze ans les Français de la génération montante n'ont pas reçu la même éducation que leurs pères. J'ai essayé moi-même de populariser parmi eux les jeux virils, de les faire voyager à l'étranger, de leur faire aimer la liberté et l'initiative[7].

Mais la France est toujours, comme il l'écrit, «on the wrong track», et doit singulièrement rattraper le temps perdu par rapport aux pays anglo-saxons.

Pour autant, il ne s'agit pas de copier Oxford, ou Rugby qu'il a tant admiré. Son légitime respect pour Thomas AR-NOLD ne le pousse pas à l'émerveillement béat. Quand l'École des Roches va surgir, il dit sa désapprobation :

Quand plus tard Edmond DEMOLINS voulut pousser au-delà et créer en France de véritables Collèges libres à l'anglaise, je n'en fus point partisan. Il fallait selon moi chercher à transformer les méthodes du lycée français, il fallait «donner de l'air» à ces sombres bâtisses, humaniser leur administration, égayer et libérer la vie des «potaches» (tout un plan qui ne fut pas suivi jusqu'au bout) mais il ne fallait pas davantage[8].

5. COUBERTIN, Pierre de, *Rapport du Congrès International de Psychologie Sportive,* Lausanne, 1913.
6. COUBERTIN, Pierre de, *Bulletin no 1 du Bulletin International de Pédagogie Sportive* (B.I.P.S.), p. 14.
7. COUBERTIN, Pierre de, *France on the wrong track, avril 1901,* in *Fornightly Review,* Traduit de l'américain par André Léger.
8. COUBERTIN, Pierre de, in *Le Sport Suisse,* juillet 1931.

Ce texte, écrit en fin de vie, montre à la fois le souci maintes fois affirmé de ne rien créer en dehors du milieu coutumier, de ne rien bousculer, de ne pas aller au-delà du possible et du souhaitable. Il laisse présager les limites d'une réforme que nous tenterons de cerner, par rapport aux données de l'éducation nouvelle.

S'agissant de l'œuvre pédagogique, il nous est facile de constater combien les écrits se rapportant strictement au sport et à l'éducation physique sont moins nombreux que ceux consacrés à l'histoire, à la philosophie, et à la réforme de l'enseignement.

Il nous faut continuer en particulier à lutter contre le jugement préconçu, ancré dans l'opinion publique, à savoir que COUBERTIN n'est que le rénovateur des Jeux Olympiques. Il faut redire que COUBERTIN ne saurait être — sinon en le mutilant — cette sorte de «manager» décrit régulièrement dans la presse, qui aurait réussi contre vents et marées — on lui accorde généralement la vertu de ténacité — à dresser tous les quatre ans «le plus grand chapiteau du monde», ou à prendre la succession d'APOLLON[9].

Afin d'être utile, nous devons affirmer le principe que les Jeux ne furent qu'une parenthèse dans l'œuvre coubertinienne — Ou plutôt qu'ils n'en furent qu'un arc-boutant, et même pas le soubassement; l'alchimie profonde de l'homme, de l'histoire, et de l'époque, nous semble beaucoup plus complexe, comme nous avons tenté de la décrire en supra[10].

Nous nous attacherons donc essentiellement à étudier l'œuvre pédagogique laissée par COUBERTIN, soucieux de rendre justice à un éducateur inconnu.

Nous proposons d'autant plus cette nouvelle lecture que COUBERTIN, de son vivant, souffrit de l'incompréhension de ses pairs, et qu'il continue d'en souffrir:

> Mes amis semblent surpris qu'ayant eu la chance de gagner la bataille Olympique bien plus complètement qu'ils ne l'avaient en général auguré, je ne me contente

---

9. GIRAUDOUX, Jean, Maximes sur le Sport. «Le fondateur des Jeux Olympiques dans l'Antiquité fut Apollon, et dans les temps modernes Pierre de Coubertin.»
10. Voir: III Genèse d'une Pensée, V Un Bourgeois libéral.

pas de travailler désormais à en consolider sur place
les résultats et que je sois pressé d'entamer une autre
bataille sur un terrain douteux, avec des troupes mal
dénombrées, à la clarté inquiétante d'un matin de tempête sociale[11].

Et il ajoutait:

Or, il ne s'agit aucunement d'une initiative improvisée
ou hâtive, mais bien d'une action préparée de longue
date.

Aujourd'hui, des responsables du mouvement olym-
pique, et non des moindres, perpétuent l'équivoque. Ainsi
Avery BRUNDAGE:

De manière générale, on n'a pas encore compris que la
rénovation des Jeux Olympiques ne constitue que la première phase des objectifs de COUBERTIN. Le but était
d'éveiller suffisamment l'intérêt, afin d'inciter les gouvernements, les éducateurs et le public, à réclamer l'élaboration de programmes nationaux d'éducation physique
et de compétitions sportives amateurs[12].

Aussi bien, aucun repère universitaire ne permet enco-
re l'approche de l'œuvre pédagogique. Aucun ouvrage de
fond, rigoureux au plan de la pensée scientifique, n'existe
sur ce sujet dans aucune littérature nationale. Certes, nous
ne méconnaissons pas les apports de M. Th. EYQUEM, de M.
BERLIOUX, de G. MEYER, et comme nous l'avons déjà indi-
qué en supra, de Th. A. LUCAS et d'E. WEBER. Mais tous ces
auteurs ont surtout traité des Jeux Olympiques, même s'ils
ont été amenés à esquisser les conceptions politiques et pé-
dagogiques de COUBERTIN.
Seul SEILLIÈRE, parce que professeur d'université et
membre de l'Institut, avait voulu, après la première guerre
mondiale, traiter des portants moraux de l'œuvre couberti-
nienne. Depuis, aucune œuvre mettant en cause l'homme
et son œuvre, n'est venue éclairer l'étudiant ou le chercheur.
Même Louis MEYLAN, qui aurait pu tant faire, n'a indiqué
que des cheminements. Nous lui sommes cependant re-

---

11. COUBERTIN, Pierre de, *Entre deux batailles,* Revue de la Semaine,
20 janvier 1922.
12. BRUNDAGE, Avery, *Revue Olympique,* C.I.O. No 38-39, p. 628.

connaissant, car c'est lui le premier qui déclencha notre recherche, par cette phrase d'une mince brochure parue en
1944:

> La vérité, c'est que les multiples aspects du problème
> éducatif n'ont jamais cessé de passionner, de sa prime
> jeunesse à sa mort, cet esprit toujours en éveil, cet hom-
> me d'action, ce pédagogue par vocation. C'était à ses
> yeux, le problème, ce problème que (telle autrefois
> l'énigme du Sphinx) une civilisation doit résoudre ou, si-
> non, péricliter et finalement disparaître[13].

*Nous avons donc abordé l'œuvre de Pierre de COU-
BERTIN sans ces grands pans bibliographiques qui aident à
dresser tout appareil critique de type universitaire. S'y ajouta la difficulté, déjà signalée, à réunir la totalité des écrits,
qu'aucune bibliothèque ne possède.*

*Notre hypothèse, tout à fait commune, fut de lire et
de comprendre l'œuvre globale, par le siècle et par ses projets, par l'auteur et par ses méandres.*

*Aussi avons-nous pensé que le mieux encore, pour ce
faire, était de nous laisser guider par le plan général de l'œuvre, tracé par COUBERTIN lui-même.*

*Nous avons donc adopté la trilogie proposée dans «l'É-
ducation d'un Adolescent au XXe siècle» dont les trois to-
mes: Gymnastique Utilitaire, Analyse Universelle, Respect
Mutuel, — qui correspondent aux aspects d'une éducation
physique, intellectuelle, et morale —, permettent de dresser
le bilan de la pensée pédagogique coubertinienne avant le
premier conflit mondial. Aussi bien COUBERTIN ne remit-il
jamais en cause cette approche initiale.*

*Certes, ce découpage classique de type mécaniste ne
nous satisfait pas entièrement. Mais, cette réserve posée,
nous avons cependant persévéré dans cette voie, soucieux
de comprendre l'œuvre de l'intérieur, c'est-à-dire d'en saisir
le tempo général et les rythmes particuliers, en fonction des
soubresauts de l'homme et de l'histoire.*

---

13. MEYLAN, Louis, 1888-1969. Pierre de COUBERTIN, *Pédagogue et Sociologue*, p. 5. Librairie PAYOT. Lausanne, 1944, 28 pages. Louis MEYLAN
fut professeur à l'Université de Lausanne.

En ce qui concerne l'éducation physique, alerté par une remarque de Charles BONAMAUX[14], nous avons voulu savoir si la gymnastique utilitaire précédait le sport dans la démarche pédagogique coubertinienne. La question était d'importance, puisqu'elle nous permettait de faire la filiation entre la méthodologie coubertinienne de l'éducation physique et du sport et les grands courants utilitaristes du 19e siècle, illustrés en France, tout spécialement, par AMOROS et ses disciples. Il fallait donc découvrir le jeune COUBERTIN, antérieur à l'auteur de «Pédagogie Sportive» (1919). Dans «La Revue du Pays de Caux» (1902), un «traité de partage» a permis d'éclairer la question que nous nous posions.

La réforme de l'éducation intellectuelle, proposée dans «l'Analyse Universelle» nous a intrigué, au point de savoir si nous pouvions considérer COUBERTIN comme un précurseur de l'éducation nouvelle. Une étude en profondeur des textes nous a permis de mieux situer COUBERTIN qui, malgré son allure «moderniste», restait prisonnier, à son corps défendant, de concepts hérités de l'école traditionnelle.

L'Éducation Morale nous a fourni l'occasion de souligner l'évolution humaniste de COUBERTIN, et de nous demander cependant s'il avait proposé des solutions concrètes à un enseignement toujours difficile, aux aubes de la laïcité, au sortir de l'Affaire DREYFUS.

Le Néo-Olympisme — posons dès maintenant qu'il s'agit de celui des temps modernes — nous est alors apparu comme la clef de voûte d'une philosophie pédagogique tout entière vouée au service de «l'homme debout», dans le monde, face au monde.

Dans un dernier chapitre, nous avons tenté de saisir la montée ultime d'un homme de progrès qui, malgré l'âge, brise avec son passé et le champ restreint de sa quête première — la seule réforme de l'enseignement secondaire au bénéfice de la seule bourgeoisie —, et lance un appel à la conscience mondiale pour que la classe ouvrière, qui arrive au pouvoir, apprenne à protéger et à développer le legs culturel dont elle va recevoir l'usufruit.

---

14. BONAMAUX, Charles, *op. cit.*, 1918.

chapitre I

l'éducation physique d'un adolescent au XXᵉ siècle

1.1. la gymnastique utilitaire

COUBERTIN a reçu d'emblée, à Rugby et dans les «universités transatlantiques» la révélation de l'éducation sportive anglo-saxonne. Le sport semble donc bien, à l'évidence, l'axe de référence pédagogique, le fait déterminant de l'action militante du réformateur. Et d'autant plus que les idées reçues, la coutume, veulent qu'il en soit ainsi.

On peut donc admettre, et même se laisser convaincre — et le pilonnage quadriennal des moyens de communication de masse nous y invite — que si l'œuvre de COUBERTIN a pris historiquement une telle teinte, ce ne peut être sans raison.

Nous refusons cette vérité première, assénée avec tant de constance, instruit des méfaits que de telles évidences commettent sur la raison et l'intelligence du citoyen dans un domaine de tant de conséquence sociale.

C'est ainsi que nous n'avons pas voulu nous arrêter au seul ouvrage généralement cité: «Pédagogie Sportive», paru en 1919 et réédité trois fois à notre connaissance, et qui semble bien être pour ceux — ils sont rares — soucieux de voir en COUBERTIN autre chose que le paladin des Jeux Olympiques, la bible des seules citations. Comme si COUBERTIN n'avait rien écrit auparavant concernant l'éducation du corps.

Fait significatif, *La Gymnastique Utilitaire* (1905), est à peu près inconnue des critiques.

Soucieux d'aller toujours plus en amont, *La Revue du Pays de Caux*, halte réflexive de l'homme jeune en possession de tous ses moyens au seuil de la grande notoriété, et pourtant ignorée des meilleurs, de Ch. BONAMAUX à M. Th. EYQUEM, nous est apparue comme l'un des maillons privilégiés de notre recherche[1].

Ces écrits nous ont permis de situer historiquement l'œuvre par rapport aux doctrines modernes d'éducation physique, dans le contexte pédagogique de la fin du XIXe siècle. À cet égard, les travaux de J. ULMANN nous ont été précieux. L'étude des directives officielles de l'Instruction Publique de l'époque a confirmé ce que COUBERTIN devait à cette période si riche de l'histoire de l'éducation; y compris quand il s'y opposait.

Dans un dernier temps, nous avons voulu régler une querelle de famille: à savoir qui, de COUBERTIN ou d'HÉBERT, était comme on l'avance encore de nos jours, «le père de la méthode naturelle».

S'agissant donc ici de l'éducation physique et pas du sport, nous nous sommes efforcé de retrouver les soubassements et les origines de l'œuvre, afin d'en mieux appréhender la trame, et d'en reconstituer les rythmes et l'évolution générale.

Deux faits ont dès l'abord retenu notre attention.

D'une part COUBERTIN, aux alentours du siècle naissant, rattache le sport à l'éducation physique. Malgré Rugby, malgré sa croisade, en France, en faveur des associations sportives scolaires.

D'autre part, il situe toujours l'éducation physique dans le grand ensemble de l'éducation, et lui assigne une valeur intellectuelle et morale intrinsèque et un rôle d'auxiliaire de la moralité générale.

Attitude classique: entre lui et les théoriciens du XVIIIe siècle, il n'y a pas de solution de continuité.

Héritiers du rationalisme cartésien, les pédagogues du XVIIIe siècle ont eu en effet à lutter contre un enseigne-

---

1. COUBERTIN, Pierre de, *La Revue du Pays de Caux*, 1901-1902. Dans l'imposante bibliographie consacrée à COUBERTIN et que nous avons lue, soit en français, soit traduite de l'allemand, de l'anglais, de l'espagnol, du japonais, du polonais, du russe, nulle part la *Revue du Pays de Caux* n'est citée.

ment intellectuel essentiellement livresque. ROUSSEAU, LOCKE, PESTALOZZI, les philanthropiniens allemands, dont GUTHS-MUTHS et BASEDOW, réclameront, de ce fait, une éducation selon la nature où la gymnastique tiendra une place de choix et évoluera logiquement vers un statut d'autonomie. Les diverses méthodes d'éducation physique ne s'opposeront pas, mais face à un commun problème, s'accorderont toutes pour reconnaître la nécessité d'une formation du corps au bénéfice de la culture de l'esprit et de l'âme.

Puisque la cause semble entendue, le XIXe siècle va raffiner: la guerre dite «des méthodes» va tenir le devant de la scène pendant tout le siècle, elle vient à peine de se terminer.

Toutes les méthodes du XIXe siècle, cependant, auront entre elles des préoccupations communes. Sans doute se différencient-elles quelque peu, mettant tantôt l'accent sur une variable: santé, qualités physiques, défense de la patrie, vie morale — Mais toutes, que ce soit celles d'AMOROS, de JAHN, de LING, puis d'HÉBERT et de DEMENY, pour ne citer que les plus grandes et les plus connues, revendiquent pour le corps le droit à l'éducation, en vue du développement de la santé et de qualités dites foncières: vitesse, adresse, résistance, force; toutes font de la gymnastique (le terme signifie toujours pour les auteurs: «éducation physique»), l'adjuvant indispensable de l'éducation intellectuelle; toutes assignent à l'exercice physique une portée morale.

Éclectiques, toutes, leur opposition se situe beaucoup plus au niveau de la conception de l'exercice, «analytique» ou «naturel», qu'au niveau de finalités éducatives unanimement inventoriées, reconnues, et acceptées.

Toutes, fruits de l'humanisme du «siècle des lumières», veulent que l'éducation serve à l'élévation de l'homme, en fasse un conquérant, le rende «maître et possesseur de la nature», comme l'avait déjà dit DESCARTES.

Conséquence de cette finalité politique affirmée, ou de cette «weltanschauung» implicite, toutes les doctrines pédagogiques d'éducation physique des XVIIIe et XIXe siècles auront une trame commune: toutes veulent que la «gymnastique» prépare à la vie.

C'est ce qu'a bien mis en lumière Jacques ULMANN:

> Un utilitarisme latent est présent dans les conceptions de l'Éducation Physique dont procèdent ces gymnastiques, même si celles-ci n'ont pas jugé devoir le formuler — On pourrait donc découvrir en elles comme le reflet d'une certaine époque[2].

L'Éducation Physique ne se place d'ailleurs là que sur les positions mêmes d'une éducation globale considérée comme partie intégrante, composante essentielle du système socio-politique. Produire, investir, faire rendre gorge à la nature et aux hommes, y compris dans ses propres rangs, tel doit être, sur le front de l'éducation et par une nécessité historique inéluctable, le mot d'ordre de la bourgeoisie conquérante.

Léon BOURGEOIS, Ministre de l'Instruction Publique, face aux lauréats du Concours Général de Paris, du département de la Seine et de Versailles s'écrie:

> Mes chers amis... nous voulons que vous soyez passionnément des hommes de votre pays et de votre temps[3].

Et s'adressant aux Chefs d'Établissements et aux professeurs, et répondant aux critiques faites d'abandonner un enseignement classique pour un enseignement moderne qui comporte entre autres l'apprentissage des langues vivantes. il précise:

> Dans les rudes batailles de la liberté, l'homme moderne a peu de loisirs. C'est un soldat toujours en danger. Nous souhaitons ardemment qu'il ait dans son sac le livre du poète et qu'il y puisse trouver aux heures difficiles la douceur des consolations et la flamme des enthousiasmes. Mais nous devons veiller à ce qu'il ait d'abord et toujours tous ses vivres et toutes ses armes.

En conséquence, on voit comme sera:

> le citoyen de notre République aux premiers jours du siècle qui va s'ouvrir[4].

---

2. ULMANN, Jacques, *De la gymnastique aux Sports Modernes*, P.U.F., Paris, 1965, p. 292.
3. Bulletin Administratif du Ministère de l'Instruction Publique no 917 du 9 août 1890, p. 222.
4. *Op. cit.*, p. 223.

Agile et vigoureux, habitué aux règles d'une hygiène simple et saine, le front haut, le regard franc, le corps droit, fort, et souple, telle est l'image du soldat-citoyen.

Et Léon BOURGEOIS d'ajouter :

> il entre dans la vie avec modestie et confiance, comme il sied aux jeunes athlètes bien préparés à tous les combats[5].

Si depuis plus de dix ans la renaissance sportive a été abordée en France par le biais des clubs civils et des associations sportives scolaires, l'opinion officielle a suivi péniblement. Pourtant, les milieux politiques ont fini par s'émouvoir.

Dans le Bulletin Administratif no 917 du Ministère de l'Instruction Publique, on peut lire, à la page 38 :

> Grâce aux efforts d'une propagande aussi intelligente que dévouée, l'opinion publique s'est prononcée énergiquement en faveur de l'œuvre de la régénération physique de la jeunesse.

Cependant, dans un pays de catholicisme dominant, lourd est le fardeau d'habitudes ancestrales. La guenille est toujours méprisée — et sans doute les historiographes anglo-saxons ont-ils raison de voir là une des causes de la non sportivité de la France contemporaine. Il semble qu'en France, en effet, l'éducation corporelle sente toujours plus ou moins le soufre, et doive être tenue à distance, ou voilée pudiquement, ou exorcisée par les déclarations d'intention des élites intellectuelles et politiques.

Il apparaît bien en outre dans notre histoire que ce souci «de régénération physique de la jeunesse» ne se fasse jour qu'aux époques de crise, quand l'intelligence et la société françaises doutent de leur destin. Mais ce souci n'est pas fondamental, c'est-à-dire préalable à toute démarche pédagogique : sitôt le danger écarté, le Français n'aime rien tant que retourner à la «librairie» ou à son poste de télévision[6].

---

5. *Op. cit.*, p. 225.
6. Ainsi en 1940, 1945, 1958.

L'après 1870, en tous cas, nous paraît bien être une de ces périodes où la France, secouant le traumatisme d'une défaite en même temps qu'elle s'éveille au bruit des marteaux-pilons et des clairons des conquêtes coloniales et de la revanche, désire se ressaisir et redevenir une nation physiquement saine et forte. En de tels moments, la virilité celtique refait surface, chasse les «miasmes» d'une éducation livresque, en appelle au puritanisme du grand air et des joutes du corps: le modèle culturel privilégie alors la force du caractère sur l'affinement de l'intelligence. (COUBERTIN propose: «Mens fervida in corpore lacertoso»). En même temps les médecins hygiénistes s'émeuvent, et réclament pour l'enfant moins de travail scolaire et plus de soleil et d'exercice physique.

Pour nous en tenir aux seules années 80 du siècle, en parallèle avec l'arrivée de COUBERTIN à l'âge d'homme, notons combien le «plan d'études» de l'enseignement secondaire, déjà fortement diminué par rapport à l'avant-guerre contre la Prusse, va se trouver encore plus allégé en 1885. Ce qui n'empêchera pas COUBERTIN de fulminer, en 1887, dans *Le Français*[7], contre le «Surmenage Scolaire».

L'année 1888 (arrêté du 8 juillet, circulaires aux recteurs des 8 mars et 4 septembre), puis l'année 1890 (arrêté du 28 janvier et circulaire du 12 juillet), montrent par leur nombre et leur densité bureaucratique, combien les cénacles ministériels se sont émus de la campagne hygiéniste, et combien le problème est ressenti profondément par l'opinion éclairée.

On lit dans la circulaire du 12 juillet 1890:

> Les récréations tiendront à l'avenir une large place dans la vie scolaire,

soit: une récréation principale d'une heure et demie, dans la campagne de préférence, et des récréations secondaires de trente minutes.

Il semble bien que c'est là le propos essentiel des réformateurs d'alors. Mais aussi que la conséquence en ait été, logiquement, une plus grande attention portée à l'édu-

---

7. Cf. en supra, p. 441.

cation corporelle du jeune lycéen: corrélativement à l'augmentation du temps de récréation, l'intérêt pour la vie physique du jeune adolescent scolarisé augmente.

Régulièrement, des décisions ministérielles rappellent, à l'attention des recteurs, l'influence heureuse de l'éducation physique.

Par circulaire du 11 septembre 1881 et du 20 février 1882, les exercices gymnastiques et militaires deviennent obligatoires. Ils ne sont qu'inspirés par le *Manuel de Gymnastique* approuvé par le Ministre de la Guerre le 26 juillet 1877. L'influence d'AMOROS, qui distinguait déjà gymnastique d'assouplissement et gymnastique d'application aux agrès, et accordait grande importance à la formation du soldat, s'y retrouve. Dans l'enseignement secondaire, les séances, bi-hebdomadaires, sont alors portées à trois et durent d'une demi-heure à trois quarts d'heure. La classe peut passer «de 30 à 50 élèves».

Le rôle de la gymnastique est clairement dit:

> Ne pas amener quelques adeptes à exécuter des tours de force plus ou moins remarquables, mais soumettre tous les élèves à un entraînement progressif... Au surplus, on sait qu'un violent exercice physique ne repose pas d'un grand labeur intellectuel; ce sont des fatigues qui s'ajoutent, mais ne se compensent pas.

En même temps, et malgré la défaite encore proche, l'éducation physique se «civilise», refuse en tous cas la militarisation, et se tient éloignée des déviations funambulesques des disciples d'AMOROS: leveurs de fontes, acrobates des salles parisiennes, hercules des places publiques.

On se méfie à juste titre, dans l'enseignement secondaire, des jongleurs et des adjudants.

Les exercices militaires sont tout juste tolérés:

> Il y a lieu de se garder (à leur égard) de toute exagération.

On insistera seulement sur l'école du soldat sans arme, en particulier sur le tir, l'équitation, et l'escrime.

L'hygiène ne saurait être oubliée: l'élève prendra deux bains de pieds par semaine et deux «bains complets» par mois.

En 1887, une «Commission chargée de réviser les programmes relatifs à l'Enseignement de la Gymnastique» est créée. Elle se réunit le 18 octobre.

Y seront présents, sous la présidence du Professeur MAREY, le Docteur Fernand LAGRANGE, Eugène PAZ, et SANSBŒUF, Président de l'Union des Sociétés de Gymnastique de France.

Des travaux de cette Commission naît, en 1889, le *Manuel d'Exercices Gymnastiques et de Jeux Scolaires* ; une seconde édition paraît en 1891, d'où les exercices militaires sont bannis.

On y lit en effet, page 5 :

> Il suffit de donner à l'armée des jeunes gens alertes, vigoureux, hardis.

Fait important : pour la première fois, est aussi explicitement proclamé qu'aux exercices physiques seront accolés des Jeux Scolaires. La création d'«Associations de Jeux» est recommandée officiellement, on demandera une contribution minime aux élèves : le principe de la participation financière de l'élève est ainsi posé à l'aurore du sport scolaire et universitaire français, et devient une des conditions sine quibus non du groupe sportif.

Le manuel de 1891 est, en tous points, digne d'intérêt pour l'historien.

La gymnastique d'application, s'y trouve clairement définie :

> (La Gymnastique d'Application) se propose de perfectionner la vie de relation, en familiarisant l'homme avec des pratiques qui trouvent leur application dans la vie militaire.

La nomenclature des exercices révèle encore mieux les intentions profondes :

— Locomotion normale :

Marches
Sauts
Courses

— Grimper :

> Mât vertical
> Échelle de corde
> Corde lisse verticale

— Sauvetage :

> Passe rivière
> Poutre horizontale
> Corde inclinée
> Perche amorosienne
> Planche d'assaut
> Transport des fardeaux et des blessés
> Escrime
> Promenades et excursions scolaires de 8 à 16 kilomètres, en vue d'une initiation à la topographie.

Telles sont les Instructions Officielles qui régissent l'Éducation Physique, dans l'Enseignement secondaire, aux alentours de 1890. Modérément pré-militaire, la «gymnastique scolaire» est donc utilitaire et reste fidèle dans l'esprit, sinon dans l'application, à la doctrine amorosienne.

On doit donc se poser la question de savoir si COUBERTIN partage ce consensus, et si la gymnastique coubertinienne est bien comme il le proclame dès 1905[8], effectivement «utilitaire».

Sur le plan philosophique, aucun doute ne paraît possible. COUBERTIN est un mutant.

Il a choisi d'être un homme de progrès et projette avec impatience son dessein pédagogique dans le siècle naissant, parce qu'il rejette avec passion un présent trop lourdement chargé de caporalisme jacobin. Démocrate libéral, il entend que l'éducation d'un adolescent du XXᵉ siècle soit utile non seulement à l'homme, mais encore à la nation, à cette nation qui vient d'entrer tout juste dans l'ère de la révolution industrielle. Et il n'y a là, pour lui, aucune antinomie.

Par ces temps de post-défaite et de peur sociale, la grandeur de la France, variable à ne jamais négliger dans l'œuvre coubertinienne, ne peut être que la résultante de

---

8. COUBERTIN, Pierre de, *La Gymnastique Utilitaire, op. cit.*, 1905.

l'addition arithmétique des forces et des ferveurs individuelles. Il importe donc que, fondamentalement, chaque Français
soit capable de s'adapter aux situations changeantes d'une
époque historique particulièrement mouvante et complexe:

> Nous avons reconnu l'impérieuse nécessité d'une édu-
> cation physique énergique et suivie. Cette nécessité est
> de tous les temps. Le nôtre cependant la subit d'une
> façon spécialement intense. Il se trouve que le déve-
> loppement musculaire et l'entraînement corporel consti-
> tuent pour les adolescents d'aujourd'hui à la fois la sau-
> vegarde morale la plus active et la mise en valeur la plus
> féconde de leur personnalité[9].

Sur le plan méthodologique, et concernant pour l'instant la seule éducation physique, on est donc en droit de
s'attendre à ce qu'il se déclare d'emblée, dans la tradition
des grands maîtres du XIXe siècle, pour une gymnastique
utilitaire conforme aux lois de la nature. Car eux aussi, portés par le siècle des lumières, ont écrit pour l'avenir.

En fait, la démarche est plus complexe.

Remarquons d'abord, au niveau du langage, que le mot
«Sport» est consubstantiel aux premiers écrits et précède,
et de loin, l'ensemble «gymnastique utilitaire» qui n'apparaît seulement qu'en 1902, pour disparaître totalement après
1916: le sport prend alors définitivement le pas sur la gymnastique utilitaire dans le vocabulaire coubertinien.

Mais surtout, remarquons que le mot «débrouillard»,
appliqué à l'éducation physique, se révèle en premier dans
l'œuvre, dès 1901.

Nous fondons ici notre analyse sur l'étude des ouvrages parus entre 1900 et la grande guerre[10] et tout spécialement sur le contenu de La Revue du Pays de Caux.

---

9. COUBERTIN, Pierre de, La revue du Pays de Caux, 1901-1902, op. cit.
10. On trouvera trace du mot notamment dans:
    1900   — La psychologie du Sport
    1901   — Notes sur l'Éducation Publique
    1901-1902 — La Revue du Pays de Caux
    1902   — Une nouvelle forme d'Éducation Physique:
                      la débrouillardise,
                      la force nationale et le sport.
    1904   — La campagne de l'Éducation Physique, Conférence sur la
                      gymnastique utilitaire
    1905   — La Gymnastique Utilitaire
    1907   — La Philosophie du Débrouillard.

COUBERTIN, qui fait alors de fréquents séjours à Mirville, à Étretat, au Havre, veut ouvrir les fenêtres des fermes normandes sur l'Europe et sur le Monde.

En même temps que le millionnaire américain est posé comme le prototype de la réussite sociale à atteindre, COUBERTIN en appelle à une levée des énergies individuelles et fait miroiter le pactole du «tout est possible»: ici même, en France; là-bas, dans les Colonies.

C'est pourquoi il souhaite que les fils de la paysannerie cauchoise secouent leur glèbe, courent, sautent, nagent, luttent; qu'ils montent à cru le cheval de labour, descendent en rappel des combles du manoir, campent en rase campagne, se lancent à bicyclette dans les chemins creux, et même, pilotent les automobiles et les aéronefs.

C'est Rugby en Normandie[11].

Ou plutôt, c'est là une éducation d'éclaireur, de «boy-scout» à la française, avant la lettre[12].

Et COUBERTIN de s'exclamer:

> Vos fils?... vous en aurez fait des débrouillards et dans le monde moderne, ne manquez pas d'y réfléchir, le débrouillard est roi. C'est là, la qualité essentielle de l'homme libre du XXe siècle. La débrouillardise, voilà le maître-mot, la «Nouvelle Formule de l'Éducation Physique!»[13].

Car la «gymnastique» doit servir à se sortir de tous les mauvais pas que tend la vie en société[14]:

---

11. Par un clin d'œil de l'Histoire, c'est précisément en plein Pays de Caux, au Château du Mont-Cauvaire, près de Clères, en Seine Inférieure, que verra le jour, en 1901, le Collège de Normandie.
Créé sur le modèle britannique, il sera dirigé, entre les deux guerres, par Louis DEDET, athlète et rugbyman du Stade Français (1901), et l'un des meilleurs disciples de Pierre de COUBERTIN.
On lira de Louis DEDET, dans les actes du Congrès International de Psychologie Sportive (Lausanne 1913), à la page 81, une communication: «L'Équipe», qui garde toutes ses vertus.
12. La guerre du Transvaal se termine en 1902, BADEN POWEL créera le mouvement scout («éclaireur») en 1908.
13. COUBERTIN, Pierre de, La Revue du Pays de Caux, no 3, septembre 1902. Une nouvelle formule d'Éducation Physique, 1902, Revue du Touring-Club. L'article sera repris en 1930 par Le Sport Suisse.
14. ULMANN, J., à propos des finalités des gymnastiques des XVIIIe et XIXe siècles, écrit (op. cit., p. 292): En somme la gymnastique débrouille.

Le débrouillard..., garçon adroit de ses mains, prompt à l'effort, souple de muscles, résistant à la fatigue, ayant le coup d'œil rapide, la décision ferme sera entraîné d'avance à ces changements de lieu, de métier, de situation, d'habitudes et d'idées que rend nécessaire la féconde instabilité des sociétés modernes[15].

COUBERTIN, on le voit, dépasse et de loin, le seul concept hygiéniste. En 1906, la «débrouillardise» est érigée au rang de conduite morale et de précepte politique. La «nouvelle forme d'éducation physique», comme il le dit, est donc bien la conséquence d'un présupposé philosophique, et repose bien sur une conception pragmatique, utilitariste, de la société.

Il faut se garder, en l'occurrence, de tout déterminisme historique. Certes, l'époque est celle d'une bourgeoisie conquérante, avide de gain, d'espace, et de temps. Mais COUBERTIN n'est qu'un «rallié», et s'il adhère à la nouvelle société, après mûre réflexion, après maints détours intellectuels, c'est après avoir, en particulier, éprouvé sa pensée à la pierre de l'histoire. Et il justifie cette attitude.

Il pense ainsi que «la base de conviction» qui motive l'exercice physique a varié au cours des siècles passés — L'art, le patriotisme, l'hygiène, ont été les levains des systèmes anciens et en furent la grandeur. Sont-ils toujours pour autant déterminants?

Je ne veux pas dire, bien entendu, que l'appui de l'art, du patriotisme, de l'hygiène, soit ici sans valeur, mais seulement que leur action est par elle-même tout à fait insuffisante; la raison l'explique et l'expérience le prouve[16].

L'homme moderne, pressé de toutes parts, soucieux d'efficacité pratique, n'a pas le temps de se livrer, pour son seul embellissement plastique, à des exercices de type narcissique. Il ne saurait être non plus attiré, «pour les beaux yeux de l'École Scientifique[17]» par «le mouvement réglé,

---

15. COUBERTIN, Pierre de, *La Gymnastique Utilitaire* (Sauvetage, Défense, Locomotion) Paris, 1905. Félix ALCAN, Editeur, p. 6, Avant-propos.
16. COUBERTIN, Pierre de, *La Gymnastique Utilitaire, op. cit.* L'ouvrage est dédié à «Son Excellence Théodore ROOSEVELT, Président des États-Unis, en hommage de respectueuse admiration et de sincère gratitude».
17. COUBERTIN ne manque jamais l'occasion de régler leur compte aux médecins gymnastes.

dosé, précisé », bref suédiste : il y a là trop de monotonie, pas assez de liberté. Reste la défense éventuelle du foyer et de la patrie.

Mais :

> Est-ce que dans nos Démocraties modernes, ruches bourdonnantes de travail, la pensée du devoir patriotique suffira à peupler les stands et à former nos lycéens en bataillons[18] ?

COUBERTIN pense donc, par déduction, que la Gymnastique du XXe siècle doit, pour être agréée par l'opinion publique et ainsi transformer les mœurs, s'inscrire dans le courant profond des idées générales de l'époque.

Or :

> Fort heureusement, une notion nouvelle, issue de l'état de démocratie cosmopolite où nous vivons, vient de transformer le problème, c'est la notion utilitaire[19].

L'utilitarisme, voilà la nouvelle pierre philosophale, le sésame du monde nouveau. Pourquoi aller à contre-courant, ressasser de vieilles antiennes, nier l'évidence, alors que l'avenir de la gymnastique, c'est-à-dire la place qu'elle prendra ou ne prendra pas dans le système général d'éducation, dépend de son aptitude à reconnaître les vertus et à s'appuyer sur les succès d'une notion si communément admise et qui, si évidemment, est le ressort et fait la fortune de la société industrielle ?

La gymnastique coubertinienne sera donc utilitaire[20]. Elle visera essentiellement, dans une optique sociale conquérante, à être utile au jeune bourgeois afin de lui permettre de répondre rapidement, et efficacement, à la complexité, aux changements — nous dirions aux défis — du monde politico-économique de l'époque.

---

18. COUBERTIN, Pierre de, *Une nouvelle formule d'Éducation Physique, op. cit.* Et d'ajouter : « Ne réclamons pas je ne sais quelle militarisation qui irait, certes, au rebours du but à atteindre ».
19. COUBERTIN, Pierre de, *La Gymnastique Utilitaire, op. cit.*
20. COUBERTIN, Pierre de, *La Revue du Pays de Caux, op. cit.*, avril 1902.

Car le but final, proclamé dès 1902, est et reste politique :

> Que les exercices physiques servent à arriver et leur fortune est faite, leur fortune universelle, totale[21].

C'est cet « arrivisme », affirmé comme principe de toutes les valeurs, dans le domaine de l'action beaucoup plus que dans celui de la connaissance, qui donne la clef de la « gymnastique utilitaire » coubertinienne.

Il nous faut donc voir, maintenant, si COUBERTIN a su traduire, au niveau de la pédagogie pratique, une intention politique si clairement exprimée.

Les sources sont relativement abondantes : les *« Notes sur l'Éducation Publique »* — 1901, *La Revue du Pays de Caux, La Force Nationale* — 1902, *La Gymnastique Utilitaire* — 1905, *Amélioration et Développement de l'Éducation Physique* — 1915, *Leçons de Gymnastique Utilitaire* — 1916, sont les plus significatives, tant par la netteté des buts proclamés, que par la recherche du programme didactique.

C'est de la lecture de ces ouvrages que nous allons tirer essentiellement argument.

Un fait frappant, et constant, tout d'abord : COUBERTIN se pose toujours en pédagogue de l'adolescence, qu'il identifie, au mépris de toute réalité psychologique, à l'entrée dans l'enseignement secondaire.

Or, il est patent de constater combien tous les éducateurs du XIXe siècle et tous les théoriciens de l'éducation physique construisent leur système à partir de l'enfance, voire même de la petite enfance.

Pourquoi cet oubli ? — Par manque de formation pédagogique ? — Mais ROUSSEAU, mais PESTALOZZI, mais tant d'autres encore ? Par attachement à l'éphébie, au génie grec ? Il est vrai que, nanti d'une instruction secondaire classique, il a puisé à bonne source, chez les Jésuites de la rue de Madrid.

---

21. Utilitaire, de « utilitarian » mot anglais apparu dans la langue en 1831 (selon le Robert). Ch. BELTHAM, philosophe britannique de l'utilitarisme et dont les travaux étaient largement diffusés en France depuis la 1re Révolution, proposait comme traduction : utilitarien.

Par illumination reçue à Rugby? Peut-être. Car la pédagogie anglo-saxonne c'est d'abord celle du Collège et de l'adolescence.

Par souci constant d'être efficace? Nous le croirions plus volontiers. D'une part, parce que la croisade lancée dans l'opinion publique vise essentiellement l'hygiène du collégien de l'enseignement secondaire. D'autre part parce que lui-même est parti en guerre, dans le *Français,* contre le surmenage scolaire de ce même collégien.

Et sans doute parce qu'il sent, et sait, — mais chez lui la prescience du siècle rejoint toujours la connaissance et favorise l'analyse intellectuelle — que c'est dans l'enseignement secondaire rénové' que doivent se former les maîtres de la République. Question d'urgence: la France n'a que trop tardé!

Est-ce pour autant qu'il construit un système sans base et sans perspective, même s'il ne s'intéresse qu'à l'étage moyen de la pyramide?

Il répond par un texte, unique dans son œuvre, et propose un «traité de partage».

> Ainsi donc, la première jeunesse confiée aux soins de la gymnastique scientifique, de qui relèveraient également des organes délicats et les lentes convalescences — au cours de l'adolescence, un apprentissage plus ou moins complet des diverses formes d'exercices dont la civilisation moderne n'a pas seulement accru l'attrait, mais qu'elle a rendu utilitaire — au seuil de la virilité, une énergique période de préparation militaire — enfin, pour ceux chez qui se manifeste l'instinct sportif, une liberté aussi complète que possible, tempérée seulement par quelque surveillance médicale, la vulgarisation de l'hygiène et des exhortations à la modération: telles sont, à mon avis, les stipulations probables du traité de partage qui, en assignant à chacun sa part logique et légitime d'influence, mettra fin aux querelles intestines dont souffre l'éducation physique[22].

C'est la seule fois où COUBERTIN s'intéresse à l'enfance et demande, au seuil de l'éphébie, une «énergique préparation militaire».

---

22. COUBERTIN, Pierre de, *Notes sur l'Éducation Publique,* 1901. *L'Éducation Physique au XXᵉ siècle,* Paris, Librairie Hachette, 320 pages. pp 215-216.

La logique semble commander une telle construction. À chacun sa zone d'influence: aux médecins gymnastes, la première jeunesse et ce que nous appelons la rééducation physique; aux sportifs, le sommet de l'édifice. Aux adolescents, la zone intermédiaire, avec la gymnastique utilitaire.

Notre conception unitaire de l'éducation psycho-motrice accepte difficilement aujourd'hui ce découpage. Mais en 1901, il y avait là matière à stopper des luttes doctrinales très violentes. L'histoire nous a appris qu'il n'en fut rien. — Mais pouvait-il en être autrement?

Aussi bien, compte tenu de l'évolution de la méthodologie coubertinienne en matière d'éducation physique, évolution dont nous rendrons compte en infra, l'intérêt de ce texte de 1901 réside dans le fait, essentiel, que c'est la seule fois où COUBERTIN présente un système cohérent d'éducation physique, de l'enfance à l'homme jeune adulte, et où le sport se trouve intégré:

> La Gymnastique Utilitaire s'adresse aux garçons normaux de plus de quatorze ans et déjà assouplis par la gymnastique générale en usage dans les Établissements scolaires[23].

Il ajoute d'ailleurs qu'elle ne convient pas aux jeunes filles:

> Il va de soi[24].

La gymnastique utilitaire s'adresse donc aux adolescents mâles:

> Son objet est de leur donner la connaissance élémentaire concourant au sauvetage, à la défense, et à la locomotion, en dehors de toute préoccupation d'y exceller ou de s'y classer[25].

Le souci pédagogique est précisé: d'une part l'apprentissage, d'autre part, l'entretien. C'est une notion unanimement admise depuis AMOROS. Le Manuel de 1877 le rappelait, l'entraînement des sportifs professionnels britanniques,

---

23. *Ibidem*, p. X
24. *Ibidem*.
25. *Ibidem*.

« pedestrians » et boxeurs, l'avait appris depuis plus d'un demi-siècle.

Le texte est donc capital pour l'histoire de l'éducation physique.

L'intérêt de l'ouvrage réside en outre dans de courtes notations psychologiques, souvent pertinentes, qui enchantent le pratiquant et le pédagogue.

De la courses à pieds :

> Le caractère psychologique de la course réside dans le rythme : c'est un exercice d'harmonie. Le contentement y naît de la régularité des foulées et de leur proportionnalité à l'architecture de l'individu[26].

De l'escalade :

> Psychologiquement, l'escalade est l'inverse du saut. Ce n'est pas la décision à se mettre en train qui importe, c'est la persévérance à continuer. La difficulté n'est pas au départ, elle est en route. Il ne faut aucunement s'y hâter mais y apporter de la prudence et de l'attention en même temps que de la volonté. Il faut craindre surtout de s'attarder du regard et de la pensée aux obstacles déjà franchis, au lieu de concentrer toutes ses forces sur ceux qui restent à franchir[27].

De l'escrime :

> L'essence psychologique des escrimes réside dans l'aspiration à toucher l'adversaire. Chaque effort tend à ce but, à tel point que l'homme s'énerve s'il demeure trop longtemps sans y réussir. C'est pourquoi l'offensive doit dominer l'enseignement[28].

De l'aviron :

> C'est le plaisir du rameur de se sentir une machine pensante, d'éprouver comment la force se forme en lui, se répand et s'écoule[29].

Autre souci majeur : mettre de l'ordre dans la didactique post-amorosienne. Il est patent qu'AMAROS et ses dis-

---

26. *Ibidem*, p. 23.
27. *Ibidem*, p. 19.
28. *Ibidem*, p. 28.
29. *Ibidem*, p. 63.

ciples ont eu tendance à en rajouter; les instruments, les agrès les plus acrobatiques ont fini par faire perdre la raison même de leurs buts: les Instructions de 1891 en portent encore et malgré tout le reflet.

COUBERTIN rejette planches d'assaut et à rétablissement et propose trois grandes rubriques utilitaires: Sauvetage, Défense, Locomotion.

SAUVETAGE:

— À terre: Course, Saut, Escalade, Lancer.
— Dans l'eau: «Communément appelé natation».

DÉFENSE:

— Les Escrimes
Combat sans armes: lutte, boxe.
Combat avec armes: canne, bâton, fleuret, épée, sabre, tir.

LOCOMOTION:

— Animale: à pied, à cheval.
— Mécanique: bicyclette, automobile, bateau.

La gymnastique d'assouplissement, trop souvent refuge de l'école du soldat sans armes, disparaît de la classification encore en usage. C'est là une véritable mutation, alors que le Manuel de gymnastique du 1er février 1893, approuvé par le Ministère de la Guerre, renforce la dualité assouplissement-application — Nous émettons l'hypothèse que COUBERTIN concédant d'une main à l'Armée, dans le «traité de partage», un temps complet de préparation militaire, en profite pour reprendre immédiatement de l'autre ce qui souvent n'était que dressage de caporal.

Le schéma retenu, simplifié, gagne en clarté. Les agrès amorosiens disparaissent, les engins mécanisés font leur entrée: pour la première et pour la dernière fois dans l'histoire de l'Éducation Physique française.

Fait important, insuffisamment mis en valeur par les historiographes: les travaux manuels entrent dans la rubrique des exercices physiques — BONAMAUX, LUCAS l'ignorent —,

M. Th. EYQUEM y consacre trois mots[30] — DIEM seul le signale.

COUBERTIN classe les travaux manuels en quatre rubriques:

— Chantier
— Écurie
— Atelier
— Campement

«La leçon de chantier» comprend l'apprentissage de tous les gestes nécessaires au marin: nœuds, calfatage, peinture, fabrication du filet.

«La leçon d'écurie» tourne autour du cheval: sellage, pansage, attelage, harnachage.

«La leçon d'atelier» est consacrée à l'arme et à la machine: démontage, nettoyage, réparation sommaire des bicyclettes et des autos.

«La leçon de campement a pour centre l'érection de la tente», mais doit viser à apprendre à creuser un fossé, faire du feu, cuire de la viande et des légumes, «laver de la toile et de la flanelle[31]».

Ces «leçons» de travaux manuels n'auront pas de conséquence méthodologique sur l'évolution de l'Éducation Physique française, hormis qu'elles formeront la trame de l'éducation scoute, et qu'on en retrouve une trace édulcorée aussi bien dans les Instructions officielles de 1938 relatives aux Activités dirigées et dans la méthode nationale de 1940, et l'application qui en fut faite par le gouvernement de Vichy dans les Chantiers de Jeunesse, que dans les directives de 1945 consacrées au Plein Air.

DIEM affirme que COUBERTIN réhabilite l'éducation manuelle, après des siècles d'intellectualisme. C'est là évidemment une falsification, qui ne tend rien moins qu'à donner vertu au dressage pré-militaire nazi et à l'organisation Todt de sinistre mémoire.

Il n'en reste pas moins que COUBERTIN, pédagogue éclectique, soucieux d'éduquer totalement un jeune bour-

---

30. EYQUEM, M. Th., *op. cit.*, p. 116. *Enfin, travaux manuels.*
31. COUBERTIN, Pierre de, *Leçons de Gymnastique Utilitaire*, Payot, 1916, p. 37.

geois français, ne saurait se désintéresser du travail manuel,
source de richesse de la classe possédante — Non pour ra-
mener le bourgeois à la forge... Mais parce que tout fils de
famille doit faire «l'apprentissage de la vie». Or la vie, pour
un chef d'industrie, consiste à connaître des réalités des
moyens de production. C'est l'idée courante que l'héritier
de la firme, avant d'être P.D.G., doit s'être éprouvé à tous
les postes de fabrication, si minimes soient-ils.

L'idée n'est pas neuve en tout cas pour COUBERTIN.
Déjà, en 1889-90, il écrivait:

> Si demain le service industriel remplaçait le service mili-
> taire et qu'il fallut faire son temps dans les mines ou dans
> les usines, nos jeunes gens revêtiraient le bourgeron de
> l'ouvrier dans le même esprit de sacrifice et d'abnéga-
> tion avec lequel ils endossent aujourd'hui la capote de
> soldat [32].

Variant quelque peu, COUBERTIN supprimera, en 1912,
«la leçon de campement», mais demandera aux élèves de
5e année des Collèges de Belgique de créer une compagnie
de sapeurs-pompiers, laquelle existait encore jusqu'aux alentours de 1930, dans certaines Écoles Normales d'Instituteurs
de France.

En 1923, dans *Où va l'Europe,* COUBERTIN revient sur ce
«service» demandé par la collectivité au jeune adolescent.

Cette fois, il fait donner le ban des grands ancêtres:

> Il faut (encore) avoir raison du préjugé millénaire qui
> place le travail manuel dans une situation constamment
> humiliée par rapport à l'intelligence et à la culture.
> ...C'est à un chrétien, à l'un des plus grands, à Saint-
> Benoît de Nursie, fondateur des Bénédictins, qu'il faut se
> reporter pour trouver la formule applicable à l'époque
> présente. En obligeant ses moines à manier l'outil une
> partie du jour et à mener le travail des bras concurrem-
> ment avec celui de l'esprit, Saint-Benoît visait à prépa-
> rer une élite de «régénérateurs de vie».
> Quatorze siècles ont passé: la recette demeure la même.
> Mais c'est à tout le monde maintenant que s'appliquera
> le précepte donné par le célèbre religieux. On parle de

---

32. COUBERTIN, Pierre de, *La Jeunesse de France,* Conférence prononcée
à Paris à l'Union Chrétienne de Jeunes Gens, 1890.

«service civil», et ce terme étant vague, beaucoup s'en emparent comme d'un terme à paraphraser. C'est «service ouvrier» qu'il faut dire, entendant par là le stage obligatoire à l'atelier, à l'usine, au chantier: stage dont la durée et les modalités peuvent varier selon les besoins de la communauté, mais dont le principe paraîtra bientôt aussi immuable que l'est aujourd'hui celui du service militaire[33].

DIEM attribue, à juste titre cette fois, la paternité du «service ouvrier», dans l'Occident moderne, à Pierre de COUBERTIN, et en fait remonter l'origine à 1923. En fait, nous l'avons vu, COUBERTIN y a songé dès 1889.

L'idée d'un «service civique» pour les deux sexes réapparaissant régulièrement en France dans les hémicycles parlementaires, il nous a paru nécessaire de rappeler que l'instigateur en fut, dès la fin du XIXe siècle, Pierre de COUBERTIN.

Le technicien de l'éducation physique, l'historien de l'éducation, sont en droit de chercher dans l'œuvre de COUBERTIN une analyse didactique des exercices physiques utilitaires. Le poète aime aussi à voir, dans les manuels d'alors, telle aïeule encapuchonnée effectuer une planche suédoise, tel soldat en bourgeron «se renverser (au trapèze) en arrière en 3 temps et revenir en avant en 2 temps[34]». On ne trouve hélas, dans les publications de COUBERTIN, aucune de ces gravures au trait qui font le charme, par exemple, de l'Atlas d'AMOROS ou de la Gymnastique Raisonnée d'Eugène PAZ[35].

C'est qu'en fait, COUBERTIN ne descend pas au niveau de l'exécution. Et si la petite histoire nous dit qu'il fréquenta les gymnases, aucun des témoins de sa vie, du moins à notre

---

33. COUBERTIN, Pierre de, *Où va l'Europe,* 1923, Anthologie, pp. 129-130.
34. *Manuel de Gymnastique,* Paris, Imprimerie Nationale 1893, p. 186.
35. PAZ, Eugène, *La Gymnastique raisonnée,* Librairie Hachette, Paris, 1880.

connaissance, ne l'a vu prendre en mains une séance d'éducation physique.

La pédagogie des exercices utilitaires s'en ressent. Les *Leçons de Gymnastique Utilitaire,* parues en 1916, qui terminent le cycle des écrits consacrés aux exercices gymniques, et dont on est en droit d'attendre beaucoup pour une pédagogie appliquée, proposent une description élémentaire de l'exercice utilitaire.

On retiendra surtout le souffle utilitaire qu'il faut veiller à confronter l'enfant avec des difficultés de pleine nature:

> Ce n'est pas au coureur à varier ses allures, c'est au terrain de changer sous ses pas[36].

Ce qui semble méconnaître la dialectique du coureur et du couru, mais dicte une pédagogie du concret.

Dans le même esprit, on notera:

> La Gymnastique utilitaire proscrit le saut sans obstacles ainsi que l'obstacle fictif, corde ou claie légère piquée dans le gazon et qu'un frôlement renverse. Ce n'est pas la haie qui doit tomber, mais le sauteur, s'il s'y est mal pris[37].

La natation s'exécutera, au bout de fort peu de séances, en vêtements de ville et en souliers. L'important c'est de savoir tomber à l'eau.

Or:

> On tombe à l'eau de deux manières, soit du rivage ou d'une passerelle, soit en chavirant avec un bateau[38].

Donc:

> La natation à sec n'existe pas

et la brasse:

> Elle s'apprendra d'elle-même,

ce qui est vrai en partie, mais risque d'être bien dangereux, et inopérant.

---

36. COUBERTIN, Pierre de, *La Gymnastique Utilitaire*, p. 7.
37. *Ibidem.*, p. 10.
38. *Ibidem.*, p. 26.

On apprendra à chaque adolescent à canoter, faire de la voile, piloter une automobile, soit :

> Savoir partir, s'arrêter, freiner, changer de vitesse, tourner et reculer[39].

On patinera, skiera, montera en ballon, quoique ces moyens de locomotion :

> ne présentent aucun caractère universel.

On pratiquera l'escrime, mais de préférence à cheval : ce fut là un des rêves, et un des échecs, de COUBERTIN !

La bicyclette, (on sait combien COUBERTIN en fut un adepte) est l'objet d'un culte passionné.

Comment ne pas être tenté par ce prélude à l'invitation au voyage :

> Se mettre en selle par la pédale de gauche aussi bien que par la pédale de droite, la bicyclette étant immobile ou en mouvement — freiner avec le pied — tourner presque sur place — sauter à terre au milieu d'une course rapide, conduire une seconde bicyclette à côté de la sienne...[40]

Nous sommes en droit de poser la question : pourquoi COUBERTIN, par ailleurs observateur si perspicace de l'histoire et des hommes, si cultivé, si soucieux de pragmatisme et d'efficacité sociale, n'a pas laissé une didactique raisonnée de l'exercice utilitaire.

Nous pensons que deux raisons l'ont emporté : d'une part, l'homme du demain — (le politique) — qui pense grand et large, pousse, bouscule, l'homme du quotidien et du détail. D'autre part, COUBERTIN a une conscience lucide de l'inanité de cette «guerre des méthodes» qui freine le processus de développement de l'éducation physique.

> Au XIXe siècle, ce ne serait pas suffisant de dire que l'éducation physique a évolué. Elle est née, ou mieux, elle s'est réincarnée ! Elle a pris une forme, un corps !
> ...Par malheur une nuée de théories sont nées... Les savants s'en sont mêlés, les médecins sont intervenus et l'éducation physique qui est la chose la plus simple du monde est devenue un monument pesant, biscornu et

---

39. *Ibidem.*, p. 71.
40. *Ibidem.*, p. 70.

compliqué, dont l'architecture rappelle celle du Palais de Justice de Bruxelles[41].

De là, pour atteindre au plus vite au but politique (cap essentiel), l'urgence de dire peu, et de faire vite[42].

La classification proposée traduit ce souci de simplification.

Pour la première fois en France, à l'accumulation amorosienne, est substituée une classification simple des exercices utilitaires. Car pour COUBERTIN il importe moins de parler technique que de réformer les mœurs : seules quelques idées-forces peuvent aider à atteindre ce but, et surtout pas tel appareillage technologique supplémentaire, forcément inefficace, où n'arriveront même plus à se retrouver les spécialistes.

D'où également, compte tenu de la mentalité générale du citoyen français, la nécessité de centrer l'action pédagogique; soit, d'insister essentiellement sur deux qualités physiques fondamentales : la résistance et la souplesse.

Car la France dirigeante et active a besoin d'adolescents :

> incapables de sacrifier la justesse de la pensée à l'élégance du langage, moins ivres de logique, moins épris de rêve, mais prêts à mettre au service d'un patriotisme éclairé un regard aigu et un esprit pratique[43].

Il nous semble donc, à la lumière de ces déterminations, qu'on ne pouvait trouver, chez COUBERTIN, conséquence de sa formation, de sa culture, ou de ses impatiences, une nomenclature technique précise des exercices utilitaires. Pour nous, COUBERTIN ne pouvait rester qu'au niveau des conseils généraux d'une hygiène physique générale.

Peut-on suivre alors M. Th. EYQUEM, lorsqu'elle fait de COUBERTIN le père de la méthode naturelle ?

> On peut se demander si les idées de COUBERTIN n'ont pas influencé celles de Georges HÉBERT, l'un des maîtres

---

41. COUBERTIN, Pierre de, *La Revue du Pays de Caux,* 1902-1903, no 3, p. 99.

42. Rappelons-nous : «Les Français n'ont que trop regardé, il est temps qu'ils jouent». *Revue pour les Français,* 1896, *op. cit.*

43. COUBERTIN, Pierre de, *La Revue du Pays de Caux,* no 1, mars 1902.

de l'éducation physique française, et créateur de la Méthode naturelle.

La similitude des principes et l'antériorité des travaux le laisse penser[44].

Le renom de la Méthode naturelle n'est plus à faire. Elle conserve, en France même, même après l'orientation sportive des Instructions officielles de 1967 et l'évolution des mœurs, de très chauds partisans. La Fédération Française d'Éducation physique, dépositaire de la tradition, anime un secteur social très important[45].

En France, et dans le monde, Georges HÉBERT jouit d'un renom considérable et mérité.

Il est vrai que sa stature est grande, que l'architecture de sa méthode suscite encore, à juste titre, l'admiration des connaisseurs; et que l'œuvre de COUBERTIN, occultée par la seule gloire sportive, s'arrête pour la plupart à Olympie. Rien d'étonnant donc si COUBERTIN est ignoré, pour ce qui concerne tout ce qui n'est pas l'Olympisme. Rien d'étonnant en vérité, puisqu'après 1916, lui-même ne parlera plus — hormis dans ses souvenirs — de cette gymnastique utilitaire que, dès 1901, il propose comme une « nouvelle forme d'éducation physique ».

L'antériorité des travaux paraît pourtant absolument certaine.

Déjà Charles BONAMAUX, bien avant M. Th. EYQUEM, avait écrit en 1918 :

> The new method aroused much interest and created a strong impression in France. It was the cause of a reaction against Swedish gymnastics with wich the Army was to be fascinated, and was the starting point of the famous HÉBERT's method[46].

M. Th. EYQUEM fait état de la passe d'armes qui opposa HÉBERT à COUBERTIN, et cite une lettre d'HÉBERT, en date du 2 mai 1911 :

---

44. EYQUEM, M. Th., *op. cit.,* p. 116.
45. *Fédération Française d'Éducation Physique*, 2, rue de Valois, Paris, 1ᵉʳ Présidente : Mme Renée MAYER, La F.F.E.P. est fortement implantée à la S.N.C.F. et à l'É.D.F.-G.D.F.
46. BONAMAUX, Charles, « The contributions of Baron Pierre de COUBERTIN to Physical Education ». *American Physical Education Review*, Feb., 1918, p. 96.

> Dans la lettre que vous m'écrivez, je ne sais dans quel but, mentionne HÉBERT, je ne puis démêler qu'une idée bien nette: c'est le reproche que vous m'adressez de ne point vous avoir cité dans mes ouvrages. Je ne vois aucun inconvénient à vous dire très simplement que vous avez eu tort de voir, dans mon abstention, une marque d'hostilité à votre égard. J'ignorais complètement votre existence[47]!

Disons-le, tel que nous le ressentons, cette lettre est maladroite et malhonnête. Maladroite dans la forme et les présupposés, malhonnête dans son affirmation d'ignorance. Quinze ans après les Jeux d'Athènes, trois après ceux de Londres, qui aurait pu, en effet, dans le monde restreint des théoriciens français de l'éducation physique et du sport, ignorer Pierre de COUBERTIN?

Qu'il y ait eu antériorité de recherches et de travaux, nul ne peut dorénavant l'ignorer. COUBERTIN revendique d'ailleurs cet honneur. Avec raison:

> Une pareille notion toutefois, lorsqu'elle fut formulée pour la première fois, parut heurter les habitudes acquises.

Et, dans un renvoi en bas de page, il précise l'époque:

> En 1901, dans divers journaux, notamment le *New York Herald,* en 1902, dans deux conférences organisées à Paris par l'Association des Professeurs de Gymnastique et par le Touring Club de France, je rappelle ces dates puisqu'on m'y oblige, ce dont au reste je n'aurais garde de me plaindre. La valeur d'une idée se reconnaît au grand nombre de ceux qui rétrospectivement, en réclament la paternité[48].

Notons que le premier ouvrage d'HÉBERT:

> L'Éducation Physique raisonnée,

ne paraît qu'en 1907[49].

Dans cette joute, COUBERTIN est beau joueur.

Il faut, écrit-il en 1910, savoir:

---

47. EYQUEM, M. Th., *op. cit.,* p. 116. On aimerait savoir à quelle source M. Th. EYQUEM a puisé.
48. COUBERTIN, Pierre de, *Le Respect Mutuel,* Librairie Félix Alcan, Avant-propos, p. 11.
49. HÉBERT, Georges, *L'Éducation Physique Raisonnée,* Librairie Vuibert, Paris, 1907.

beaucoup de gré à un officier de la marine française, le lieutenant de vaisseau HÉBERT, qui, écrivant une intéressante brochure sur l'éducation virile et les «devoirs physiques», a donné de ces devoirs une définition très nette[50].

Même après le camouflet reçu en 1911, il signale, en 1922, dans l'Histoire des Exercices Sportifs [51], l'existence de la «Fiche HÉBERT», au même titre que son «Diplôme des Débrouillards».

Il est donc abusif de faire de Georges HÉBERT, comme on l'enseigne encore, le père de la Méthode naturelle. Mais peut-on pour autant, comme le suggère M. Th. EYQUEM, en attribuer la paternité à Pierre de COUBERTIN?

Tous deux, si on s'en réfère aux travaux de J. ULMANN, et à l'étude des Instructions officielles de la seconde moitié du XIXᵉ siècle, apparaîtraient plutôt comme des pères abusifs. Tout au plus sont-ils des cousins germains. Rameaux vivants d'une même branche, la gymnastique utilitaire et la méthode naturelle portent en effet le sceau de la pensée kantienne.

Toutes deux s'assignent:

Un accord final entre la Nature et la Liberté[52].

ce qui, J. ULMANN a le mérite de le souligner, valorise singulièrement l'éducation physique. La gymnastique, prise dans son acception la plus large a donc pour but, au même titre que l'éducation, d'orienter la nature, de la dresser, de l'aider à se dépasser. Vue sous cet angle, la pédagogie de l'éducation physique est bien un art majeur.

Pour COUBERTIN, comme pour HÉBERT, l'homme doit transcender l'état de nature et tendre vers un état de culture: chez l'un, comme chez l'autre, il s'agit «d'être fort pour être utile».

Il faut donc, d'abord, préserver la nature humaine.

Or, il y a accord entre l'harmonie de l'être et les conditions de vie qui lui sont naturelles. Et les «utilitaristes», de

---

50. COUBERTIN, Pierre de, *Essais de Psychologie sportive,* février 1910, p. 129.
51. COUBERTIN, Pierre de, *Pédagogie sportive, op. cit.,* p. 60.
52. ULMANN, J., *loc. cit.,* p. 280.

MONTAIGNE à GUTS-MUTHS, font confiance aux moyens d'action les plus naturels: alimentation et jeûne, exercice et repos, chaleur et froid, aérothérapie et hydrothérapie[53].

Mais si l'homme doit vivre de façon naturelle, le ramènera-t-on pour autant aux servitudes de la chasse et de la cueillette? Puisera-t-on pour autant les exercices physiques dans des gestes «naturels» issus du plus lointain archaïsme, ou plus près chez les «Anciens» en fonction de besoins dépassés; ou encore dans des conditions et des traditions surannées?

C'est là semble-t-il, où fondamentalement, COUBERTIN et HÉBERT divergent.

Pour l'un, la nature permet l'excellence de l'homme dans les domaines physique et moral, dans la mesure où les thèmes d'activité et les schémas corporels proposés émanent des sociétés dans lesquelles l'homme vit ou va vivre dans l'immédiat. Et COUBERTIN trouve dans son temps, et dans l'espace anglo-saxon et occidental, matière à réflexion pédagogique et outils pour cette pédagogie.

Pour l'autre, la Nature est immuable: il faut se garder de la corrompre. L'Homme sera social et cultivé, qui se conformera d'abord aux lois ancestrales de l'espèce.

Chez l'un, l'utilitarisme est ouvert et évolutif, par le biais des moyens utilisés; chez l'autre, il est figé, par son innéisme, et dans ses techniques.

Rien d'étonnant, dans ces conditions, que l'hébertisme corresponde bien mieux à l'homme en guerre, et singulièrement à l'homme confronté à la guerre de tranchées; en fait, essentiellement à l'homme d'une civilisation agraire, et rien d'étonnant encore s'il fut annexé par la révolution nationale de PÉTAIN, qui prônait «le retour à la terre».

COUBERTIN le reconnaît implicitement:

> La guerre apporte partout des surprises. C'est ainsi que vient d'éclore sous son souffle ardent une nouvelle série d'exercices auxquels nul ne songeait et qui doivent dé-

---

53. On lira avec intérêt: SCHLEMMER, André, Paul CARTON, Georges HÉBERT, *Deux maîtres de la méthode naturelle*, Éditions Ouvrières, Paris, 1962, Avant-propos, pages 8 et suivantes.

sormais figurer dans la liste de ceux concourant au sauvetage: la reptation, etc...[54]

Mais n'est-ce pas, en outre, une preuve supplémentaire du caractère adaptatif de la gymnastique utilitaire?

COUBERTIN et HÉBERT appartiennent donc à un même courant doctrinal, et la controverse qui exista entre eux ne nous paraît pas essentielle pour la compréhension du processus de développement de l'Éducation Physique Française.

Il est bien plus important, à nos yeux, de déterminer en quoi la gymnastique utilitaire coubertinienne et la méthode naturelle hébertiste s'opposent, se dépassent, et se complètent, dans le contexte historique du début du XXe siècle français.

Un fait, d'ordre politique, nous paraît avoir été insuffisamment mis en valeur.

La gymnastique utilitaire, héritière du souffle amorosien, et dont on retrouve les surgeons dans les premiers écrits coubertiniens des années 1883-1890, alors que COUBERTIN scrute la jeunesse bourgeoise de France et organise les premiers «rallye-papers» dans les bois de Ville-d'Avray, est née de l'obligation de classe d'adapter l'enseignement secondaire aux besoins de la société industrielle. COUBERTIN est bien là un mutant, sorte de veilleur de proue face aux terres nouvelles.

L'hébertisme, lui, naît près de vingt ans plus tard. Laps de temps infime, mais suffisant, pour qu'une génération d'industriels, d'affairistes et d'hommes politiques, aient assis définitivement la République bourgeoise, démocratisé l'enseignement, et conquis un second empire colonial.

Laps de temps suffisant, surtout, pour que la montée des impérialismes rende inévitable un conflit armé entre la France et l'Allemagne.

HÉBERT, Lieutenant de Vaisseau au temps de la «paix armée», va s'adresser, à la différence de COUBERTIN, à la masse des jeunes Français en âge de devenir soldats. L'armée est pour lui une sorte de démocratie égalitaire où s'annulent les inégalités sociales.

---

54. COUBERTIN, Pierre de, *La Gymnastique Utilitaire,* Leçons utilitaires, Payot, 1916.

De là une éducation physique «naturelle», bien moins utilitaire pour la bourgeoisie, stricto sensu, qu'utile pour la patrie, toutes classes confondues. De là, l'abandon des caractéristiques de classe de la gymnastique coubertinienne, cet aspect locomotion à moteur, sports équestres et de glace: manifestations rémanentes d'aristocrate, dandysmes de «belle époque».

De là une pédagogie qui, s'adressant à tous, devra être maîtrisée, normalisée, aller à l'essentiel afin d'être efficace, et de là une méthodologie rigoureuse qui reste de ce fait, en France, un modèle jamais égalé.

Tels nous apparaissent les rapports théoriques entre les œuvres pédagogiques de Pierre de COUBERTIN et de Georges HÉBERT.

Quel est donc l'apport spécifique de COUBERTIN à la théorie de l'Éducation Physique en France à la fin du XIXe siècle?

Chaque époque, chaque peuple, projettent vers l'avenir, reflet des idées philosophiques et des utopies du moment, ses doctrines de l'éducation du corps.

La gymnastique coubertinienne est utilitaire, c'est-à-dire utile à l'homme d'une société industrielle de type compétitif, qui l'appelle et le conditionne.

Elle s'intègre cependant, dans la grande tradition gréco-latine, au processus général d'éducation intellectuelle et morale. Riche en soi de vertus, elle a l'ambition de former intellectuellement et moralement l'homme du XXe siècle.

Elle ne s'adresse cependant qu'au jeune adolescent de sexe mâle, scolarisé dans l'enseignement secondaire.

Elle laisse à la gymnastique scientifique les soins du premier âge, au sport la post-éphébie, et ignore volontairement la gymnastique féminine.

Elle est beaucoup plus une éducation corporelle qu'une éducation physique: elle réhabilite l'apprentissage de la main, au travers de travaux de chantier et d'atelier.

Elle n'est qu'un instant de la pensée réflexive de COUBERTIN. À partir de 1916, elle cèdera définitivement, au bénéfice du sport, le devant de la scène pédagogique. Mais jusqu'à cette date, elle englobe le sport dans son ensemble.

C'est donc bien là une éducation classique, dans le plus fort sens du terme, éducation que ne renieraient ni ROUSSEAU, ni PESTALOZZI, et ni HÉBERT et DÉMÉNY, les contemporains.

L'apport de COUBERTIN se situe donc moins au niveau d'un consensus éducatif admis implicitement par toute civilisation gréco-latine, même si la pratique pédagogique est faible, et par une fin de siècle définitivement entrée dans l'ère industrielle, qu'au niveau d'un souci pédagogique, maintes fois affirmé, d'être simple pour être efficace. La nomenclature des exercices utilitaires retenus, leur classification en trois grandes rubriques, le rejet de l'aspect funambulesque amorosien, même si la didactique est superficielle et laisse le technicien sur sa soif de connaissance, même si par souci d'être « siècle » COUBERTIN encombre le système de rajouts mécaniques coûteux et inopportuns[55], font éclater l'opposition et l'ambivalence amorosienne « assouplissement-application », et libèrent l'éducation physique du corset du gymnase et du stéréotype du lutteur de force. Ce faisant, COUBERTIN répond aux besoins du siècle et crée un modèle social en postulant un homme de type nouveau, athlète de plein air aux muscles déliés, intellectuel à la volonté forte éloignée des morosités romantiques, débrouillard à l'imagination en éveil, homme d'action habile à s'adapter aux mutations du siècle.

COUBERTIN ne se fige pas, d'ailleurs, dans une théorie fermée. Dès 1901, dans *La Gymnastique utilitaire* il écrivait:

> que seulement le sport constitue une chance de succès dans le *struggle for life* et il s'imposera sans peine[56].

Il laissait ainsi présager la part de plus en plus importante qu'il allait attribuer au sport dans l'éducation physique,

---

55. En 1915, dans *Amélioration et Développement de l'Éducation Physique*, Imprimerie de la Société Suisse de Publicité, 1915, Lausanne, 35 pages, COUBERTIN ne sacrifie plus à la technique, mais fait éclater, ce que nous regrettons, les 3 rubriques de 1901.
Il propose une «gamme gymnique» composée de 7 éléments d'exercices utilitaires: Courir, Sauter, Grimper, Lancer, Attraper, Porter, Ramper.
C'est là, à quelque variante de vocabulaire, les 7 «familles» de l'Hébertisme.
56. COUBERTIN, Pierre de, *La Gymnastique Utilitaire*, 1901.

au fur et à mesure des années à venir. Et bientôt, en effet, le sport deviendra l'axe unique de la réflexion pédagogique coubertinienne.

En 1915, traçant le programme de l'éducation physique dans l'enseignement primaire[57], il écrit:

Pour:

> débourrer et assouplir

dans les écoles rurales,

> fortifier et endurcir

dans les écoles urbaines,
il faut utiliser les exercices de la gymnastique utilitaire et,

> *l'alphabet du football et du rallye.*

La gymnastique scientifique qui, en 1901, a encore droit de cité, est alors totalement rejetée. La gymnastique utilitaire devient ainsi, et beaucoup plus tôt dans l'échelle de croissance que précédemment, la préface essentielle à toute formation sportive. Et le sport est dès lors introduit dans les écoles élémentaires, alors qu'il n'était, jusqu'à cette date, réservé qu'aux seuls adolescents de l'enseignement secondaire.

Ainsi la pyramide est-elle définitivement construite. La gymnastique utilitaire supplante définitivement dans le premier âge la gymnastique «scientifique», et devient une initiation sportive:

> Ce n'est déjà plus l'Éducation Physique tout court, c'est-à-dire l'aide apportée au corps de l'enfant pour qu'il se développe normalement. Ce n'est pas encore l'apprentissage sportif qui préparera l'adolescent à la pratique des sports virils. C'est quelque chose d'intermédiaire dont l'utilité (précisément en raison de ce caractère intermédiaire) n'est pas suffisamment aperçue par nos contemporains[58].

---

57. COUBERTIN, Pierre de, *Amélioration et Développement de l'Éducation Physique*, op. cit.
58. COUBERTIN, Pierre de, *Bulletin International de Pédagogie Sportive*, no 3.

Le Sport, couronnement de l'édifice méthodologique, trouve là toute sa valeur de levain et de catalyseur, et devient, à ce titre, «utilitaire»:

> Pour que cent se livrent à la culture physique, il faut que cinquante fassent du sport; pour que cinquante fassent du sport, il faut que vingt se spécialisent; pour que vingt se spécialisent, il faut que cinq soient capables de prouesses étonnantes. Impossible de sortir de là. Tout se tient et s'enchaîne[59].

Aucun des pédagogues du XXᵉ siècle ne pourra plus, désormais, échapper à cette dialectique.

La logique coubertinienne portait en elle la révolution méthodologique de la seconde moitié du XXᵉ siècle: d'elle surgiront toutes les tentatives qui vont faire du sport le moyen privilégié de l'éducation physique. C'est à Coubertin, en France, que nous devons d'avoir remporté cette victoire.

1.2 le sport, moyen d'éducation

C'est aux idées de COUBERTIN sur le sport que nous allons consacrer maintenant les pages qui vont suivre.

La gymnastique utilitaire, jusqu'en 1916, a pratiquement accaparé toute la réflexion pédagogique de l'auteur. Il semble que le sport moderne, fait éducatif d'évidence pour le précurseur, mais révélation trop aveuglante pour les ignorants, doive encore être gardé sous le manteau. Certes, il y a eu le phénoménal coup de poker de la recréation des Jeux Olympiques. Ce n'est pas pour autant que l'Université et les pouvoirs publics ont suivi et se sont lancés dans la voie de l'imagination pédagogique. COUBERTIN, nous en sommes persuadé, est conscient de cette carence: la création des Associations sportives scolaires est un acte de subversion, face à une institution redingotée, sûre de son étoile; l'approche de la citadelle, par le biais de l'hygiène physique et nerveuse du collégien, nous le confirme.

Car il fallait «jouer le jeu», entrer dans la place en soldat bien discipliné, et en hôte bien élevé. La tradition fran-

---

59. COUBERTIN, Pierre de, *La revue Olympique,* juillet 1913.

çaise, à la différence du *game* anglo-saxon, ou du *turnen* germanique, n'intégrait pas le sport moderne dans le concept de l'éducation physique. Et l'erreur serait encore aujourd'hui de se dire sportif, puisqu'héritier de la pensée de RABELAIS ou de MONTAIGNE : entre la soule et le football, il n'y a aucune mesure.

COUBERTIN procède comme les directeurs des grandes équipes de jeux sportifs collectifs. Compte tenu de l'adversaire, il élabore une stratégie, puis, vague après vague, patient mais pressant, rusé mais lucide, adopte une tactique. En l'occurrence, il n'a de cesse de harceler les murs du conformisme et la pierre des institutions, pour, sitôt la brèche entr'ouverte, s'engouffrer avec l'impétuosité des impatiences libérées.

Ainsi du sport, dont il sait, depuis 1880, qu'il sera le bélier du système d'éducation qu'il préconise. Mais dont il sait aussi, en réaliste, qu'il serait inutile, stupide et dangereux, de le lancer prématurément à l'assaut d'une opinion universitaire mal éclairée, seulement ouverte, dans le contexte historique français, à une discussion sur les bienfaits de l'hygiène physique.

De là des détours, trente ans et plus d'attente.

Car ce n'est qu'après la première guerre mondiale qu'il ferme la boucle : alors, le sport supplante définitivement la gymnastique utilitaire.

La lutte a été constante et difficile.

Lorsque COUBERTIN rompt ses premières lances, le sport est pratiquement nié par les élites françaises — même si d'illustres précurseurs, tels de SAINT-CLAIR et Paschal GROUSSET ont ouvert la voie.

Il est vrai que le sport n'est bien souvent alors qu'une sorte de Barnum ambulant, prétexte à paris sur des écuries de leveurs de fontes et de lévriers humains. Il faut être bien illuminé pour en vanter alors les vertus, et vouloir « rebronzer » la France.

Et de fait, et d'emblée, les barricades s'élèvent devant COUBERTIN :

> Une pareille ambition ne pouvait naturellement séduire
> au début qu'une petite pléiade de novateurs, et dès les

premières réalisations, elle devait par contre voir se dresser devant elle la coalition de ceux dont les intérêts se trouvaient lésés ou les habitudes dérangées[60].

L'opposition est multiple et pressante.

Les parents d'abord, et tout naturellement. Sans doute ne peut-on se figurer aujourd'hui quelle crainte du «chaud et froid» hantait alors les familles. La phtisie faisait partie des soucis quotidiens; tout un monde populiste de gens souffreteux hantait «les veillées des chaumières». On redoutait toujours «la jambe cassée», et, le curé aidant, la déchéance morale.

La hiérarchie romaine voyait:

> dans la renaissance athlétique et principalement dans le Néo-Olympisme, un retour offensif aux idées païennes.

Heureusement, note COUBERTIN, le pape Pie X vint à la rescousse:

> Sollicité en 1905 de se prononcer à cet égard il le fit non seulement par des paroles significatives mais en présidant en personne au Vatican, dans la cour St-Damase, des fêtes de gymnastique organisées par les patronages catholiques et auxquelles prirent part, en plus des Italiens, des gymnastes français, belges, canadiens, irlandais.

Notons cependant que le clergé français, contrairement à son homologue anglican, ne comprit pas, dès l'abord, l'importance sociale, éducative, et politique, du sport moderne.

Mais la campagne la plus vive fut l'œuvre des pédagogues de profession. Rien d'étonnant, semble-t-il, et de nouveau: c'est le phénomène bien connu de rétraction d'un corps social en vue de la défense corporative de ses membres. Ce fut au nom de l'ordre, garant de l'équilibre et du calme nécessaires à «l'épanouissement du jeune collégien», que fut levé le drapeau de la résistance:

> La résistance des milieux pédagogiques se fit sentir principalement sous deux formes. D'abord les partisans de la vieille discipline napoléonienne — nombreux dans tout l'Occident — s'alarmèrent du régime de liberté dont l'organisation arnoldienne impliquait l'introduction dans les

---

60. Cette citation et celles qui suivent sont extraites de: COUBERTIN, Pierre de, *Pédagogie sportive, Histoire des exercices sportifs, op. cit.*, pp. 55 et 56.

lycées et collèges; ils y virent l'aube de l'anarchisme scolaire et la ruine de l'enseignement moral traditionnel... Une seconde catégorie d'adversaires se groupa contre le principe de l'émulation musculaire. «Ni concours, ni championnats, sinon surmenage et corruption». Le quartier général de ceux-là était en Belgique mais ils semblaient s'inspirer des théories intransigeantes qui régnèrent longtemps à l'Institut de Stockholm où l'on professait que les gymnastes ne doivent pas se comparer entre eux mais que chacun doit se comparer à soi-même.

En mars 1899, déposant devant la Commission d'enquête sur l'Enseignement Secondaire, il constate qu'il a:

> «...rencontré dans l'Université depuis douze ans l'opposition la plus sourde, la plus incessante, la plus pénible.»

C'est surtout la «seconde catégorie d'adversaires» qui retiendra ici notre attention. La conception suédiste, celle de LING et de son fils Hjalmar, excluait le sport de la gymnastique: l'athlète nordique, face à lui-même (on serait tenté d'écrire, face à un Dieu de stricte obédience luthérienne), tient régulièrement un doit et avoir quotidien, physique autant que moral. Il faudra attendre 1945 pour voir apparaître dans les manuels néo-suédistes — tel le *Gymnastikatlas* du Major THULIN — des exercices sportifs.

Le 11 août 1894, à Caen, au Congrès de l'Association Française pour l'Avancement des Sciences, COUBERTIN subit les attaques des docteurs LEGENDRE, BOUCHARD et TISSIÉ. Il expose son programme:

> «On apprendra à l'homme à se bien gouverner en abandonnant au collégien le gouvernement de ses jeux et de ses distractions, et en lui faisant cet abandon sans restrictions et avec toutes ses conséquences.»

Malgré un plaidoyer éloquent et documenté, le Congrès adopte une motion tendant:

> «...à encourager l'exercice physique, mais à faire la guerre au sport dans les établissements scolaires.»

Or, on sait quelle influence l'école suédoise, par l'intermédiaire de la Ligue Girondine d'Éducation Physique du Docteur TISSIÉ, eut sur l'éducation physique française.

Convaincu de l'erreur de cette conception hygiéniste, COUBERTIN part en guerre, avec quelle fougue, contre l'adage ancien,

> le fameux *Mens sana in corpore sano* auquel ont recouru tant d'orateurs de pauvre imagination et dont il a été fait un tel abus qu'on peut sans exagération le qualifier d'insupportable rengaine[61].

La tentation est grande, en effet, d'accepter qu'en une phrase lapidaire tout soit dit sur l'équilibre tant recherché du corps et de l'esprit. Bon sens, logique, raison, tout milite pour accepter l'antique précepte. Mais pour COUBERTIN, c'est là recette de parvenu, prétexte à rhétorique de comice d'éducation, faux humanisme qui ne peut avoir cours qu'en période de fausse stabilité. Or, la vie d'une nation moderne est faite d'un déséquilibre constant et appelle à une mobilisation continue du citoyen. Qui l'oublie, sombre. Et l'Histoire le rappelle tragiquement.

La France, puisque c'est elle dont il s'agit toujours, n'a que faire de cette recette pour petits bourgeois. Ce dont elle a besoin, c'est de conquérants, et seul le sport peut aider à forger de tels hommes !

Sus donc à tout ce qui abaisse, affadit, décourage, démobilise, et le «mens sana...» est un de ces pièges où sombre la force des nations :

> En réalité, ces mots contiennent tous les éléments propres à neutraliser et à détruire l'action du sport sur les mœurs, l'entendement et le caractère. C'est qu'il y a là une simple recette d'hygiène basée, comme toute prescription à tendances hygiéniques, sur le culte de la mesure, de la modération, sur la pratique du juste milieu. Or le sport est une activité passionnelle...[62].

La démarcation est faite, le clivage est total : un choix historique s'impose.

---

61. COUBERTIN, Pierre de, Bulletin no 4 du B.I.P.S., p. 12.
62. COUBERTIN, Pierre de, Une Campagne de 35 ans, *La Revue de Paris*, 1er juin 1923, no 11.
Et encore: «Mens sana... la rengaine pour distribution de prix. Mais voyons, ce n'est pas humain, ou du moins, ce n'est pas jeune, tout cela! C'est un idéal de vieux bonzes» in Carl DIEM Institut, *L'idée olympique,* Éditions Internationales Olympia, Lausanne 1966, p. 56, Lettre du 11/12/1918.

Il faut donc détruire cette utopie qui avance :

> que le sport peut être au nom de la science uni d'office
> à la modération et obligé de vivre avec elle. Ce serait
> un monstrueux mariage. Le sport ne peut être rendu
> craintif et prudent sans que sa vitalité s'en trouve com-
> promise. Il lui faut la liberté de l'excès. C'est là son es-
> sence, sa raison d'être, c'est le secret de sa valeur mo-
> rale. Qu'on enseigne à oser avec réflexion est parfait
> mais qu'on enseigne à craindre d'oser est folie.
> Car l'audace pour l'audace sans nécessité réelle, voilà
> par où notre corps survole son propre animalisme[63].

Ainsi le sport se démarque-t-il, par essence, de la gymnastique, qui elle n'est que la «pratique raisonnée des exercices du corps», selon la définition classique amorosienne.
Pour COUBERTIN :

> Le sport est le culte *volontaire* et *habituel* de l'exercice
> musculaire *intensif* appuyé sur le désir de *progrès* et
> pouvant aller jusqu'au *risque*[64].

Et de préciser :

> De sorte qu'on peut aisément tirer cette conclusion,
> qu'aujourd'hui, comme jadis, la tendance du sport est
> vers *l'excès*. Voilà sa caractéristique psychologique par
> excellence. Il veut plus de vitesse, plus de hauteur, plus
> de force... toujours plus. C'est son inconvénient, soit! au
> point de vue de l'équilibre humain. Mais c'est aussi sa
> noblesse, et même sa poésie[65].

Le sportif est donc bien ce «conquérant de l'inutile»,
poussé par la recherche libérale de l'effort pour l'effort, du
danger pour le danger. Thomas ARNOLD et les «muscular
christien», KINGSLEY et NEWMAN, ne parlaient pas autrement, qui voyaient dans le sport l'acte gratuit, symbole par
excellence du libéralisme.
Quelle valeur éducative COUBERTIN attribue-t-il au sport?
Il y voit, c'est la certitude, un instrument de l'éducation de
l'individu et de la personnalité. Il le dit, il le répète: le sport,
c'est d'abord un corps plus délié, une intelligence plus lucide,

---

63. COUBERTIN, *Pierre de, Discours prononcé à l'ouverture du Congrès
Olympique*, Hôtel de Ville de Prague, 20 mai 1925, 10 heures.
64. COUBERTIN, Pierre de, *Pédagogie sportive, op. cit.*, Préambule.
65. *Ibidem.*, p. 64.

un caractère mieux trempé. Mais, ambition constante et affichée, il vise plus haut, porté par le souffle conquérant du siècle : le sport est essentiellement, et spécifiquement, un moyen d'éducation tout à fait fondamental pour la formation intellectuelle, morale et sociale du citoyen.

Le sport est, pour COUBERTIN, l'école de la socialisation.

Il écrit :

> L'alpha et l'oméga de la pédagogie sportive consiste à provoquer ou à favoriser l'opération du bronzage moral par le bronzage physique, du bronzage de l'âme par le bronzage du corps [66].

L'ambition est donc placée très haut : COUBERTIN exige du sport, comme d'autres de l'instruction, de faire de chaque Français un «homme de bronze». Hanté par l'amollissement des mœurs, le souvenir de la défaite, la décadence des élites, la volonté de faire face et d'ouvrir les yeux à ceux qui ne veulent pas voir, COUBERTIN propose une recette connue de la Grèce archaïque comme du Moyen-Âge chrétien, hormis qu'elle s'appuie sur un phénomène social nouveau, mal élucidé, mal perçu par les hommes politiques, incompris par la plus grande masse. Le sport moderne et éducatif, ne peut être en France, à l'aube de sa naissance, qu'un credo lancé par un illuminé.

Les vertus de la gymnastique, la méthodologie de l'exercice corporel, ont de tout temps retenu l'attention des sages et des pédotribes. AMOROS, le dernier, vient de dresser un Manuel d'éducation physique, gymnastique, et morale, qui ne manque pas de qualité, même si une faconde moralisatrice de bateleur et de courtisan hérisse le lecteur. Il semble, en tout cas, en 1880, que tout ait été dit sur l'apport positif de la gymnastique à l'œuvre d'éducation.

COUBERTIN survient, et fait fond sur une activité ludique ambiguë qui ne se distingue pas, au départ, des jeux de foire traditionnels, des joutes de l'Ancienne France, ou des réminiscences de la Rome antique. Attitude tout à fait étonnante, si l'on veut bien se souvenir de la formation universitaire et de l'environnement culturel de l'auteur, plus enclin

---

66. COUBERTIN, Pierre de, Bulletin no 4 du B.I.P.S., p. 10.

par la tradition à vivre selon la règle des humanités classiques qu'à écouter les sirènes du monde contemporain.

Or COUBERTIN, dès ses premiers écrits, n'entend pas faire courir, sauter, lancer, dans les normes et dans l'esprit de la Grèce du Ve siècle. Il n'invite pas à reconstruire une Olympie mythique. Il sait que ni les athlètes, ni les spectateurs, ni l'organisation juridico-politique des cités grecques, ne peuvent revivre. De même n'est-il pas plus le fils du romantisme allemand. Lorsqu'il campe le Mont Kronion ou l'Alphée, nul accent goethéen n'éloigne sa plume des réalités du siècle : il sait que l'aède est mort, il ne tire aucune plainte de sa disparition.

Le sport dont il se préoccupe est le fait de la société industrielle contemporaine qu'il a délibérément adoptée. Né dans le siècle, avec le siècle, le sport coubertinien s'inscrit dans un contexte politique (démocratique et libéral) fondamentalement différent de celui de la Grèce du Ve siècle.

Or, c'est ce sport, vilipendé par la bonne société, méconnu de l'Université, rejeté par la Faculté, que COUBERTIN veut imposer aux élites. En somme, il propose un pari. Faites-moi confiance, dit-il, toutes les qualités que vous accordez à la «gymnastique», le sport moderne les possède, mais au centuple.

C'est sur ce transfert, à charge d'inventaire, que va se jouer le destin de l'entrée du sport dans le domaine de l'éducation :

> Le sport, en France, sera intellectuel ou il ne sera pas. Il se fera le compagnon fidèle et discret de la réflexion, de l'idéal, de l'imagination — il sera le rempart silencieux et bien surveillé, derrière lequel l'individu réalisera son ascension cérébrale... Il remplira cet office respectable, ou bien alors il versera dans une banalité triviale dont ce que nous savons des Jeux du Cirque, aux soirs de Rome et de Byzance, peut nous donner quelque instructif aperçu[67].

La pédagogie sportive coubertinienne est née de ce défi : il fallait démontrer les richesses d'un postulat.

C'est pourquoi COUBERTIN va s'efforcer d'établir le dialogue, là où seuls des interlocuteurs cultivés peuvent accep-

---

67. COUBERTIN, Pierre de, Une Campagne de 35 ans, 1er juin 1923, op. cit.

ter de l'engager. Remarquons-le, COUBERTIN ne parle jamais de record (prouesse chronométrique ou distance vaincue), en son début de croisade. Non qu'il n'y songe, non qu'il ne sache que le sport ne saurait être, sans cette obligation et sans cette volonté. Mais il sait trop combien des stéréotypes tenaces, issus du cirque et du boulevard, occultent dans l'esprit des dirigeants et des universitaires l'image du sport éducatif, tel qu'il le conçoit, tel qu'il l'a rencontré à Rugby.

Aussi d'emblée se place-t-il au niveau des valeurs et présente-t-il le sport moderne comme un moyen d'éducation intellectuelle et morale et comme un facteur d'intégration sociale. Dans une société volontiers ultra-montaine, dans une époque de difficile mutation politique, ce sont là des arguments qui retiennent l'attention et font qu'on s'y attache.

La thèse de départ est agnostique :

L'individu a sa limite mais il l'ignore[68].

L'aléa de la lutte sportive, ce qui fait sa noblesse, c'est que l'athlète ne sait jamais à quelle performance maximum il peut prétendre. Le sport est donc fondamentalement école d'espoir et d'optimisme, attitude positive, face au destin.

Pour conjurer l'inconnu, et l'angoisse de cet inconnu, COUBERTIN avance que non seulement des qualités physiques sont nécessaires, mais qu'en outre elles ne resteraient qu'à l'état de virtualité si conjointement des valeurs intellectuelles : coup d'œil, observation, réflexion, et des valeurs morales : sang-froid, énergie, persévérance, courage, n'étaient requises.

Certes, ce sont là des constatations banales et nous ne saurions en faire grief à COUBERTIN. Ce n'est que depuis quelques années seulement, en France, que les travaux de BOUET, nous ont mieux éclairé sur les motivations des sportifs. D'ailleurs, tout comme COUBERTIN, nous prenons encore trop souvent pour conclusions nos prémisses, apportant seulement à nos démonstrations l'exemple fourni par la « geste » des

---

68. COUBERTIN, Pierre de, *Pédagogie sportive*, Édition 1922, *op. cit.*, p. 127.

champions, chapitres nouveaux de la Vie des Hommes Illustres[69].

Nous sommes cependant aujourd'hui plus réservés, moins
sûrs des vérités premières. Et c'est pourquoi le bel optimisme coubertinien n'est pas toujours le nôtre :

> La légende du sport rebelle par destination aux choses de
> l'esprit n'a plus cours. C'est un vieux cliché désuet[70].

Il n'est pas évident que le sport prédestine automati-
quement à l'enrichissement de l'esprit. Il en est des sportifs
comme des spectateurs de la télévision : certains savent se
servir des média, d'autres pas. Les rodomontades, l'atonie
intellectuelle manifestée par trop de pratiquants sportifs en
déplacement en France ou à l'étranger, l'absence d'intérêt
pour l'idée olympique dans les équipes mêmes qui participent aux Jeux, nous rendent aujourd'hui plus circonspect
que COUBERTIN ; qui d'ailleurs, malgré sa foi, était prudent,
et utilisait le conditionnel :

> On serait amené à conclure que, toutes choses égales
> d'ailleurs, le sens critique se développe mieux et plus
> vite chez le sportif que chez le non sportif. Il n'y a rien
> d'exagéré à le prétendre et l'expérience de ceux qui sont
> à même d'en faire la constatation tend à confirmer l'as-
> sertion[71].

« L'entendement » donc y gagnerait, pour parler comme
COUBERTIN, le sport faisant germer dans l'homme des qualités intellectuelles virtuelles insoupçonnées. La démonstration ne va pas plus avant : l'aurait-elle pu, alors que, prati-

---

69. Deux exemples : celui de R. CUSIN, cité par J. DUMAZEDIER dans
Regards Neufs sur le sport, et celui de Michel JAZY, devenu directeur com-
mercial d'une firme d'eau gazeuse.
Malgré le témoignage de R. CUSIN, nous pouvons nous demander si, sans le
sport, CUSIN n'aurait pas écrit et ne serait pas devenu poète et homme de
théâtre.
Quant à Michel JAZY, fils d'émigrants polonais, il n'aurait sans doute jamais atteint à la notoriété publique, et commerciale, qui est aujourd'hui la
sienne, s'il n'avait été révélé par le vedettariat sportif. Mais peut-on dire
que dans la formation du caractère de cet homme « arrivé », le sport ait été
la variable déterminante ? L'agressivité fondamentale, cette rage à sortir de
la misère sociale, quand on est fils de rien, peut-elle être pour autant ignorée ?
70. COUBERTIN, Pierre de, *Pédagogie,* Édition 1922, p. 129.
71. COUBERTIN, Pierre de, *Pédagogie sportive.* Édition 1922, p. 130.

quement, nous en sommes encore réduits à chanter le même credo?

Là n'est d'ailleurs pas le propos essentiel de COUBERTIN.

Il apparaît bien en effet que, soucieux de moralité individuelle et publique, il voit dans le sport une morale en soi, mais surtout, qu'il assigne au sport la mission d'être un auxiliaire irremplaçable de l'éducation morale, au niveau de la formation du tempérament et du caractère. C'est là pour lui « la question fondamentale » à laquelle il entend répondre :

> Le Sport parvient-il à fortifier le caractère et à développer ce qu'on pourrait appeler la musculation morale de l'homme ? Voilà sans doute la question fondamentale[72].

Pour COUBERTIN, le sport est seul, parmi les disciplines pédagogiques mises à la disposition de l'éducateur, à doser des qualités contraires : audace et prudence, élan et calcul, confiance et méfiance, frustration et libération, passion et raison. C'est, dit-il :

> L'équilibre direct de la vie.

Or, c'est par « doses de volonté distillée », jour après jour, que le progrès moral s'inscrit « en une courbe satisfaisante[73].

Le sport appelle en effet à l'autonomie de l'être, à l'évaluation quotidienne de la conduite morale, à la prise en charge directe des composantes de la liberté : c'est le refus constant du geste vil et dégradant, au niveau du muscle et du tendon, comme au niveau de la conscience.

Les « artisans de la première heure » l'avaient bien compris qui louaient ce muscularisme de l'âme, et rudoyaient l'être physique afin de renforcer l'armature morale de l'individu :

> Ils savaient bien que si le thème latin orne l'esprit (préoccupation qui nous devient étrangère), ce sont le sport, ses contacts rudes, ses alternatives, ses chances, qui préparent (pardon qui peuvent préparer) le corps et le caractère aux batailles de la vie[74].

---

72. *Idem., Notes sur l'Éducation publique, op. cit.*
73. COUBERTIN, Pierre de, *Pédagogie sportive*, p. 135.
74. *Idem., Utilisation pratique de l'activité sportive, 1932.*

C'est là, dit cet homme de devoir, un langage qui n'est pas nouveau :

> C'est celui des stoïciens de tous les temps[75].

Le sport coubertinien est donc investi d'une mission morale. Il est un moyen d'endurcir l'épiderme, de faire face à la douleur physique, certes. Mais il est plus : par la tenue d'une sorte de livre de raison kinesthésique, il apprend à l'homme à respecter le règlement, à maîtriser ses humeurs, à freiner ses pulsions. L'athlète coubertinien est voué à la perfection morale :

> Si le sport lui a fait des épaules larges, c'est aussi pour porter les ennuis et s'il lui a fait les muscles solides, c'est pour faire taire ses nerfs et le rendre maître chez lui[76].

L'entraînement sportif ne peut être qu'un entraînement à la vie morale.

Dans la *Revue Universitaire* du 15 mai 1892, COUBERTIN donne en exemple le joueur de football, soumis aux pressions de l'adversaire, aux coups de boutoir du destin, aux lâches tentations du découragement, mais qui, par un sursaut d'honneur, «fait face», lutte, et peut le soir venu, à l'heure de la méditation, se dire qu'il n'a pas eu peur une seule fois et qu'il n'a pas sacrifié l'intérêt général à la prouesse individuelle. Non seulement ce jeune homme-là, dit COUBERTIN, pourra se dire satisfait de lui-même, mais il se sera mieux que quiconque préparé, par une discipline corporelle librement éprouvée, à cette grande partie de football, à ce grand match, qu'est la vie active en société.

COUBERTIN se situe bien alors dans le courant néoromantique qui prône les vertus de la race et les attaches terriennes, contre l'intellectualisme inopérant que le Père DIDON, son ami d'Arcueil, présente comme :

> l'ennemi qui fait profession de dédaigner la force[77].

Car pour COUBERTIN, une vérité est évidente :

---

75. *Idem., La Revue des Deux Mondes, La psychologie des sports,* Tome 160e, 1er juillet 1900.
76. COUBERTIN, Pierre de, *Pédagogie sportive,* Édition 1922, p. 136.
77. SCHNERB, Robert, *op. cit.*

Il se trouve que le développement musculaire et l'entraînement corporel constituent pour les adolescents d'aujourd'hui à la fois la sauvegarde morale la plus active et la mise en valeur la plus féconde de leur personnalité[78].

Aux bien-pensants de son entourage, aux concitoyens étonnés, COUBERTIN révèle donc que le sport moderne peut aider au salut de l'âme, car il est la morale en action:

L'examen de conscience — seul véritable moyen de perfectionnement moral pour l'homme — possède dans le sport comme un jardin d'essai où l'habitude se prendrait aisément des gestes nécessaires. Et c'est là une possibilité de très grandes conséquences. À la pédagogie d'en profiter[79].

Le rôle social du sport moderne n'en est pas moindre à ses yeux: le sport est facteur important de socialisation, tant par le pouvoir cathartique qu'il recèle, que par l'apprentissage à la coopération qu'il présuppose et développe.

Au travers de la vie et de l'œuvre de COUBERTIN, un puritanisme latent est lisible. Il semble bien qu'en filigrane, sur champ de haut refus, se profilent les arrière-plans du siècle: bas-fonds des villes industrielles, bas-peuples des prostituées et des maisons closes, tristes héros de ZOLA et de MAUPASSANT — repli sur le sexe, l'alcool et l'alcôve.

COUBERTIN dénonce les mœurs dépravées, la littérature pornographique qui corrompt; proteste contre un sensualisme précoce, mal jugulé, conséquence à ses yeux d'une vie sédentaire non guerrière, et d'un entassement dans des

---

78. COUBERTIN, Pierre de, *Le Respect Mutuel,* Avant-propos, p. 11.
Il nous a paru intéressant de rapprocher de cette citation l'article publié le 2 novembre 1938, dans le Times, par le Réarmement Moral (dont on pourrait, sans doute, discuter des orientations politiques).
Une page entière du quotidien libéral était consacrée à «Moral Rearmement through sport».
On pouvait y lire: «Un haut niveau de sportivité, de fair-play et de vie pure, tient une grande place dans la formation du caractère et, au travers des sportifs régis par ces principes, pénètre dans la vie nationale».
Les signatures des différents présidents des Fédérations sportives britanniques, des grands joueurs de tennis, de golf, de grands athlètes ou ex-athlètes, dont celle de Sir Philip J. Noël BAKER, actuel Président du Comité International de l'Éducation Physique près de l'U.N.E.S.C.O., figuraient au bas du document.
79. COUBERTIN, Pierre de, *op. cit.,* p. 138.

pensionnats-casernes sans lumière, sans confort, sans terrains de jeux. Dans de telles conditions, l'imagination s'é-
chauffe, et, faute de trouver un exutoire, se tourne vers les
plaisirs des sens : la masturbation, pour COUBERTIN et les
contemporains, est le dernier des vices et le plus grave des
péchés.

En temps de paix, en effet, l'adolescent du XXe siècle
ne peut satisfaire prématurément un besoin naturel et normal.
Le sport, forme culturelle de l'agon fondamental. lui permettra :

> de se comparer à l'homme, le passionnera sainement
> et constituera l'aliment rationnel de son imagination[80].

Mais surtout, le sport permet que la libido (COUBERTIN
n'emploie jamais le mot et ignore FREUD), soit sublimée par
l'usage et la connaissance de la volupté sportive :

> Le sport produit un plaisir physique assez intensif pour
> être qualifié de voluptueux. Nombre de sportifs l'attes-
> teront, il atteint le double caractère impérieux et trou-
> blant de la passion sensuelle...
> Il existe donc une volupté sportive qui pacifie les sens,
> pas seulement par la pratique mais par la satisfaction[81].

L'athlète prend plaisir à souffrir, c'est bien connu. Il
jouit à sentir la morsure des éléments, la montée de la cram-
pe douloureuse, l'implacable présence de l'obstacle : barre,
fil, distance, adversaire, temps. Il y a, dans son attitude, une
part de masochisme, qui s'accompagne d'un auto-érotisme
évident : le sport est don de soi, offrande délibérée à l'autre
ou au cosmos.

Le premier, dans la littérature spécialisée d'expression
française, COUBERTIN signale ce plaisir trouble, ambigu — à
la fois don et viol, humilité et défi, appel et rejet : de soi, de
l'autre, du public, de l'arbitre. Que la volupté sportive soit
d'ordre masochiste, personne ne saurait maintenant en douter.

La catharsis de l'acte sportif ne se limite pas seulement
à la purgation des passions sexuelles. Elle libère aussi toutes
les tensions et permet à la société de recouvrer, après la
lutte, un citoyen apaisé, en accord avec soi et avec les autres.

---

80. COUBERTIN, Pierre de, Édition 1922, p. 132.
81. *Idem., op. cit.*, p. 133.

Pour l'adolescent, pour l'homme jeune adulte, pour l'homme mûr, le sport est considéré par COUBERTIN comme le plus grand apaiseur des colères. Or, constate l'auteur, dans le monde contemporain la colère est partout et s'exprime par des actes de violence inconsidérée. Il faut donc que chacun libère son agressivité potentielle, afin que le calme social revienne:

> L'homme exaspéré qui brise une chaise se calme aussitôt, mais aux dépens du meuble détruit et de sa dignité diminuée. Qu'il recoure à l'exercice intensif: l'effet sera le même, mais rien ne sera détruit; au contraire, une force précieuse aura été produite et emmagasinée. Théodore ROOSEVELT savait cela lorsqu'au début de sa carrière politique, ayant sous sa juridiction la police de New York, il osa ouvrir des salles gratuites de boxe dans les quartiers mal famés, ce qui amena une diminution immédiate et considérable des rixes sanglantes dont cette portion de l'énorme cité était journellement le théâtre[82].

Le procédé est simpliste: nier son utilisation l'est tout autant. On trouve là un expédient dont les pères de famille et les régimes politiques se servent, selon les époques, avec plus ou moins d'habileté et de réussite.

COUBERTIN, il est vrai, ne s'appesantit pas sur le sujet: il réserve tout son temps et toute sa constance à la coopération sportive, en quoi il voit l'outil majeur d'intégration de l'adolescent à la société française du XXᵉ siecle.

Parce que le club sportif, matrice du sport, doit être l'objet de tous les soins officiels, parce que c'est à cet échelon que peut et doit s'éprouver la démocratie sportive, nous allons nous pencher tout spécialement sur les aspects de la pensée coubertinienne qui traitent de la coopération sportive:

> Le premier des rouages sociaux sur lesquels agit le sport est la coopération. L'enfant entre en contact avec elle dès son plus jeune âge en prenant ses ébats avec ses petits camarades[83].

---

82. COUBERTIN, Pierre de, Cette citation extraite de *Pédagogie Sportive*, (1922), p. 139 n'est en fait qu'une partie du discours prononcé par Pierre de COUBERTIN, Président du Comité National Olympique, le 18 août 1920, à l'Hôtel de Ville d'Anvers, en présence de S.M. le Roi des Belges.

83. COUBERTIN, Pierre de, *Pédagogie Sportive*, 1922, p. 140.

Certes, la vie se charge très souvent de pourvoir à cette formation mais inégalement, et non sans heurts et sans blessures. Travailler en équipe, élaborer en commun un projet, prendre en charge une partie des tâches décidées pour le bien de tous, n'est pas une mince aventure. D'une part, parce que l'école traditionnelle et ses structures rendent difficile cette mise en pratique pédagogique, d'autre part, parce que la coopération se complexifie au fur et à mesure qu'elle se développe, et que la tentation est toujours grande de répondre à l'inconnu de nouvelles questions par des décisions normatives ou autoritaires.

Or le sport, de par les aléas résultant de situations variées, changeantes, et multiformes, propose cette complexité au savoir-faire pédagogique et donne matière à l'expérience, au tâtonnement, et au progrès:

> Le sport est le seul terrain qui permette un apprentissage rapide et homogène en même temps que gradué par l'introduction successive d'éléments nouveaux. Ainsi en arrive-t-on progressivement en sport jusqu'à *l'équipe* de football, ce groupement qui une fois au point constitue probablement le prototype le plus parfait de la coopération humaine: coopération volontaire dépourvue de sanction, basée sur le désintéressement — et pourtant, solide et savamment «articulée» en toutes ses parties[84].

Qui plus est, l'analogie entre le terrain de sport et la société, entre la vie sportive et la vie démocratique, semble totale. Des deux côtés, la mise en commun des moyens est nécessaire, contre un adversaire, redouté autant que souhaité. Pas d'adversaire? Pas d'équipe, pas d'aiguillon, pas de développement...

> La coopération possède des caractères qui font d'elle une sorte d'école préparatoire à la Démocratie. En effet, l'État démocratique ne peut vivre et prospérer sans ce mélange *d'entr'aide* et de *concurrence* qui est le fondement même de la société sportive et la condition première de sa prospérité. Point d'entr'aide et l'on verse dans un individualisme brutal qui mène à l'anarchie; point de concurrence et c'est l'affaiblissement des énergies conduisant à la somnolence collective et à l'abdication. Toute l'histoire des démocraties est faite de la

---

84. *Ibidem.*, p. 140.

recherche et de la perte de cet équilibre essentiel et aussi instable qu'essentiel. Mais quelle est, en pédagogie, l'institution capable d'y préparer d'une façon directe ? On s'efforcerait vainement de la trouver en dehors du sport[85].

C'est là une conception tout à fait durkheimienne de l'association.

Mais quel démocrate, instruit de l'utilisation du sport à des fins partisanes, ne se pose alors la question de savoir si COUBERTIN, par le biais du sport, ne remet pas à la classe possédante un excellent outil de domination politique ?

Autrement dit, COUBERTIN pense-t-il qu'il suffise qu'ouvrier et patron se retrouvent en culottes courtes au sein d'une même équipe sportive, pour que l'un oublie sa condition de prolétaire et l'autre ses obligations de classe ?

Apparemment non, puisque :

> Il n'y a pas lieu de s'émouvoir parce que des sociétés sportives uniquement composées de travailleurs manuels refusent de laisser leurs membres se mesurer avec des bourgeois[86].

Car le problème n'est pas que physiquement des hommes de conditions sociales différentes, voire opposées, soient membres d'un même groupe sportif ; mais que ces hommes sacrifient aux mêmes rites, se plient aux mêmes impératifs moraux, connaissent une même eurythmie, c'est-à-dire, créent et accèdent à de nouvelles valeurs, par une culture technique nouvelle qui leur sera commune. Alors il sera possible, soumis aux mêmes lois de la connaissance, de se découvrir, et de se reconnaître :

> Ce qui importe n'est pas, comme on le répète à tort, un contact matériel dont, à l'heure actuelle, ne saurait résulter aucun rapprochement mental ; c'est bien plutôt l'identité du plaisir goûté. Que la jeunesse bourgeoise et la jeunesse prolétarienne s'abreuvent à la même source de joie musculaire, voilà l'essentiel ; qu'elles s'y rencontrent, ce n'est présentement, que l'accessoire. De cette source découlera, pour l'une comme pour l'autre, *la bonne*

85. *Ibidem.*, p. 140.
86. *Ibidem.*, p. 145.

humeur sociale, seul état d'âme qui puisse autoriser pour l'avenir l'espoir de collaborations efficaces[87].

Il ne s'agit pas là, pour COUBERTIN, de manipulation politique, mais de souci d'homme de cœur qui aspire à voir toutes les classes sociales, sans pour autant les confondre, goûter à une même source de joies: joies historiquement nouvelles pour la France, et dont le pionnier COUBERTIN crie les mérites ou chante les valeurs.

Aussi bien, l'essentiel est-il d'être efficace et de développer et de faire pratiquer le sport moderne, c'est-à-dire: créer des associations sportives scolaires dans les années héroïques des premières conquêtes, démocratiser le sport après la guerre de 1914, veiller à ce que le sport, devenu majeur, reste un moyen incontesté d'éducation.

La création des associations sportives scolaires est, à nos yeux, un exemple de lucidité, de courage, et de sens politique. Lucidité, parce que COUBERTIN saisit l'occasion d'attaquer au meilleur moment; courage, parce qu'il en faut pour oser affronter le conformisme des institutions; sens politique, parce que, pratiquement seul, COUBERTIN pressent où se trouve l'élan vital du mouvement qu'il déclenche.

Or, cette force révolutionnaire, c'est la jeunesse bourgeoise de France qui la détient. Et c'est en s'appuyant sur elle, cheval de Troie introduit au sein de la citadelle de l'enseignement secondaire, qu'il sera possible d'agir. Car son analyse de la situation, aux feux de la flamme arnoldienne, lui montre qu'il est impossible de briser ou de dissocier de face la texture serrée des institutions et la force des préjugés; et qu'un seul moyen est envisageable pour prendre la forteresse: l'investir de l'intérieur.

Il pense aussi que les grandes révolutions sont moins le fruit de décisions impératives prises au sommet, que la conquête silencieuse des énergies individuelles et des cœurs. La France n'a que trop eu, depuis cinquante ans, de ministres bavards et de bureaucrates éloquents: la gymnastique n'en a pas, pour autant, pénétré les mœurs. Mieux vaut, pas à pas, partir de la base:

---

87. *Ibidem.,* p. 145.

Les grands mouvements s'opèrent dans les bas-fonds... Ce n'est pas un décret qui établira le nouveau régime disciplinaire, si les bases n'en ont pas été dès longtemps préparées dans les modifications de détail. L'association athlétique en facilitera l'établissement: c'est là, pour employer les termes d'une récente circulaire, «une de ces réformes d'apparence modeste» qui exercent une plus grande influence que bien des révolutions ou des événements sensationnels[88].

Il dira encore:

Tout d'abord, il importe que l'idée ne vienne pas d'en haut[89].

Car l'idée fondamentale est moins de développer coûte que coûte une activité nouvelle, suspecte aux yeux des élites, que de faire surgir un comportement positif des sportifs à l'adresse de la société. Il s'agit moins de faire des sujets passifs — tout au plus courtisans — que des citoyens conscients, partisans d'une démocratie libérale.

L'association sportive scolaire coubertinienne, aucun doute n'est possible, est bien créée dans ce but:

Pourquoi avons-nous poursuivi avec acharnement la création dans les lycées, d'associations scolaires, sinon pour assurer aux élèves le gouvernement de leurs jeux et pour introduire par là un embryon de liberté dans leurs exercices de prisonniers[90].

Ainsi, par la prise en mains de ses propres responsabilités, par une éducation précoce de la liberté, le collégien français va briser, sans violence, le moule désuet de l'instruction traditionnelle. Il va, en jouant, conquérir le droit de se réunir, de s'organiser, de convaincre, de triompher, ou de perdre. Il va apprendre que la démocratie ne s'impose pas, mais qu'elle est le fruit d'une constance: qu'elle se revendique, et qu'elle s'assume. N'est-ce pas là, au sens noble du terme, une véritable éducation politique? Et une éducation politique progressiste au moment où elle est proposée?

---

88. De l'organisation et du fonctionnement des Associations athlétiques dans les lycées et collèges français, *Revue Universitaire* du 5 mai 1892, Paris, Armand Colin et Cie, Éditeurs.
89. *Ibidem.*
90. *Ibidem.*

Est-ce à dire que l'adolescent courra tout débridé, au risque d'erreurs fatales?

COUBERTIN n'est jamais démagogue. Nulle part il n'acquiesce à un spontanéisme pédagogique anarchisant, qui finalement place l'éducateur sous le boisseau. La démocratie libérale requiert la confrontation de tous, elle doit éclairer de sa lumière les décisions à prendre: un choix est donc toujours obligatoire, et peut être le fait, en dernier ressort, d'adultes plus sages et plus cultivés, mais qui seront acquis cependant à:

> une compréhension sportive de l'éducation.

L'éducateur doit donc être présent, afin d'aider le pratiquant à faire son inventaire et à cultiver son jardin. La maïeutique — ce n'est pas par hasard si COUBERTIN cite SOCRATE et SAINT PAUL — doit être enseignée, car il est difficile de devenir un homme:

> La tâche de l'éducateur consiste à faire fructifier le germe à travers tout l'organisme, à le transposer d'une circonstance déterminée à tout un ensemble de circonstances, d'une catégorie spéciale d'activité à tous les actes de l'individu[91].

Le sport, pour peu que la volonté se substitue à l'habitude, aidera l'éducateur à mieux faire se révéler chez l'enfant les germes les plus cachés et les plus rares.

Telle est la foi coubertinienne dans les moyens éducatifs du sport moderne.

L'évangile se trouve transcrit dans *L'Ode au Sport,* publiée en 1912. À l'occasion des Jeux de Stockholm, Georges HOHROD et M. ESBACH remportent le concours de littérature avec cette ode. En fait, ce bicéphalisme cache une seule personne, Pierre de COUBERTIN, qui aura la coquetterie de se faire couronner par ses pairs[92].

---

91. *Ibidem.*
92. COUBERTIN, a-t-il remporté ce concours? Les rapports officiels sont contradictoires. Il semble certain en tout cas qu'il ne reçut pas la médaille d'or mais la médaille d'argent. On notera que c'est déjà sous le pseudonyme de Georges HOHROD que COUBERTIN, en 1897, avait publié *Le Roman d'un rallié.* En 1912, la véritable identité de l'auteur pouvait-elle encore être cachée aux membres du Jury olympique?

Les stances, rythmées, élèvent un temple à la gloire du sport, source de tous les bienfaits : beauté, justice, paix, joie — COUBERTIN s'y lit tout entier, visionnaire généreux et poè-te de l'absolu.

Sans doute, reprochera-t-on au poème d'avoir mal vieilli, d'énoncer des truismes que nous n'avons que trop entendus. Sans doute, une utopie facile agace-t-elle aujourd'hui, qui savons ce qu'il advint du sport, et de la paix, en 1940. Mais nous sommes en 1912, c'est là l'un des tout premiers poèmes écrits en français à la gloire du sport moderne : le soleil alors levant promet d'illuminer la Fête que viennent de se réinventer les hommes [93].

Cette utopie, en tous cas, est bonne à constater et à vi-vre. Quand COUBERTIN en 1925, au Congrès International olympique de Prague, demande aux Hollandais, organisateurs des Jeux de 1928, de n'admettre aucun spectateur payant autour des rings de boxe afin de chasser la haine et le lucre d'autour des combattants, ne sourions pas. Ce sont de telles exigences, en quête d'absolu, qui font la noblesse de l'hom-me. De même, soyons reconnaissants à COUBERTIN d'avoir voulu, face aux Barbares, placer le sport moderne encore tout maculé des sanies de la naissance, sur le plus haut piédestal qui soit : celui de l'Éducation.

Car le premier, COUBERTIN, a posé l'axiome fondamen-tal. Le premier, à contre-courant, il a requis pour le sport moderne le droit à l'estime. Le premier il l'a placé dans l'or-bite et le courant de la démocratie libérale. Que les hon-neurs dûs aux pionniers lui soient rendus !

Certes, nous n'entendons pas faire de COUBERTIN un chef de tribu — ce qui à nouveau le momifierait, et serait in-juste pour trop de contemporains, inventeurs et animateurs de tant d'institutions sportives embryonnaires devenues au-jourd'hui prospères. Nous n'entendons pas plus lui opposer l'argument d'aliénation.

Il nous apparaît bien en revanche qu'il fut le premier, en France, à saisir la spécificité du sport moderne et à le conce-voir dans sa globalité, à l'encontre des médecins, des culturis-

---

93. Les premiers poèmes écrits sur le Sport furent en France le fait de Jean RICHEPIN et de Théodore CHÈZE.

tes, et des entraîneurs, englués dans leurs particularismes sectaires.

Un titre de gloire revient indiscutablement à Pierre de COUBERTIN: celui d'avoir été, en France, et dans le monde, à l'origine de la psycho-pédagogie sportive.

1.3 pour une psycho-pédagogie sportive

Avant lui, en effet, c'est l'ère du maquignonnage: l'homme est un animal, et doit être traité comme tel. Les premiers entraîneurs sportifs britanniques, dans ce monde anglo-saxon si féru de courses de chevaux, calquent l'entraînement de l'homme sur celui du pur sang. De là un travail en pleine nature, «across the country», un «footing» à allure variable, un soin attentif apporté aux articulations et aux viscères, et le souci constant d'en appeler à l'effort cardio-pulmonaire. S'y ajoutent des recettes empiriques de musculation, d'hygiène, de diététique volontiers végétarienne. Tout un arsenal d'adjuvants à base de camphre et d'herbes.

On joue beaucoup dans l'Angleterre victorienne. Les combats de boxe professionnels à main nue drainent alors, vers des rings de fortune en pleine nature, la gentry campagnarde et le prolétariat urbain. Des «écuries» (le mot est resté) rassemblent alors des coureurs, des lutteurs et des pugilistes, qui sont pansés, bichonnés, nourris, adulés, à l'instar du trotteur ou du lévrier: l'homme n'est qu'un animal qui joue.

En France, la naissance du sport moderne s'accompagne des mêmes conséquences. Mais la Faculté, qui s'empare du problème, conceptualise: face à un animalisme vulgaire se dégage un physiologisme savant. MAREY, LAGRANGE, DEMENY, et à un degré moindre, TISSIÉ, sont les plus remarquables représentants de cette école.

COUBERTIN, lui, réfute cette attitude dès l'entrée dans l'arène publique. Et tout naturellement, semble-t-il. D'une part parce que sa culture scientifique ne risque pas de le désorienter: il est bachelier en lettres et en droit; d'autre part, et surtout, parce qu'il a reçu une solide culture gréco-latine.

Il entre en lice sans complexes: Don Quichotte, en la matière. Mais à l'âge de toutes les audaces.

Le courant suédiste, fort à l'honneur dans les années 80, a retrouvé en France des linéaments vivaces qui lui ont redonné une vigueur nouvelle: il reste l'un des aspects historiques de la gymnastique médicale, fondement de toute civilisation. Or, fait patent, cette gymnastique pour gens malades a toujours gauchi l'éducation physique des bien-portants, quand elle n'a pas prétendu se substituer à elle. COUBERTIN la rencontrera toute sa vie sur sa route: personne ne saurait s'en étonner.

Mais, butant contre l'obstacle, il se voit dans l'obligation d'affirmer une théorie. Contre la physiopédagogie sportive alors triomphante, COUBERTIN énonce le primat de la psycho-pédagogie sportive.

Il est seul, en terrain découvert, avec pour seule boussole sa culture et son intuition: mission difficile, où n'existe pas d'expérience antérieure.

Il pourra encore écrire en 1928, sans crainte d'être démenti:

> La pédagogie sportive n'a point de manuels, presque point de «magisters», et à peine de doctrines esquissées. Le seul homme qui eût pu, à cet égard. servir vraiment la postérité, le grand Anglais Thomas ARNOLD, n'a rien écrit[94].

Son œuvre de visionnaire et de lutteur, dont on ne mesure qu'à peine toute l'importance, à l'heure où les sciences humaines éclairent la compréhension globale de l'entraînement sportif, ne peut aller qu'à contre-courant:

> Our readers may complain that we insist too frequently on the importance of psychology with regard to muscular education and training. But the fact is that, mostly in English speaking countries, no attention whatever is given to psychological problems — «Animalism» so to speak, dominates in such a way and to such an extent that writers and readers alike fail to notice it.

Et de prendre à témoins des publications de langue anglaise: *The Research Quaterly*, et le *Journal of Health and Phy-*

---

94.   COUBERTIN, Pierre de, Bulletin du B.I.P.S., no 4 p. 10.

sical Education publié par The American Physical Education
Association.

> A general impression of animalism runs through it all.
> Man seems to be looked upon as a splendid animal that
> ought to be careful taken care of so much for his body.
> What about his spirit, his will, his soul...[95]?

Pourtant le combat a été commencé très tôt — dès
1886 — et sans solution de continuité: la liste des publications consacrées à la croisade est édifiante.

Mais la résistance est rude, et d'autant plus qu'elle siège au sein d'un des bastions les plus fermés: la Faculté!

> L'obstacle le plus redoutable rencontré par la pédagogie
> sportive fut l'œuvre du corps médical... On se mit à la
> recherche de la «culture physique rationnelle», nouvelle
> pierre philosophale... Les méthodes se succédèrent les
> unes aux autres, toutes basées sur l'étude du corps hu-
> main envisagé du seul point de vue animal...[96]

En 1925, après quarante ans de lutte, les protagonistes
campent encore sur leurs positions. Il s'écrie:

> Ainsi s'affermit la notion... que l'anatomie suffit à tout et
> qu'elle doit, en Éducation Physique, exercer les fonctions
> d'un directeur-gérant à pouvoir illimité... La physiologie
> ne procurera que d'imparfaites données tant qu'on ne
> s'avisera point de les compléter par des données d'or-
> dre psychique[97].

Ainsi ("What about his spirit, his will, his soul?") l'esprit et le corps doivent apprendre à vivre très tôt en bonne
harmonie. Attitude classique, celle même de MONTAIGNE,
et de ROUSSEAU. Avancer cet axiome, c'est faire du corps
l'instrument utile de l'âme; c'est atteindre à l'état de culture,
qui est celui même de liberté:

> L'esprit et le corps doivent s'être connus de tout temps
> et avoir été élevés ensemble. C'est pourquoi nous en ar-
> rivons à cette solution qu'il ne peut y avoir d'Éducation
> Physique complète sans le secours de la psychologie et
> que, notamment, il existe une philosophie de la culture

---

95. COUBERTIN, Pierre de, Bulletin du B.I.P.S., no 7, pp. 5, 6, 7.
96. *Idem, Pédagogie Sportive,* Histoire des exercices sportifs, *loc. cit., p. 57.*
97. COUBERTIN, Pierre de, Discours prononcé à l'ouverture du Congrès
Olympique de Prague 1925, (29 mai, 4 juin).

corporelle dont il est indispensable que soient imbus le maître et l'élève[98].

Un pont est ainsi jeté entre le corps et l'âme. Il reste à l'homme à faire fructifier l'état de nature, par une volonté sans défaillance, libératrice des énergies individuelles.

Aussi l'effort est-il, dans l'éducation coubertinienne, l'outil indispensable:

> L'effort! Ce mot résume toutes nos doctrines, toute notre pédagogie. L'effort librement accepté, raisonnablement pratiqué, voilà le programme dont nos publications périodiques ont pris la défense[99].

Attitude traditionnelle, sans doute. On voudra bien cependant noter qu'il ne s'agit pas là d'un ordre imposé, extérieur à l'individu, mais d'une acceptation intérieure, d'une détermination autonome. C'est là un fait pédagogique capital, qui permet à tout éducateur moderne de reconnaître en COUBERTIN un des siens.

Ainsi COUBERTIN, par réaction contre l'animalisme, rejette tout dressage qui reposerait sur une conception anatomophysiologiste de la nature humaine. La psychologie est pour lui la clef de l'éducation corporelle.

Trois questions le préoccupent:
— Existe-t-il un instinct sportif?
— Quelles sont les caractéristiques psychologiques des sports?
— Le transfert de l'activité physique à l'activité mentale est-il possible?

Les textes qui traitent de l'instinct sportif s'étagent de 1900 à 1918[100].

COUBERTIN y remarque d'abord que le sport n'est,

98. *Idem*, «L'Homme et l'Animal», *Revue Olympique*, Paris, avril 1909, p. 93.

99. COUBERTIN, Pierre de, Rapport présenté à la Sorbonne le 3 janvier 1891 à la 3ᵉ session annuelle du Comité de Propagation des Exercices Physiques, qui devient, à compter de cette date: *Conseil Supérieur de l'Éducation Physique.*

100. COUBERTIN, Pierre de, «La Psychologie du sport», *Revue des Deux Mondes,* 1ᵉʳ juillet 1900.

Idem, «La Psychologie du sport, Notes sur l'Éducation Publique», pp. 152 à 173. (article repris de la *Revue des Deux Mondes* du 1/7/1900)

Idem, «Ce que nous pouvons maintenant demander au sport», Lausanne, 24/2/1918.

ni une forme de santé, ni la manifestation d'un surcroît de force constitutionnelle.

Il en conclut que le sport n'est pas l'éducation physique, et qu'il n'est pas l'apanage des hommes forts. Il y voit le fait des gens occupés, et en conclut que c'est là une des formes de l'activité humaine :

> Ne serait-on pas en droit d'en conclure que le sport est une des formes de l'activité, qualité qui ne dépend ni de l'intelligence, ni même de la santé, et qui est loin d'être universellement répandue, mais à laquelle la civilisation moderne sert d'aiguillon en lui procurant des occasions multiples de s'utiliser[101].

Le sport moderne serait donc une conséquence de la civilisation moderne. COUBERTIN ne pousse pas plus loin le rapprochement : le pouvait-il d'ailleurs, dans l'état de balbutiement où se trouvaient la psychologie et la sociologie ? C'est là une remarque pertinente en tous cas, et qui fait du sport moderne, non pas un phénomène hors du temps et de l'espace, sorte de mythe qui aurait traversé les âges, mais le produit culturel d'une civilisation.

C'est bien ce qu'il confirme, réfutant la définition innéiste, quand il écrit que l'instinct sportif est le fruit de réflexes naturels et spécifiques acquis par l'homme au contact du cheval, dès les premiers âges de l'humanité :

> Pour moi, je suis arrivé à cette conclusion qu'il est né (l'instinct sportif) du contact de l'homme non avec l'arme mais avec le cheval. L'homme armé n'était point nécessairement sportif ; l'homme à cheval devait l'être, fût-ce malgré lui[102].

Quant aux raisons qui le poussent à chercher dans le sport des caractères nouveaux, il s'en explique :

> Nous nous trouvons en face d'un phénomène international qui ne paraît être ni le propre d'une seule race, ni le résultat d'une hérédité quelconque. Il est d'autant plus intéressant d'en déterminer les caractères psychologiques que le phénomène a déjà fait dans le monde des

---

101. COUBERTIN, Pierre de, *La Revue des Deux Mondes*, 1/7/1900 (*loc. cit.*)
102. COUBERTIN, Pierre de, «Ce que nous pouvons maintenant demander au Sport», *loc. cit.*

apparitions antérieures: Athènes et Rome furent, avant Londres ou Stockholm, de grands centres athlétiques[103].

Malgré l'amitié chaleureuse qui le lie au Dr Fernand LA-GRANGE, il rejette les propositions contenues dans *Physiologie des Exercices du Corps*:

> On peut pratiquer le cerceau d'une manière très athlétique ou le football d'une manière efféminée[104].

Il classe les sports en deux grandes rubriques: sports d'équilibre et sport de combat. Les critères manquent d'évidence: pourquoi, par exemple, placer le hockey sur glace, jeu éminemment de combat, dans les seuls sports d'équilibre? Mais c'est la première classification tentée en France qui donne aux sports, et aux sportifs, la dimension humaine que les limites de l'anatomo-physiologisme interdisaient jusqu'alors d'envisager.

La didactique coubertinienne des différents sports est superficielle, nous l'avons vu en supra dans le chapitre consacré à la gymnastique utilitaire: quoi qu'en aient dit ou laissé entendre G. D. SCHOPERT, M. T. EYQUEM, F. MESSERLI, (déjà cités), COUBERTIN ne fut jamais vraiment un homme de terrain ou, comme l'on disait alors, «un moniteur de sport».

Aussi bien, c'est moins l'analyse du geste sportif et de sa technique qui importe pour le devenir de l'homme, que les intentions philosophiques de l'éducateur, et l'architecture institutionnelle offerte par la société à l'éducation.

Or, chez COUBERTIN, la pensée théorique, politique au sens plein du terme, est toujours primordiale par rapport à une analyse technique du geste souvent pauvre.

L'étude de trois des propositions les plus remarquables de Pierre de COUBERTIN: l'association sportive scolaire, le square sportif, la cure de sport, nous permettra de mieux appréhender les rapports entre la pensée théorique et la didactique coubertiniennes.

Rugby a frappé COUBERTIN. Ce qu'il a appris outre-Manche, c'est que le sport peut aider une communauté d'adolescents à vivre selon la loi morale.

103, *Idem*, *La Revue des Deux Mondes*, Tome 160, pp. 168-169, Paris, 1er juillet 1900.
104. *Idem*, «De l'organisation et du fonctionnement des Associations athlétiques dans les lycées et collèges de France», *loc. cit.*

C'est pourquoi l'association sportive scolaire française doit viser à remédier à l'état déplorable des mœurs dont les collèges de la République montrent le triste exemple.

Face à un phénomène nouveau, et à une jeunesse scolaire qui ne sait pas encore se servir d'une liberté toute neuve, un certain nombre de précautions doivent être prises, qui ressortissent au souci constant de moralité publique. Elles visent toutes, dans un premier temps, à isoler l'athlète scolaire des réseaux d'un sport civil trop peu soucieux d'éducation :

> ...L'autonomie des sports scolaires et universitaires, leur séparation d'avec les fédérations actuelles (dont l'organisation du reste est précaire et destinée à disparaître, je le crois, devant la montée du corporatisme) — l'interdiction à tout collégien de prendre part à un concours public à entrées payantes et à tout étudiant de participer à un tel concours sans l'autorisation de l'université — la suppression de ces perpétuelles allées et venues pour cause de championnats et de sous-championnats qui troublent les études, entraînent à de coûteuses dépenses et constituent du reste la pire manière de voir du pays, créant beaucoup plus de préjugés que ces «voyages à œillère» n'en dissipent... [105].

Comme chez HÉBERT, le spectacle sportif c'est BYZANCE, et le spectateur sportif l'Antéchrist : l'athlète ne peut être que candide.

La pureté morale du groupe proclamée, la liste des adhérents recevra le blanc-seing du Chef d'établissement, discret mais efficace conducteur d'une adolescence à qui l'on ne saurait accorder qu'une liberté sous contrôle :

> Il y a quelques chances pour que le noyau de l'Association ait été recruté uniquement parmi les paresseux, et dans ce cas son avenir est fort compromis : il le sera presque autant d'ailleurs si le recrutement ne s'est fait que parmi les bons élèves. Si la liste est panachée, tout est pour le mieux [106].

Car il est salutaire que l'Association recèle des tensions :

---

105. COUBERTIN, Pierre de. «De l'organisation et du fonctionnement...», *op. cit.*, p. 10.
106. *Ibidem.*

> Je crois que l'opposition est aussi nécessaire à une asso-
> ciation athlétique qu'à un gouvernement: elle est la ré-
> sistance qui provoque à son tour un effort plus puissant[107].

Ainsi COUBERTIN fait-il sienne la thèse du conflit, et
proclame-t-il sa foi dans la démocratie, dont il cherche à traduire les vertus au niveau des structures sportives:

> Il convient que l'Administration de l'Association soit em-
> preinte d'une simplicité républicaine[108].

C'est l'esprit de la loi de 1901 sur les Associations qui
préside à la conception et à la mise en place des associations sportives scolaires. Le dialogue entre tous les partenai-
res, la mise en projets d'idées communes, sont privilégiés,
loin des cris et de la hâte des «barbares».
Les réunions ne devront pas cesser:

> d'être intimes... La foule bruyante et houleuse ne nous
> acclamera jamais que contre notre gré[109].

Atmosphère de prétoire, plus que d'agora:

> Tous les quinze jours — plus souvent si cela est néces-
> saire — une réunion très courte du comité; pas de dis-
> cours, pas d'éloquence; chacun parlant à sa place et
> disant ce qu'il a à dire; la préoccupation de bien mener
> la société dominant tous les autres sentiments, voilà ce
> à quoi il faut arriver... le proviseur se fait rendre compte
> de chaque séance; de temps en temps il y assiste et en
> profite pour donner de ces conseils sans prétention qui
> sont aux grands sermons ce que, pour les tout-petits
> enfants, les bonbons sont à la bouillie — la bouillie, c'est
> l'ordinaire, on l'oublie, tandis qu'un caramel bien placé
> laisse un souvenir ineffaçable — les grandes tirades pas-
> sent, les petits conseils demeurent[110].

On notera que ce sont les adolescents qui s'organisent
et mènent les débats, mais que l'éducateur adulte, pour autant, n'est pas placé sous le boisseau.

---

107. *Idem*, pp. 10-11.
108. *Idem*, p. 13.
109. COUBERTIN, Pierre de, «De l'organisation et du fonctionnement...»,
op. cit., p. 16.
110. *Idem*, p. 13.

L'Association sportive doit être un levain dans la pâte de la société scolaire. Elle ne vivra pas en ghetto. Conçue pour être l'école de la vie, elle reçoit les informations du monde extérieur qui est la vie.

C'est pourquoi, loin d'ignorer la politique, il faut:

> qu'un petit journal sportif sans réclames et rédigé en partie par les élèves eux-mêmes les tienne au courant des choses qu'ils ont intérêt à connaître sans oublier le rappel des événements mondiaux et des principaux faits de l'évolution contemporaine[111].

L'Association sportive scolaire coubertinienne est donc un groupement d'happy-few, initiés et entraînés à la règle du jeu démocratique:

> Ce ne sont pas les Associations les plus nombreuses qui exercent le plus d'influence, ce sont les mieux disciplinées et les plus énergiques; ces qualités-là sont les qualités de l'élite et non de la masse[112].

Il est donc normal qu'un état de ferveur y soit souhaité et recherché. Or, une telle tension ne peut toujours être maintenue, et l'enthousiasme tourne court qui n'est pas relayé par une détermination raisonnée. L'enfant ne sera donc pas confronté trop tôt à la lutte sportive: ainsi les «minimes» ne seront pas conviés au banquet des grands et ne pratiqueront pas les sports, mais des jeux éducatifs. De même, les dirigeants devront être recherchés dans les classes de troisième, ou mieux, de seconde — COUBERTIN n'est pas un activiste, mais un éducateur:

> Sport, liberté, hiérarchie, toutes ces choses se tiennent. Point de jeux pour les enfants tenus en laisse et point de liberté possible si une part d'autorité n'est pas dévolue aux plus grands[113].

Un souffle semblable, démocratique et libéral, sous-tend les réalisations pédagogiques que COUBERTIN veut voir proposées aux adultes. Après la première guerre mondiale, en

---

111. COUBERTIN, Pierre de, «De l'organisation et du fonctionnement...», *op. cit.*, p. 13.
112. *Idem*, p. 16.
113. COUBERTIN, Pierre de, *L'Éducation Anglaise en France à l'École Monge*, Librairie Hachette, Paris 1889, p. 63.

effet, il est patent que les masses ouvrières et paysannes vont pénétrer dans les retranchements sacrés de la bourgeoisie.

Le sport, jusqu'alors activité de luxe d'une élite comblée, va être conquis par les classes moyennes et le prolétariat. Que faire, se demande COUBERTIN, pour que, dans la «société égalitaire», le sport devienne accessible à tous, sans qu'il soit besoin de révolution?

Il répond en 1919: les «squares sportifs» et la «cure de sport» seront les moyens que devra mettre la société à la disposition de tous les citoyens, pour que le sport devienne le bien de tous, sans exclusive.

Les squares sportifs seront des

terrains municipaux ouverts à tout venant.

On y pratiquera tous les jeux éducatifs de la petite enfance et tous les sports virils de l'adolescence et de l'homme adulte. Nul n'aura besoin d'y payer une entrée, d'y remplir une quelconque adhésion à un club ou à un organisation. Pas de gardiens grincheux ou de portes fermées, mais de libres ébats pour tous. C'est la réplique française des «playing fields» britanniques où, contrairement à l'opinion française courante, la pelouse n'est jamais si belle que foulée par des milliers de jambes sportives.

Ces squares seront complétés par ce que COUBERTIN n'appelle pas encore «le gymnase rénové[114]», mais par une institution dont il a trouvé le modèle dans l'Athletic Club Américain, lieu d'entraînement physique où le citoyen peut boxer, nager, faire de l'escrime ou jouer à la paume, mais aussi lieu de rencontre et de dialogue, où la formation à la vie de la cité coule de source, toutes générations confondues, comme autrefois sous les portiques de la palestre.

C'est déjà — il y reviendra surtout après la Conférence d'Ouchy, en 1924 —[115] le souci de rester dans le quotidien, à la disposition de tous, et surtout de ceux qui travaillent et dont les loisirs sont rares. C'est la volonté de voir l'État se décentraliser, «se municipaliser» — on retrouve ici la haine de COUBERTIN (le mot n'est pas trop fort) contre l'Administration :

114. Cf. en infra, «De la cité des hommes à la terre des hommes».
115. *Idem.*

hydre toujours à combattre, car toujours à renaître[116].

Certes, COUBERTIN ne pousse pas l'utopie jusqu'à revendiquer un sport sans structures administratives, coupé des réalités nationales, en dehors des fédérations et des organismes internationaux.

Mais, au nom de la liberté, il s'emploie à combattre la hiérarchisation bureaucratique du sport. D'une part, il offre au pratiquant individuel un «square» gratuit. D'autre part, il requiert des athlètes de diriger eux-mêmes leurs associations, conscient que l'abandon des organismes de direction des clubs à des non sportifs ne peut mener qu'à l'affairisme et à l'anarchie. À cette fin, joueurs et dirigeants passeront des brevets analogues aux Ajax de l'Alpine Club de Grande-Bretagne, sortes de séances initiatiques d'où seront rejetés les incapables et les non éclairés. La puissance administrative des Fédérations sera en outre freinée par le principe d'intermittence. Pas de dirigeants à vie, COUBERTIN est contre la gérontocratie.

La cure sportive est l'autre aspect social de la proposition coubertinienne, en réponse à des faits de civilisation plus pressants que jamais :

> La cure de sport est celle que font *préventivement* les bien portants assez avisés pour veiller en temps voulu à la conservation de leur santé. Elle constitue *une mise en état de défense préventive de l'organisme adulte par réapprovisionnement et accroissement des réserves de forces vitales.* Elle suppose *une période déterminée exclusivement consacrée à l'exercice musculaire.* Deux conditions lui sont indispensables : ne pas être immédiatement *consécutive à un surmenage quelconque,* physiologique ou psychologique ; s'opérer dans un *cadre inhabituel,* loin des préoccupations professionnelles et des tracas familiers[117].

Le souci est clairement dit : la santé est fonction de l'entraînement musculaire, hors des charges du quotidien. En outre, et sans doute parce que l'expression prête à confusion — et surtout à l'époque où il est de bon ton «d'aller aux

---

116. COUBERTIN, Pierre de, Bulletin no 5 du B.I.P.S., p. 9.
117. COUBERTIN, Pierre de, «La Gymnastique Utilitaire et la Cure d'Aviron», in Praxis, *Revue Suisse de Médecine,* Ouchy, 1928, p. 6. Les mots en italique sont dans le texte de COUBERTIN.

eaux» — la cure dont il s'agit ne saurait en aucun cas être une thérapie; elle ne s'adresse qu'aux bien portants, soucieux de «se maintenir en forme».

En fait, COUBERTIN fait la distinction très nette entre l'entraînement et le demi-entraînement. L'un est du domaine du sport de compétition, l'autre ressortit au temps de loisir.

Le demi-entraînement doit permettre de se livrer à:

> Une forte journée sportive sans danger pour (la) santé et sans (éprouver) que de la saine fatigue.

Il précise:

> Le jeune homme et l'homme faits, doués d'aptitudes physiques moyennes ont besoin de 3 à 6 séances tous les 18 mois[118].

L'idée d'un retour à la nature, d'une recharge des forces vitales par les éléments naturels et contre eux: air, eau, soleil, n'est pas en soi nouvelle. À la même époque, le Dr CARTON, Georges HÉBERT, se réfèrent au même principe. — (Nous pensons en particulier à la palestre féminine qu'HÉBERT organisait chaque été à TROUVILLE, pendant les grandes vacances scolaires.) — Mais ce qui est différent, c'est qu'il s'agit là d'une cure de sport, et non d'hydrothérapie, de diététique végétarienne, d'héliothérapie, comme chez CARTON, ou d'exercices naturels comme chez HÉBERT.

Chez COUBERTIN, aucune équivoque, la cure de sport:

> Consiste à couper court à toutes les occupations et préoccupations habituelles en allant mener en pleine campagne, dans un camp ou dans un hôtel approprié *une vie intensément sportive* [119].

Certes, pour COUBERTIN, tous les sports sont bons, mais il en est de meilleurs et, indiscutablement, ses préférences vont à la boxe et à l'aviron.

Avec:

> (son) cher ami (...), le Dr Fernand LAGRANGE, le grand précurseur de la «Physiologie des Exercices du Corps».

---

118. COUBERTIN, Pierre de, «La Gymnastique Utilitaire», *op. cit.*, p. 111.
119. COUBERTIN, Pierre de, «La Gymnastique Utilitaire», *op. cit.*, p. 111.

il pense que l'aviron et la boxe, dans la recherche de la formule de rénovation pédagogique à laquelle tous deux sont passionnément attachés, sont

> dignes du premier rang au point de vue éducatif : un tiers de valeur morale et deux tiers de valeur mécanique, voilà l'aviron ; un tiers de valeur mécanique et deux tiers de valeur morale, voilà la boxe [120].

Cependant, compte tenu de «difficultés d'exécution» — et sans doute pense-t-il aux camps d'entraînement en pleine nature «à l'américaine» — il ne préconise pas de cures de boxe, mais seulement d'aviron.

L'aviron, outre des bienfaits d'ordre commun, est pour COUBERTIN, la meilleure des thérapeutiques contre :

> ce fléau en forme d'hydre mythologique, qui porte, pour les simples mortels, le nom d'arthritisme [121].

Dans quel esprit s'effectuera ce retour aux sources ?

La question n'est pas de sacrifier aux rites et au snobisme de l'hygiène aimable des curistes cosmopolites, mais bien de se livrer à une lutte sportive intense. La compétition contre soi et contre les autres est donc d'une absolue nécessité : il serait absurde de vouloir en supprimer le principe, même si on en dénonce les dangers :

> Ces créations (les concours) ont apporté à la publicité un renfort déplorable et singulièrement aggravé la néfaste influence des prix [122].

Pour y remédier, COUBERTIN propose, — et nous retrouvons l'exemple britannique — de substituer le défi au championnat.

C'est là un point important, et spécifique, de la pédagogie coubertinienne. Le sport requiert une confrontation physique. Nul éducateur ne saurait échapper à cette obligation, mais nul éducateur n'ignore combien cette lutte sportive traîne après elle de nuisances dont il faut tenir compte.

Au championnat organisé, bureaucratisé par une fédération, COUBERTIN préfère le défi individuel. Telle équipe

---

120. *Idem*, «La Cure d'Aviron», p. 4, *loc. cit.*
121. COUBERTIN, Pierre de, «La Cure d'Aviron».
122. *Idem*.

propose à telle autre de la rencontrer. C'est la «bourse aux matches» britannique; c'est ce que nous avons connu en France, avant-guerre, alors que le sport scolaire et universitaire, bâti sur ces principes, était largement municipalisé et régionalisé. Et c'est, semble-t-il, ce que l'on a paru oublier, sitôt la paix recouvrée.

Car le but de COUBERTIN n'est pas de rechercher coûte que coûte un hypothétique champion du monde, et surtout pas par l'intermédiaire des Jeux Olympiques:

> La qualification de champion du monde est pratiquement vaine par la raison qu'il n'existe point de réunions — même les Jeux Olympiques — où toutes les nations se trouvent représentées par leurs meilleurs hommes; à peine pourrait-on y tendre pour un championnat national dans un pays de dimensions restreintes[123].

C'est donc à l'individu, au niveau de son groupe de vie: quartier, ville, au plus région, de relever le gant.

Mais l'individu est isolé, et la sportivité de l'homme, constate-t-il, est fragile.

La société, corrompue par l'argent, avilit le sport. Il faut donc alerter les élites, créer un vaste mouvement d'opinion, faire que la philosophie du sport soit envisagée, discutée, qu'elle sorte renforcée des congrès olympiques, que l'image morale qu'elle véhicule s'impose à tous: aux hommes politiques, aux intellectuels, mais surtout aux parents et aux éducateurs.

S'il le faut, on ira sur la montagne afin d'exhorter, de prédire, de mettre en garde. On lancera des adresses aux peuples rameutés: on proclamera l'éternité du sport, mais aussi sa précarité, dans un monde qui nie le geste gratuit. La Charte de la Réforme sportive (1930), entre autres[124], reprendra les idées-forces, inlassablement avancées et développées depuis 1880: sport, liberté, honneur.

COUBERTIN, ou «le sport pour tous» avant la lettre.

Dans ces joutes, nombreuses, jamais COUBERTIN n'aborde les techniques sportives. Est-ce à dire qu'il se désintéresse de la méthodologie de l'entraînement?

---

123. COUBERTIN, Pierre de, «La Gymnastique Utilitaire», *op. cit.,* p. 18.
124. Cf. en infra, chapitre: «De la Cité des Hommes à la Terre des hommes».

Trois remarques prouvent le contraire.

La première a trait aux méthodes, dont on sait combien la «querelle» fut une des données fondamentales de l'histoire de l'Éducation Physique et du Sport Français. COUBERTIN n'en préconise aucune:

> L'individu est trop variable physiologiquement et surtout psychiquement pour qu'on puisse codifier les moindres détails de son dressage[125].

La seconde a trait à l'apprentissage du sport. Le fait est d'importance, puisqu'il met directement en cause la croissance de l'enfant, les modalités et les programmes d'enseignement, le rythme et l'évaluation du processus éducatif:

> Cet apprentissage sera-t-il, pour les différents sports, successif ou simultané?
> En ce qui concerne l'apprentissage il faut poser ce principe qu'un sport ne prépare pas à un autre et que, par conséquent, chaque sport doit avoir ce qu'on pourrait appeler une «initiation autonome» visant à organiser la mobilisation musculaire qui lui est propre. Mais ces initiations risquent-elles de se contrarier ou, à l'inverse, peuvent-elles s'entr'aider? Il n'y a ni trop à le craindre ni beaucoup à l'espérer... Mais un principe général dont l'expérience souligne le caractère bienfaisant sera d'enseigner, autant que possible, les sports deux par deux. Il s'établit ainsi, dans la répartition du travail musculaire, une bonne variété et point de confusion[126].

COUBERTIN est le premier théoricien français du sport à poser cette question. Certes l'École Française de Joinville, elle aussi, s'évertua à complémentariser les sports enseignés, mais plus, semble-t-il, par souci physiologique ou ludique, que par souci d'éducation neuro-motrice. De même Maurice BAQUET[127], ancien directeur pédagogique de l'Institut National des Sports de Paris, et dirigeant de la Fédération Sportive et Gymnastique du Travail, proposera, dès 1944, des séances d'éducation sportive où, par raison philosophique, (l'homme est un, et d'abord, un être social), sports individuels, jeux sportifs collectifs, et sports de combat, entrecroiseront

125. COUBERTIN, Pierre de, «La Gymnastique Utilitaire», *op. cit.*, p. 110.
126. *Ibidem.*
127. BAQUET, Maurice, *Précis d'Éducation Sportive*, Éditions Bourrelier, Paris, 1944.

leurs vertus dans un éclectisme polytechnique dont on espère, a priori, qu'il sera bénéfique au progrès pédagogique de l'apprentissage psychomoteur.

Il faudra attendre les travaux de Robert MÉRAND et du Dr LE BOULCH pour que, sous l'influence d'une démarche de pensée structuraliste et marxiste, les gestes sportifs ramenés à des « exercices-clefs » et les situations des jeux sportifs collectifs passés au peigne de l'analyse cybernétique, on tente de dégager d'entre tous les sports des invariants technologiques. C'est sans doute, à l'heure actuelle, la recherche pédagogique la plus riche de questions et la plus porteuse d'avenir.

Enfin, troisième remarque, dont on aperçoit seulement aujourd'hui l'importance :

> La pédagogie sportive a ceci de particulier qu'elle dépasse les limites de l'adolescence et déborde sur l'âge adulte. Son objet, après avoir ciselé l'éphèbe, est aussi de maintenir la ciselure de l'homme fait. Son application a une limite inférieure ; l'enfance ne lui appartient pas. C'est une redoutable erreur que nous commettons aujourd'hui de mettre trop tôt le contact entre l'enfant et le sport organisé.
> De limite supérieure, la pédagogie sportive n'en connaît d'autre que l'usure de l'âge. Voilà la seconde erreur d'aujourd'hui. Le sport est considéré comme d'essence juvénile (donc passagère) et collective. Or, pour agir vraiment sur la cité, il doit être avant tout individuel et prolongé jusqu'au plus loin possible... Rien ne rayonne davantage dans la vie civile que ce que j'appellerais l'heure étale [128].

C'est, en fait, tout le schéma mécaniste : éducation physique, puis sport, puis culture physique, qui est taillé en pièces. Il est en effet commun de dire que le sport, « sommet de la pyramide », repose sur une éducation physique « de base », ou « préalable ». Dans ce texte, COUBERTIN dit clairement que, sitôt l'heure du sport survenue, c'en est fini de l'empire de l'éducation physique traditionnelle, puisque, jusqu'à « l'heure étale » le sport doit être pratiqué. Certes, la restriction coubertinienne envers l'enfance est d'importance ; quoique aujourd'hui, les pédagogues les plus avertis savent

---

128. COUBERTIN, Pierre de, « La Gymnastique Utilitaire », *op. cit.*

que l'éducation sportive peut être commencée dès le jardin d'enfants, sous forme de jeux, d'invites à se mesurer, dont l'essence n'est pas différente de celle des sports de l'adolescence et de l'âge adulte. Le pays aujourd'hui quantitativement et qualitativement le plus sportif d'Europe — et peut-être du monde — la République Démocratique Allemande (R.D.A.), s'est engagée dans cette voie ; précédée, il est vrai, de centaines de chercheurs universitaires et de savants, formés à l'École Supérieure des Sports de Leipzig.

Une pédagogie du sport pour le troisième étage est en train de se développer un peu partout dans le monde et surtout dans la plupart des pays socialistes. En France, le Comité National Olympique et sportif français, encouragé par les pouvoirs publics, lance une campagne d'information. L'idée gagne du terrain : sait-on pour autant que COUBERTIN en fut le père ?

Contrairement aux conceptions spencériennes qui ont cours alors sur les stades et dans les ampithéâtres, COUBERTIN pose donc pour principe que la pédagogie sportive ne peut être qu'une psycho-pédagogie.

Sans doute, parce qu'on ne prête qu'aux riches, attend-on beaucoup de la démonstration. Elle n'est pas convaincante. L'analyse de l'instinct sportif, la typologie des sports, la didactique des exercices, marquent la volonté de sortir d'un physiologisme fermé, mais ne conduisent pas au-delà d'une approche littéraire des problèmes : en faire grief à l'auteur serait oublier les débuts difficiles de la science psychologique.

Le postulat, cependant, est fondamental : il place le sport moderne, dès sa naissance, sous le fronton de l'esprit et privilégie, en conséquence, la philosophie pédagogique sur la technique gestuelle, la finalité sur les moyens. L'association sportive scolaire, le square sportif, la cure de sport, la charte sportive, n'ont pour but que de mettre le corps en état de tension et de disponibilité en vue de mieux servir l'âme : dans cette optique d'un sport de divertissement socialement utile à tous, le défi remplace le championnat. Qui plus est, en fustigeant l'animalisme, COUBERTIN attire l'attention et conquiert la sympathie des intellectuels et des hommes politiques: il ouvre une ère de relations positives entre l'Université, les pouvoirs, et le sport moderne.

Mais surtout, en conviant ses contemporains à mettre en question un phénomène nouveau qui a toutes les apparences de l'habituel et de l'évident, puisqu'inscrit au plus profond des mythes d'une conscience collective gréco-latine, COUBERTIN affirme révolutionnairement l'existence d'une théorie (il dit philosophie) du sport moderne.

Cette attitude, remarquable, spécifique et nouvelle, est une des raisons qui font de COUBERTIN l'un des plus grands pédagogues du XXᵉ siècle, définitivement acquis l'importance sociale du phénomène sportif.

chapitre II

l'éducation intellectuelle d'un adolescent au XXᵉ siècle

du cellularisme à l'analyse universelle

L'action de COUBERTIN en faveur de l'Éducation Physique et du Sport éducatif est donc de toute première importance. Elle est pourtant quasiment méconnue, la rénovation des Jeux Olympiques l'emportant, et de loin, dans la renommée des contemporains.

Le mérite de COUBERTIN, l'immense reconnaissance que nous lui devons — et il faudra bien, coûte que coûte, forcer les indifférences, provoquer la classe politique pour qu'un hommage national et durable lui soit rendu — se situe bien au-delà[1].

On ne dira jamais assez que le sport n'est pour COUBERTIN qu'un moyen, qu'un levier, pour pousser, soulever, ébranler, les fondements traditionnels de l'enseignement traditionnel. Et que cette œuvre de bûcheron, ou d'artisan musclé, n'a pas de fin en soi, mais qu'elle vise à la grandeur de la France et à la réforme de l'éducation.

---

1. Un temps, avant 1968, le Général DE GAULLE, pensa faire inhumer COUBERTIN au Panthéon: la famille de Pierre de COUBERTIN s'y opposa. (Déclaration de M. De NAVACELLE, petit-neveu de COUBERTIN, le 26/2/1972). Les raisons indiquées officiellement au Comte de BEAUMONT, Président du Comité Olympique Français, étaient de deux ordres. D'une part le vœu de Pierre de COUBERTIN d'être inhumé en Suisse, où il était décédé. D'autre part, le fait que le cœur de Pierre de COUBERTIN repose dans une stèle, à Olympie.

En fait, par le biais des problèmes que soulève à ses yeux la naissance du sport moderne, COUBERTIN va mettre en question les fondements philosophiques et l'organisation même de l'Université:

> En travaillant plus de vingt années à restaurer l'éducation physique, j'ai eu maintes occasions d'étudier la crise que traverse l'enseignement, crise dont l'universalité souligne l'importance. Ainsi, j'ai été amené à chercher et à proposer une solution nouvelle totalement différente par son principe et par son objet du régime en vigueur jusqu'alors[2].

Car ce n'est pas du fait sportif seul qu'il part dès le début de sa réflexion, mais de l'état politique et social de la France contemporaine, telle qu'elle se présente aux yeux d'un jeune libéral, après la défaite de 1870.

L'immense mérite, de COUBERTIN est de ne pas s'être enfermé dans le monde clos du sport et de la technique sportive. Dans l'un des cas, il n'eût été qu'un vicomte de JANZAY, sportsman richissime, dandy de Pré-Catelan. Dans l'autre, il ne fût devenu qu'un «professeur de culture physique», ou de savate, animateur de salle de gymnastique pour snobs de la «Belle Époque».

Sans doute, nous l'avons dit, COUBERTIN n'était pas seul alors, dans la classe privilégiée, à s'interroger. Mais il fut bien le seul, fin du XIXe siècle, à avoir, au travers de l'axiologie et de la méthodologie de l'Éducation Physique et du Sport, su et voulu saisir les inéluctables mutations que, dans son sillage, la révolution industrielle allait provoquer dans les structures et dans les concepts de l'éducation.

Il est le seul, parti de ce point originel de réflexion: «Que peut apporter le sport moderne à l'éducation?», et parce qu'il pensait à la France du XXe siècle, à avoir voulu bâtir un système éducatif et spécifique qui puisse répondre aux besoins d'une société nouvelle.

---

2. «L'Éducation des Adolescents au XXe siècle», L'Analyse Universelle, Librairie Alcan, Paris, 1907, Préambule, p. 4.
La liste bibliographique des œuvres de COUBERTIN publiée en post-face de *L'Idée Olympique,* Pierre de COUBERTIN, *Carl DIEM Institut,* Cologne, 1966, fait figurer par erreur cette œuvre à l'année 1915.

Une remarque prélable doit être faite. À ses débuts, COUBERTIN ne s'intéresse qu'à la réforme du seul enseignement secondaire dont relèvent ces «adolescents du XXe siècle» dont il veut faire l'éducation.

Il s'en explique.

L'école primaire a pour but de fournir «les bases techniques de la culture». On ne saurait demander plus à l'instituteur, déjà suffisamment tiraillé entre ses devoirs de maître et ses tentations de syndicaliste. Si nous résumons un peu succinctement la pensée de COUBERTIN, disons que moins on s'occupera de l'instituteur et de l'école primaire, mieux cela vaudra. Car l'école primaire est alors l'enjeu du parti républicain (laïc) et conservateur (clérical), et point n'est besoin d'y introduire des éléments de changement qui pourraient perturber un équilibre précaire et difficile. D'autant plus qu'avec la meilleure volonté:

> Vous ne saurez faire que la géographie tende au matérialisme et l'arithmétique au spiritualisme — que la grammaire soit dévote ou le dessin anticlérical[3].

C'est vite dit, nous le savons bien, mais résume bien cette pensée que l'enfance doit être tenue en dehors de joutes de pensée réputées dangereuses.

Le programme de l'école primaire se résume d'ailleurs en peu de mots:

> Partout il tourne autour des mêmes matières et son évolution est extrêmement limitée; la grammaire et l'arithmétique en sont les deux foyers.

La méthode est traditionnelle:

> Il s'agit de retenir l'attention, d'entraîner la mémoire, d'éveiller le raisonnement et le jugement... Ce qui lui convient (à l'enfant) ce sont des dates, des faits, des règles, des mots qui jalonnent son intelligence.

Et pour conclure:

> Les meilleures écoles primaires sont celles qui s'en tiennent à ce programme et ne cherchent point à développer précocement la faculté d'observation et l'esprit critique[4].

---

3. COUBERTIN, Pierre de, «Note sur l'Éducation publique», *op. cit.*, p. 20.
4. *Ibidem.*, pp. 30-31.

Tout est dit... et, serions-nous tenté d'ajouter: hélas!
COUBERTIN est pour l'école primaire, froidement, avec détermination, un tenant de la vieille scolastique. La mémoire,
les mots, au plus un «éveil» du jugement... tout l'arsenal
des vieilles règles et du dogmatisme pédagogique. Pourtant, les enfants des bourgeois vont bien à l'école primaire? Oui, mais il s'agit là des instituteurs de village:

> au modeste savoir[5]

et les enfants de la bourgeoisie fréquentent les «petites classes» des lycées ou des cours privés.

Lui, apparemment si libéral en matière d'éducation lorsqu'il s'agit de l'adolescence, est réactionnaire dans les méthodes quand il est question de la petite enfance. Il semble
bien, en effet, que seule compte pour lui cette adolescence,
bourgeoise et sélectionnée, sur laquelle il fonde tous les espoirs. Le paradoxe, cependant, nous semble moins le fait de
COUBERTIN que de l'école traditionnelle, ignorante de la
psychologie de l'enfance.

Quant à l'enseignement supérieur, il l'abandonne encore, pour l'instant, aux spéculations désintéressées. Mais
la transformation est proche, force sera de suivre les lignes
de pente. Car est-il concevable qu'une société, *industrielle,*
n'exige pas de son université des *techniciens* spécialisés?

> La démocratie est pressée, et quand son règne coïncide
> avec un essor matériel comme celui auquel nous avons
> assisté, sa hâte habituelle n'en devient que plus grande.
> Elle veut des spécialistes et des spécialistes anticipés.
> Jamais elle ne permettra au collégien de se transfor-
> mer en un étudiant songeur, épris de culture générale
> et résolu à s'arrêter un moment avant d'entamer son exis-
> tence d'homme pour contempler le spectacle de la na-
> ture et s'en assimiler les principaux aspects. Si la géné-
> ralisation intervient, ce ne peut être que dans l'enseigne-
> ment secondaire. Or comme la généralisation *doit* inter-
> venir, il *faut* donc que ce soit dans l'enseignement se-
> condaire[6].

Au moins, il ne saurait y avoir d'équivoque. L'industrie
doit dicter ses critères à l'université. Finies les études litté-

---

5. COUBERTIN, Pierre de, «Note sur l'Éducation Publique», *op. cit.,* p. 27.
6. COUBERTIN, Pierre de, «L'Analyse Universelle», 1907, p. 142.

raires, l'humanisme par les textes. On sera pragmatique, on participera à l'effort général de production puisque telle est la loi d'airain de la société libérale. Bien évidemment, nous ne partageons pas ce point de vue, encore que l'on puisse se poser la question de savoir si ce n'est pas là un rêve éveillé sans conséquence pratique. Puisqu'aussi bien, jamais plus, COUBERTIN n'abordera cette question dans son œuvre.

Ce qui est donc sûr, c'est la focalisation de l'effort militant sur le seul enseignement secondaire. Et c'est bien évidemment parce que COUBERTIN s'identifie à l'idéologie de cet enseignement. C'est là que se forment les professions libérales et les chefs d'industrie qui font la force et la grandeur de la société bourgeoise, et c'est là, dans le creuset d'une adolescence curieuse et questionneuse, que se répercutent, avec le plus de force, les conséquences des découvertes scientifiques.

Or, que constate-t-il?

Non sans humour, COUBERTIN décrit le bachelier du début du siècle:

> Un jeune homme à la moustache naissante, ayant des goûts plus ou moins marqués pour une carrière quelconque, sachant traduire à livre ouvert sans trop de solécismes une demi-page de CICÉRON, ou édifier un carré de l'hypoténuse présentable, et capable de vous énumérer à votre choix les maîtresses de Louis XIV ou les composés du soufre[7].

En quelques lignes, le procès de l'enseignement secondaire est avancé. Pas d'épine dorsale, de lien directeur entre des notions diverses, glanées çà et là, aussi bien chez les classiques que chez les modernes. Une tête remplie, mais mal ordonnée, une mosaïque de connaissances éparses, sans plan d'ensemble. un manque général de synthèse:

> L'adolescent de ces classes-là est bien celui dont on peut dire qu'il a échangé une part de son intelligence contre un lot de notions numérotées. L'échange n'est heureux ni pour lui ni pour sa patrie[8].

---

7. COUBERTIN, Pierre de, «Notes sur l'Éducation Publique», 1901, *La crise de l'Enseignement Secondaire*, p. 43.
8. *Idem*, «L'Analyse Universelle», *op.cit.* Préambule, p. 21.

COUBERTIN rappelle qu'autrefois — c'est-à-dire avant que les découvertes du XIXe siècle: «chemins de fer, télégraphe, téléphone, lumière électrique, automobile, aéroplane...», ne viennent encombrer l'enseignement secondaire de faits et de notions scientifiques de plus en plus complexes et nombreux, — les problèmes étaient bien plus simples:

> L'enseignement secondaire constituait jadis une vaste opération de synthèse qui n'aboutissait pas toujours mais qui s'ébauchait en tous cas... Il produisait peu de fruits tout à fait secs; les plus paresseux et les moins doués en tiraient quelque profit dans la voie désirable; leur conception d'ensemble présentait un coloris plus ou moins pâle et des contours plus ou moins précis, mais elle existait[9].

Le gentilhomme, enfanté par cet esprit, était l'archétype. «Faire ses humanités», c'était accéder au modèle, atteindre à cet équilibre fait à la fois d'un:

> Séduisant mélange de résistance stoïcienne et de laisser-aller épicurien[10].

Une telle pédagogie devait sombrer nécessairement dans l'ignorance. Les bonnes manières d'antan affaiblissaient la pensée. Aujourd'hui, bardé de connaissances fragmentaires, l'adolescent ne comprend plus ce qu'il sait.
Émiettement donc des connaissances:

> Éparses... elles ne le sont ni comme les débris d'acropole qui éveillent la notion d'unité disparue, ni comme les matériaux d'une construction prochaine qui éveillent la notion de l'unité future[11].

Abondance des formules, des clichés, des idées toutes faites:

> Il en résulte dans le jugement naissant, une sorte d'encombrement qui l'empêche de s'exercer librement[12].

Telles sont les deux plaies dont souffre, à ses yeux, en 1900, l'enseignement Secondaire français.

---

9. *Idem,* «Les bases de la pédagogie prochaine», *La revanche des anciens, Le Gaulois,* 9 février 1904.
10. COUBERTIN, Pierre de, *Le Gaulois,* 9 février 1904.
11. *Idem,* «Notes sur l'Éducation Publique», *op. cit.,* p. 43.
12. *Idem,* «Notes sur l'Éducation Publique», *op. cit.,* p. 44.

La cause est donc entendue: il y a crise, et une réforme est nécessaire.

Alors, parce que COUBERTIN aime s'entourer de gens savants et compétents, parce que l'époque, depuis cinquante ans et plus, pratique la mode des commissions, l'Association pour la Réforme de l'Enseignement surgit en 1906. Des hommes illustres y participent, tels Jules JANSEN, physicien et astronome de grand renom, qui dès 1888, avec Georges PICOT, Secrétaire de l'Académie des Sciences Morales s'était, à la demande de COUBERTIN, déjà penché sur le problème[13]. De 1907 à 1910, des programmes nouveaux sont élaborés, soumis en dehors des cénacles habituels officiels, à l'approbation de Gabriel LIPPMANN, Prix Nobel de Physique, (1908).

Phénomène courant — les marginaux sont plus aptes aux mutations — COUBERTIN trouvera plus de compréhension immédiate chez les dirigeants des écoles libres, que chez les proviseurs des lycées de Paris. Il est vrai qu'il s'agit bien moins là d'écoles confessionnelles (pourtant il y aura des Jésuites et des Dominicains) que d'écoles privées (telles l'École Monge et l'École Alsacienne).

Quels principes guident cette réforme?

Tout d'abord, premier mérite, et non des moindres: on ne se limitera pas à une critique négative, on proposera « L'édification de bâtiments nouveaux ».

Ensuite, on fera fond en premier sur les besoins de l'adolescent du début du XXe siècle:

> L'adolescent est le principal facteur de l'équation à résoudre et ses intérêts à lui doivent primer tous les autres[14].

COUBERTIN constate combien les besoins de l'adolescent sont méconnus, mais n'en dresse pas pour autant la liste. Sans doute pense-t-il que son œuvre parle pour lui. On peut en effet supposer qu'il a déjà suffisamment livré sa pensée: liberté, hiérarchie, équipe, dans ses ouvrages antérieurs, pour ne pas éprouver le souci de grossir les pages d'un ma-

---

13. COUBERTIN, Pierre de, «Une campagne de 35 ans», *op. cit.* «Ainsi l'Alliance Idéale du sport et de la haute culture, s'affirmait dès le premier moment.»
14. *Idem,* «L'Analyse Universelle», *op. cit.,* p. 5.

nuel qui se présente plus sous les traits d'un abrégé, ou d'un vade-mecum, que d'une somme.

Enfin, l'adéquation de la réforme aux caractéristiques du temps présent sera une des majeures du programme.

Trois faits prépondérants dominent l'existence de l'individu et des nations, qu'elles soient empires ou républiques, du nord ou du midi. Ce sont, dit COUBERTIN: la démocratie, le cosmopolitisme, et l'instabilité sociale, plus ou moins liés entre eux, mais de toutes façons suffisamment imbriqués l'un dans l'autre pour former un tout intangible.

Quelles sont les conséquences de ces faits sur la réforme souhaitée?

La démocratie ressemble à ces vaisseaux de haute mer continuellement battus par les flots, continuellement soumis à l'incessant cheminement des vagues, et qui, pour garder le cap, doivent être équipés de modernes gyroscopes, mais aussi de vieilles cartes marines dépositaires de l'expérience ancestrale.

Les nations sont de même soumises aux flots pressants de l'Histoire, et survivent, dans la forme démocratique, dans la mesure où les hommes, instruits du passé, savent combiner l'esprit de tradition et l'esprit de nouveauté, surtout lorsqu'un écueil imprévu se présente.

Face à de jeunes impatiences, l'éducateur devra apprendre à imaginer l'avenir en se référant au passé, source d'expérience et de sagesse. Il devra montrer que l'Histoire se répète:

> Une démocratie éclairée est celle qui regarde en arrière quand il est besoin pour y relever la marche des peuples sur les routes d'autrefois, celle qui a le sentiment de la valeur du temps et sait que le progrès est issu de labeurs additionnés, celle qui peut, en une certaine mesure, tirer ses motifs d'action ou d'abstention de l'exemple des sociétés antérieures [15].

Il devra surtout lutter contre la surenchère de dirigeants élus, enclins tout naturellement à thésauriser sur l'avenir et à développer le dédain du passé.

---

15. *Ibidem.*, p. 8.

D'ou, *premier principe,* on enseignera à l'adolescent:

> le passé, mais tout le passé: non pas seulement celui de ses propres ancêtres ou de ses plus proches voisins mais celui de tous les peuples dans l'ordre et selon l'importance que l'histoire leur assigne[16].

Est-ce à dire que ce principe n'ait jamais été appliqué? Et que l'Histoire ancienne ou récente n'ait jamais été enseignée dans les classes des collèges? Non, sans doute. Mais, pense COUBERTIN, des friches demeurent, des pans entiers de l'histoire des peuples sont ignorés par d'autres peuples; une myopie chauvine afflige trop souvent ceux qui ont charge d'âme. Il écrit, non sans ironie:

> Pour reconnaître que Lao-tseu et Manou, la République de Novgorod, l'État teutonique et le royaume de Bourgogne transjurane, CASSIODORE et COSMA MINIME, l'Avesta et l'Écloga, JACKSON et BOLIVAR, LINCOLN et ROSAS, le Shogunat et le Monroïsme ont droit d'entrer dans les manuels et d'y tenir une place sérieuse, je crois bien qu'il faut n'appartenir à aucun corps enseignant et n'être sorti d'aucune école normale[17].

C'est que, second fait capital, le cosmopolitisme régit les rapports entre les nations.

Fruit de l'enrichissement des classes moyennes et du développement des transports, le cosmopolitisme, bien loin d'affaiblir l'idée de nation, l'exalte, au contraire, sous le double fronton de la solidarité et de la concurrence:

> Partout en contact, (les nations) se trouvent partout en rivalité les unes vis-à-vis des autres. Mais en même temps, elles sont solidaires en ce sens qu'elles ne peuvent agir trop fortement ou trop directement contre les intérêts d'autrui sans se nuire à elles-mêmes[18].

Au temps de la paix armée — mais il est vrai, l'un n'exclut pas l'autre — voilà un langage généreux et réaliste, et qui ouvre l'horizon et le champ de réflexion du jeune Français. Déjà, dans la *Revue du Pays de Caux* percevait-on ce souci de faire participer le paysan des manoirs de Normandie aux soucis du vaste monde. Et, rappelons-nous, le journal de

---

16. *Idem.*
17. COUBERTIN, Pierre de, «L'Analyse Universelle», p. 9.
18. *Idem,* pp. 10-11.

l'Association sportive scolaire doit réserver une place à la France et aux pays étrangers.

La myopie est donc le plus grand des malheurs pour un adolescent du XXe siècle, au contraire de l'honnête homme d'hier, quand la France des Rois et des Princes devait se replier sur elle-même pour mieux évaluer ses richesses et compter ses forces.

Donc, *second principe:*

> Il faut acquérir la notion des caractéristiques du temps présent, de tout le présent, non pas seulement de celui du pays ou de la race auxquels on appartient ou de la profession à laquelle on se destine, mais de tous les peuples divers et de toutes les formes d'activités de la vie civilisée[19].

Et COUBERTIN, précise:

> On découvre (sa patrie) en étudiant les autres, mais l'inverse n'est pas exact.

Tout COUBERTIN est là. Empressons-nous de dire que nous ne partageons pas ce point de vue et que nous allons dire pourquoi. Tout COUBERTIN est là, parce que, dès lors que la construction linéaire qu'il projette est tracée, tous les faits doivent se plier aux lois de cette construction. Ainsi, puisque le cosmopolitisme est la loi politique du moment, toutes les autres considérations d'ordre psycho-génétique, par exemple, ou psycho-fonctionnel, doivent s'y plier. Qu'il soit plus sage, plus «motivant», de partir des besoins de connaissance du milieu local, ne vient même pas à l'esprit de COUBERTIN: disons qu'il y a quelque excuse, puisqu'aussi bien l'éducation nouvelle n'a pu affiner sa théorie qu'au fur et à mesure que la psychologie de l'enfant progressait.

Il procède donc par abstraction.

Louis MEYLAN l'avait bien noté:

> COUBERTIN procède volontiers more geometrico: il dessine la courbe d'évolution de la civilisation et en déduit les transformations qui s'imposent dans l'éducation et l'instruction de la jeunesse[20].

---

19. *Idem,* p. 12.
20. MEYLAN, Louis, Pierre de COUBERTIN, pédagogue et sociologue, Payot, Lausanne, 1944.

On peut le regretter: mais c'est là une force. Quelques idées-chocs et, derrière, toute l'énergie possible pour les faire triompher. Une tactique de rugbyman...

Enfin, troisième fait caractéristique du temps présent: l'instabilité sociale.

Aujourd'hui, «tout le monde peut tout». On reconnaîtra bien volontiers au passage la marque idyllique du *Bill of Rights* — COUBERTIN ne se remettra jamais du choc du Nouveau Monde, et CARNEGIE restera le modèle jamais égalé.

Non que l'état actuel des choses le comble entièrement. On sent bien ses goûts profonds, ses aspirations pour ces périodes étales de l'Histoire où l'homme de culture n'est pas soumis aux contingences du politique. Mais, comme disent les Anglais — et il les cite,

> Il faut prendre son époque comme elle est et s'efforcer... to make the best of it![21]

À une société égalitaire — du moins dans ses principes — doit répondre un enseignement «tous azimuts», ouvert à tous les courants, qui permette de développer une aptitude à la fluidité sociale, rendue nécessaire par les «ascensions» et les «descentes», caractéristiques des temps de conquêtes.

Si tous les adolescents ne peuvent accéder aux études supérieures, tous, au moins, doivent partir du même point, afin de pouvoir comprendre les besoins généraux et les intérêts collectifs de la Société dont ils sont serviteurs et tributaires.

D'où, *troisième principe:* entre l'école primaire, dispensatrice des «bases techniques» et l'Université où devra s'enseigner «le spécialisme pratique ou scientifique»,:

> (L'enseignement secondaire constituera) une ère d'idées générales embrassant l'ensemble du monde matériel et de l'évolution humaine; afin que, par là, tout homme cultivé ait, au seuil de la vie active, un aperçu du patrimoine dont il est à la fois bénéficiaire et responsable[22].

Nous verrons, dans l'étude des programmes proposés, ce que cette conception généraliste entraînera comme conséquences.

---

21. COUBERTIN, Pierre de, «L'Analyse Universelle», p. 13.
22. *Ibidem*, p. 14.

COUBERTIN, tacticien, ne se fait d'ailleurs pas beaucoup d'illusions sur les chances de succès de ses propositions.

Il sait combien, depuis M. de LAPRADE[23], de bonnes âmes se sont émues et ont tenté de réformer l'enseignement secondaire. En vain! Pour la plus grande joie des partisans du statu-quo.

Il sait qu'à chaque fois qu'en France on parle d'éducation, on répond: instruction. Il sait qu'on ne demande jamais au maître d'un enfant: que peut-il? Mais bien: que sait-il?
COUBERTIN s'interroge.
Cette bizarrerie tient-elle à la race? Il y voit plutôt le fait des traditions:

> Les jésuites sous l'ancien régime avaient déjà donné à l'éducateur le mot d'ordre que NAPOLÉON, en qui se cachait un Loyola géant, adopta et répandit: obéir. Ce fut la devise de l'Empire français et c'est une devise si simple, en même temps que si bornée que, depuis lors, elle a survécu... obéir: tout le monde comprend cela, l'enfant le premier... — et de cette obéissance qui ne va pas sans sa doublure normale, la révolte — de cette obéissance, la France finira par périr.

On reste étonné par la justesse de cette analyse, et confondu par le peu de cas que des républiques successives purent en faire. Doit-on dire que nous voyons là une des explications des événements de mai 1968?
L'autre obstacle, auquel COUBERTIN sait devoir s'opposer, le principal obstacle à la révolution pédagogique qu'il propose, vient du «cellularisme»:

> Le cellularisme pédagogique, c'est le fait d'envisager la matière enseignée comme un tout isolé, séparé des autres matières par de véritables cloisons étanches. Ce système est, à l'école primaire, tout à fait normal. Nul n'a jamais eu l'idée d'y fusionner la grammaire et l'arithmétique non plus que l'histoire et l'orthographe. L'enseignement secondaire d'autrefois n'avait guère de motifs de ne pas s'inspirer des mêmes principes. Il n'était pas encombré. Chaque cours pouvait s'étendre librement en long et en large sans gêner les voisins. Les professeurs

---

23. LAPRADE, Victor de, 1812-1883. Auteur de *L'éducation homicide*, réquisitoire violent contre le collège-caserne.

en profitaient. Ainsi se formèrent des coutumes qui de-
vinrent des dogmes par une sorte de prescription mentale établie à leur profit. L'enseignement d'une science
comporta l'histoire de l'évolution ou des découvertes par
lesquelles cette science avait passé. On en exposa à l'élève les divisions et les sous-divisions, les ramifications et
les sous-ramifications. À force de ne s'être pas demandé
si cela était indispensable, on en vint à ne pas douter
que cela ne le fut en effet. Le cellularisme était né avec
toutes ses conséquences. L'une des premières et des
plus graves consista à ne plus admettre dans les programmes que ce qui pourrait y prendre place in-extenso.
L'interdiction fut inconsciente mais absolue. Aucune matière nouvelle ne pénétrerait désormais dans l'enceinte
sacrée, soit en esquisse d'ensemble, soit partiellement
pour certains de ses chapitres seulement. Faute d'en
tout dire on n'en dirait rien[24].

Cellularisme? Sans aucun doute, si l'on veut bien considérer les cloisons qui séparent les matières du programme,
et les difficultés rencontrées par des éducateurs lucides à
créer ces osmoses, ces interdisciplinarités si utiles à l'avancement spécifique des matières et au rayonnement de l'esprit.
Que COUBERTIN le dénonce, c'est tout de même, en 1900,
un événement considérable. À notre connaissance, il doit être
l'un des tout premiers avec Auguste COMTE, à peu près en
même temps que DECROLY et MONTESSORI. Peut-on, pour
autant, ne pas faire état de sa méconnaissance de la pédagogie de l'enseignement du premier degré? On sait maintenant qu'il est possible, à l'école primaire, de «fusionner»
la grammaire et l'arithmétique, l'histoire et l'orthographe.

Or le cellularisme engendre le corporatisme. Chacun
réfugié dans sa tour, méprisant le voisin, chacun cloîtré dans
ses préjugés de chapelle, récitant le dogme... Querelles de
clochers, que nous voyons ressurgir aujourd'hui à propos de
la mathématique: nos pères en connurent bien d'autres.

COUBERTIN fait état de cet «étrange débat» qui, vers
1900, mit aux prises «classiques» et «modernes».

Puisque surmenage il y avait, point n'était besoin de
chercher bien loin. Il fallait retrancher des programmes ces
surcharges inutiles que constituait l'étude du latin et du
grec — Raoul FRARY en avait été l'initiateur.

---

24. COUBERTIN, Pierre de, «L'Analyse Universelle», pp. 15-16.

En juin 1898, à la Sorbonne, devant quatre mille personnes (4,000, on croit rêver) convoquées par BONVALOT au nom d'un Comité DUPLEIX, Jules LEMAÎTRE coupait le cou au grec, et saignait à blanc le latin[25].

> Les modernes d'abord vainqueurs saisirent l'occasion de jeter le latin hors de la nacelle du ballon pédagogique pour le mieux délester. En ce faisant, d'innocents maniaques ou de ténébreux utopistes pensaient instaurer une ère de lumière sublime tandis que les autres songeaient simplement à éliminer: rosa, la rose — et les ânonnements sur lesquels s'exerçait depuis trop longtemps la verve d'une satire trop facile[26].

Les sciences envahirent derechef le jardin pédagogique. Mais, note COUBERTIN, le résultat fut encore pire. À l'ignorance hautaine des littéraires envers les scientifiques, et vice-versa, s'ajouta le mépris des différentes sciences les unes envers les autres. L'impasse était totale, la synthèse ne pouvait plus se faire dans un esprit bourré de faits, sans liens logiques, sans vie culturelle propre.

La méthode encyclopédique est donc à rejeter:

> Or, la méthode encyclopédique est visiblement synthétique: avec des éléments variés qui sont les divers ordres de connaissances, elle vise à créer dans le cerveau humain une culture d'ensemble, une conception homogène du monde et de la vie.
> C'est à quoi apparemment elle ne réussit plus et il n'y a pas lieu de s'en étonner beaucoup[27].

Alors que faire?

COUBERTIN note qu'en matière d'enseignement, « comme en tout le reste » :

> les procédés ne sont que de deux sortes: analyse ou synthèse[28].

---

25. COUBERTIN, Pierre de, « Le programme en était déjà arrêté. On couperait le cou au grec; le latin serait saigné à blanc » in L'Urgente Réforme, *La Nouvelle Revue*, p. 386, 1/4/1899.
« L'urgente réforme » consistait, pour COUBERTIN, à rendre au lycée son autonomie et au proviseur sa responsabilité.
26. COUBERTIN, Pierre de, « L'Analyse Universelle », *op. cit.*, p. 22.
27. *Idem*, « Notes sur l'Éducation Publique », pp. 48-49.
28. *Ibidem*, p. 48.

Puisque la méthode encyclopédique, néfaste, est synthétique, il ne reste qu'à utiliser la méthode analytique. (Là encore, on procède *more geometrico*). Mais affirmer est un, concevoir un processus pédagogique est autre! Et COUBERTIN sent bien qu'en avançant un axiome, il ne fait que reculer le problème. Car en effet, sur quel ensemble va s'exercer cette méthode analytique? Comment classer, comparer la somme de connaissances que l'outil de la méthode synthétique ne peut plus embrasser? Quels critères détermineront les programmes?

COUBERTIN compare l'adolescent au voyageur d'une planète inconnue mais doué de raison humaine et qui rendrait visite à la Terre. Imaginons, dit-il, cet homme qui ne connaîtrait de notre planète que ce qu'un premier regard lui aurait révélé. Que devrions-nous faire pour rendre intelligible notre monde à cet autre nous-même? Dresserons-nous pour lui l'inventaire des différentes sciences? Lui présenterons-nous leur classification, leur hiérarchie, leurs préséances? N'échouerons-nous pas à nouveau, comme nous avons déjà échoué?

Et si ce voyageur — comme notre adolescent — exprimait ses besoins et aiguillait nos recherches?

> Enseignez-moi, dira-t-il, ce qui concerne la terre sur laquelle je me trouve et contez-moi les actions de vos semblables; je veux savoir comment ils ont vécu et ce qu'ils ont créé[29].

La terre, les hommes! Les deux assises de la civilisation, les deux bases de la culture. Voilà sur quoi peut se créer l'ordre, cette clarté dans les esprits qu'appelle COUBERTIN, ce fil conducteur qu'il veut remettre à chaque adolescent pour qu'il se situe dans le monde tel qu'il est et tel qu'il se vit, pour que cet adolescent se sente concerné par ces deux notions essentielles hors desquelles la pédagogie n'est que confusion: l'espace, le temps.

Après tout, dit-il:

> Il ne s'agit pas d'une Amérique à découvrir; nos ambitions seront plus modestes. Nous voulons savoir s'il serait possible d'établir un programme d'enseignement se-

---

29. *Ibidem*, p. 52.

condaire, rien qu'en développant ces deux notions générales, la Terre et les Hommes; nous voulons connaître
ce que ce programme comporterait d'additions et de sa-
crifices, par rapport aux matières qui trouvent place dans
notre enseignement secondaire actuel: nous voulons
enfin nous rendre compte de sa valeur pratique, car ce
n'est pas tout de penser, il faut vivre...[30]

Vivre sur terre, dit COUBERTIN, c'est d'abord appréhender le «grandiose ensemble» du système solaire et du système universel. L'astronomie devra donc être enseignée avant
toute chose; avant, en tous cas, l'étude du globe terrestre.
Car les chiffres astronomiques ont une vertu singulière:

Ils enseignent à la fois l'action et la modestie, la possibilité de progresser indéfiniment dans la recherche du vrai
et l'impossibilité de surprendre la vérité totale[31].

Le globe terrestre sera appréhendé par l'aspect, d'après
ses composants: terre, feu, air, eau. Ce sera l'occasion «d'i-
noubliables leçons de choses» qui familiariseront l'esprit avec
la conception de la lente formation de la terre et de l'action
continue des forces naturelles, avec l'idée de l'énorme po-
tentiel de richesses que recèle notre planète, richesses qui
n'ont pas de valeur en soi mais qui en prennent:

par le travail, l'intelligence, et la persévérance de l'homme[32].

Pour simples qu'elles puissent être, de telles pensées
sont les bases d'une philosophie pratique, car l'enseignement
secondaire ne peut s'offrir le luxe de déboucher sur des
cogitations stériles.

Ainsi, parallèlement, un grand fait se dégage de la «notion terrestre»:

le travail, loi suprême qui attache l'homme à la terre[33].

Il sera donc nécessaire d'envisager, dans un chapitre
à part, les grandes découvertes des XIXe et XXe siècles.
L'adolescent a le droit d'être familiarisé avec les chemins de

---

30. *Ibidem*, p. 54.
31. *Ibidem*, p. 56.
32. *Ibidem*, p. 57.
33. *Ibidem*, p. 68.

fer, la navigation, les télégraphes et les téléphones. Il est plus important pour lui, dit COUBERTIN, de connaître les applications de la vapeur, de l'électricité, et du magnétisme, que de distinguer les plantes monocotylédones des plantes dicotylédones, et les vertébrés des annelés. Car la rapidité des communications transforme le globe plus que ne le pensent les tenants de la tradition: l'ère de la diligence est définitivement close, il est dorénavant nécessaire de connaître les noms des stations du Transsibérien.

Ainsi n'apprendra-t-on pas à l'adolescent un monde différent de celui où il vit et qu'il construit, solidairement, avec tous les autres hommes de la terre. Ainsi ne sera-t-il pas dépaysé et ne sera-t-il plus lent à frayer son chemin, ou, comme le dit encore COUBERTIN, «à se débrouiller».

C'est pourquoi également, l'adolescent du XXᵉ siècle devra être au courant des grandes lois qui régissent les rivalités commerciales, les concurrences agricoles et les révolutions industrielles. COUBERTIN pose donc le principe d'une initiation à l'économie:

> Sans pénétrer sur le terrain réservé à l'économie politique, je voudrais que le collégien fût initié aux conséquences générales de la production et de la circulation de la richesse: la monnaie, le crédit, la banque, la balance des importations et des exportations, les impôts et le budget national, la vente au comptant ou à terme, le change et l'escompte, les assurances, les douanes, les docks et entrepôts...[34]

Et couronnant l'édifice, fruit de la connaissance pratique des choses de la terre, toutes sciences confondues, revue du monde extérieur: les mathématiques. Il semble que ce soit bien là une intuition de première grandeur, si l'on se reporte à l'enseignement de l'astronomie en liaison justement avec l'étude du milieu:

> Pourquoi d'ailleurs ne lui expliquerait-on pas (à l'adolescent), chemin faisant et quand l'occasion s'en présentera, ce que sont un *sinus* et un *cosinus* et sur quels principes est basée la géométrie descriptive? Qu'y a-t-il de plus simple et pourquoi faudrait-il n'habituer l'oreille à ces termes, le regard à ces figures, que lorsque le mo-

---

34. *Ibidem,* p. 72.

ment sera venu de s'en servir pour résoudre les problèmes et pousser plus loin?...[35]

Ce sont là des méthodes actives, mais en plus n'est-ce
pas là un programme qui convienne à un fils de bourgeois,
futur maître de l'industrie et du négoce? N'est-ce pas là un
enseignement orienté vers le profit — et ses risques? Car
il s'agit bien, semble-t-il, d'inventorier les richesses du globe,
de rayer du planisphère les terres inconnues, d'ouvrir de nouveaux marchés en ouvrant de nouveaux horizons. Attitude
qui peut faire des colonialismes, mais aussi attitude dressée,
face à la vie, et face à la société libérale. Car c'est, ce faisant, déchirer le manteau du vieil homme, dépoussiérer un
humanisme de «belles-lettres», donner le sens de l'humain, de
l'international, et des nécessaires entraides, provoquer les
obligatoires mutations dans le monde clos, et difficile, de l'Université.

Certes, le danger est grand, à faire de l'enseignement
secondaire l'auxiliaire, ou pire, l'esclave de la grande industrie. Et COUBERTIN le savait bien. De là ses scrupules d'honnête homme, cette grande vertu à vouloir faire de l'homme
du XXe siècle un homme conscient, responsable du patrimoine culturel des siècles passés et des temps à venir.

Aussi, la seconde notion générale à développer dans les
Programmes est-elle celle d'humanité, car:

> La notion terrestre serait vaine si la «notion humaine» ne
> venait la compléter...[36].

À dire vrai, COUBERTIN est là plus à l'aise. Ses études
classiques, sa passion pour l'histoire, le style même de sa
famille, des ancêtres, et de son milieu, lui permettent de
brosser, dès 1900, cette grande fresque de l'histoire des civilisations, qui aboutira en 1927, à la somme de l'*Histoire
Universelle*[37].

> L'évolution artistique, littéraire, philosophique d'un peuple,
> son état social, c'est-à-dire sa conception de la famille,

---

35. *Ibidem*, p. 75.
36. *Idem*, «Histoire Universelle». 4 volumes in 8, *Aix-en-Provence*, Publiée
pour l'Union Pédagogique Universelle (U.P.U.), et pour le Gouvernement
français qui en fit placer un exemplaire dans chaque «École Normale d'Instituteurs et d'Institutrices».
37. COUBERTIN, Pierre de, *op. cit.*

de la propriété, des rapports de l'individu et de l'État sont des faits aussi importants que ses conquêtes et beaucoup plus importants que les noms des chefs qui l'ont dirigé et les batailles que ceux-ci ont livrées[38].

L'enseignement de l'Histoire tiendra donc peu compte des guerres et des traités. — Foin de l'imagerie d'Épinal et des capitaines triomphants! COUBERTIN n'a que faire de cette réunion de gens à cheval, fanés et poussiéreux, qui tendent la jambe et bombent le torse pour l'édification des siècles à venir. Notons qu'il est en grande compagnie: MICHELET, LAVISSE, QUINET sont là ses maîtres.

Car l'histoire des peuples est celle de leur génie, de leur contribution à la marche en avant de l'humanité. Elle doit se faire au travers des témoignages de civilisation que sont la littérature, les arts, les jeux et les sports, le droit, les religions et les philosophies, et qui sont les fruits pulpeux de la longue lutte et de la grande sagesse des hommes.

Aucun peuple ne sera laissé dans l'ombre. Mieux, on veillera à bannir les haines sacrées et à faire ressurgir pour les Européens les grands moments du monde arabe et des empires d'Extrême-Orient.

On n'hésitera pas à puiser matière à réflexion dans l'histoire contemporaine, afin d'y voir:

> (qu') on ne tue pas un peuple qui ne veut pas mourir[39].

De là l'importance:

> (à instruire) nos fils de tout ce qui concerne notre époque et de les mettre au courant des principaux événements qui en ont marqué le développement[40].

La pensée pédagogique est nouvelle et attirante, le cœur est généreux. Au temps de la paix armée, le souffle humaniste qui pousse à mieux connaître et à mieux comprendre d'autres nations et d'autres civilisations, en vue de mieux aimer la France, est respectable.

Il semblerait pourtant qu'il y ait contradiction entre ces propos humanistes et la politique de reconquête coloniale,

---

38. COUBERTIN, Pierre de, «Notes sur l'Éducation Publique», *op. cit.,* p. 77.
39. *Ibidem,* p. 110.
40. *Ibidem,* p. 111.

bénie par COUBERTIN, à laquelle se livre alors la IIIe République, si on ne se rappelait, qu'en 1901, la seule éducation pour laquelle COUBERTIN se batte, est celle qu'il veut voir dispenser aux enfants de la bourgeoisie, au sein d'un enseignement secondaire réformé.

Le discours ne retint pas, pour autant, l'attention des pouvoirs publics. Mieux, (ou pire!), les écoles privées, soumises aux dures lois de la concurrence et au contrôle de plus en plus serré de l'État, et revenues à l'ornière traditionnelle, ne purent la mettre en pratique. En particulier, et malgré nos recherches, il apparaît bien que ces propositions ne furent pas prises en compte par l'École des Roches dont le prestige était alors fort grand, dans la classe dirigeante.

L'enseignement public continuait d'ahaner, «l'urgente réforme», cette décentralisation responsable, tant souhaitée, n'avait pas été réalisée.

En 1912, pourtant, COUBERTIN va être consulté par LÉOPOLD II, Roi des Belges.

En 1910, s'est tenu à Mons un Congrès d'Expansion Mondiale, conséquence, sans nul doute de l'annexion, en 1908, du Congo par la Belgique. LÉOPOLD II, dont on sait le cynisme et l'esprit mercantile, demande à COUBERTIN de concevoir un Collège qui serve ses intérêts:

> Le Collège doit, en un mot, relever moralement de la doctrine productiviste, visant à armer ses élèves pour les luttes du productivisme moderne et à leur donner le goût de ces luttes et le désir d'y prendre part[41].

«La doctrine productiviste»... C'est là une façon bien édulcorée de parler de la rapacité impérialiste. Aucune équivoque n'est possible. COUBERTIN accepte de participer à l'opération. Il nous a laissé les plans, les programmes, et le règlement de ce Collège.

L'établissement comporte d'abord de vastes terrains de sport, six courts de tennis, et, à l'anglaise, cinq maisons d'habitations affectées aux élèves et aux professeurs principaux.

---

41. COUBERTIN, Pierre de, «Un Collège Modèle», (le Collège Léopold II), Projet rédigé pour S. M. le Roi des Belges à l'occasion du Congrès d'Expansion Mondiale de Mons, 1912, Van Doosselaere, Paris, Ed. Basset et Cie, p. 23.

Le nombre des courts de tennis pourrait sans doute sembler élevé, si l'on ne savait que la tradition colonialiste voulait que le Gouverneur et le planteur puissent, chaque soir, «se renvoyer la balle».

Admis à partir de douze ans, les élèves restent cinq années pensionnaires, exceptionnellement demi-pensionnaires. Durant les quatre premières années, une semi-liberté leur est accordée. Les élèves de cinquième année s'administrent eux-mêmes.

L'emploi du temps journalier comprend 1/2 heure de gymnastique suédoise — concession à la tradition belge de l'éducation physique — et 1h 1/2 de gymnastique utilitaire. Beaucoup de temps libres sont laissés aux élèves.

Le nombre de collégiens ne dépassera pas 180, afin de permettre une meilleure connaissance de leurs réactions et une meilleure évaluation de leurs qualités.

La coopération, le travail en équipe, sont fortement encouragés, non seulement dans le sport, mais dans l'éducation artistique et sociale, et les travaux manuels, auxquels une grande attention est portée.

Les programmes sont ceux-là mêmes proposés dans *L'Analyse Universelle* de 1905. Aucun diplôme ne sanctionne la sortie de l'Établissement.

Nous n'avons pas pu savoir si ce projet vit le jour. Mais ce que nous pouvons avancer c'est qu'il dévoile les intentions profondes de Pierre de COUBERTIN, à savoir: faire pour la révolution industrielle et la société libérale capitaliste, des chevaliers servants au caractère trempé, à l'esprit clair, aux muscles robustes.

Après la guerre, l'Union Pédagogique Universelle, va, à compter de 1925, reprendre le flambeau, et tenter de diffuser les idées pédagogiques du réformateur.

Car ce qui étonne toujours, chez COUBERTIN, c'est la persévérance. Ainsi, puisqu'il n'a pu faire triompher ses idées de 1900 à 1914, il profitera de l'intermède de Lausanne, pendant la guerre, pour mettre en pratique ses programmes, dans l'Institut Olympique, réservé aux internés belges et français. La leçon d'ouverture de la 4e session de cet Institut rappelle que le temps et l'espace sont:

(les) deux assises de l'esprit critique, (la) double norme de l'intelligence et du jugement[42].

Et, puisque les instruction officielles n'ont pas changé, après la guerre, c'est que l'opinion démocratique n'a pas été suffisamment informée. Il faut donc l'alerter et faire appel encore plus à la conscience individuelle.

Toutes les occasions sont bonnes.

Le 15 novembre 1925, dans un message par radio, transmis à l'occasion de l'inauguration des travaux de l'Union Pédagogique Universelle, il reprend l'idée fondamentale que la méthode synthétique a fait faillite :

> Quand on n'a pas le loisir d'explorer une région le pic à la main, en gravissant lentement ses sommets, on la survole. L'enseignement, désormais, doit devenir une aviation, au lieu d'être un alpinisme; et c'est au métier d'aviateur intellectuel qu'il convient de dresser l'élève[43].

Il précise :

> La connaissance ressemble à un vaste système montagneux vers lequel nos pères se seraient mis en route à l'aube, la lanterne et le pic à la main. De loin, on apercevait le profil suggestif de la chaîne; à mesure qu'on s'est approché, on a perdu de vue l'ensemble. On s'est divisé en équipes, et l'ascension a continué par des vallées séparées. Longtemps, entre les équipes, la liaison a été maintenue par des allées et venues transversales. Puis l'isolement s'est aggravé. On a fini par ne plus avoir que l'illusion de l'unité; chaque équipe a cru la posséder toute entière; le sens des proportions s'est évanoui; on n'a plus réalisé ni le temps, ni l'espace. L'orgueil des résultats spéciaux a opéré; on s'est grisé de ce savoir localisé; on s'est méfié des généralisateurs qui, en effet, ne pouvaient plus raisonner que spéculativement, ayant perdu le contact de la réalité. Chacun, sur son contrefort, s'est cru au sommet... A la lueur des feux de guerre, il est apparu que les itinéraires n'avaient pas convergé et que le véritable sommet était loin. Or, pour repérer une région, maintenant, on la survole. Ainsi ses secrets sont révélés et son relief n'a plus de mystère. Qu'on organise donc un nouveau départ! À des procédés de pion-

---

42. COUBERTIN, Pierre de, «Les Étapes de l'Astronomie», Leçon d'ouverture de la 4ᵉ session de l'Institut Olympique de Lausanne, 1917.
43. COUBERTIN, Pierre de, Bulletin no 1 de l'U.P.U. (1925-1926), p. 5.

niers, que soient substitués des procédés d'aviateurs et l'on survolera le domaine de la connaissance![44]

La réponse au savoir en miettes «localisé», c'est l'universalisme, à l'aide du survol du champ de la connaissance par «l'aviateur intellectuel».

La Charte de la Réforme Pédagogique procède droit de cette parabole[45]. Elle est à nos yeux édifiante, tant il nous semble qu'elle résume parfaitement la pensée pédagogique de COUBERTIN, pour ce qui est de la Réforme de l'enseignement secondaire.

1. Tout d'abord, elle place en exergue la primauté de l'éducation sur la politique. C'est là une affirmation qui n'est pas nouvelle, et qui, sans doute relève d'Utopie. Mais elle montre combien COUBERTIN entend être libre de ses conceptions en la matière. S'il affirme être un démocrate, et un libéral, s'il entend servir la société de son temps, il n'en trace pas moins au politique un ordre de préséance dont il n'entend pas se départir. Nous ne pouvons que le suivre sur ce point.

2. COUBERTIN redit avec force son opposition à toute spécialisation hâtive, à tout enseignement spécialisé. Il affirme l'unicité et l'unité de la culture. Il est contre toute bifurcation prématurée : enseignement classique ou enseignement moderne, palliatif qui ne fait que masquer le vrai problème et permet, en continuant à sacrifier à l'encyclopédisme, de rester dans le statu-quo.

La tentation serait grande de se laisser emporter par l'argumentation. Or que veut COUBERTIN et dans l'enseignement secondaire ? Rappelons-le.

Il souhaite que tous les adolescents partent du même point : la sixième, avec un même programme universaliste, en vue d'une même arrivée : le baccalauréat. Querelle des anciens et des modernes, enseignement primaire supérieur ou spécialisé, il n'en a cure. Chez lui, une idée fixe : que tous les jeunes Français appelés à diriger demain la France, s'ali-

---

44. COUBERTIN, Pierre de, Bulletin de l'U.P.U., 1926.
45. On trouvera en annexe le texte complet de cette Charte de la Réforme Pédagogique, publiée pour la première fois dans le no 1 du Bulletin Pédagogique de l'U.P.U., 1925-1926.

gnent devant le même poteau de départ. Que chacun lutte, selon ses possibilités, abandonne en cours de route si obligé, mais ne perde jamais de vue le fanal d'arrivée qui éclairera plus ou moins le coureur selon qu'il sera plus ou moins proche du but.

On peut, on doit reprocher à COUBERTIN cette conception à l'emporte-pièce, cette non-diversification de l'offre en fonction des besoins et des possibilités de l'enfant. Il s'agit, n'en doutons pas, d'une conception traditionnelle, quoi qu'en dise l'auteur, mais la connaissance de l'état de la science psychologique d'alors, nous l'avons déjà dit, permet de lui accorder quelque excuse. Retenons cependant, même si cette idée s'applique à une population culturellement et politiquement homogène, que tout enfant entrant dans l'enseignement secondaire doit suivre un même cursus, même si ce parcours est pour nous un tronc commun préalable, et si les justifications que nous en donnons ressortissent à un ordre différent de causalité.

3. La notion de la connaissance doit être distinguée de la connaissance elle-même. C'est là un autre point capital. S'il est vrai, en effet, que la somme des connaissances peut s'inventorier, et se classer, la notion de la connaissance, les clefs qui permettent de pénétrer l'œuvre, d'en découvrir les linéaments, c'est-à-dire, dit COUBERTIN, « la substance », sont d'un autre pouvoir. Or, on peut se demander si cette notion préexiste à la connaissance et s'il ne faut pas d'abord connaître avant d'identifier et d'appréhender.

4. La façon d'enseigner l'histoire par tableaux concomitants, la priorité donnée aux humbles sur les acteurs connus et brillants, le souci de faire servir l'histoire à une compréhension réciproque internationale, comblent notre raison et notre cœur. COUBERTIN fait là œuvre de pionnier. Doit-on rappeler que son *Histoire Universelle* est un modèle et un exemple du genre, et qu'il faudra attendre la création de l'U.N.E.S.C.O. pour qu'une Commission dite des manuels tente de faire disparaître des livres d'histoire destinés à l'enfance, les faux-semblants, les faits tronqués, les préjugés nationalistes, et la haine raciale.

5. De même lorsque COUBERTIN part en guerre contre tous les Trissotin — et nous pensons irrésistiblement au

demi-savoir diffusé par les moyens de communication de masse et certaines formes de stages dits de «recyclage» — sommes-nous fier de trouver en lui un des précurseurs de l'éducation permanente. Qui, à cette époque, en effet, parmi les pédagogues, a dit avec tant de netteté que l'instruction reçue pendant l'enfance et l'adolescence ne pouvait plus suffire à assurer la formation intellectuelle de toute une vie ?

6. Par contre, nous ne pouvons suivre COUBERTIN lorsqu'emporté par sa conviction généraliste, il demande au maître d'aller du général au particulier. Nous sommes de ceux qui pensons que toute éducation doit tenir compte des tendances propres de l'enfant, et s'appuyer sur une connaissance concrète du milieu familial de vie et du cadre local d'existence. Les maîtres de l'école moderne nous l'ont appris, mais aussi LAVISSE et JAURÈS, et les pères de la IIIe République, qui nous invitaient à penser patrie, puis monde, au travers de la connaissance et de l'amour du village et de la province.

L'éducation intellectuelle, c'est-à-dire la Réforme de l'Enseignement Secondaire proposée par COUBERTIN, nous laisse donc en état d'insatisfaction, tout hommage préalable rendu au courage et à la culture de l'auteur.

Ce qui nous gêne, c'est d'une part, le fait qu'il ne s'intéresse qu'à l'adolescence, et d'autre part qu'emporté par l'élan lyrique, il fasse appel à cette méthode «universaliste» dont nous nous demandons bien, finalement, si elle aurait fait, plus que d'autres, des hommes à la pensée claire et à l'esprit juste.

Nous pourrions, après tout, accepter que COUBERTIN ne s'intéressât qu'à l'adolescence et à l'homme jeune adulte. Et, il est vrai, ses arguments ne manquent pas de poids :

> L'adulte est celui dont la santé résistante importe plus, non seulement au groupement technique auquel il appartient, mais à la paix sociale générale...[46]

Et encore :

> L'adulte... qui donc pense à lui ? Il est la cellule centrale, il est le maître de l'heure. Tout dépend de lui[47].

---

46. COUBERTIN, Pierre de, «Notes sur le but et le fonctionnement du B.I.P.S.» Lausanne, avril 1928.
47. COUBERTIN, Pierre de, «Les Assises de la Cité Prochaine», Berne, 9 avril 1932, p. 4.

Ou bien :

> Le printemps humain s'exprime dans le jeune adulte,
> celui qu'on peut comparer à une superbe machine dont
> les rouages sont achevés de monter et qui est prête à
> entrer en plein mouvement[48].

Nous pourrions même, à l'occasion, faire nôtre cette
affirmation :

> L'avenir est aux peuples qui, les premiers, oseront trans-
> former l'instruction du jeune adulte[49].

Nous pourrions comprendre que, soucieux de répon-
dre aux exigences de la société industrielle, il ait été surtout
préoccupé de l'homme adulte producteur de biens sociaux.

Mais où nous ne saurions le suivre, c'est quand il se
lance dans des diatribes, impossibles à admettre, contre les
psychologues de l'enfance :

> Or, on ne songe qu'à l'enfant, on se penche sur l'enfant.
> On ausculte ses instincts pas même révélés. On aperçoit
> en lui toutes sortes de devenirs purement fictifs. On va
> répétant : l'enfant est le père de l'homme. C'est faux. Le
> père de l'homme c'est l'adolescent, c'est le jeune homme.
> L'enfant en est tout au plus un grand-père incertain...
> J'entends ici certaines clameurs de professionnels pour
> lesquels je ne suis qu'un amateur audacieux... Conti-
> nuez, si cela vous plaît, de microscoper l'enfance, de
> l'interroger sur les sujets les plus étrangers à son céré-
> bralisme, de la soumettre à des enquêtes singulières.
> Je le déplore parce que c'est du temps et de l'argent
> perdus et qu'aussi bien tout cela lui donne de son im-
> portance une idée regrettable. Mais, par Dieu, n'oubliez
> pas l'adulte. Aux heures troubles qui arrivent, le munir
> d'un solide équilibre physique et mental importe plus
> que tout le reste ; ce sera là le plus efficace et peut-être
> le seul rempart de défense pour la civilisation issue de
> nos efforts et de ceux de nos prédécesseurs[50].

Ce texte date de 1932. On peut considérer, tout de même, que COUBERTIN, esprit curieux et chercheur, qui, dès
1913 avait réuni un Congrès de psychologie sportive, avait

---

48. *Idem.*
49. COUBERTIN, Pierre de, « Aux coureurs d'Olympie », Berlin 1936.
50. COUBERTIN, Pierre de, « Les Assises de la Cité Prochaine », Berne,
9 avril 1932, p. 4.

dû suivre, surtout en Suisse, les progrès remarquables de la psychologie de l'enfance. Il ne pouvait être si ignorant. Ou bien, traumatisé par les retards intellectuels et les troubles de caractères de ses deux enfants, gommait-il inconsciemment la période de l'enfance de sa réflexion pédagogique?

Deux ans avant sa mort, alors qu'il préparait la 12ᵉ Olympiade, à nouveau il tranche:

> Or, le printemps humain ce n'est pas l'enfant ni même l'éphèbe. De nos jours, nous commettons en beaucoup de pays, sinon tous, une erreur grave, celle de donner trop d'importance à l'enfance et de lui reconnaître une autonomie, de lui attribuer des privilèges exagérés et prématurés. On croit ainsi gagner du temps et accroître la période de production utilitaire...

On peut donc parler d'une prise fondamentale de position. La faille, pour nous, est grande, et diminue l'intérêt que nous pouvons porter au projet de réforme proposé. Car, en effet, comment construire pour l'adolescence et l'homme adulte, si on méconnaît justement, comme nous l'a appris Henri WALLON, l'unité indissoluble de l'enfant et de l'adulte?

Et puis, cette méthode universaliste, avers pédagogique d'une pensée cosmopolite, nous paraît dangereuse.

Il nous semble difficile, en effet, de former des pensées justes et des esprits droits, à partir de l'abstraction. Étudier le monde intersidéral avant la Terre, connaître le Transsibérien avant la voie de chemin de fer qui traverse la province, parcourir les grands reliefs du globe, avant le mont qui domine la plaine natale, nous paraît, quoi qu'en pense COUBERTIN, verser dans l'image toute faite et l'apriorisme. Nous ne pensons pas qu'un jeune cerveau puisse ainsi, de façon livresque, accéder à un niveau logique de réflexion.

Il nous semble que l'exécution des méthodes analytique et synthétique ait été faite en outre de façon par trop sommaire, et que le jeu dialectique: analyse → synthèse → analyse, ignoré de COUBERTIN, n'ait pas dit encore totalement son dernier mot.

En conclusion, «l'éducation intellectuelle d'un adolescent du XXᵉ siècle», vaut plus par l'affirmation de certains grands principes: primauté de l'éducation sur l'instruction, nécessité de situer l'enseignement dans le temps et dans l'espace, que par la méthode préconisée et les programmes proposés.

Nous y reconnaîtrons cependant le souffle généreux du pionnier, soucieux d'une éducation permanente de l'homme, et d'une culture historique qui serve la paix entre les nations.

chapitre III

l'éducation morale d'un adolescent au XXᵉ siècle

de l'éducation religieuse au respect mutuel

COUBERTIN ne se contente pas de considérer le sport comme la morale en action, et l'éducation sportive comme l'adjuvant privilégié de l'éducation morale. Il veut plus: il propose à ses contemporains une conception philosophique de l'éducation morale.

C'est, nous l'avons dit, le leit-motiv évident de sa vie et de son œuvre. Rien n'est plus essentiel en effet, aux yeux du réformateur, que de forger des énergies conquérantes en vue du triomphe de la république bourgeoise. Et l'important, c'est de transformer des établissements de dressage, où l'être physique et moral s'étiole, guetté par toutes les corruptions, en établissements d'éducation où s'épanouisse une «âme fervente dans un corps ardent».

Or, COUBERTIN, instruit par «l'histoire universelle» des civilisations, sait bien qu'une telle réforme des mœurs et des esprits, est plus difficile à effectuer que la mutation industrielle prodigieuse au sein de laquelle il est né. C'est cette distorsion entre l'homme d'hier, attaché aux traditions médiévales et chrétiennes, centré sur la famille et le village, et l'homme d'aujourd'hui, pressé par l'invention technologique, qu'il impose de réduire. Il faut restaurer, dans la pensée de l'homme moderne, les vertus de la morale universelle.

Pour COUBERTIN, l'œuvre majeure à effectuer, au plan moral, c'est ce passage de la tradition à la modernité. Plus que de vigueur physique, plus que de clarté intellectuelle, la quête coubertinienne est à la recherche de l'armature morale nécessaire à l'homme des temps nouveaux : toute l'œuvre nous en convainc.

Les Jeux Olympiques, fête de la pureté physique et spirituelle, offrande à la paix du monde, conception socratique du Beau au service du Bien, n'ont pour but final que l'édification morale de la jeunesse.

La gymnastique utilitaire apprend à vouloir, à risquer, à lutter contre le conformisme et la paresse physique. Elle se veut ascèse, et n'a pas d'autre fin.

Les jeux sportifs éducatifs n'ont pour raison d'être que de dresser la charpente morale de l'adolescent, face aux tempêtes des passions. Par des jeux de concurrence et de solidarité, le jeune Français est appelé à s'éprouver moralement :

> Battez-vous, je vous en prie, le moins possible au physique, mais au moral vous ne vous battrez jamais assez![1]

Et on voit bien là quelle fut la grande leçon de Rugby, reçue à l'âge de tous les enthousiasmes. Ce que COUBERTIN découvre en regardant vivre Tom BROWN, c'est le « self government », cette façon de dompter les muscles rétifs, de faire taire les peurs qui angoissent, de ne puiser qu'en soi la force de tenir, face aux destins.

Mais ce gouvernement de soi par soi-même, COUBERTIN n'en découvre pas seulement la présence dans les jeux sportifs. Après tout, dompter la guenille, aller au ciel par la mortification, est aussi une recette du vieux continent. Fait tout à fait remarquable, dès 1882, dès les premiers articles et les premières conférences publiques, COUBERTIN rend compte que le « self-government » imprègne toute la philosophie de l'éducation victorienne, est l'éducation britannique. Et de citer, en même temps que le sport, d'autres techniques où souffle cet esprit : « debating societies », journal scolaire, associations caritatives.

L'analyse universelle qu'il propose plus tard pour la réforme de l'enseignement intellectuel porte le reflet de cette influence. Entraînement mental, source de rigueur dispensatrice de lumière, la méthode préconisée se veut également

---

1. COUBERTIN, Pierre de, La Revue Universitaire, 15 mai 1892, op. cit.

«self-government» de l'intelligence. Janséniste, elle apprend à reconnaître les faits, à les classer, à les comparer. Elle situe l'homme, en tant qu'individu, par rapport à l'événement, et l'événement par rapport à l'histoire et au monde. Elle apprend que le roi est nu, et seul.

C'est cette liberté au second degré, qui n'est pas fait d'évidence, mais acquis d'éducation, qui est le fondement de l'éducation morale coubertinienne. Car si l'obéissance irraisonnée prépare le soldat à exercer plus tard le commandement:

> elle ne saurait préparer le citoyen à la formation pratique de la liberté[2].

Or, sans liberté, pas de morale publique, ou plutôt pas d'unité morale nationale, «secret du passé et gage de l'avenir».

Les États-Unis et la Grande-Bretagne, leaders du monde, comme la petite Hollande à l'empire colonial immense, sont, à cet égard, des exemples tout à fait édifiants:

> Le vaste édifice et la petite maison ont (donc) été bâtis avec le même ciment. C'est celui de la liberté. Mais, si nous nous décidons à en faire usage, rappelons-nous qu'on doit l'employer dès la base, dans les fondations, et qu'il ne s'accommode d'aucun mélange. La liberté au collège: à cette condition, le citoyen sera vraiment libre[3].

La puissance des nations repose donc sur la force morale des citoyens. Mais l'homme n'est moral qu'autant que, très jeune, il apprendra par lui-même l'usage de la liberté.

C'est là, somme toute, une idée courante, voire banale, hormis qu'elle introduit le concept de libre-arbitre dans une éducation où, fin du XIXᵉ siècle, règne encore l'impérialisme du dogme. Il n'est pas possible, en effet, d'ignorer le milieu social où est né et où évolue COUBERTIN à l'origine: celui des nantis et des traditionnalistes, où l'Église catholique dicte sa loi d'airain[4].

---

2. COUBERTIN, Pierre de, «L'Urgente Réforme», in *la Nouvelle Revue*, 1/4/1899, p. 399.
3. COUBERTIN, Pierre de, «L'Éducation en Hollande», *Revue des Deux Mondes*, 15/5/1899, p. 378.
4. En 1863, année de naissance de COUBERTIN, RENAN expose au collège de France ses vues sur la vie de Jésus: il doit interrompre ses cours, par suite du tumulte qu'il déclenche dans l'amphithéâtre.

Nous nous sommes donc posé la question de savoir quel contenu donnait COUBERTIN à l'éducation morale. Et de suite, et par déduction, ce que pouvait être ce contenu, avant, disons, 1905 (loi de séparation de l'Église et de l'État) et après, compte tenu de la fidélité républicaine constamment affichée par l'auteur.

Deux documents nous ont servi de référence, tant ils nous paraissent signifiants par la date de leur parution et par les ruptures qui s'y lisent. L'un est : « L'Enseignement Moral » (1901) et l'autre « Le Respect Mutuel[5] » (1916).

En 1901, COUBERTIN assigne à la religion une place prépondérante dans l'éducation morale. Peut-être, a-t-il pu penser un temps que la science allait remplacer la religion, puisqu'aussi bien, aux progrès techniques enregistrés, paraissait répondre un recul de l'esprit religieux. Or, constate-t-il, il n'en est rien : ce n'était là qu'un aspect trompeur des choses. Bien au contraire :

> De tous côtés l'esprit religieux se manifeste et ces manifestations ont ceci de remarquable et de nouveau qu'elles sont individuelles, spontanées, indépendantes les unes des autres et qu'elles revêtent les formes les plus inattendues[6].

En 1893, à Chicago, il assiste à quelques séances du « Parlement des Religions ». Un orateur le frappe, Mgr KEANE, Recteur de l'Université catholique de Washington. Qu'affirme du haut de sa chaire le prélat, apostolique et romain, de la capitale du « Nouveau Monde » ? Que le progrès moral et le progrès matériel, que la science et que Dieu, c'est-à-dire le temporel et le spirituel, ne sont ni inconciliables ni incompatibles :

> Quand les hommes ont foi en Dieu et en la science (c'est-à-dire ont subi une suffisante préparation rationnelle à leur rôle civique), le gouvernement de la majorité est, après tout, le plus juste et le plus sage. Tout ce que nous

---

5. COUBERTIN, Pierre de, « L'Enseignement Moral », in *L'Éducation Publique*, 1901.
« Le Respect Mutuel », 1915, dernière partie de la trilogie de l'Éducation d'un Adolescent au XXe siècle.
6. COUBERTIN, Pierre de, « Notes sur l'Éducation Publique », *op. cit.*, pp. 236-237.

voyons n'est qu'un prélude, la préface d'un âge nouveau. Prétendre en effet que nos progrès sont uniquement matériels, ce serait manquer de clairvoyance! Tout indique autour de nous le contraire. Jamais le monde n'a été gouverné avec autant de sagesse et de justice[7].

Cette profession de foi est celle même des «muscular christien», de KINGSLEY, de HUGHES, de NEWMAN, ralliés au libéralisme économique, et dont COUBERTIN a abordé la pensée dès 1883, au cours de son premier voyage en Angleterre. Homme de foi, sans être cagot, COUBERTIN trouve dans la proclamation libérale de KEANE le renforcement de ses convictions premières.

Les religions n'ont donc pas disparu avec l'avènement de l'ère industrielle. «Bien au contraire», la science a obligé l'église à changer, et l'esprit religieux à se remettre en cause.

Le problème de l'éducation morale semblerait en conséquence facile à résoudre. Les chefs de famille, touchés à nouveau par le souffle divin pourraient en effet, comme hier dans la famille patriarcale, proposer comme modèle et enseigner la parole et l'œuvre de Dieu. Hélas, les multiples occupations du père de famille, dans une société basée sur «la lutte pour la vie», l'empêchent de consacrer une partie de son temps à l'éducation de ses propres enfants. Des relais intermédiaires, autres, doivent être maintenus au sein de l'institution éducative. L'enseignement moral, basé sur l'idée de Dieu, sera le fait des maîtres eux-mêmes: les ministres du culte n'auront accès dans les établissements secondaires qu'en dehors des heures de cours, en leur qualité d'aumôniers.

On n'enseignera pas pour autant le dogme de telle ou telle religion. À l'enfant et à l'adolescent scolarisés, il suffira:

> (d') un exposé clair, digne de la loi morale, basé sur l'idée de Dieu, suffisant pour lui fournir des règles de conduite si nulle Église n'est chargée d'y pourvoir et, au cas contraire, ne contredisant en rien l'instruction confessionnelle qu'il doit recevoir[8].

7. Cité par SEILLÈRE, Ernest, «Un Artisan d'Énergie Française», Pierre de COUBERTIN, *op. cit.*, p. 44.
8. COUBERTIN, Pierre de, «Notes sur l'Éducation Publique», *op. cit.*, p. 250.

L'élève, au sens fort et traditionnel du terme, même si ses parents sont agnostiques ou athées, sera forgé dans le giron spiritualiste du déisme. Car l'idée de Dieu s'impose:

> dans sa plénitude et sa pureté naturelle[9].

Pourtant, en 1901, COUBERTIN — instruit par l'histoire et par la philosophie — sait que d'autres fondements peuvent être fournis à la morale. Il pense qu'ils sont inopérants:

— Le Bien? La jeunesse serait-elle en mesure de le prendre pour guide, alors que tant d'adultes y échouent...

— La Patrie? Mais n'est-ce pas trop demander à de jeunes esprits que de saisir:

> la relation entre les vertus civiques et les vertus privées, entre la pureté des mœurs et la résistance nationale, entre l'honnêteté des citoyens et la prospérité de l'État?[10].

— L'Humanité?

> L'idée est vaste comme l'idée du Bien et précise comme l'idée de Patrie... malheureusement les faits se chargeraient, aux yeux des élèves, de démentir quotidiennement les préceptes exposés[11].

Et d'en conclure:

> Aussi, le penseur impartial verra s'effriter une à une les bases éventuelles de la morale laïque, et force lui sera de reconnaître que pour le présent et l'avenir immédiat — sinon pour l'avenir lointain — l'idée de Dieu demeure l'a b c de l'architecture des jeunes consciences[12].

En 1904, le 12 janvier, il confirme dans le Gaulois:

> Nous cherchons à déterminer les bases de la pédagogie prochaine: Dieu sera une de ces bases[13].

Ainsi, du moins en 1904, COUBERTIN est sans faille métaphysique. Dieu existe, il l'a vu: la morale laïque ne peut

---

9. *Ibidem*, p. 248.
10. *Ibidem*, p. 246.
11. *Ibidem*, p. 245.
12. *Ibidem*, p. 247-248.
13. *Idem*, Trois articles de COUBERTIN paraîtront en 1904 dans *Le Gaulois*, sous le titre général: «Les Bases de la Pédagogie Prochaine»: Le 12 janvier: Le Retour de Dieu. Le 26 janvier: La Paix Armée. Le 9 février: La Revanche des Anciens.

exister. Il ignore, ou veut ignorer, le mouvement historique de libération amorcé depuis 1866 par Jean MACE et la Ligue Française de l'Enseignement. Pas un mot sur la pensée maçonnique dont on sait quelle bataille elle livre pour une conception laïque de l'État et pour l'élaboration de la Constitution de 1875. À cette époque de sa vie, c'est une évidence, COUBERTIN pense et écrit que la morale c'est la religion, et que l'éducation religieuse c'est l'éducation morale : un déisme mal défini lui permet de concilier sa ferveur spiritualiste et sa volonté d'unité nationale, quoique ceux qui doutent, comme ceux qui ne croient pas, soient exclus du cercle de ses pensées.

Aucun texte, de 1904 à la Grande Guerre, ne fait allusion aux fondements philosophiques de l'éducation morale. Sans doute, pourtant, COUBERTIN sait que la tolérance, pilier de la morale laïque, forme la base de conviction de l'enseignement républicain. Mais il n'en dira mot avant 1915, quand, terminant la trilogie de « L'Éducation d'un Adolescent au XXᵉ siècle », il publie *Le Respect Mutuel*[14].

Quinze ans ont alors passé. L'affaire DREYFUS, le combisme se sont estompés, qu'il a jugés en moraliste : il n'est pas descendu dans l'arène. De l'époque, il ne veut retenir que l'inaptitude de l'enseignement secondaire à prendre du champ, à dominer les vrais problèmes, à ouvrir des perspectives ; en un mot, à créer ces vertus individuelles sans lesquelles ne peut naître l'union nationale. Or, nous sommes en 1915.

Le bilan est amer, la tolérance n'a pas répondu aux espérances placées en elle par la République :

> On a fait appel à la tolérance dont beaucoup n'ont pas renoncé à vanter les bienfaits et s'indignent d'entendre constater l'évidente faillite. Cette faillite était dans la nature des choses. Et la tolérance est par excellence une vertu négative[15].

Entre une foi commune, impossible à envisager, et la tolérance, manifestement inopérante :

---

14. Cf. « L'Évolution française sous la IIIᵉ République », *op. cit.*, p. 275 et suivantes.
15. COUBERTIN, Pierre de, *Le Respect Mutuel*, Avant-Propos, p. 14.

il y a place pour le «respect mutuel[16]».

C'est l'idée-force qui a :

> toute la largeur de la tolérance sans son habituelle froideur et toute la fécondité de la foi sans son étroitesse ou son intransigeance fréquentes[17].

D'où COUBERTIN tient-il cette idée-force? De l'obligation où se trouve la FRANCE, en lutte pour l'hégémonie des débouchés et des cultures, de ne pas se diluer dans des luttes confessionnelles stériles, en vue de rassembler toutes les forces vives de la nation, toutes classes réunies? Des progrès de l'école républicaine dont le credo est la laïcité? Sans doute! Mais également, et sans aucun doute, de la morale sportive, du «fair-play» britannique, où le respect chevaleresque de l'adversaire est de rigueur.

COUBERTIN pense que le respect mutuel, «principe supérieur», est le ciment indispensable aux sociétés démocratiques, celui qui empêchera la France de retomber dans l'ornière des luttes religieuses ou dans les passions stériles soulevées, par exemple, par l'Affaire DREYFUS. N'en doutons pas, COUBERTIN songe alors aux soldats français qui, toutes confessions confondues, luttent, souffrent, et meurent, dans les tranchées de la Somme ou sur le front de Champagne: le respect mutuel, c'est le possible d'une fraternité nécessaire pour la survie de la France.

Pourtant, en observateur lucide COUBERTIN sait que:

> La fraternité est pour les anges[18].

Facile à concevoir au royaume d'Utopie, une solidarité fraternelle s'incarne difficilement dans la réalité du quotidien.

L'idée religieuse, hier ciment d'une société fermée, ne peut plus être le commun dénominateur, la base révélée et unanimement acceptée, de l'éducation morale, alors que toutes les énergies de tous les citoyens, croyants ou non, doivent tendre à assurer la cohésion de la nation, et la cohérence de la pensée politique, aujourd'hui, en vue de gagner la guerre, demain, en vue de conquérir les marchés et la su-

---

16. *Ibidem.*
17. *Ibidem.*
18. *Ibidem*, p. 15.

prématie culturelle. Le concept doit donc se laïciser, puisqu'au service d'une démocratie ouverte, afin que chaque Français, quelle que soit son appartenance religieuse, soit prenant et garant de l'unité et de la force morales de la France.

COUBERTIN se garde d'écrire un recueil de conseils pratiques: il se conduit rarement en praticien, mais toujours en théoricien de la pratique pédagogique. Puisqu'aussi bien, le respect mutuel c'est un «état d'esprit» et que:

> la doctrine du respect mutuel ne pourra jamais être codifiée. On ne pourra ni la condenser en préceptes précis ni s'appuyer sur des sanctions.

L'opuscule tournerait donc court, si COUBERTIN n'imageait son propos en tentant de montrer quel usage devrait être fait du «respect mutuel» au niveau de la société et de l'individu.

Qu'entend donc COUBERTIN par respect des croyances, des conditions, et des conventions, et par respect de l'individu?

On se rappelle qu'en 1901 l'éducation morale était essentiellement d'origine religieuse, et que COUBERTIN rejetait de ses pensées les agnostiques et les athées. Le respect des croyances traite cette fois non seulement de ceux qui croient, mais aussi de ceux qui doutent, et même de «ceux qui sont sans espérance». Le cheminement est significatif, tant il semble qu'avec l'âge COUBERTIN s'éloigne de plus en plus des rives étroites des origines sociales et des références culturelles premières.

Derrière les espérances d'un au-delà, quelles motivations se font jour?

COUBERTIN y dénombre: le culte des morts, et, accessoirement, les idées de mérite, de sacrifice, et de grâce.

Le plus puissant des leviers, à ses yeux, celui qu'il analyse longuement, avec beaucoup de soin, c'est le culte des morts. C'est dit-il, en dehors des églises, et au-dessus d'elles, la religion supérieure de l'humanité, celle qui est à la base de toutes et se trouve dans toutes. Les morts pèsent en outre de tout leur poids sur les actes des vivants: la notion du passé est une donnée fondamentale de la culture.

Le culte des morts est bien en effet un phénomène religieux universel. Et COUBERTIN a raison de l'analyser au niveau du phénomène social bien plus qu'au plan de la foi.

Il paraît d'ailleurs difficile, à ce propos, de suivre Louis MEYLAN, qui voyait dans la démarche coubertinienne la manifestation d'un esprit œcuménique. Si l'œcuménisme est la confrontation des religions dans la reconnaissance réciproque de leurs spécificités et la recherche de leurs sources communes, il semble alors plus juste de voir en COUBERTIN un psycho-sociologue pour qui le culte des morts est l'assise de l'esprit religieux.

C'est là pour nous, d'ailleurs, plus le regard d'un moraliste et d'un sage (théiste, syncrétique) que celui d'un croyant critique.

Et il est bien difficile de dire si, pour l'époque — on songe à l'œuvre «terrienne» de Paul BOURGET et de Maurice BARRÈS — cette attitude n'est pas déjà très traditionnaliste.

À l'abrupt de la conception religieuse de 1901, COUBERTIN apporte des nuances capitales et, par la recherche d'une base commune à toutes les religions: le culte des morts, par le souci d'être à l'écoute du doute et de l'incroyance, se livre à une critique sociologique du rituel et du sacré, qui n'est pas sans évoquer les tentatives que l'on peut lire dans les mutations de l'église catholique d'aujourd'hui.

Ainsi, lorsqu'il constate que les Églises ayant quelque peu lassé par leurs exigences, un retour au paganisme est chose nécessaire, sinon bonne:

> Les «retours païens» sont des accidents inévitables de la vie des Églises. Le paganisme est à l'idolâtrie un peu ce que le catholicisme est au trafic des indulgences. Dans les deux cas, il y a eu déformation,... Dans son principe fondamental, le paganisme est exactement le culte de l'humanité, ou mieux, le culte de la vie présente. Comme tel, il est indestructible[19].

Nous louons une telle pensée, lucide et libre, face aux convenances et aux attaches sociales. Nous la louons encore plus, lorsque COUBERTIN signifie à ses pairs, en lutte ouverte contre la loi de 1905, le droit de l'incroyant au respect:

---

19. COUBERTIN, Pierre de, «Le Respect Mutuel, Le Respect des Croyances», p. 37.

Le croyant qui approche au terme de son existence terrestre ne se dévoue que pour acquérir des mérites, mais ses semblables ne l'intéressent pas en tant que collectivité. Lui ne veut plus penser qu'à Dieu dont il sent la venue prochaine. Il y a là une sorte de saint égoïsme, qui n'est pas sans grandeur, mais qui souvent dessèche et durcit l'âme.

Par un effet inverse, l'incroyant près de quitter la vie se rattache à celle des autres qui, seule, va prolonger la sienne...

Tandis que la vanité du monde apparaît de la sorte au croyant, sous un aspect de plus en plus précis, sa beauté s'impose à l'incroyant avec une force croissante!

Les tendances de l'altruisme qui sont déjà en lui s'avivent et se colorent. Son sourire prend parfois une douceur et un charme qui surprennent et qui émeuvent ceux qui l'approchent. Ainsi s'explique la rencontre de voyageurs qui s'en vont vers le néant d'un pas tranquille et qui, ayant conservé la chaleur du cœur et acquis l'indulgence des lèvres, laissent derrière eux une impression inoubliable. Pour ceux-là aussi ne convient-il pas de réclamer le respect de tous[20] ?

Une telle page suffirait à la gloire de COUBERTIN. Par contre l'attitude passéiste et réactionnaire qu'il développe, face au respect nécessaire des conditions, ne laisse pas de décevoir.

Contre ROUSSEAU et ses disciples, contre un «naturisme romanesque», COUBERTIN avance que les hiérarchies sociales ne disparaîtront jamais et que force est bien de reconnaître que l'inégalité des conditions est tout à fait inévitable :

Certains trouvent l'inégalité des conditions naturelle, elle est inévitable, ce qui est bien différent[21].

Le constater, ce n'est pas l'accepter: l'homme ne doit pas se résigner à n'être qu'un subalterne. Son devoir d'homme lui dicte de toujours lutter afin de s'élever dans la hiérarchie des classes.

Le problème est donc clairement posé: il est le fruit d'un constat sociologique qui appelle à la vigilance.

---

20. COUBERTIN, Pierre de, «L'Éducation Morale», pp. 46-47.
21. *Idem*, «Le Respect Mutuel, Le Respect des Conditions», p. 51.

C'est pourquoi COUBERTIN ne mâche pas ses mots, n'édulcore pas les propositions:

> La liste est copieuse, le long des siècles, des soulève-
> ments ayant un caractère très net de revendications so-
> ciales, formant pour dire le mot, des épisodes de l'éter-
> nelle «guerre des classes». Ce mot joue actuellement le
> rôle d'épouvantail... Pourquoi? Il énonce un fait. La
> guerre des classes a toujours été[22].

De tous temps, continue COUBERTIN, l'équilibre pré-caire des sociétés a reposé, soit sur la résignation de la classe vaincue, résignation assortie plus ou moins de paternalisme par la classe triomphante, soit sur le retournement brutal du sablier par une remise en cause révolutionnaire de la société de fait, ou plus longuement, plus savamment, par un «redressement compensateur», fruit de l'union de tous les opprimés.

> La résignation est vertu facile à préconiser, difficile à
> pratiquer, du moins volontairement[23].

Elle provient de la lassitude, de l'usure des volontés, elle est conséquence de révoltes infructueuses dont la mémoire collective conserve une trace indélébile. Elle est, souvent, prêchée par les clergés de toutes les Églises qui tournent ainsi le dos à l'égalité évangélique. (Mais, dit COUBERTIN, dans quel état d'anarchie ne sombrerions-nous pas s'il advenait que les Évangiles soient pris à la lettre.) Tout cela est dans l'ordre divin des choses:

> Encore une fois ne nous indignons pas si, sur ce terrain,
> de fréquentes et solides alliances se sont nouées entre
> «l'autel» et le «capital». Cela est vieux comme le monde
> et fatal comme la Destinée.

De toutes façons, et même dans les périodes de calme social apparent, sitôt les révolutions gagnées — les rôles sont alors inversés — il n'apparaît pas que dans un régime de démocratie libérale les causes de tensions puissent être définitivement réglées. Estompées, elles sont comme les vagues d'un océan calme: amples, mais incessantes, et re-

---

22. *Idem*, p. 57.
23. *Idem*, p. 54.

nouvelées. Le seul problème, c'est d'éviter la tempête et les écueils.

La révolution sociale, à l'encontre de la révolution politique qui peut parfois s'accomplir dans un calme relatif (les hommes changent, les institutions restent) :

> est toujours excessive parce qu'elle est dirigée contre la propriété et non contre le pouvoir[24].

Que faire pour que l'ouvrier, concentré dans de vastes fabriques, au contact d'un luxe patronal dont il ne comprend pas la nécessité (mais sans l'espoir du superflu, dit COUBERTIN, y aurait-il des patrons?), ne soit pas révolutionnaire?

Que faire pour que la «domesticité», témoin impitoyable des dépravations engendrées par la richesse, ne sente pas toute l'hypocrisie de conventions qui exigent d'elle des vertus que le «patron» est incapable de respecter?

Que faire pour que l'esprit aristocratique d'antan, fruit d'une culture policée par les siècles, vienne fructifier, par le «bon ton» et le sens de l'eurythmie, le style de vie des démocrates modernes?

Le tableau est brossé, sans concession de classe, par un bourgeois libéral, tenant du système capitaliste établi. Le patron, nanti d'une mission sacrée a droit au luxe, en compensation des risques économiques encourus; l'ouvrier, sans être pour autant un esclave, doit vendre son travail; la domesticité est là pour permettre à M. et Mme PRUD'HOMME d'accomplir leurs devoirs sociaux :

> Près de l'homme, voué à quelque vaste et beau labeur, près de la femme qui se dépense en bonnes œuvres, son concours peut devenir des plus précieux. Le service domestique participe directement en ce cas à un effort ennoblissant dont quelque honneur ne manque pas d'en rejaillir sur lui[25].

Que faire, finalement, se demande COUBERTIN, pour que cet équilibre si nécessaire au progrès matériel et moral ne soit pas détruit, ou plutôt pour que les luttes de classe

---

24. COUBERTIN, Pierre de, «Le Respect Mutuel, Le Respect des Croyances», p. 59.
25. *Ibidem*, p. 71.

soient amorties par le tissu social, avant qu'il n'y ait ni révolte individuelle ni insurrection collective?

La solution proposée ne peut être radicale. Si malaise
il y a, il faut faire front, prévenir la tempête, en restant lucide à la barre.

La réponse, il l'a trouvée chez LE PLAY, dont il reste un
fervent disciple: c'est la bienfaisance:

> La bienfaisance est la forme spontanée de l'entr'aide et
> je n'hésite pas à dire que, dans une démocratie moderne,
> voilà la seule condition formelle de stabilité et de progrès[26].

COUBERTIN sent bien où le bât le blesse. Il voudrait que cette bienfaisance ne soit pas la charité, — qui
humilie — ou la solidarité, — qui est pour lui sans limites, et c'en est trop. Il voudrait que le patron se serve
de ce baume avec discernement, sans paternalisme, afin
de ne pas engendrer, chez l'assisté, une soif dangereuse
de revanche. Pour ce faire, il prend exemple chez les Anglo-
Saxons, car, par la bienfaisance, dit-il, les Britanniques
ont acquis le sentiment élevé de la dignité humaine et
de l'égalité morale entre tous les hommes.

Face à l'inégalité sociale, inévitable à ses yeux, qu'il
constate et ne farde pas, COUBERTIN n'offre comme recette
que la condescendance éclairée des nantis envers les travailleurs: ouvriers et domestiques. Cette solution réactionnaire n'est pas la nôtre[27]. On s'étonnera, en outre, de voir COU-
BERTIN exclure de son analyse les femmes et les enfants,
dont on sait qu'ils furent alors la catégorie la plus exploitée
du *lumpenproletariat.*

Le respect des conditions entraîne ipso facto le respect
des conventions: l'ordre social ne saurait être remis en cause
par quelque rêverie de poète.

Par conventions, COUBERTIN entend: les lois, qui sont
écrites, et les coutumes, qui sont tacites. Elles sont les bases essentielles de toute société organisée, et déterminent
le large consensus sans lequel il n'y aurait pas d'unité nationale.

---

26. *Ibidem*, p. 62.
27. Et par fidélité à la Résistance: les doctrines de LE PLAY, à l'honneur du
temps du gouvernement fasciste de Vichy inspirèrent Salazar et Mussolini.

Car si le respect dû aux lois favorise l'ordre public, le respect dû aux coutumes est «l'expression d'un patriotisme éclairé et clairvoyant».

COUBERTIN donne d'ailleurs sa préférence aux coutumes, pour lesquelles on lui sent une secrète attirance de terrien. Il dit que ce sont elles, plus que les lois, qui font la vitalité et la résistance des nations: LE PLAY l'avait enseigné, et sang bleu ne l'oublie pas. De même, en cette occasion, doit-on se souvenir des pages ferventes du *Roman d'un Rallié* et de la *Revue du Pays de Caux*, où COUBERTIN évoque la vie agreste et heureuse de la Normandie du «bon vieux temps».

La société globale, au niveau des croyances, des conditions, et des conventions, doit donc être respectée par chaque citoyen. Mais dans la mesure, nous dit COUBERTIN, où l'individu n'est pas écrasé par la société, ce qui n'est, semble-t-il, ni original, ni nouveau. COUBERTIN, d'ailleurs, se défend de vouloir traiter du difficile rapport de l'homme et de la société. Il dégagera seulement trois points — carrière, mariage, opinions:

> où la Société doit à l'homme le respect de son individualité[28].

En fait, ce qui le préoccupe, c'est dans le milieu bourgeois qui fréquente l'enseignement secondaire, la vocation des fils de familles. Si le rentier louis-philippard, fût-il homme de bien, est historiquement dévalorisé, un autre danger serait d'imposer, par pression familiale ou de caste, tel choix de carrière, contraire à la vocation de l'adolescent. Il n'est pas sûr que la démocratie gagne à voir se stratifier, héréditairement, certaines chasses gardées, telles celles de l'armée, de la magistrature, ou de la banque. Bien au contraire, une grande fluidité du corps social doit être recherchée; les changements de carrière, loin d'être un déshonneur, feront au contraire la preuve des qualités de caractère de ceux qui auront su oser:

> L'instabilité matérielle des sociétés démocratiques et les facilités de transport issues de l'application industrielle

---

28. COUBERTIN, Pierre de, «Le Respect Mutuel», *op. cit.*, «Le Respect de l'Individualité», p. 86.

des découvertes scientifiques ont changé tout cela. Vous ne devez aucun compte à vos concitoyens des orientations nouvelles réalisées par vous en cours de route[29].

Ce sont là des propos tout neufs en France, au début de ce siècle. On ne peut que relever au passage la forte impression faite sur COUBERTIN par l'Amérique des années 90, qu'il a visitée, et où l'exemple des ROOSEVELT, des CARNEGIE, des FORD l'a alors tant impressionné. C'est cette mentalité de pionnier que COUBERTIN veut voir se répandre dans les collèges français.

Quant au mariage, COUBERTIN voudrait qu'il soit libre. Entendons bien, cependant : le mariage de raison a toutes ses sympathies (là encore point n'est besoin de révolution, ou de révolte). Mais en revanche, une fois accompli, parents et beaux-parents ne doivent pas s'immiscer dans la vie des jeunes époux.

On reste étonné à voir COUBERTIN accorder tant d'importance à un fait qui, somme toute, ne paraît pas fondamental. Nous n'avons pu savoir si COUBERTIN souffrit, dans l'intimité de sa vie conjugale, des intrusions intempestives de parents ou de beaux-parents abusifs. Peut-être, il y a trois quarts de siècle, les usages archaïques d'une pensée de type encore rural pesaient-ils très lourdement, plus qu'on ne l'imagine aujourd'hui, sur de jeunes époux. Il est vrai aussi qu'à la même époque (1907), un jeune normalien, Léon BLUM, faisait son entrée dans la vie littéraire et politique par un livre-pamphlet : *Du Mariage,* qui traitait justement du droit à la liberté des époux.

Le problème, en tous cas, a perdu pour nous de son intérêt.

Par contre, le respect dû par la société aux opinions de l'individu reste toujours aussi fondamental, et toujours aussi actuel.

COUBERTIN note, à juste titre, que les partis politiques, contrairement à ce que l'on peut penser, jouent un grand rôle et sont d'une absolue nécessité dans la vie politique d'une démocratie. Ils en sont le levain car, luttant contre des

29. *Ibidem,* p. 89.

scléroses, ils empêchent le tissu social de sombrer dans l'a-
narchie et la décomposition. C'est là un phénomène:

> inhérent à l'état de société organisée[30].

La seule difficulté c'est de savoir quelle part est faite,
dans l'engagement du citoyen, aux idées personnelles, à la
pesée des traditions familiales et du milieu professionnel, et
à l'ambition individuelle. Sagement, COUBERTIN conclut
que, plutôt que de verser dans la calomnie:

> Or rien n'est pire au sein d'une société démocratique
> que la calomnie[31].

il est préférable d'accepter sans discussion toutes les opinions politiques professées, puisqu'aussi bien l'ambition qui
mène les hommes dans une république compétitive est nécessaire et louable, et que, de toutes façons:

> nous ne parlons pas de la démocratie idéale que pour-
> raient constituer les cohortes angéliques mais des démo-
> craties imparfaites, à formes monarchique ou républi-
> caine, que les hommes édifient ici bas[32].

Le respect mutuel repose donc finalement sur l'état d'a-
lerte de la conscience individuelle. C'est, dit COUBERTIN:

> une manière de législation à laquelle la conscience indi-
> viduelle doit servir de pouvoir exécutif[33].

Le Respect Mutuel, COUBERTIN en avait prévu, ne
se veut pas didactique. Pourtant la gymnastique utilitaire
aura son manuel pratique[34]. L'éducation intellectuelle a eu
ses programmes et son plan de collège moderne[35]. On aurait aimé voir comment, au niveau de l'adolescent, COUBER-
TIN eût incarné les principes du respect mutuel, comment,
au nom de ce respect dû aux croyances, aux conditions, aux

---

30. *Ibidem*, p. 91.
31. *Idem*, «Le Respect Mutuel, Le Respect des Opinions», p. 94.
32. *Ibidem*, p. 94.
33. *Idem*, La culture de la conscience, p. 97, «Le Respect Mutuel».
34. *Idem*, «Leçons de Gymnastique Utilitaire», Payot, 1916.
35. *Idem*, Il s'agit des programmes pour l'enseignement secondaire étudiés
dans le chapitre précédent et du projet pour un Collège Moderne proposé
à S.M. LÉOPOLD II, Roi des Belges.

conventions, et à l'individualité, il eût concilié les obligations de la nature et les charges de la culture. Il n'en sera rien, et c'est dommage, car COUBERTIN n'abordera plus jamais le problème. En fait, l'éducation morale selon COUBERTIN, est conforme à la pédagogie de l'école traditionnelle. Sans souci de l'expérience propre de l'adolescent, de ses tendances, de ses besoins subjectifs, COUBERTIN impose, de l'extérieur, une direction et une connaissance.

Pourtant, fondamentalement, le souci coubertinien est de transformer les établissements «d'instruction» en établissements «d'éducation». Pourtant, par le biais des jeux sportifs collectifs, travaille-t-il à développer concrètement l'esprit d'entraide, le dévouement au bien collectif, toute une «morale en action» avant même que le cours ne soit professé, et prépare-t-il ainsi le terrain à mieux recevoir la «leçon». Mais la démarche reste essentiellement théorique et ne débouche pas sur une pratique.

Dans l'évolution de la pensée coubertinienne, l'idée de respect mutuel marque un progrès certain par rapport à la conception religieuse première de l'éducation morale. Même quand COUBERTIN se trompe, se fait «grand prêtre de l'ordre établi[36]», et en appelle au respect des conditions.

Belle et généreuse, l'idée n'est cependant ni originale, ni nouvelle: elle porte la marque kantienne du respect d'autrui considéré comme fin, non comme moyen.

Cette partie de l'œuvre est la plus faible. En vérité, COUBERTIN n'a rien apporté, ou presque, à la théorie et à la pédagogie de l'éducation morale.

---

36. ALTHUSSER, Louis, «Idéologie et Appareils Idéologiques d'État», Notes pour une recherche, *La Pensée,* juillet 1970, no 151.

chapitre IV

le néo-olympisme

"O, East is East, and West is West
And never the twain shall meet,
Till earth and sky and presently
Before God's judgement seat.

But there is neither East nor West
Border nor breed nor birth
When two strong men stand face to face
Though they come from the ends of the
[earth."

Rudyard Kipling

un syncrétisme

La pensée pédagogique de Pierre de COUBERTIN pourrait n'être que celle de ses pairs en éducation bourgeoise. Elle est conforme à celle des DURUY, Jules SIMON, GODART, THOMASSIN, MOREL, PICOT, GRÉARD, PATINOT, TISSIÉ...[1]. Elle est en accord avec celle des réformateurs de la seconde moitié du XIXe siècle qui siègent ou ont siégé dans de mul-

---

1. DURUY, 1811-1894. Historien et Ministre sous le Second Empire.
SIMON, Jules, 1814-1896. Sénateur, Membre de l'Académie Française, Président du Comité pour la propagation des Exercices Physiques créé en 1887-88.
GODART, A., Fondateur et Directeur de l'École Monge.
THOMASSIN, Général, Vice-Président du Comité pour la propagation des Exercices Physiques.
MOREL, Directeur de l'Enseignement Secondaire.
GRÉARD, Vice-Recteur de l'Académie de Paris.
PATINOT, Directeur du *Journal des Débats.*
TISSIÉ, Dr, Président fondateur de la ligue Girondine d'Éducation Physique.
Toutes ces personnalités auxquelles s'adjoignirent entre autres CAUVET, Directeur de l'École Centrale, PERROT, Directeur de l'École Normale Supérieure, et le Général TRAMOND, Commandant de l'École de Saint-Cyr, firent partie du Comité pour la Propagation des Exercices Physiques.

tiples commissions et comités, tantôt favorables au «drill» prussien, tantôt à la gymnastique suédoise, très rarement au sport britannique; qui tous, ayant lu ROUSSEAU et SPENCER, ont un commun souci de tracer une voie nouvelle à l'Université républicaine; qui tous, avec sincérité, honnêteté, veulent dépoussiérer «le vieil homme», l'arracher au climat lénifiant et désuet du boudoir et de l'alcôve; qui tous veulent faire «des caractères» pour la bourgeoisie conquérante dont ils sont les fils et les porte-parole; qui tous, étonnés par la force allemande, la puissance britannique et le dynamisme du Nouveau-Monde, veulent valoriser la place de l'éducation physique dans l'enseignement français, afin de faire jaillir, au service d'un grand destin et d'un grand dessein, de nouvelles énergies et de nouvelles vigueurs.

COUBERTIN exprime les inquiétudes, les interrogations, les aspirations, les désespoirs et les doutes de tous ces réformateurs. Mais le premier, s'appuyant sur l'exemple arnoldien et sur l'expérience française des Associations Sportives Scolaires, il tente de faire pénétrer le Sport — et ce ne sont plus les barres ou le drapeau[2], mais le «football-rugby», et le «rallye-paper» — dans les programmes officiels d'éducation.

Entre la théorie abstraite des circulaires officielles inopérantes et l'empirisme concret de la pratique sportive, Pierre de COUBERTIN, le premier, crée des ponts.

Sans doute parce que, comme le note Georges BOURDON, peu enclin pourtant de générosité à son égard:

> Son observation est fine et, par une tendance naturelle, s'élève sans peine à l'idée générale[3].

Mais surtout, selon nous, parce que sa pensée pédagogique est d'abord une pensée politique.

COUBERTIN, en effet, est le militant d'une foi, grandie au contact de l'Histoire, attisée aux feux de la défaite et de la Commune, renforcée par le spectacle grandiose de la révolution industrielle triomphante. Car, même quand il s'en défend, par la raillerie, ou le sarcasme, COUBERTIN est tou-

---

2. Et ces «jeux récréatifs» n'avaient été introduits dans les programmes que très tardivement et avec beaucoup de réticence.
3. BOURDON, Georges, *L'Encyclopédie des Sports*, op. cit., p. 109.

jours influencé par les prouesses scientifiques. Les conquêtes du progrès technique déterminent ses attitudes idéologiques, même à son insu. Même quand sa sensibilité, sa culture, sa prescience de la vie et de la dignité profonde des peuples, tempèrent d'un humanisme généreux les rudesses du déterminisme.

On ne peut comprendre l'olympisme moderne si d'abord on ne replace pas COUBERTIN dans le contexte de ces temps extraordinaires où les découvertes scientifiques changeaient la face d'un monde resté rural et boutiquier. En simplifiant outrageusement et faussement, nous dirons que les Jeux Olympiques sont le produit d'une double conjonction : celle du chemin de fer et celle du télégraphe, et qu'ils n'auraient pu naître — à preuve les échecs précédents — avant les conquêtes techniques du capitalisme moderne. Le néo-olympisme, c'est l'olympisme des temps du cosmopolitisme, c'est-à-dire d'une certaine conception historique et bourgeoise des rapports internationaux, quand les acteurs — ceux qui font et défont des guerres — se savent de la même race et se reconnaissent aux rituels des mêmes mondanités. Et cela nous semble si vrai que, très longtemps, l'U.R.S.S. et les organisations ouvrières luttèrent contre une intuition à l'esprit si peu conforme aux critères de «l'internationalisme prolétarien[4]».

Le néo-olympisme est donc indiscutablement le produit d'une époque, exaltante par maints aspects. Mais il est également le fruit de l'équation personnelle d'un homme de culture pétri d'humanités classiques qu'il a portées en lui à un haut niveau de quintessence, d'un homme vibrant, sensible, impressionné comme tous ses contemporains par la résurrection de la Grèce, et philhellène pas seulement à cause de PINDARE ou de KOROIBOS[5], d'un homme «vieille

---

4. COUBERTIN, Pierre de, *Mémoires Olympiques,* Lausanne 1934, p. 212.
«Il est curieux de constater du reste qu'en doublure de l'organisation «capitaliste» fonctionne déjà une organisation «prolétarienne». Des «Olympiades ouvrières» ont eu lieu à des intervalles réguliers non sans succès.»
La dernière olympiade ouvrière semble bien avoir été celle de Barcelone, en 1936, interrompue par l'insurrection franquiste.
L'U.R.S.S. participera seulement pour la première fois en 1952 aux Jeux Olympiques : à Helsinki.
5. KOROIBOS est le premier nom du vainqueur des Jeux Olympiques (ceux de 776 av. J. C.), que nous ait légué l'histoire.

France», à la démarche altière, au sens du panache et de l'équilibre, du possible et du souhaitable, attaché beaucoup plus aux fondements de la grandeur historique et aux legs des siècles, qu'aux jeux de salon et aux préséances généalogiques.

Et c'est parce qu'il est dans le siècle, qu'il sait que les Jeux antiques ne peuvent ressurgir tout casqués de l'amphithéâtre de la Sorbonne. Il sait que «l'athlétisme moderne» — ce qui, au moment désigne «le sport moderne» — et dont le développement est si considérable, peut, aujourd'hui comme hier, (et très souvent COUBERTIN a mis en garde contre une vue idyllique de l'altis olympienne), être vecteur de bons ou de mauvais effets, selon la route qu'on lui désignera ou le parti qu'on en tirera. Il pense donc qu'il faut doter le mouvement sportif renaissant d'une armature morale.

Hier, la «religio athletae» remplissait cet office. Aujourd'hui, pour vivre et prospérer, le sport doit s'appuyer sur l'idéal démocratique et l'internationalisme, qui fondent les sociétés modernes :

> C'est pour arc-bouter le frêle édifice que je venais d'élever que le rétablissement des Jeux Olympiques — cette fois complètement internationalisés — m'apparut comme la solution opportune. À l'anglomanie d'un jour, superposer l'immense prestige de l'antiquité, désarmer quelque peu, en ce faisant, l'opposition des disciples du classicisme, imposer à l'univers une formule dont la renommée a dépassé toutes les frontières ; ce cosmopolitisme grandissant et qui constituait un danger, en faire, au contraire, un rempart et une sauvegarde, c'était le seul moyen d'assurer une relative pérennité à la renaissance sportive, encore à son aurore[6].

Ainsi les Jeux Olympiques, phares prestigieux, éclaireront-ils l'humble champ de jeu du village, et par la mobilisation de l'opinion publique, assureront la pérennité de l'œuvre pédagogique, base et outil du devenir politique.

C'est donc dans un processus dynamique de confiance et de progrès dans la démocratie, que COUBERTIN inscrit son action : c'est à un pari politique sur l'avenir qu'il se livre, et qu'il veut gagner.

---

6. COUBERTIN, Pierre de, «Olympie», Conférence prononcée en 1929 (Mairie du XVIe arrondissement), p. 9.

Les premiers écrits, pour ce qui concerne la philosophie olympique sont nombreux, mais disséminés. Ils émaillent, à partir de 1886, la *Revue de Paris*, la *Revue Olympique*, *Une Campagne de 21 ans*; de nombreux articles sont publiés en Grande-Bretagne et en Amérique: ils montrent le rayonnement et l'écoute de l'homme. Mais, hormis dans *Cosmopolis*[7] où, pour la première fois dans l'œuvre, COUBERTIN compare l'ascèse propitiatoire de l'athlète d'Olympie à la longue méditation du chevalier chrétien dans la nuit de prière qui précède l'adoubement, ces écrits (on serait tenté de dire ces «papiers», par référence à la tâche du journaliste) sont plus remarques formelles ou conseils d'administrateur, qu'articles de fond: c'est que le moment est plus à la propagande et à l'organisation, qu'à l'analyse universitaire; c'est qu'il faut agir vite au milieu des intrigues, de l'incompréhension et des embûches, et que tout repose, pratiquement — et il dit l'avoir voulu afin de forger l'outil selon sa propre vision — sur les épaules de COUBERTIN.

On s'étonne que, d'habitude si prolixe, il n'ait pas cru devoir dès 1892, et dans les années qui suivront, rédiger un traité de l'olympisme moderne. Car rien, en effet, ne se rapportera fondamentalement à la philosophie de l'olympisme avant 1917, et ce ne sont pas les extraits, multiples mais de peu de volume et de poids, publiés en 1966 par le Carl DIEM Institut de Cologne (R.F.A.), qui infirmeront cette constatation.

Nous nous sommes étonné de cette carence et nous sommes demandé pourquoi COUBERTIN, si soucieux de rigueur et de modèle, n'avait pas éprouvé le besoin de proclamer, dès les premiers jours, le dogme sacré.

Manque de temps? L'argument ne tient pas, malgré la somme considérable de travail quotidien accompli (COUBERTIN n'avait pas de secrétaire et écrivait tout à la main); et puisqu'aussi bien, de 1886 à 1892, six livres sont sortis de presse, et au moins, selon nos informations, quatorze conférences et rapports, rédigés et publiés.

Prudence devant une tâche inconnue, avec des gens pratiquement inconnus, sans aucune référence au passé?

---

7. *Idem*, «Cosmopolis», 1886, Cité dans *l'Anthologie (op. cit.)*, p. 13.

Sans doute: le Comité International Olympique est la première institution internationale des temps modernes.

Souci de ne pas brusquer les choses, d'attendre et de voir venir, de construire pragmatiquement, à la manière britannique et normande? Nous le croyons bien volontiers.

Mais peut-être, et surtout, parce que le néo-olympisme est déjà fixé, orchestré, dans la pensée du réformateur, parce qu'il est en quelque sorte consubstantiel à l'homme et à sa vie et que, comme souvent en pareil cas, il ne semble pas nécessaire à l'auteur d'en faire une bible.

Nous puisons cette conviction dans le fait que déjà, le vendredi 25 novembre 1892, en Sorbonne, préfigurant les écrits futurs que nous allons analyser, COUBERTIN avait prévu:

> une conférence en tryptique sur l'histoire des exercices physiques: Georges BOURDON parlerait de l'Antiquité; J. J. JUSSERAND, futur ambassadeur de France à Washington, parlerait du Moyen-Âge; et moi-même, des Temps modernes[8].

De toutes façons, le fait est net: ce n'est qu'en 1917 qu'un manifeste en langue espagnole: «Que es olimpismo[9]», verra enfin le jour.

Le titre est prometteur. COUBERTIN magnifie le sport, école de courage et de loyauté, portant moral de la civilisation démocratique. Le flot boueux de la presse et de la politique, qui altère la pureté de l'acte sportif, est fustigé. La nécessaire union de l'Olympisme, des Arts, et des Lettres, déjà scellée en 1906, dans le foyer de la Comédie Française en présence de Jules CLARETIE, de Mme BARTET et de MOUNET-SULLY, est à nouveau exprimée avec force. On retrouve en fait, dans ces pages, la teneur de maints articles parus dans la Revue Olympique, l'envolée de l'Ode à la Paix de 1912, et quelques-unes des idées résumées dans les actes du Congrès de Psychologie Sportive de 1913.

Que es olimpismo ne retient vraiment l'attention que par quelques-unes de ses premières lignes:

> El Olimpismo es por escelensia la glorification de la juventud...

---

8. COUBERTIN, Pierre de, Mémoires Olympiques, op. cit., p. 9.
9. Idem, Que es olimpismo, 1917, traduit par Pedro-Jaime MATHIEU, Paris, Imprimerie Rorarchowski.

> De que manera puede se glorificada la juventud ?
> Por el culto del esfuerzo, por el desprecio al peligro, por
> el amor a la patria, por la generosidad y el spiritu cabal-
> leresco, por el contacto con las artes y las letras: tales
> non las bases fundamentales del olimpismo[10].

Le lecteur, avide de clarté et de connaissances, est
déçu. Vraisemblablement, c'est là une production sur com-
mande, écrite à l'intention de l'Amérique du Sud. Nous émettons même l'hypothèse — mais rien ne permet de l'affirmer —
que c'est à la demande des services du gouvernement français, alors en guerre, avec qui, nous dit M. Th. EYQUEM,
COUBERTIN travaillait, que cette brochure a été publiée:
pourquoi en effet la couverture d'une publication émanant
d'un Comité international, s'adornerait-elle d'un coq gaulois
tonitruant?

Ce n'est donc pas dans *Que es olimpismo* qu'il faut
chercher ce que la pensée de COUBERTIN peut avoir d'original et de vigoureux.

COUBERTIN avait bien mieux dit, pourtant, et de façon
concise, en 1910:

> L'Antique Olympie fut une cité d'athlétisme, d'art et de
> prière[11].

laissant entendre par là que le néo-olympisme ne pourrait pas
ignorer cet exemple.

Ce n'est qu'en 1929[12], puis en 1935[13], qu'enfin COU-
BERTIN, au soir de sa vie, prendra le temps d'exposer sa
conception philosophique du néo-olympisme. Ce sont les
seuls documents, surtout le premier, plus dense et plus complet, qui permettent d'étudier scientifiquement cet aspect important de l'œuvre pédagogique coubertinienne.

Le 6 mars 1929, mairie du XVIe arrondissement, devant
un parterre de gens cultivés et de gens du monde, COU-
BERTIN, est-on tenté d'écrire, offre une soirée. Il est à l'aise,

---

10. COUBERTIN, Pierre de, *Ibid*.
11. COUBERTIN, Pierre de, Texte offert par la Revue Olympique aux participants du Concours International d'Architecture, Paris, 1910.
12. COUBERTIN, Pierre de, «Olympie», Conférence prononcée le 6 mars
1929 dans la salle des Fêtes de la Mairie du XVIe arrondissement.
13. COUBERTIN, Pierre de, Message radio diffusé à la Jeunesse du Monde,
Texte Français paru dans le *Sport Suisse*, Genève, 1936.

on le sent. Le ton est enjoué, la forme brillante, les grands ancêtres «sont parmi nous», on est loin du vulgaire. L'érudition et la culture historique font merveille: on lit le texte de la conférence d'une traite, porté par un souffle arcadien, une bucolique des premiers âges.

Et surtout, parce qu'enfin COUBERTIN aborde le fond du problème:

> Il existe un Olympisme, donc une doctrine... Toute doctrine philosophico-religieuse comme l'est celle-là, veut un nom qui l'évoque et la désigne...
>
> Voilà mon auditoire fixé sur mes projets et probablement un peu déçu: il espérait des récits des fêtes, des anecdotes, une promenade d'aviateur au-dessus de ce passé deux fois et demi millénaire; et c'est à une âpre étude de philosophie que je le convie [14].

Des marches du temple, de cet enchevêtrement d'échopes, de cette foire sur la place où marchands, pélerins, trafiquants, athlètes, ambassadeurs et poètes se croisent dans une bigarrure de bazar oriental, COUBERTIN isole l'Altis, l'enceinte sacrée. Car Olympie est d'abord:

> un foyer religieux, un centre culturel.

Alors, s'il existe une religion du sport, en quoi consiste-t-elle? En quoi le sport olympique grec ancien diffère-t-il du sport moderne?

C'est au niveau de la pensée religieuse que COUBERTIN situe la différence.

L'idée de purification était la base de l'olympisme grec. Être de race pure, n'avoir commis aucun crime, impiété, ou sacrilège, être admis à s'entraîner préalablement pendant dix mois, effectuer avant d'être transféré au gymnase d'Olympie, une retraite de trente jours au gymnase d'Élis, c'étaient là les conditions et le processus d'une suite longue et rigoureuse d'actes initiatiques, et dont la fin était l'offrande aux Dieux d'un corps harmonieux et pur.

«Les Dieux sont amis des Jeux» disait PINDARE. COUBERTIN rappelle opportunément que c'est là une longue tradition, puisée au creux de la culture sportive de la Grèce archaïque, car l'hellénisme est avant tout:

---

14. COUBERTIN, Pierre de, «Olympie», *op. cit.*, p. 1.

> Le culte de l'humanité dans sa vie présente et son état
> d'équilibre[15].

Il y voit, non sans raison, les bases d'une religion de
la finitude, la raison de la sociabilité grecque, d'un paganisme
générateur d'eurythmie:

> Voyez les dieux grecs: des hommes magnifiques, mais
> des hommes — donc imparfaits; pour la plupart, des
> sages; des gens de raison, d'activité aussi. Ils s'assem-
> blent, ils sont sociables, sportifs, très individuels, peu
> contemplatifs, encore moins livresques[16].

Le paganisme — religion agraire — est réhabilité, et il
faut un certain courage pour le faire, quand on s'appelle
COUBERTIN et qu'on se trouve dans la mairie du XVIe arrondissement de PARIS. Car loin d'être une vulgaire adoration des idoles, comme il est dit dans les religions du livre,
le paganisme c'est:

> le culte de l'être humain, du corps humain, esprit et
> chair, sensibilité et volonté, instinct et conscience[17].

On voit bien où COUBERTIN veut en venir. Dualiste, il
avance, logiquement, que tantôt la «bête», tantôt «l'ange»,
remportent la victoire. Aucun compromis n'est possible entre
eux. Il faut prendre son parti de cette lutte: l'équilibre entre
deux ennemis aussi irréductibles ne peut s'envisager. Est-il
même souhaitable? L'humanité n'avance-t-elle pas à coups
d'excès contraires, un peu comme un bateau avance à la
godille?

Il nous semble important de nous attarder sur cette vision coubertinienne du monde. Est-elle dialectique? Il nous
le paraît: nous y voyons la clef de l'esprit de progrès qui fait
accepter au réformateur, comme une évidence de fait, le
triomphe général de la Démocratie, la conquête politique du
pouvoir par le prolétariat, l'accès des masses populaires au
savoir et à la culture.

C'est dans cette vision du monde — même si COUBERTIN
n'en est pas conscient — que réside également à nos yeux
ce «vouloir plus», cette exigence de l'excès, du record, ce

---

15. *Ibidem*, p. 3.
16. *Ibidem*.
17. *Ibidem*.

dépassement de soi, qui fait de COUBERTIN un lutteur, et un combattant du progrès humain. Comme si l'humanité, pour atteindre à l'eurythmie, devait aller par bonds, de souffrance en souffrance, de trève en trève — haltes fécondes au bord de l'Alphée, comme à Olympie, pendant les Jeux.

Olympie disparue sous les coups de THÉODOSE II, mais aussi des hordes d'ALARIC, des crues du CLADÉOS et des tremblements de terre du VIe siècle, qu'en resta-t-il?

Rien, constate COUBERTIN, même pas une lueur vacillante «au sein des intelligences». L'Europe se trouva soudain vouée à une ère d'ascétisme, alternance normale et bienfaisante, puisque, nécessairement, du mépris de la guenille devait poindre un nouvel élan vital, un intérêt renouvelé pour le corps, sa noblesse et son éducation:

> C'est du sein de la société féodale que nous voyons surgir une restauration olympique nettement caractérisée: la chevalerie[18].

D'autant plus, et le parallèle est tentant, qu'une sanctification préalable, une retraite pieuse, précède la bénédiction des armes du chevalier. Ainsi, en mettant son épée «au service de la veuve et de l'orphelin» le seigneur du Moyen-Âge retrouve-t-il, sans le savoir, l'esprit de l'antique Olympie.

> ...Cette veillée des armes qui précédait la fête toute de joie et d'activité physiques, par laquelle le jeune chevalier inaugurait sa vie nouvelle, c'est peut-être ce qui, depuis quinze cents ans, a le plus ressemblé aux Jeux Olympiques... Lui aussi, l'athlète Hellène passait le dernier soir dans la solitude et le recueillement, sous les portiques de marbre du gymnase d'Olympie, situé un peu à l'écart, loin des temples et du bruit; lui aussi devait être irréprochable héréditairement et personnellement sans tare d'aucune sorte dans sa vie ni celle de ses ancêtres; lui aussi associait à son acte la religion nationale, prêtait devant les autels le serment de l'honneur et, pour récompense, recevait le simple rameau vert, symbole de désintéressement. Tous deux, sans doute, attendirent avec la même ardeur et la même impatience les premières clartés de l'aube. Ce fut la même aurore qui, pour l'un dora la cime boisée du Mont Kronion, puis les blanches façades d'Olympie et les prés fleuris de l'Alphée —et

---

18. COUBERTIN, Pierre de, «Olympie», *op. cit.*, p. 6.

glissa, pour l'autre, ses rayons pâlis par les meurtrières profondes du donjon féodal. Entre eux, il y eut l'épaisseur des âges et tout un monde d'idées différentes, mais la sève juvénile les faisait pareils. Ils pensaient avec la même joie à l'épreuve prochaine et le plaisir de leurs muscles montait jusqu'à leur cerveau, les détournant de leurs méditations et faisant oublier à l'un Zeus, protecteur des hommes —, à l'autre, Madame la Vierge, sa patronne[19].

L'image est romantique, et belle, mais ne nous convainc pas; même si les travaux d'Irénée MARROU nous convient à extrapoler, et s'il est tentant de retrouver trace, dans le haut Moyen-Âge, d'une éducation sportive olympienne, opposée à une éducation de scribes réfugiée dans les monastères.

La démonstration de COUBERTIN séduit: elle ne nous comble pas. Nous croyons y déceler une tautologie, un certain historicisme, qui nous gênent, malgré le brio d'une argumentation qui, d'ailleurs, ne s'appuie que sur «l'axiome du balancier».

C'est ainsi que l'athlétisme chrétien par le jeu des pirouettes normales du Destin disparaîtra à son tour, sans que, pour autant, d'autres explications d'ordre technologique, économique, ou sociologique, soient avancées.

La troisième Olympie, COUBERTIN la retrouve dans l'Angleterre du XIXe siècle, à Rugby, chez Thomas ARNOLD. Il fait du «headmaster» britannique le père et le chantre de la pédagogie sportive moderne. Nous l'avons dit, c'est là une abusive interprétation.

COUBERTIN, conquis, aurait donc pu cependant, et comme DEMOLIN, importer en France l'idée britannique. Admirons-le de ne pas l'avoir fait! Peut-être parce que SAINT-CLAIR[20] fustige son anglomanie, et que la rivalité des deux hommes, leur lutte pour la suprématie de direction du sport français, est un fait non négligeable. Surtout, parce que COUBERTIN voit loin, et vise haut, et qu'il sait la fragilité des institutions fondées sur la fugacité des modes passagères[21]!

---

19. COUBERTIN, Pierre de, «Olympie 3», 1929, p. 4.
20. C'est ainsi que COUBERTIN sera contre l'Eton français que DEMOLIN va faire surgir à l'École des Roches de Verneuil-sur-Avre.
On lira avec intérêt, à ce sujet, les pages 390 et suivantes de *La Nouvelle Revue* du 1er avril 1899, in «L'Urgente Réforme», *op. cit.*
21. Cf. en supra: «La Renaissance du Sport Français».

Trois faits vont déterminer son action et par là même influer considérablement sur la philosophie olympique et le devenir du sport moderne.

D'une part, les gardiens de l'orthodoxie classique, professeurs d'Université, notables de province, tiennent la Grèce et la culture gréco-latine comme matrices de l'humanité. Leur rôle est prépondérant, inutile de s'en faire des ennemis.

D'autre part, les jeunes loups, la nouvelle classe politique, grisés par la poésie de la vapeur, se réclament d'un cosmopolitisme qui sied bien à leur appétit conquérant. Leur place grandit chaque jour dans l'opinion publique, il faut en tenir compte : COUBERTIN s'effraie pourtant quelque peu de leurs idées supra-nationales.

Enfin, l'immense cohorte des petits bourgeois, des paysans et des ouvriers, pour qui le drapeau national :

> symbole du moderne patriotisme

est, dans ce siècle laïcisé, la religion la plus exaltante, et qui devront être les régiments de marche du néo-olympisme.

Ainsi l'olympisme moderne, dont on pressent la triple arcature : grecque, chrétienne, cosmopolite, est :

> une *religion,* un *culte,* un essor *passionnel* susceptible d'aller « du jeu à l'héroïsme »[22].

Deux ans avant sa mort — le 4 août 1935 — , COUBERTIN inaugure en sa qualité de Président d'Honneur des Jeux Olympiques, une série d'émissions radiophoniques destinées à dégager la signification du néo-olympisme :

> C'est le fait d'être une aristocratie, une élite, mais, bien entendu, une aristocratie d'origine totalement égalitaire, puisqu'elle n'est déterminée que par la supériorité corporelle de l'individu et ses possibilités musculaires multipliées, jusqu'à un certain degré, par sa volonté d'entraînement.

Mais avant tout :

> La première caractéristique essentielle de l'olympisme ancien aussi bien que de l'olympisme moderne, c'est d'être

---

22. COUBERTIN, Pierre de « Les Assises Philosophiques de l'Olympisme Moderne » *op. cit.,*
Message radio diffusé de Berlin le 4/8/1935.

une *religion*. En ciselant son corps par l'exercice comme le fait un sculpteur d'une statue, l'athlète moderne exalte sa patrie, sa race, son drapeau.

J'estime donc avoir eu raison de restaurer dès le principe, autour de l'olympisme rénové, un sentiment religieux transformé et agrandi par l'Internationalisme et la Démocratie qui distinguent les temps actuels, mais le même pourtant qui conduisait les jeunes Hellènes, ambitieux du triomphe de leurs muscles, au pied des autels de Zeus.

L'argumentation reste la même — à un mot près, cependant, et le changement est d'importance : internationalisme remplace cosmopolitisme !

Gardons-nous, cependant, de toute conclusion aventurée. D'autant plus que jamais COUBERTIN, dans son œuvre multiple et ample, ne donne une définition de l'internationalisme, et qu'il semble que, sous sa plume, cosmopolitisme et internationalisme apparaissent comme deux termes interchangeables.

Dans notre recherche du contenu du néo-olympisme, cette remarque n'est sans doute pas capitale. Ce qui l'est, par contre, c'est la volonté de COUBERTIN, pour qui Dieu est le fondement de la morale, de fournir une base religieuse au néo-olympisme, mais une base religieuse en quelque sorte laïcisée, acceptable par tous les habitants de la terre, à une époque où la pensée politique ne peut être, selon lui, que cosmopolite.

Le néo-olympisme coubertinien nous apparaît ainsi comme un syncrétisme, qui se veut harmonie entre la philosophie grecque ancienne, le christianisme occidental, et le cosmopolitisme démocratique.

Ce que Guglielmo FERRERO, ami italien de Pierre de COUBERTIN, disait très clairement dès 1913 :

> (Il s'agit d'unir dans le sport moderne), le sens esthétique des Grecs, la pudeur et la décence laissées par le christianisme, l'esprit démocratique, pratique et actif de notre époque [23].

Et ce que le Président BRUNDAGE, confirmait cinquante années plus tard :

---

23. Congrès de Psychologie Sportive. Lausanne, 1913, *op. cit.*

It is a 20th. Century religion wich COUBERTIN founded in the Olympic Movment, a religion with universal appeal which incorporates all the basic value of other religions[24].

C'est d'un « appel universel » dont il est question. Et c'est bien un évangile que postule le néo-olympisme, et une mission qu'il propose.

Sans doute, les pauvres hommes de ce siècle qui ont souffert de tant de maux, retiennent-ils essentiellement, et presque exclusivement, l'appel idyllique à la Paix, par le biais de rencontres internationales sportives loyales, dans le respect et l'estime réciproque des différences de races, de croyances et de régimes politiques. Et c'est vrai que l'Olympisme tend à un œkoumène du « fair-play ».

Mais sans doute aussi, ne tient-on pas suffisamment compte que cet appel universel est d'abord une supplique adressée à l'athlète. La « religio athletae », c'est d'abord ce cri et cette exigence. En réponse, héraut chevaleresque, demi-dieu, l'athlète intercède avec le cosmos, pour les autres hommes qui lui ont délégué pouvoir.

C'est pourquoi le problème de l'amateurisme n'est pas le noyau central de l'olympisme moderne, comme le plus grand nombre pourrait le croire. Jamais COUBERTIN, en effet, n'en fait la condition sine qua none de l'olympisme. Car il sait trop, en historien et en sociologue, combien les sociétés sont différentes les unes des autres, et combien elles ont changé depuis cette année 1866 où l'Amateur Athletic Club du Royaume-Uni décrétait que ne pouvait être amateur celui qui travaillait de ses mains[25]. Ce qui compte, c'est l'esprit de loyauté et de dignité dans lequel l'athlète affronte le combat.

---

24. Président BRUNDAGE, Avery « Académie Internationale Olympique » 4e session été 1964.
Compte rendu publié par le Comité Olympique Hellénique, Athènes, septembre 1964, p. 28.
25. « Est amateur tout gentleman qui n'a jamais pris part à un concours public ouvert à tout venant ou pour de l'argent provenant des admissions sur le terrain ou autrement, ou qui n'a jamais été, à aucune période de sa vie, professeur ou moniteur d'exercices de ce genre comme moyen d'existence, qui n'est ni ouvrier, ni artisan, ni journalier. »

Nous n'en voulons pour preuve que la déclaration qu'il fera en 1936, une année avant sa mort, à un journaliste de *L'Auto* :

> Ah! quelle vieille et stupide histoire que celle de l'amateurisme olympique! Mais lisez-le ce fameux serment dont je suis l'auteur heureux et fier. Où voyez-vous qu'il exige des athlètes descendus sur le stade olympique un amateurisme absolu que je suis le premier à reconnaître comme impossible[26]?

Concernant ce problème, COUBERTIN a maintes fois exprimé sa pensée. Ce qui dicte sa conduite, c'est la défense de la dignité de l'athlète. Pas d'un athlète mythique, mais d'un homme culturellement déterminé. Et c'est pourquoi, s'il lutte pour éloigner l'argent du stade, parce qu'il veut en chasser le faux-semblant et l'inauthenticité, il accepte, en revanche, qu'en fonction et selon son statut social, l'athlète reçoive un manque à gagner.

En réponse à Fernand LOMAZZI, journaliste de *L'Auto*, il déclare le 4 septembre 1936 :

> «(Je ne lutte pas) pour un amateurisme absolu que je suis le premier à reconnaître comme impossible.»

Le 27 août de la même année, dans *Le Journal*, André LANG avait écrit à peu près la même phrase mais en omettant le mot «absolu». À la suite de quoi COUBERTIN écrit à André ROUSSEAU une lettre que publiera *Le Temps* le 15 septembre 1936 :

> «...Je n'accepte la responsabilité que de ce que je rédige et signe moi-même. M. LANG qui est venu m'«interviewer» apporta à construire son article un tact et une objectivité remarquables. N'empêche que le mot *absolu* sauté par mégarde enlève toute signification à ma déclaration concernant l'amateurisme. Que l'amateurisme absolu n'ait jamais existé c'est un fait indéniable, dire que l'amateurisme tout court n'a jamais existé, c'est une sottise. Du reste les réactions insuffisamment courtoises et loyales d'une partie de la presse française, en cette circonstance, me conduisent à la résolution de ne plus recevoir aucune visite relative aux questions sportives, ce sera plus simple.»

---

26. MEYER, Gaston «Le Phénomène Olympique» *op. cit.*, p. 27.

Il en est des écrits coubertiniens sur l'amateurisme comme de ceux consacrés à la politique: chacun, en quête de son propre reflet, y recherche ce qui lui convient. Les puritains et les cyniques s'arrachent ainsi, avec une égale passion, la dépouille de documents difficiles à joindre et presque toujours tronqués. Pourtant, en la matière, COUBERTIN est net. Il a fixé la doctrine dans ses rapports aux assemblées, et du Comité de Propagation des Exercices Physiques, et de l'U.S.F.S.A., en 1890, 1891, 1892, 1894, rapports publiés dans la *Revue Athlétique* ou les *Sports Athlétiques.* Il l'a précisée dans ses interventions au Comité International Olympique reproduites par la *Revue Olympique.* Il nous semble que le texte essentiel est bien le suivant, extrait du discours prononcé au Congrès Olympique de Prague (29 mai 1925):

> «...Les sports se sont développés au sein d'une société que la passion de l'argent risque de pourrir jusqu'à la moelle. Aux sociétés sportives de donner maintenant le bon exemple d'un retour au culte de l'honneur et de la sincérité, en chassant de leurs enceintes le mensonge et l'hypocrisie... Qu'elles disqualifient impitoyablement les pseudo-amateurs qui recueillent plus ou moins directement de leur participation à des concours publics de fructueux bénéfices.»

Comme toute religion suppose une connaissance des dogmes et l'approfondissement d'une mystique, COUBERTIN fonde sur la pédagogie de l'olympisme une initiation à la philosophie et à la pratique olympiques: le serment est ici un des rituels du sacré.

Le néo-olympisme apparaît donc comme une méditation philosophique sur la place de l'homme dans la Nature, et comme une tentative de médiation entre l'homme et la Nature.

Ce que Jacques ULMANN avait bien vu:

> (La «religio athletae») est la transposition moderne et laïcisée de la vieille conception platonicienne qui faisait de l'homme jouant, l'émule des Dieux [27].

Avery BRUNDAGE, sourcilleux disciple de COUBERTIN, et dont la postérité retiendra le puritanisme fervent et messianique, a raison de rappeler constamment cet aspect fondamental du néo-olympisme. Car cet «appel universel», c'est

---

27. ULMANN, Jacques, «De la Gymnastique aux Sports Modernes,» *op. cit.*

aux joueurs qui jouent qu'il s'adresse, et non aux joueurs... qui travaillent — même si, nous le savons, cette distinction est fallacieuse, et si le «fair-play» est un dénominateur commun aux deux groupes[28].

Ce qui est capital, pour l'avenir de l'idée olympique, c'est de rappeler constamment, comme le fait implicitement le Comité International Olympique, que l'Olympisme est une religion de la finitude — comme le sont toutes les religions ethniques (ou «païennes» mais le terme ne convient pas) et comme ne sont pas les religions du Livre qui postulent un au-delà.

Nous touchons là au problème fondamental qui engage l'avenir des Jeux Olympiques: celui même de leur finalité. Car cette philosophie de la plénitude eurythmique est aux antipodes du nervosisme et du technicisme des Jeux actuels. La différence est totale entre l'athlète d'Olympie, qui jouait essentiellement pour rendre grâce aux dieux, même s'il en retirait un profit social, et l'athlète d'aujourd'hui, qui lutte pour obtenir une médaille d'or. L'un ne visait pas au record — qui était inconnu — Et s'il atteignait à l'héroïsme c'était à son corps défendant. L'autre est condamné à la démesure, car le postulat religieux ou moral est absent de son champ de conscience, occulté par des considérations qui n'ont plus rien à voir avec «l'homme qui joue».

Certes le sport moderne, nous savons que c'est là sa grandeur tragique, s'appuie sur une conception prométhéenne de l'homme[29]. Ce n'est pas cette conception que nous mettons en cause, mais l'usage qui est fait de sa démesure. Nous comprenons et nous acceptons que l'athlète soit SISYPHE, et qu'il se trouve inéluctablement condamné à se forger de nouveaux muscles, inventer de nouvelles règles ou de nouveaux modes d'entraînement: pour le devenir de l'homme, la poussée de la pierre vers l'Olympe doit inexorablement continuer. Mais ce que nous

---

28. Qu'on veuille bien ne pas se méprendre sur cette remarque. Nous respectons les sportifs professionnels au même titre que tous les autres travailleurs. Nous pensons, cependant, qu'ils ressortissent plus à un Ministère du Travail qu'à un Ministère des Sports.

29. Michel BOUET, écrit, dans *Signification du Sport*, p. 3:
«Il se peut que le sport antique ait porté moins que le nôtre la marque de l'angoisse et qu'il correspondait à la notion d'un équilibre souverain, appuyé à l'horizon du Bien (et non à celui du Plus) plutôt qu'à une vision prométhéenne.»

ne voulons pas c'est que, comme SISYPHE, l'athlète reste esclave.

Contrairement à l'opinion courante, il ne nous apparaît pas que le Comité International Olympique, dont les efforts de compréhension envers la société multinationale, multiraciale, et multipolitique qu'il dirige, et l'évolution du monde moderne qui le presse de toutes parts, sont très méritoires, ait failli à sa tâche. Grande voix morale, dépourvu de moyens financiers et matériels, le C.I.O. ne peut, trop souvent, émettre que des vœux pieux.

Certes il peut, non sans succès, lutter contre le gigantisme des Jeux, contre cette impossibilité absolue faite actuellement aux petits pays d'organiser «la fête quadriennale du printemps humain».

Il peut, il doit rappeler aux règles du «fair-play» et de l'amateurisme défini d'ailleurs de façon fort extensive par l'article 26 de ses règlements[30].

Mais il ne peut guère plus. Car sa force ne peut résider que dans la conscience morale des individus. La première tâche à entreprendre aujourd'hui, avant de réduire la durée et l'ampleur du spectacle olympique, avant de discuter de l'amateurisme, c'est d'essayer de désaliéner l'athlète et le sport olympique. Puisqu'il s'agit de la dignité de l'homme, le problème posé est d'abord politique et dépend en premier du vouloir des gouvernements; mais la solution finale, malgré les difficultés que nous connaissons, est fonction de la lucidité des citoyens.

En France, l'éducation à l'olympisme est inexistante. Le vœu de COUBERTIN, formulé en 1929, n'a pas été exaucé:

> Peut-être, quelque Sorbonne de l'avenir insèrera-t-elle dans son programme un cours d'olympisme[31].

Instruit du passé, mais à l'écoute de notre temps, et en cela fidèle à la pensée ouverte de COUBERTIN, nous proposons qu'un tel programme, s'il voit enfin le jour, s'appuie sur les quatre critères suivants:

---

30. On trouvera, en annexe, la règle 26 édictée par le Comité International Olympique (Communiqué du Secrétariat du C.I.O. en date du 5 avril 1971).

31. COUBERTIN, Pierre de, «Olympie», op. cit., p. 1.

1er critère: *Redonner au sport la dimension fondamentale du jeu*

La définition d'André SOUCHON: «Le sport est un jeu et une lutte» n'a trop souvent été citée, dans les milieux professionnels de l'éducation physique et du sport, que pour surenchérir sur la notion (essentielle) de lutte — On a fini par oublier que faire du sport c'était jouer.

De même, les prouesses des champions, leur vie d'ascète décrite par la presse, ont ancré dans l'esprit des enfants et des adultes, que faire du sport, c'était compliqué et difficile.

L'exploit technique peut éloigner du tâtonnement approximatif nécessaire: le champion devient être d'exception, le sport activité de «superman».

Le sport pour tous doit redevenir pour tous une joie, un divertissement de loisir: il n'est que trop perçu comme un travail [32].

2e critère: *La Beauté*

COUBERTIN écrivait:

> Enfin, un dernier élément, la beauté, par la participation aux Jeux, des Arts et de la Pensée. Peut-on célébrer la fête du printemps humain sans y inviter l'Esprit? Mais alors surgit cette question si haute de l'action réciproque du muscle et de l'esprit, du caractère que doivent revêtir leur alliance, leur collaboration.

---

32. *Deux remarques:* 1) Le Sport pour Tous, les Allemands parlent d'une «Seconde voie» opposée au sport de compétition («première voie»), se développe de plus en plus à l'étranger.
650.000 adhérents au «TRIM» norvégien, 10 millions au mouvement analogue allemand, 50.000 seulement en France à la Fédération Française de Gymnastique Volontaire, exemple positif de ce que l'on pourrait faire. Mais le mouvement est bien lancé depuis 1973 par le Comité National Olympique et Sportif français. Dans les pays anglo-saxons, l'Adult Physical Education rassemble pendant les week-ends et les vacances des milliers de volontaires.
Quant aux Pays Socialistes ils fondent toute leur politique de santé sur un «sport populaire» qui intègre d'ailleurs des jeux traditionnels: quilles, oïna, etc., et rend chaque citoyen «Prêt au Travail et à la Défense».
2) Il résulte de cette conception que le sport de compétition est fondamentalement différent du sport pour tous: par son esprit, sa législation, son organisation, ses méthodes d'entraînement.
Les rapports «Sports pour Tous», «Sports de compétition» ne sont peut-être pas aussi simples qu'on aimerait le croire. L'image agréable et sécurisante du vase communicant est trop évidente pour être juste.

> Sans doute l'Esprit domine : le muscle doit demeurer son vassal, mais à condition qu'il s'agisse des formes les plus élémentaires de la création artistique et littéraire et non de ces formes inférieures auxquelles une licence sans cesse grandissante a permis de se multiplier de nos jours pour le grand dommage de la Civilisation, de la vérité et de la dignité humaines, ainsi que des rapports internationaux[33].

COUBERTIN pensait alors à la nécessaire union des Arts, des Lettres et du Sport.

Nous savons ce qu'un coureur de vitesse a inspiré à DUNOYER De SEGONZAC, un pugiliste à BELMONDO, une baigneuse à MAILLOL, un cycliste à TOULOUSE-LAUTREC ou à FERNAND LÉGER.

Mais nous sommes instruits, hélas, de ce que l'idéologie nazie et le fascisme italien ont pu aussi commettre : les statues monumentales de «l'athlète aryen» qu'ARNO BRECKER érigea, en 1936, pour le Stade Olympique de Berlin, les sculptures «romaines» qui surplombent le Stadio Olympico de Rome, en sont la preuve.

De même, sommes-nous souvent déçus par les œuvres sur commandes passées par l'État ou les municipalités. Pour l'admirable rameur de COUTURIER, mal mis en évidence à l'entrée du Lycée Jehan ANGO de Dieppe, pour les très beaux bronzes de l'Italien Antonio CAPELETTI, combien de productions saint-sulpiciennes[34] — en la matière, d'ailleurs nous ne sommes pas seuls — ce qui est une bien maigre consolation. Les parcs de culture des Pays Socialistes regorgent de ces fabrications, où la fausse grandeur et le pompiérisme se disputent la palme !

Plus modestement, nous en appelons à la découverte de l'effort musculaire et gratuit en pleine nature, à la valorisation humaine des Parcs Régionaux et Nationaux, par une plus grande mise à la disposition pour tous de sentiers de randonnée, de bases de plein air, en accord avec la population autochtone, d'animateurs socio-culturels de qualité.

---

33. COUBERTIN, Pierre de, «Entre deux batailles», *op. cit.*
34. GIRAUDOUX disait non sans humour amer, dans *Maximes sur le Sport,* Grasset, Editeur :
«La seule excuse au professionnalisme est la vue des objets d'art que l'on offre aux amateurs.»

Nous pensons que la beauté de l'effort sportif doit d'abord s'éprouver au contact des éléments naturels: terre, air, eau, et que c'est d'abord là, par cette «eurythmie», que se révèle la Beauté. Ensuite, ou concurremment, peuvent s'interpénétrer Art, Sport et Beauté, dans l'œuvre élaboré de l'artiste et dans le regard éduqué du spectateur.

3ᵉ critère: L'idée de trève

COUBERTIN, de toute évidence, songeait à la trève olympique:

> À intervalles réguliers fixés à cet effet, la cessation temporaire des querelles, disputes, et malentendus. Les hommes ne sont pas des anges et je ne crois pas que l'humanité gagnerait à ce que la plupart d'entre eux le devinssent. Mais celui-là est l'homme vraiment fort dont la volonté se trouve assez puissante pour s'imposer à soi-même et imposer à la collectivité un arrêt dans la poursuite des intérêts ou des passions de domination et de possession, si légitimes soient-elles. J'admettrais fort bien pour ma part de voir, en pleine guerre, les armées adverses interrompre un moment leurs combats pour célébrer les Jeux musculaires loyaux et courtois[35].

Mais COUBERTIN, également, dans son œuvre, parle «d'intermittence» et de «cure de sport».

Nous proposons que la notion de trève olympique soit transférée au plan individuel, pénètre la conscience de chacun, et que chaque Français, jeune ou vieux, ait droit à cette coupure, cette relâche d'avec les agressions de la vie moderne.

Des bases de plein air sportif, en plus grand nombre, sortes de sanatoria pour bien-portants, mais où, encore une fois, le sport ne serait qu'un divertissement et un prétexte, pourraient répondre à cette vision.

Ainsi un nouveau style de vie permettrait aux hommes surmenés de cette fin de siècle, et grâce à des congés culturels systématisés et facilement octroyés, de récupérer leur force vitale et de mieux lutter contre ce qu'il est dorénavant convenu d'appeler les maladies de civilisation.

---

35. COUBERTIN, Pierre de, Après les Jeux de la Xᵉ Olympiade, Los Angeles, Bulletin no 9 du B.I.P.S., 1932, p. 3.

4ᵉ critère :   Une éducation à «l'international»

Le monde est un, et Avery BRUNDAGE a raison de le souligner :

> (Le mouvement olympique) est une magnifique et vivante démonstration de cette maxime d'espoir et de foi qui fut frappée à Tokyo : le monde est un[36].

La mondialisation des techniques l'unifie chaque jour davantage, alors que, cependant, et chaque jour, ressurgissent de dangereux nationalismes.

Nous en appelons à un olympisme sans rivages où tous les peuples — y compris ceux de Mozambique et d'Angola comme ceux, encore colonisés, d'Afrique du Sud[37] — auront le droit et le devoir de participer aux Jeux Olympiques.

Il faut que les éducateurs continuent à crier très haut leur haine du chauvinisme, et il faut que ces éducateurs ne se trouvent pas seulement dans les écoles élémentaires et secondaires, mais aussi dans les Maisons de Jeunes et de la Culture, dans toutes les institutions à caractère socio-éducatif, aussi bien qu'à l'École Normale Supérieure d'Éducation Physique, à l'Institut National des Sports et dans l'Université.

Les prémisses d'une nouvelle sagesse, d'un nouveau sens de la solidarité internationale, hors des haines d'anciens combattants, sont discernables dans la jeunesse d'aujourd'hui : c'est la grande leçon qu'elle nous donne. L'humanité a soif, plus que jamais, de calme, d'équilibre, et de pondération.

Malgré la démesure des moyens de communication de masse, une désaffection pour la frénésie des records nous semble perceptible. L'opinion publique commence à considérer et à valoriser le sportif quelconque, affronté le di-

---

36. BRUNDAGE, Avery, Président du C.I.O., Discours à l'ouverture de la 63ᵉ session du C.I.O., Madrid, 6 octobre 1961.
37. L'exemple de COUBERTIN devrait être suivi par ses successeurs.
En 1912, aux Jeux de Stockholm, la Bohème et la Finlande, alors annexées à l'Empire Austro-Hongrois, et à l'Empire Russe, eurent leurs équipes nationales officielles. COUBERTIN, quant à lui, souhaitait qu'en outre la Pologne et l'Irlande puissent bénéficier de la même considération et de la même reconnaissance.
On lira à ce sujet et avec passion, les pages 118 à 122 des *Mémoires Olympiques, op. cit.*

manche matin à sa seule bonne volonté. Le Comité National Olympique et Sportif français prend la tête d'une croisade en faveur du « sport pour tous » : tout cela est encourageant.

Aussi le moment semble-t-il opportun de proposer une éducation à l'olympisme, facette privilégiée, à nos yeux, d'une éducation à la fraternité.

L'école reste pour nous, malgré les attaques qu'elle subit actuellement, le lieu nécessaire de cette formation. C'est à l'école, par la médiation du maître, qu'au-delà des particularismes familiaux, philosophiques, religieux, raciaux, un modèle d'éducation, puisant sa motivation dans l'état politique actuel du monde, peut être proposé. Dans notre pays, c'est à l'école élémentaire, en particulier au sein du tiers-temps pédagogique, parce qu'une telle proposition doit être rencontrée très jeune, qu'une telle éducation doit être dispensée.

L'instituteur français retrouvera ainsi une dimension sociale qu'il n'avait pas connue depuis les premiers temps de la IIIe République, alors qu'en dehors du temps scolaire d'instruction, il éduquait le village par le truchement de ces « disciplines d'éveil » que restent la lecture volontaire, le théâtre, la musique, la danse, et le sport.

Aujourd'hui, l'instituteur, pour peu qu'on l'y aide pendant sa formation à l'Université, puis dans son éducation continue, doit devenir un professeur d'olympisme. Il doit montrer la fragilité et l'importance relative des victoires sportives internationales, et le peu d'importance que présente, finalement, pour l'avenir de l'esprit, une défaite française à Saporo, ou dans le Tournoi des Nations.

Il doit enseigner la fraternité du stade, la rigueur envers la règle internationalement admise, le respect et la dignité de l'adversaire, l'honneur de faire partie d'une élite chevaleresque. Il doit lutter contre le « phantasme de coït éternel » dont parlent les analystes, c'est-à-dire qu'il doit apprendre à l'enfant à s'accepter, et vainqueur, et vaincu : la démythification de l'acte sportif est le premier de ses devoirs.

C'est à l'école primaire, par le biais du tiers-temps pédagogique, que la France peut devenir non seulement une nation sportive, mais une nation fraternelle à ses enfants et aux autres peuples qu'elle accueille, par nécessité économique.

On nous objectera, non sans raison, que là n'est pas le seul volet de l'éducation olympique — et qu'il serait singulier de parler des Jeux sans se préoccuper du sort de l'athlète qui en fait la grandeur.

Nous savons que l'athlète olympique est le porte-drapeau de l'idée olympique, ou du moins qu'il devrait être le symbole de toutes les qualités humaines et divines appelées à son chevet par COUBERTIN, lors de la renaissance des Jeux.

Fidèle à la pensée de COUBERTIN, nous savons la nécessaire liaison à établir entre la masse des sportifs sans titres et le champion auréolé.

Mais nous savons hélas qu'aujourd'hui, malgré de multiples tentatives, et parce que le contexte social français n'est ni nord-américain ou australien, ni soviétique ou est-allemand, un athlète français de haute compétition est voué presque sûrement à la solitude sociale. Nous voulons dire par là, qu'il se trouve isolé, voire rejeté — par la chape d'une spécialité qui l'enserre de ses mille rigueurs — du tissu social que, très vite, après les victoires ou des accidents, il devra réintégrer.

De là une tentation de monnayer très cher, pendant peu de temps, ses talents d'artiste, et, ce faisant, de goûter à des habitudes d'aisance, sinon de luxe, difficiles ensuite à abandonner.

Le problème n'est évidemment pas de nier l'aide nécessaire qui doit être apportée aux champions. Mais de savoir qui doit apporter cette aide. Dans l'état actuel des choses, l'industrie privée détient, ou non, pour certains sports — tel le ski — la clef des succès olympiques.

Le journal *L'Équipe* écrit, en date du 24 janvier 1972 :

> L'activité sportive est devenue un produit de consommation, impossible d'ignorer plus longtemps l'intervention du commerce avec ses deux succédanés propagande et publicité.

Et de proposer une véritable officialisation de cet état de fait.

L'un des plus lucides et des plus courageux journalistes sportifs, Michel CLARE, précise dans le même quotidien, le 15 février 1972 :

> Il est vrai que c'est difficile de faire comprendre cela, car un groupe sportif épouse inévitablement les contradictions de cette société exclusivement orientée vers le profit, qui est la nôtre.

Pour nous, c'est là une question de principe : l'athlète olympique doit être libéré de cette obligation de « courir le cachet » au détriment de son équilibre moral et de sa vie sociale.

Désaliéner l'athlète, olympique ou non, c'est d'abord et systématiquement, lui permettre d'apprendre une profession, dans des centres de formation professionnelle accélérée, sitôt l'âge des compétitions révolu. C'est ouvrir des sections préparatoires à l'Université, et des bourses d'études, à tous ceux qui, plus ou moins éloignés du lycée au temps de leur entraînement intensif, ont droit, comme les autres, au nom de l'éducation des adultes, à l'accès à la culture universitaire. C'est, passé l'âge de la compétition, créer des corps d'entraîneurs sportifs, mais fonctionnaires, c'est-à-dire bénéficiant d'un statut, au même titre qu'un cheminot ou un douanier.

C'est, dans les lycées techniques, ouvrir des sections professionnelles pour de futurs ouvriers dont le sport sera la profession, comme pour d'autres le seront la musique, le théâtre ou la danse [38].

Notons ici deux initiatives heureuses prises par le Secrétariat à la Jeunesse et aux Sports. La première consiste en la création à Vichy d'un Institut National de Football, la seconde dans l'ouverture, à compter du 15 septembre 1975, d'une cinquantaine de sections sports-études dans des établissements secondaires français. Ainsi, grâce à des horaires adaptés, des jeunes sportifs doués pourront poursuivre normalement des études tout en s'entraînant sérieusement dans le sport de leur choix.

---

38. L'Inspecteur Général BELBENOIT écrit dans le no 128 de l'Éducation, du 10 février 1972, p. 26 :
« La formation des professionnels du sport relève de la même problématique que celle de tous les enseignements professionnels (orientation préalable et continue, équilibre ou symbiose entre apprentissage technique et formation générale, débouchés et, bien entendu, reconversions ultérieures). Il ne s'agit pas de fournir des mercenaires à des exploiteurs, mais de préparer des travailleurs à des métiers comme les autres. »

C'est donc à l'État d'aider le sportif de haute compétition.

Alors, nous en sommes sûr, le sport trouvera en France sa juste place dans l'échelle des estimes et des obligations — ni trop élevé, et c'est un fascisme musculaire et chauvin qui triomphe, ni trop rabaissé, et c'est la léthargie et le farniente des renoncements.

Ainsi, désaliénés, l'athlète et le sport olympiques seront générateurs d'exemple, de calme, et de clarté. Ainsi contribueront-ils comme le voyait COUBERTIN dès 1896, à promouvoir la paix:

> The Olympic Games with the ancients, controlled athletics and promoted peace. It is not visionary to look to them for similar benefactions in the future[39].

Rien n'est plus urgent, aujourd'hui en France, qu'une telle éducation à l'Olympisme.

---

39. COUBERTIN, Pierre de, «The Olympic Games», in *Century,* November 1896, p. 53.

chapitre V

de la cité des hommes à la terre des hommes

5.1 le retour aux sources, les Universités Ouvrières, le Gymnase Municipal

La Grande Guerre n'a pu détruire l'idée olympique. Sitôt l'armistice signé, COUBERTIN se préoccupe de combler les vides du Comité International Olympique, et de repartir à l'assaut de l'opinion mondiale.

Des difficultés surgissent: Jeux Militaires Inter-alliés de 1919 que l'on veut, un temps, appeler «olympiques», impossibilité de voir les Empires Centraux, vaincus, participer aux Jeux d'Anvers (1920) et de Paris (1924), incompréhension des fonctionnaires, ici et là.

Mais COUBERTIN, avec sa ténacité coutumière, rameute les fidèles, joue auprès des Grands de son influence, et songe à sa succession.

Pour lui, «l'heure étale» est venue.

Sur l'invitation d'Édouard BÉNES, Ministre des Affaires Étrangères de Tchécoslovaquie, le Comité International Olympique organise à Prague, en mai 1925, pendant sa session normale, le Premier Congrès International Pédagogique Olympique, qui fait pendant au Congrès International de Psychologie Sportive tenu à Lausanne en 1913.

COUBERTIN exulte, il aime Prague:

> Cette splendide ville, l'une des plus belles du monde à coup sûr, des plus prestigieuses aussi par tout ce qui s'y est accumulé d'histoire aux péripéties dramatiques et profondément humaines[1].

---

1. COUBERTIN, Pierre de, *Mémoires Olympiques, op. cit.,* p. 198.

Et surtout, il se souvient d'avoir imposé à l'Empire austro-hongrois, à l'occasion des Jeux de Stockholm, une équipe de Bohème indépendante.

Terminer à Prague un mandat olympique, c'est là un symbole, sur fond de liberté, qui plaît au vieux lutteur et au vieux libéral.

Le 29 mai 1925 à l'Hôtel de Ville de Prague, il prononce un sermon :

> Celui qui va s'éloigner de la terre fertile sur laquelle il a résidé de nombreuses années, qu'il a cultivée de ses mains et qu'ont embellie pour lui la floraison du succès et celle de l'amitié, voudra le dernier jour monter sur la hauteur d'où la vue s'étend jusqu'à l'horizon... [2]

C'est l'adieu au forum :

> Je ne pouvais consentir à rester ; trente ans constituent un terme qu'il se serait pas sage de beaucoup dépasser [3].

C'est l'heure du bilan, le face à face avec les pairs et la société, mais surtout, le retour au propos premier, la reprise du sillon essentiel que l'œuvre olympique a pu faire croire abandonné :

> L'heure est venue d'achever un édifice pédagogique dont l'architecture soit mieux appropriée aux besoins du jour... [4]

Aux vieillards vénérables du Comité International Olympique, COUBERTIN rappelle les vertus de la jeunesse et de l'impertinence :

> Sans doute ai-je déjà surpris sinon choqué quelques auditeurs en faisant montre de tendances révolutionnaires à un âge où d'ordinaire s'accentue l'instinct conservateur... J'aborde l'œuvre nouvelle dans l'esprit sportif qu'ensemble nous avons cultivé, c'est-à-dire avec la joie dans

---

2. COUBERTIN, Pierre de, Discours prononcé à l'ouverture des Congrès Olympiques, à l'Hôtel de Ville de Prague le 29 mai 1925, par le Baron Pierre de COUBERTIN, Président du Comité International Olympique.
Publication de l'Imprimerie d'État, Prague, 1925.
3. *Ibidem.*
4. *Ibidem.*

l'effort, le goût du risque, et le culte de l'idéal désintéressé[5].

COUBERTIN entend présenter un exposé «personnel, net
et franc». Et quelle leçon ne donne-t-il pas à ceux, plus
habiles qu'honnêtes, plus rusés qu'intelligents, qui, en de telles
circonstances, habillent la statue du commandeur.

Pourtant, il pourrait tout se permettre. Au sommet de la
gloire, au moment du repos terrestre, il pourrait exiger
l'embaumement rituel et le masque de Pharaon; il pourrait à
nouveau, sous les yeux des disciples assemblés, gravir les
pentes du Mont Kronion, et commenter les Tables. Mais,
poussé par le sentiment d'une vie qui se ferme, inspiré par
cette «heure brève» où tout doit être dit, pressé par la vision
des travaux inachevés et des périls qui menacent, il rentre
dans le rang (non sans théâtralité), et se veut seulement un
bon artisan. Il refuse la béatification: «l'heure tchèque» est la
plus humaine de sa vie.

Il dresse un constat sévère.

La victoire du sport, contrairement à l'opinion vulgaire,
n'est pas définitivement acquise: l'engouement suscité à son
égard peut n'être qu'une mode. Le «besoin de sport» n'est
pas inhérent à la nature humaine. Pour que le sport enflamme
non seulement la planète, mais chaque individu, il faut que le
champion descende de son piédestal — il en donne l'exemple
— et surtout, que ce champion ignore la foule qui l'applaudit
et le corrompt implicitement:

> Le vrai sportif est celui pour lequel le spectateur n'existe
> qu'à l'état de contingence.

La plupart des sports sont encore par trop inaccessibles
aux masses: tous les sports — équitation comprise — doivent
être mis aussi gratuitement que possible à la disposition de
tous, afin que tout citoyen, vieux ou jeune, trouve en eux la
liberté de l'audace.

C'est le langage arnoldien et libéral bien connu. Mais si
COUBERTIN croit nécessaire d'insister, c'est, dit-il, parce qu'on

---

5. *Ibidem.*

assiste à un retour en force des «scientifiques». Or, l'anatomie (entendons «l'école suédoise»), ne doit pas:

> exercer les fonctions d'un directeur-gérant à pouvoirs illimités.

COUBERTIN dresse donc la somme des problèmes qui se posent au sport éducatif et entravent sa croissance.

Une fois de plus, l'amateurisme, ou plutôt «la momie amateuriste[6]», qu'il sort de «l'armoire aux cadavres», est à l'ordre du jour. En fait, depuis le Congrès de la Sorbonne (1894), elle n'a pas quitté le devant de la scène olympique. C'est que le sport professionnel — et son cortège de paris — donne lieu à de graves abus. C'est que les tenants d'un puritanisme farouche, et anglican, entendent faire du sport un jeu de bonne société.

Tout comme en 1909 à la réunion du Comité International Olympique tenue à Berlin, COUBERTIN redit nettement que le problème relève uniquement du pouvoir des fédérations sportives internationales: qu'elles nettoient d'abord dans leurs propres rangs. La pratique du serment olympique — noble espérance — sera systématisée, et placera les jeux sous le fronton de l'honneur. Le Comité International Olympique indépendant grâce à un mode de recrutement anachronique mais nécessaire et bénéfique, restera tribunal unique et souverain. Ainsi les Jeux seront inaccessibles aux rivalités des gouvernements et aux passions politiques du vulgaire:

> Est-il besoin de rappeler qu'ils (les Jeux Olympiques) ne sont la propriété d'aucun pays ni d'aucune race en particulier et qu'ils ne peuvent être monopolisés par des groupements quelconques. Ils sont mondiaux...[7]

L'avenir est donc plus noir que ne serait en droit de l'attendre l'organisateur de sept Jeux Olympiques, et l'administrateur d'un organisme international aussi ramifié, et en apparence aussi puissant.

Car COUBERTIN voit bien, et sait bien, que toute l'architecture de ce grand édifice construit avec tant de

---

6. COUBERTIN, Pierre de, *Mémoires Olympiques, op. cit.*, p. 200.
7. *Idem,* Discours prononcé à Prague, le 29 mai 1925.

ténacité et de passion, dans une perspective futuriste qui a souvent fait fi des contingences, repose sur des fondations fragiles: puisque le sport n'a pu encore pénétrer les mœurs et que les hommes restent toujours tributaires d'une pédagogie qui a fait faillite. Le rébus qu'il faut résoudre, sous peine de mort de civilisation est, encore et toujours, celui de l'éducation. Il faut donc réveiller les consciences des gens satisfaits, et d'abord dans les rangs même du Comité International Olympique, dans cette assemblée de sages intronisés par COUBERTIN lui-même. C'est cette volonté, et ce souci, qui transparaissent dans la rigueur républicaine du discours de Prague.

Dès lors, la boucle se ferme. COUBERTIN, juvénile et tenace, reprend le bâton de pélerin des vertes années:

> Et surtout je veux pouvoir consacrer le temps qui me reste à hâter dans la mesure où je le pourrai une urgente entreprise: l'avènement d'une pédagogie productrice de clarté mentale et de calme critique. À mon avis l'avenir de la civilisation ne repose, en ce moment, ni sur des bases politiques, ni sur des bases économiques. Il dépend uniquement de l'orientation éducative qui va se dessiner. La question sociale elle-même ne saurait trouver de solution durable en dehors du processus éducatif. C'est pourquoi la première nation ou la première caste qui donneront le signal, seront assurées de prendre la tête de l'Europe nouvelle. L'enjeu vaut l'effort[8].

L'argumentation est discutable. Faire reposer l'équilibre social et l'avenir de la culture, *uniquement* sur la pédagogie, c'est ne pas prononcer au fond la critique du système économique et social, et c'est, implicitement, freiner le progrès auquel aspire cependant et honnêtement l'auteur. Mais c'est aussi, au nom d'une utopie non explicite, participer, à l'âge où beaucoup déjà désertent, au combat libérateur de l'homme. C'est faire montre d'un optimisme conquérant, et donner aux jeunes générations l'exemple d'une honnêteté intellectuelle, d'une fidélité, et d'une passion sans défaillance. C'est prêcher l'exemple.

COUBERTIN retrouve ainsi la majeure de son œuvre, à savoir que tout repose sur la pédagogie: et l'avenir de l'homme, et le développement des sociétés.

---

8. *Ibidem.*

Mais ce retour est sans illusion :

> C'est la pédagogie présente qui par son erreur obstinée a
> égaré les générations actuelles dans l'impasse d'un
> spécialisme outrancier où celles-ci ne trouvent finalement
> qu'obscurité et désunion. Elles se croient très puissantes
> parce qu'elles ont beaucoup d'appétit et très savantes
> parce qu'elles disposent d'un grand nombre de données
> scientifiques. En réalité elles sont mal préparées pour les
> troubles qui viennent[9].

COUBERTIN prophétise la venue des jours noirs. Dans
cette Europe de 1925, où plus que les bottes de la marche sur
Rome, c'est le black-bottom du Paris des Arts Décos qui
résonne, il faut quelque courage pour en appeler à la vigilance. Pourtant l'Europe est grosse déjà d'une seconde catas-
trophe.

La première guerre mondiale et la révolution bolchévique
ont profondément modifié l'image de la démocratie libérale. À
leur suite, les masses ouvrières et coloniales ont pénétré avec
effraction dans des domaines jusqu'alors réservés.

Que faire ?

L'égoïsme des possédants, incapables de maîtriser leur
propre destin, va-t-il laisser périr l'héritage des siècles passés.
Comment faire pour que cet héritage ne sombre pas ? C'est le
premier portant de la réflexion de Pierre de COUBERTIN.

La Suisse et ses libertés cantonales à l'échelle du citoyen
offre un type de démocratie libérale et une constance harmonieuse sur la voie de la démocratie. Comment faire pour
que la pédagogie s'en inspire ? C'est le second portant de la
réflexion de Pierre de COUBERTIN[10].

La plus petite vallée alpine, le plus petit campement
bédouin, sont désormais tributaires de l'équilibre global du
monde : le destin de l'individu se joue à l'échelon de la planète. C'est le troisième portant de la réflexion de Pierre de
COUBERTIN.

Le 15 novembre 1925, COUBERTIN proclame la création
de l'Union Pédagogique Universelle (U.P.U.).

---

9. *Ibidem.*
10. COUBERTIN dira de la Suisse qu'elle constitue :
« L'achèvement politique le plus parfait qu'ait encore réalisé l'humanité » in
Histoire Universelle, op. cit, IV, p. 197.

Aucun hiatus entre les travaux d'avant et de l'après-guerre, simplement une évolution rigoureuse vers une plus grande clarté et vers un plus grand souci d'efficacité.

Conformément à l'article 2 de la Charte fondamentale de l'U.P.U. :

> Une base de culture générale doit être recherchée dont le principe initial soit accessible à tous et dont l'application soit pourtant susceptible d'un développement infini[11].

Les programmes de 1907, touffus, sans classement interne, sont repris dans un tableau ordonné et symbolique, où «la notion est définitivement substituée au fait».

Un «flambeau à dix branches» regroupe dix notions, qui sont, pour COUBERTIN, la base essentielle de savoir que tout homme doit posséder. Mais qu'il doit posséder à des degrés divers, «selon ses capacités, le temps dont il dispose[12]».

> Tel est le «Flambeau à dix branches» dont les flammes «susceptibles de brûler en veilleuse dans l'esprit le moins cultivé et d'atteindre la pleine incandescence dans celui du savant» distribueront à tous une lumière de nature et d'ordre identiques pouvant seule assurer la paix sociale et contribuer efficacement à la paix internationale[13].

Mais, fait nouveau, le document, qui hier aurait été parrainé par de grands savants, est, en 1926, présenté et soumis à la critique de la Société des Éducateurs Populaires de Marseille, avant d'être présenté, à Genève, au Congrès International de l'Enseignement Secondaire.

C'est que COUBERTIN désire sortir du seul cercle antérieur de référence: l'Enseignement Secondaire hors duquel, du temps de *l'Éducation des Adolescents au XXe siècle,* il ne voyait pas de salut.

C'est encore là le vieux rêve généreux et républicain du siècle des lumières, La cohésion sociale et la paix internationale sont le fruit de la connaissance: l'esprit seul règle le monde.

11.   Cf. «l'Education Intellectuelle»
Une société de l'Histoire Universelle (S.H.U.) avait précédé de quelques mois l'U.P.U. La S.H.U. fusionnera avec l'U.P.U. non sans fournir à la Charte de l'U.P.U. trois articles relatifs à la conception et à l'enseignement de l'Histoire. Le siège de la S.H.U. se trouvait à Aix-en-Provence, où une Université populaire active fonctionnait.
12.   On trouvera en annexe le texte du «Flambeau à dix branches».
13.   *Idem.*

De même, est-il proposé d'appliquer le projet à
l'Enseignement Primaire Supérieur, bon tout au plus à former
des sous-officiers de l'instruction et de l'industrie[14].

Cet enseignement, l'histoire pédagogique de notre pays
le prouve, était une impasse. Il ne visait qu'à former des
contremaîtres pour l'industrie — et rien que des contremaîtres
— et des instituteurs pour l'enseignement du premier degré,
— et rien que des instituteurs.

COUBERTIN n'entend pas supprimer cette forme
d'enseignement: il faudra d'ailleurs attendre 1940 pour qu'il
en soit ainsi. Mais, sorti du ghetto où l'*Éducation des Adolescents au XXe siècle* le confinait, il s'attaque à la suffisance
encyclopédique, à cet esprit primaire qu'il dénonce comme un
crime majeur contre l'Esprit.

S'il ne met pas en question l'enseignement technique,
c'est que, pratiquement, malgré la loi d'ASTIER de 1917, cet
enseignement n'existe pas.

Par contre, et pour la première fois, il se préoccupe du
secteur post et extra-scolaire, comme le prouve son souci de
soumettre préalablement sa réforme à une société d'éducation
populaire.

Le «Flambeau à dix branches» apporte lumière et
chaleur à tout homme, «selon ses capacités et le temps dont
il dispose».

Aucun programme n'est avancé, comme dans la Réforme
de 1906, mais dix notions sont proposées, qui fondent
l'existence de l'homme.

Quatre notions: astronomique, géologique, historique,
biologique, définissent l'existence réelle de l'individu.

Trois notions: mathématique, esthétique, philosophique,
conditionnent son développement mental et moral.

Trois notions dominent sa vie sociale: économique,
juridique, ethnique et linguistique.

---

14. En 1896, dans «l'Evolution Française sous la IVe République», p.
326, COUBERTIN s'élève contre «une expérience inutile et dangereuse si elle
doit être généralisée», et qui envisage d'envoyer dans une classe spéciale du
Lycée Charlemagne, 22 enfants de 14 à 16 ans choisis parmi les meilleurs des
Écoles Primaires Supérieures de Paris.

C'est cet «homo economicus» qui retient le plus notre attention. Il est difficile, cependant, d'admettre ce découpage où l'homme apparaît comme le produit d'une sorte d'équation abstraite, où la juxtaposition de critères intellectuels, sans cohérence apparente, suffit à résumer toute l'éducation.

COUBERTIN et l'U.P.U. apportent la Culture, bras chargés de la Connaissance, cœur généreux, et rêve au front. Pédagogie traditionnelle qui même lorsqu'elle prétend apporter la clarté, reste consubstantiellement liée à la notion autocratique d'instruction. Et même chez COUBERTIN qui, politiquement, s'affirme libéral, et dont la quête généreuse ne saurait être mise en doute... C'est que COUBERTIN reste prisonnier d'un système objectif, défini à priori, et qu'il ignore la réalité subjective de l'individu, ses besoins affectifs, et ses intérêts intellectuels propres.

Il est difficile de dire quelle fut l'influence de l'U.P.U. sur les réformes de l'Enseignement.

En France, sans doute fut-elle nulle : on chercherait en vain sa trace dans les directives officielles de l'Instruction Publique.

L'U.P.U. sera dissoute en 1930 par son fondateur, conformément au principe d'intermittence. On n'en trouve aucune trace dans l'histoire de la pédagogie active de l'entre-deux-guerres. Seul Louis MEYLAN en rappelle la tentative, mais dans de minces brochures, à tirage limité au Canton de Vaud.

Pourtant, très vite, l'U.P.U., de par la volonté et le rayonnement de COUBERTIN, acquiert une notoriété internationale. Sous son patronage, en effet, des Cahiers sont publiés et diffusés dans le monde entier et, surtout, à son appel, une Conférence Internationale va siéger au Château d'Ouchy, à Lausanne, du 14 au 17 Septembre 1926.

Le thème retenu : *Rôle Pédagogique de la Cité Moderne,* fait accourir les délégués de Grèce, Tchécoslovaquie, Pologne, Pérou, U.S.A., Belgique, Italie, Finlande, France[15], Suisse, Allemagne, Yougoslavie, Angleterre, Japon...

---

15. Le Professeur CASSIN, délégué à la Société des Nations représentait la France. Étaient présents également, entre autres :
Le Docteur G. BAUDOIN, du Collège de France.

Aucun biographe, ni DIEM, ni LUCAS, ni M. Th. EY-
QUEM, ne signale l'importance d'une telle conférence. Pourtant, elle est primordiale à qui veut comprendre l'évolution de
la pensée politique et pédagogique coubertinienne. COUBER-
TIN, retrouvant les certitudes culturelles enseignées par l'hellénisme, puisant sa foi dans la quotidienneté vaudoise, exalte
la Cité prochaine dont il entend déterminer les «assises[16]».

Car la cité, pour accomplir sa mission de renouveau humain, a besoin d'être alerte et bien équipée. Une presse,
«indépendante et sûre[17]», devra en outre être au service de
tous les citoyens: sans liberté d'information, la démocratie
tourne à la dérision.

Le programme de la Conférence d'Ouchy comporte quatre grandes questions «à étudier dans le cadre de la
cité»:

— L'Accès à la Culture Générale ,
  Les Universités Ouvrières
— Le Droit au Sport — Rétablissement du Gymnase
  Antique
— L'Atmosphère morale
— Les Arts Populaires

«L'affaissement moral» de la cité a été traité dans le
chapitre consacré à l'éducation morale. Nous ne voyons rien
à y ajouter, sinon la persistance de cette quête morale qui
caractérise, en un certain sens, la vie de Pierre de COUBER-
TIN.

Plus original, car nouveau dans l'œuvre, est le souci
d'une éducation artistique populaire. Sans doute déjà, aux
alentours de 1910, en avons-nous découvert la trace, alors
que, à la manière de RUSKIN, COUBERTIN entend mettre en

M. REYNALD, Sénateur.
M. EBERLE, de la Chorale des Écoles Normales.
Lieutenant Colonel ROYER et J. DALBANNE, de l'Union des Sociétés de
Gymnastique de France.
M. Ph. RIVOIRE, de la Société d'Horticulture de France.
16. COUBERTIN, Pierre de, «Les Assises de la Cité Prochaine», Conférence
donnée à Berne le 19 avril 1932.
Genève, Imprimerie Bergé, 10, rue des Corps-Saints, 1932.
17. Annales de l'U.P.U., no 1, p. 11, 1925-1926.

scène les cortèges et les manifestations des sociétés sportives.

Mais il va plus loin, cette fois, et entend faire participer activement le citoyen à la vie artistique de la cité. Le chant choral, pour lequel COUBERTIN a une grande prédilection (la IXe symphonie de BEETHOVEN le comble de sérénité), l'art dramatique de plein air, que son ami Maurice POTTECHER a si bien développé dans les Vosges, à Bussang, l'art floral, que les jardiniers de Mirville ont, dans sa jeunesse, si bien illustré autour des pièces d'eau du château de famille, seront encouragés par les municipalités.

Ainsi :

> (disparaîtra) l'anti-artistique orphéon, le peuple collaborera aux fêtes populaires, les logis et les rues s'égayeront grâce à un art floral populaire.

Nous ne nions pas l'importance d'un tel souci, alors que la beauté du cadre de vie est l'un des éléments fondamentaux de survie de l'homme de ce siècle. Mais l'intérêt majeur de la Conférence d'Ouchy réside essentiellement à nos yeux dans deux autres points de l'ordre du jour : «Accès à la Culture Générale (Universités Ouvrières), Droit au Sport».

L'accès à la culture générale est une vieille obsession coubertinienne. LE PLAY, et l'époque industrielle et son cortège d'injustices, ont fortement impressionné le jeune COUBERTIN. L'histoire lui a appris le fragile équilibre des civilisations. La Démocratie lui semble d'une telle évidence que les couches populaires les plus déshéritées ne pourront qu'accéder, non pas demain, mais aujourd'hui même, aux pouvoirs de décision. Déjà en 1891, nous l'avons vu précédemment, COUBERTIN conviait un nombre respectable de notables à se pencher sur l'avènement politique d'un «quatrième état», et sur les responsabilités qu'encourrait la nation à ne pas préparer cette nouvelle classe sociale à l'accession à la culture, c'est-à-dire, précisait COUBERTIN, à «l'accès à la vie supérieure[18]».

---

18. Irénée MARROU dira, cinquante ans plus tard, que la culture est «l'accès à la vie supérieure de l'esprit» in : «Histoire de l'Éducation dans l'Antiquité, Paris, Le Seuil, 1948, 595 pages, 6e édition, 1965.

Dans les «Notes sur l'Éducation Publique», en 1901, il signale combien l'éducation populaire a pris en France, depuis quelques années, une très rapide extension. On sait qu'à l'appel de la Ligue Française de l'Enseignement mais aussi des Universités Populaires, de nombreuses amicales et des cercles d'éducation populaire se sont levés alors un peu partout dans le pays. Produits d'une double conjonction : intérêt de classe de la grande industrie à alphabétiser le paysan illetré transplanté à l'usine, et souci de l'ouvrier syndiqué et socialisant d'accéder à une culture, fût-elle bourgeoise, ces amicales, ces universités populaires, et ces cercles, ont pour pivot l'école publique, et pour moteur l'instituteur de la 3e République.

COUBERTIN note la croissance récente, mais rapide, de telles institutions :

> En plus d'un pays, on s'est déjà efforcé d'y pourvoir, (à l'éducation du «quatrième état) mais instinctivement et comme au hasard ; je ne sache pas que le fait ait été proclamé comme un fait social, dont il convient de tenir compte partout et en toutes circonstances ; avant la découverte qui en fut faite récemment en France, les Français, en tous les cas, ne s'en doutaient guère ; mais aptes à généraliser, ils ont vu l'ensemble du mal dès que son existence leur a été révélée et les œuvres post-scolaires prennent, chez eux, une rapide extension[19].

Mais ce n'est là qu'un aparté dans l'œuvre du moment : toutes les forces de COUBERTIN sont alors orientées vers la réforme, et la réforme seule, de l'enseignement secondaire.

Il est vrai que COUBERTIN n'a pas vibré au diapason des forces de gauche, lors de l'Affaire DREYFUS. Et que l'une des conséquences de cette Affaire fut, justement, la création de nombreuses et actives universités populaires.

Il faudra le choc titanesque de la première guerre mondiale pour que COUBERTIN, délaissant totalement le monde étroit de sa classe sociale d'origine, enregistre l'inexorable accession des masses populaires au pouvoir. Le texte qu'il nous a laissé, et qui date de 1918, est l'un des plus beaux, sinon le plus beau, de toute l'œuvre. Souvent cité, presque

---

19. COUBERTIN, Pierre de «Notes sur l'Éducation Publique», *op. cit.,* Le Domaine de l'Initiative Privée, p. 271. Rappelons que la Ligue Française de l'Enseignement, fondée par Jean MACE, date de 1866.

toujours tronqué, il nous a semblé nécessaire de le reproduire in extenso en annexe, tant chaque mot est dense, tant l'importance des chapitres est capitale, tant la charge explosive de l'ensemble est grande.

Si, avant la guerre de 1914, COUBERTIN secoue la suffisance et la quiétude bourgeoises, il ne se désolidarise pas pour autant de cette classe sociale qui est la sienne et dont, symboliquement, en se «ralliant» à la République, il a épousé les ambitions.

Après 1917, la séparation est consommée. Les mots cinglent, comme un fouet; aucune précaution oratoire: COUBERTIN a fait le saut.

L'égoïsme de la bourgeoisie est fustigé; mieux: ses méandres, ses tours de passe-passe, ses replis tactiques et hypocrites, sont dénoncés. COUBERTIN montre bien que si banquiers, affairistes, industriels, et hobereaux, sous la poussée des masses, ont dû concéder à la «Démocratie» (entendons: «au peuple») un peu de savoir et de connaissance, c'est contraints et forcés, et encore dans les strictes limites de «l'utilitarisme professionnel»:

> Ce fut un dogme que le travailleur dont le métier doit assurer la subsistance ne saurait être, sans dommage pour la Société, détourné de la voie étroite du perfectionnement technique et qu'aussi bien toute culture générale lui nuirait à lui-même et serait contraire à ses propres intérêts.

On mesurera le chemin parcouru par le réformateur depuis l'immédiate avant-guerre. Où la gymnastique utilitaire? Où la «philosophie du débrouillard»? Où cet enseignement supérieur adapté aux besoins de la classe industrielle? Où cet utilitarisme latent qui s'inscrit en filigrane de toute l'œuvre, de la méditation dans la crypte de Rugby (1886) à la promulgation du Décalogue (1915)?

L'hellénisme, la philosophie des lumières triomphent totalement dans l'homme. C'est un nouveau COUBERTIN, débarrassé de toute gangue de classe, qui se révèle à l'historien. Les prisons de «l'Enseignement Pratique» et de «l'Enseignement Primaire Supérieur», concédés aux «classes laborieuses», et alibis hypocrites, sont condamnés au nom de la Culture, qui devient art libéral, antidote au pragmatisme étroit et à l'utilitarisme.

La révolte de COUBERTIN — on le sent passionné, combattant, rageur — est moins le fait d'un constat politique que d'une attitude humaniste ; car pour lui le problème politique est réglé.

Puisque la démocratie «est le nombre», puisque les grands triomphateurs de la dernière guerre sont les obscurs, les sans-grades, le pouvoir politique ne peut, inéluctablement, mécaniquement, que revenir au peuple : «l'avènement des gouvernements populaires est proche». Utopie, sans aucun doute, foi dans une démocratie «quantitative» qui fait fi des résistances aux changements et du pouvoir économique, fondamental. Mais foi aveugle dans la dynamique interne de la Démocratie, qui permet à ce vieil aristocrate, à ce libéral impénitent, de concevoir et d'agréer de nouvelles formes de gouvernement, dont, à l'époque, n'existe qu'un seul modèle : celui du pouvoir des Soviets. Il est vrai que COUBERTIN ne dira jamais, par la suite, ce qu'il entend par «gouvernement populaire». Et que, de ce fait, toutes les interprétations restent possibles.

En tous cas, pas le moindre doute à ses yeux : la bourgeoisie est morte, elle doit concéder le pouvoir politique.

Hélas, et pour sa honte, cette bourgeoisie a commis le plus grand des crimes : elle a maintenu closes «les portes du Temple». De sorte que les ouvriers et les petites gens vont diriger la République sans avoir eu accès préalablement à la Connaissance :

> Et la Démocratie recevra la garde du Temple sans que, du seuil, elle ait jamais été admise à en contempler le contenu, de ce Temple où sont accumulés les trésors de l'Intelligence et de la Beauté, l'effort des générations écoulées, l'espoir de la civilisation.

C'est le scandale que dénonce COUBERTIN : cette chasse, gardée consciemment par des inconscients qui n'hésitent pas à prendre le risque de voir les trésors des hommes être mal gérés, dispersés, voire détruits par ces va-nu-pieds, ces vauriens, cette plèbe méprisable, à qui, hier, avait été si charitablement consenti l'alphabétisation et le travail et qui, détenteurs aujourd'hui du pouvoir politique, vont être d'un tel grotesque face à la sagesse des siècles.

C'est cette notion erronée que privilège bourgeois et culture ne font qu'un, c'est cet égoïsme de nantis que COUBERTIN, au nom de l'humanisme, stigmatise avec tant de violence.

Et comme le problème majeur reste celui de l'éducation, grand'place où tout converge et d'où tout repart, c'est à la pédagogie de «démolir cette Bastille», afin que les classes populaires, libérées du carcan de l'utilitarisme, aient accès au Saint des Saints: «la science désintéressée»

Au nom de l'humanité, COUBERTIN prophétise et menace:

> Ouvrez les portes du temple! Il n'est que temps. L'avenir de l'humanité l'exige!

Dès 1918, COUBERTIN donne donc à sa réflexion philosophique et à son action militante la dimension totale que le seul souci de la seule réforme de l'enseignement secondaire lui avait jusqu'alors interdit d'atteindre.

En 1921, année d'ailleurs où il publie *Le Dilemme*, pamphlet violemment anti-socialiste, une mince brochure de huit pages paraît: *Les Universités Ouvrières*[20], qui est dans la ligne et comme la conséquence des écrits de 1918. Puisqu'il y a passation de pouvoir (mais en aucun cas ce pouvoir populaire ne sera socialiste et encore moins communiste), puisqu'il y a danger de mort pour la civilisation, il y a urgence à éduquer les nouvelles élites politiques:

> La question des Universités Ouvrières est l'une des plus essentielles et des plus urgentes qui se posent à l'heure actuelle.

La lucidité l'emporte sur l'intérêt.

L'effort quotidien d'analyse auquel il se livre par raison conquérante, l'Histoire qu'il traite par grands pans perspectifs, lui ont démontré la lente, tragique, et inéluctable montée des masses opprimées, dont la seule fête, cycliquement, est la révolte sauvage.

S'il acquiesce à l'inévitable, c'est par intelligence déterminée: en lui, jamais de ces élans de cœur de

---

20. COUBERTIN, Pierre de, *Les Universités Ouvrières,* Lausanne, Imprimerie Populaire, 1921.

l'intellectuel de gauche. Mais toujours l'attitude raisonnée et têtue du terrien face à l'avènement[21].

Car il sait fidèle la mémoire des peuples, et le temps presse. Mieux vaut concéder en période de calme social qu'abandonner sous la pression de la rue. Personne n'y gagne, ni les nantis, ni les opprimés, et surtout pas, suprême crime à éviter, la civilisation, gardienne du signe tracé, et qui peut disparaître d'un coup, comme l'Histoire l'enseigne.

Doit-on pour autant recommencer les erreurs passées, refaire des Universités Ouvrières une simple distraction intellectuelle, comme le furent les Universités Populaires à la fin du XIXe siècle?

> Les Universités Populaires fondées en France, voici environ trente ans ne visaient à rien d'autre qu'à égayer l'existence du travailleur manuel auquel étaient présentés pêle-mêle: de la poésie, le compte rendu du roman à la mode, des exposés scientifiques isolés, une comédie et quelques auditions musicales. En Angleterre et aux États-Unis s'étaient créés vers la même époque, des University settlements où se donnait un enseignement plus sérieux, plus suivi, mais manifestement dominé par le désir d'atténuer sinon d'effacer les malentendus sociaux.
>
> Des gens riches, des représentants de «l'élite» venaient vivre quelques mois dans les quartiers pauvres de la cité pour s'initier à la mentalité des habitants et s'efforcer de la redresser, de la calmer, de la moraliser.

Nous savons où allaient les préférences de COUBERTIN. Au Havre, Cercle FRANKLIN, à la Salle TISSOT, à Lausanne, il a donné des conférences sur l'Histoire. Pour lui, l'université populaire n'est ni un lieu de divertissement, ni une institution de charité.

Il le dit d'ailleurs:

> Nous croyons que la première de ces conceptions a toujours été vaine et que la seconde, si elle avait sa raison d'être, l'a perdue depuis les événements transformateurs de ces récentes années.

---

21. Il écrit en janvier 1903 (*Revue du Pays de Caux*, no 1) «Une fois constaté le fait contre lequel on ne peut rien, le mieux est d'en tirer le meilleur parti, «make the best of it», comme disent les Anglais en une formule d'une géniale virilité».

Reste donc une troisième formule:

> celle qui ferait de l'Université Ouvrière un instrument égalisateur de la culture permettant aux non-privilégiés non pas de rejoindre les privilégiés en brûlant leurs étapes, ce qui n'est pas immédiatement réalisable, mais de reconnaître l'ensemble du terrain par ceux-ci et de prendre par instants contact avec eux[22].

Le raccourci d'histoire est sommaire, mais juste dans ses grandes lignes: les Universités Populaires nées du désir de «l'intelligentzia» d'aller au peuple, furent tout à la fois désir de distraire, souci d'apprendre, mais aussi peur du peuple en même temps que volonté de progrès social. Elles furent emportées dans la grande tourmente de 1914.

Le grand souci réformateur de combler, chez les plus défavorisés, les manques de culture, est une des constantes de l'éducation populaire. Le fils illustre d'un sabotier de Fougères, passé par l'École Normale, Jean GUÉHENNO, ne parlait pas autrement, en 1945, alors qu'il était Directeur de la Jeunesse et de la Culture Populaire. Et les Mouvements créés en 1936 et sitôt la Libération, portés vers le peuple par l'ardeur des intellectuels, ne concevaient pas autrement leur rôle: on reconnaît bien là le vieux rêve de TOLSTOÏ et des disciples de IASNAIA POLIANA. Heureusement, d'ailleurs, qu'existe toujours dans notre pays ce souffle militant et généreux, même si parfois, à son insu, il se teinte de paternalisme.

COUBERTIN en tout cas, en 1921, en a fini avec le paternalisme. Deux axes supportent son action: d'une part, la culture est une et indivisible; d'autre part, c'est à la classe ouvrière elle-même d'envisager et de déterminer son propre processus de culture.

Nous n'insisterons pas sur le premier point: nous nous sommes efforcé de le mettre constamment en relief.

Le second point, pour autant, est tout aussi fondamental, tant par la compréhension du devenir historique des sociétés impliquées, que par les conséquences pédagogiques et politiques qui en découlent.

COUBERTIN écrit:

> Si l'on veut de nos jours qu'une Université Ouvrière non

---

22. COUBERTIN, Pierre de, *Les Universités Ouvrières, op. cit.*

seulement prospère, mais vive, il faut en laisser la direction aux étudiants[23].

Et il précise, donnant en quelques lignes un profil de l'autodidacte qu'un Bénigno CACÉRÈS, aujourd'hui, ou un Agricol PERDIGUIER[24] hier, ne démentiraient pas:

> Ces étudiants, en effet, ne sont ni des enfants, ni des adolescents. Ce sont des adultes pourvus de métiers et déjà en contact avec les dures réalités de l'existence. De plus, ils sont défiants et il est naturel qu'ils le soient. C'est là un point de vue qui entre bien difficilement dans les cerveaux des privilégiés. Ces derniers s'imaginent de très bonne foi qu'il leur suffit de se rapprocher des prolétaires et de leur tendre la main pour que cette main soit saisie avec empressement, gratitude et confiance. C'est un peu naïf. Si même l'empressement et la gratitude se manifestaient, il faudrait du temps pour que la confiance s'établisse et que se dissipe le souvenir de toutes les injustices sociales accumulées.

Certes, COUBERTIN n'est pas le premier à formuler de tels propos. Dans la *Revue Socialiste* de Juin 1902, E. KAHN écrivait:

> Reste à faire des Universités Populaires des institutions d'enseignement politique et social, éducatrices du suffrage universel et instruments de l'émancipation des travailleurs par les travailleurs eux-mêmes.

Et bien d'autres critiques avaient été formulées, dès le début du siècle, contre le paternalisme intellectuel qui faisait peser une menace sur le contenu, la méthodologie, et la forme pédagogique des universités populaires[25].

---

23. Entendons par «étudiants», les ouvriers qui fréquentent l'Université Ouvrière.
24. CACÉRÈS, Benigno, ancien charpentier, autodidacte, Président de «Peuple et Culture», auteur de *La Rencontre des Hommes,* Paris, Le Seuil, 1950.
PERDIGUIER, Agricol, homme politique français (Morières-lès-Avignon 1805, Paris 1875). Menuisier, membre du compagnonnage, connu sous le nom d'AVIGNONNAIS LA VERTU, il devint député (1848-1851) et fut proscrit au 2 décembre. Il publia un *Livre du compagnonnage* (1839) et *les Mémoires d'un Compagnon* (1854).
25. Dès 1901, ch GUYESSE, dans les Cahiers de la Quinzaine (2ᵉ cahier de la 3ᵉ Année) écrivait: «On peut craindre avec épouvante une dictature intellectuelle qui supprimerait toutes les rares sensations qu'on éprouve à conquérir soi-même le sentiment de liberté, et il me semble que la classe ouvrière doit se méfier du socialisme universitaire et rationaliste qui est en train de s'élaborer, de s'organiser, bien qu'il soit de beaucoup supérieur à celui des démagogues.»

Mais COUBERTIN pousse plus loin son analyse, en tentant de déceler quels blocages se produisent dans la sensibilité et l'intelligence des ouvriers en quête d'éducation complémentaire. Il semble bien qu'il ait ainsi posé, le premier, les fondements d'une éducation des adultes.

COUBERTIN pense que le nœud gordien de l'éducation populaire est celui des techniques d'expression et de liaison. Il sent, il voit, il sait, qu'un ouvrier ne peut s'exprimer comme un privilégié du vocabulaire et de la sémantique. Il connaît les affres du manuel qui s'aventure, par hasard, sur les parquets feutrés des bibliothèques, fussent-elles «populaires», et les silences si riches de ceux, mal formés aux règles du jeu, qui se taisent toujours en public :

> Les principales opérations de l'esprit auxquelles le langage écrit ou parlé sert d'instrument sont: la narration, la discussion et la révision. Savoir exposer son point de vue, savoir l'adapter ou l'opposer à celui du contradicteur, savoir envisager l'ensemble d'une question et la résumer, ce sont là des obligations qui n'incombent pas seulement au lettré, mais à tout être humain; le barbare lui-même s'y sentait soumis. Ajoutons-y une quatrième opération qui constituait jadis une des marques distinctives de la civilisation: l'art de correspondre[26].

Comment faire pour que les ouvriers accèdent à l'aisance dans l'expression ?

Il faut, dit COUBERTIN, les aider à acquérir un vocabulaire suffisant. La notion de «français utile», (peut-on dire déjà «fondamental»?), si elle n'est pas exposée clairement, nous paraît en tous cas implicite :

> Tout ce domaine est divisé en deux parts; la constitution d'un vocabulaire suffisant et l'accoutumance à ordonner les idées, voilà le double secret de son exploitation féconde. Comment y parvenir? Ce ne sera pas par l'étude de la grammaire et de la syntaxe; ce serait plutôt par le retour au jeu des synonymes qui avait du bon et développait le goût et l'usage des nuances. Mais surtout et avant tout ce sera par l'organisation de ces exercices pratiques si en faveur chez les Anglo-Saxons. Seulement, en adoptant leur méthode, il la faudra élargir, car ils s'en tiennent volontiers à la parole publique, négligeant

---

26. COUBERTIN, Pierre de, *Les Universités Ouvrières*.

l'improvisation écrite et les diverses formes de rédaction, de critique, d'analyse...

Une «classe de langage», entrera donc à l'Université Ouvrière. Ce sera comme une sorte de «jardinage intellectuel»:

> avec des plantes bien choisies, des allées bien tracées et tenues.

C'est pourquoi également la bibliothèque de cette Université n'égarera pas les recherches (en a-t-on le temps?) et répondra aux besoins et aux intérêts de l'adulte ouvrier:

> (La bibliothèque) ne devra contenir que des livres répondant aux matières enseignées et aptes à seconder l'effort commun du professeur et de l'étudiant[27].

Si l'on veut bien passer sur le jeu désuet des synonymes, reconnaissons que ce texte, écrit il y a bientôt quarante ans, peut encore inspirer l'activité pédagogique de l'animateur socio-éducatif affronté aux problèmes de l'éducation permanente.

L'Université Ouvrière doit donc appartenir aux ouvriers.

Les portes du Temple, ouvertes, lègueront les trésors de la civilisation à des mains nouvelles, sales et rugueuses, calleuses et différentes. Mais tel est le jeu, et l'enjeu, de la Démocratie!

Fait absolument remarquable, et comment l'expliquer en dehors des qualités exceptionnelles de l'homme, cette générosité lucide va déclencher un processus pédagogique irréversible qui amènera à de tels changements de structures, à une telle prise en charge du groupe par lui-même, que ses conséquences ne peuvent être que révolutionnaires. En conquérant l'organisation et l'administration de leurs universités, les ouvriers, par là même, vont en changer le contenu. On comprend que cet aspect des choses ait pu séduire les théoriciens marxistes, et que dans la longue et difficile marche vers le communisme, des pédagogues russes et des fonctionnaires du Comité Olympique soviétique puissent revendiquer COUBERTIN, «humaniste et démocrate[28]», rejoi-

---

27. COUBERTIN, Pierre de, *Les Universités Ouvrières*, p. 7.
28. *Physicultura y Sport*, octobre, 1963, Moscou.

gnant aussi notre propre analyse, et celles de Louis MEYLAN et de M. Th. EYQUEM.

L'Université Ouvrière facilitera donc l'accès de l'ouvrier à la culture, une et indivisible, patrimoine intangible de l'humanité.

Rien ne devra alourdir la mission purement pédagogique de cette université. Tout devra concourir:

> à ouvrir des portes, établir de grands courants d'air et de lumière[29].

On peut s'étonner que COUBERTIN, qui voulut faire du sport l'instrument de libération du collégien encaserné, n'ait pas intégré systématiquement une Association sportive à l'université ouvrière.

Peut-être pense-t-il qu'en aucune façon l'université ouvrière doive être un lieu d'amusement ou de divertissement. Il y a là un aspect austère des mœurs, une conception républicaine de l'enseignement, qui n'est pas sans faire penser à ALAIN, le contemporain.

Mais surtout il veut éloigner de l'Université Ouvrière la compétition, qui draine la foule, la vitesse, et le nervosisme. Plus que jamais, il pense que le sport doit être ce «pays du matin calme» dont il vantait déjà les délices en 1913, dans la Revue Olympique.

En conséquence, les exercices physiques n'auront droit d'entrée à l'Université Ouvrière, qu'autant qu'ils relèveront du concept du «Sport pour tous»:

> Leur collaboration serait opportune et salutaire à la condition toutefois que cette collaboration ne fût pas donnée sous la forme de la création d'un groupement hiérarchisé, organisant des concours, provoquant aux records et aux championnats et appelant des spectateurs autour de ces prouesses[30].

C'est, évidemment, réclamer le droit individuel à la culture physique. Mais c'est aussi affirmer, qu'en principe, l'éducation sportive doit être diffusée ailleurs que dans les locaux de l'Université Ouvrière.

---

29. COUBERTIN, Pierre de, *Les Universités Ouvrières*, p. 7.
30. *Ibidem*, p. 8.

Le Gymnase Municipal, inspiré du gymnase antique, accueillera donc le citoyen soucieux d'exercer son corps.

Ainsi apparaissent les deux colonnes du temple définitif. D'une part, l'Université Ouvrière; d'autre part, le Gymnase Municipal.

Il nous reste à étudier la conception coubertinienne du Gymnase Municipal.

L'idée du «gymnase antique rénové», lieu de rencontre des arts libéraux, point de jonction des générations, n'est pas neuve dans l'œuvre de COUBERTIN. Mais ce n'est qu'après la première guerre mondiale que l'idée va prendre corps, l'expérience de l'Institut Olympique de Lausanne pouvant être considérée comme déterminante.

COUBERTIN écrit en 1928:

> La question du gymnase antique est posée depuis longtemps. Sauf erreur, ce fut au Congrès de l'Union des Sociétés de Gymnastique de France tenu à Paris au début de l'hiver 1912 que l'idée en fut exprimée pour la première fois mais son auteur même sembla ne la présenter que comme une vision d'avenir dont, à cette époque, il eût été prématuré d'entreprendre la réalisation immédiate[31].

C'est en 1917, à Lausanne, en pleine guerre, qu'il précise sa pensée:

> Voici ce que nous nous proposons d'accomplir au sein de la commune, cellule sociale, faire naître un lien où sous des formes simples et n'entraînant point à de grandes dépenses, voisineront l'enseignement, le sport, l'hygiène, l'art, et où fréquenteront jeunes gens, adultes et vieillards, les uns pour agir, les autres pour voir et entendre, tous pour sentir et comprendre[32].

Le souci du brassage social, l'idée dominante que le sport fait partie intégrante de la culture humaine, que toutes les générations doivent se rencontrer, afin de mieux se connaître et de mieux se comprendre, voilà ce à quoi aspire l'homme de raison et l'homme de cœur, qui sait quel Golgotha l'humanité va devoir gravir, sitôt la paix recouvrée.

31. COUBERTIN, Pierre de, Bulletin no 8 du B.I.P.S., 1928.
32. *Idem,* Le Rétablissement du Gymnase Antique, Institut Olympique de Lausanne, 12 Avril 1917.

Or l'histoire apprend, selon COUBERTIN, que le gymnase municipal de l'Ancienne Grèce donnait la paix à la Cité, grâce à une triple coopération :

> Nous y constatons le principe d'une triple coopération dont l'importance peut-être nous avait d'abord échappé. C'est en premier lieu une coopération d'objets: le sport, l'hygiène, la science, l'art se trouvent mêlés les uns aux autres. C'est, en second lieu, une coopération d'âge; trois générations sont présentes: l'adolescent, l'adulte, le vieillard. Et c'est, en troisième lieu, une coopération professionnelle; le praticien et le théoricien, l'homme de science et l'homme de lettres, l'homme politique et l'homme privé, le syndiqué (sic) et l'indépendant, se coudoient en une sorte de bienfaisante promiscuité. Comment ne sortirait-il pas de là des éléments de compréhension, de rapprochement, d'apaisement[33].

Ce texte n'est certainement pas le meilleur qu'ait écrit COUBERTIN. Il est cependant important pour la compréhension de l'évolution du réformateur. Le collège, creuset sacro-saint de la nation bourgeoise, est rayé du vocabulaire. Seule compte cette recherche d'un lieu géographique où la cité, toutes générations confondues, toutes classes mêlées, tous savoirs mis en commun, est conviée à la grande école du dialogue et de l'estime réciproque.

Et ce lieu, COUBERTIN le situe idéalement dans le Gymnase Municipal moderne, rénové de l'Antique.

Est-ce à dire, pour autant, que COUBERTIN considère la Démocratie comme un état négatif, une sorte de non-être collectif, où toutes les aspirations, tous les problèmes sociaux, se trouvent résolus grâce à une bonne volonté lénifiante de patronage ? Certainement pas.

Il sait que la Démocratie ne peut vivre sans émulation — donc sans tensions — et que coopération et émulation sont les levains de la pâte démocratique.

Le Premier Congrès International Pédagogique, tenu à Prague en 1925, et déjà cité, fait état de cette double nécessité :

---

33. COUBERTIN, Pierre de, «Que pouvons-nous maintenant demander au sport», Conférence prononcée à Lausanne, le 24 février 1918.
Un anachronisme étonne : «le syndiqué...»

> L'hygiène publique et la paix sociale ne trouveraient-elles pas leur avantage au rétablissement d'une institution susceptible d'opérer de tels rapprochements, cette cellule d'émulation et de coopération faisant précisément défaut à la démocratie moderne à l'heure où elle en aurait le plus besoin ? Par quels moyens conviendrait-il d'en populariser l'idée et quelles directives devrait-on poser pour en faciliter la réalisation [34] ?

Or, cette institution, COUBERTIN la veut libre de toute pesanteur sociologique.

Tout citoyen doit avoir accès au sport: c'est un droit que ne sauraient s'arroger ou gauchir clubs ou fédérations. Face aux institutions sportives bureaucratisées, réglementées, qui, finalement, empêchent le libre développement du sport et créent des barrières inutiles, COUBERTIN réclame le droit au libre choix.

C'est pourquoi, avant de disparaître du balcon olympique, fait-il proposer par le C.I.O. la renaissance du gymnase antique :

> L'Assemblée préconise la renaissance du «gymnase antique» sous forme d'un établissement municipal géré par la cité, sans aucune ingérence d'une société ou d'une fédération quelconque et où il ne serait pas permis d'organiser de compétition, mais où chaque individu pourrait se livrer à tous les sports de son choix, l'établissement assurant à aussi peu de frais que possible le contrôle médical, la location du matériel et la pratique de l'hydrothérapie [35].

Non seulement, c'est la volonté de voir triompher l'homme face aux groupes de pression, mais c'est beaucoup plus encore : c'est l'affirmation du rôle de la cité, à l'échelle de l'homme.

C'est donc le devoir, pour la cité, de faciliter l'exercice du droit politique à l'activité sportive, sans, pour autant que des soucis étrangers au sport: inégalités sociales, rentabilité, viennent s'y mêler.

---

34. COUBERTIN, Pierre de, Compte-rendu du Premier Congrès International Olympique Pédagogique de Prague, 1925, du 29 mai au 4 juin, An II de la VIIIe Olympiade, p. 6.
35. *Ibidem.*

Dans une «Lettre à Franz REICHEL», compagnon des premiers combats sportifs et secrétaire général du Comité Olympique Français, lettre publiée le 8 juillet 1928, le plus haut prix pour chaque citoyen, est bien le droit à l'exercice physique gratuit:

> Je voudrais un lieu d'où les concours et les records soient proscrits, mais, où chaque adulte, à tout moment, selon sa convenance, puisse sans risquer d'être épié, critiqué, se livrer gratuitement aux exercices les plus simples: courses, sauts, lancers, gymnastique... et au plus juste prix, faire de la boxe, prendre une leçon d'escrime, galoper dans un manège, ou nager dans une piscine. Voilà l'établissement qui, seul, fera de notre France — comme il le ferait de toute nation d'ailleurs — une nation sportive[36].

C'est donc, plus que le droit à la liberté individuelle, la revendication de moyens matériels, formulés en termes de politique sociale.

Mais ce gymnase, pour ne pas retomber dans l'ornière du conformisme, devra, pour répondre à de nouveaux besoins en fonction de finalités plus larges, ne pas se placer sous la coupe bureaucratique de l'École et de la Société Sportive, l'une parce qu'elle n'a pas évolué comme le souhaitait le réformateur, l'autre parce que des plaies d'Égypte l'ont assailli: hiérarchie, concours systématiquement recherchés, corruption par la presse et l'argent.

C'est pourquoi, dit-il, il faut avant tout:

> préserver le gymnase du péril que représente pour lui le double voisinage de l'École et de la Société Sportive. L'une et l'autre, en y pénétrant, le feraient aussitôt dévier de son objet et neutraliseraient son action principale.
> Il doit demeurer le domaine aussi exclusif que possible de l'adulte envisagé isolément; et celui-ci doit s'y sentir préservé à la fois du contrôle et du concours. Ni l'éducation physique ne remplira sa mission à l'École sans l'aide de la discipline et du contrôle, ni la société sportive ne deviendra vivante et prospère sans concours et sans records. Mais le gymnase, à son tour, ne jouera son rôle que si ceux qui le fréquentent sont soustraits à l'action de l'un et l'autre élément[37].

---

36. COUBERTIN, Pierre de, Lettre à Franz REICHEL, *Le Figaro,* 8 juillet 1928.
37. COUBERTIN, Pierre de, Bulletin no 8 B.I.P.S., 1930, p. 4.

Ce ne sont pas des oukases qui protègeront le Gymnase et le Sport des maux qui le rongent. Le combat doit se mener au niveau de chaque conscience, par une information très large, diffusée par les moyens qu'offrent les techniques de transmission et de liaison du monde moderne: COUBERTIN, avec une verdeur qui ne se démentira pas jusqu'à la mort, est bien le fils du siècle, dont il a pressenti, très jeune, toutes les immenses possibilités techniques.

Pour secouer l'opinion des éducateurs du monde entier il a créé, en 1925, l'Union Pédagogique Universelle, et promulgué le «Flambeau à Dix Branches».

Pour inquiéter les bien-pensants du Sport et rameuter l'opinion internationale il fait surgir, en 1928, le Bureau International de Pédagogie Sportive (B.I.P.S.) dont la Charte de la Réforme Sportive, publiée en 1930, sera le manifeste.

5.2 le Bureau International de Pédagogie Sportive

En 1928, COUBERTIN fonde le Bureau International de Pédagogie Sportive (B.I.P.S.), dont il devient le Président. Le secrétaire et les deux conseillers (administratif et technique) sont lausannois.

C'est, selon le Répertoire des Écrits, Discours et Conférences publiés par le C.I.O., en 1933, la 24e initiative officielle que prend COUBERTIN en faveur de l'éducation (la 25e si nous y ajoutons *La Revue du Pays de Caux,* systématiquement oubliée).

Le but du B.I.P.S est de dresser le bilan de santé du sport et de porter remède à ses défectuosités.

À cette fin, COUBERTIN lance des consultations dans le monde entier auprès des personnes et des groupements «intéressés à l'étude du mal et à la recherche du remède[38]».

---

38. B.I.P.S. 1928.
Note sur le but et le fonctionnement du Bureau International de Pédagogie Sportive.

Les parents, les pouvoirs publics, les maîtres, sont sollicités:

> Sans oublier la jeunesse elle-même, dont les meilleurs éléments se montrent parfaitement conscients du péril et désireux de le voir écarter, fût-ce au prix de quelques sacrifices[39].

Il en résulte une sorte d'état du sport et de ses déviations qui, quarante ans plus tard, conserve encore une actualité.

Trois grands griefs sont à retenir, contre le sport moderne, aux alentours de 1930:

— Délaissant le seul terrain où il doit être développé au maximum: la post-éphébie, cette période de l'homme jeune adulte si éminemment productrice de biens économiques et sociaux, le sport tend de plus en plus à envahir l'adolescence et l'enfance.
— La grande presse dévoie les esprits et ne remplit pas son rôle d'éducation.
— La pédagogie sportive est inexistante.

Ce que réclament donc COUBERTIN et le Bureau International de Pédagogie Sportive, c'est l'établissement d'une déontologie sportive.

Que le sport, par une sorte de mouvement irréversible et passionnel envahisse l'enfance et l'adolescence c'est déjà d'une grande évidence, surtout en Amérique du Nord. En vue d'un «productivisme accru», l'enfant doué est la proie de rabatteurs professionnels sans scrupule qui détériorent son organisme, en font un sujet de foire et, très rapidement, un laissé pour compte. Le sport n'est plus alors qu'un vice, et pour ceux qui le corrompent, et pour ceux qui sont corrompus.

COUBERTIN a raison d'écrire, et sa remarque est toujours vraie:

> Au lieu d'être un sage contrepoids du travail cérébral le sport devient l'objet principal de l'activité juvénile à côté d'études imparfaites ou hâtivement conduites.

Sans doute, retrouve-t-on dans ces propos, à la fois le reproche implicite, constamment énoncé, de voir les

---

39. B.I.P.S., 1928.

éducateurs ne s'occuper que de l'enfance, et celui de ne pas faire du sport un moyen d'éducation.

Car COUBERTIN pense, finalement, et malgré l'évolution de sa conception méthodologique de l'éducation physique («gymnastique utilitaire») et du sport, — évolution que nous avons analysée en supra — que le sport doit essentiellement être réservé à l'homme jeune adulte. En 1928, il redit encore toute son amertume à constater que cet «adulte individuel» est délaissé, que rien n'est fait pour lui faciliter la pratique volontaire du sport qu'il aura choisi. Il importe que la société répare cette injustice et permette «sans perte de temps, et avec le minimum de dépenses», le libre accès de tous au gymnase ou au stade — mais on sait que COUBERTIN préfère le «gymnase municipal» au stade.

Or, ni la presse, ni la pédagogie ne remplissent leur devoir, car elles ne jouent pas le rôle qu'en démocratie, et au XXe siècle, on est en droit d'attendre d'elles.

La presse ne fait rien pour détourner l'enfant et l'adolescent du bluff, de la réclame, et de l'attrait du profit matériel: le jugement mérite sans doute d'être nuancé. Mais COUBERTIN ne l'est jamais, lorsque des principes moraux sont en jeu.

La lecture des journaux de l'époque montre combien le sensationnel prend le pas sur la vérité, combien au travers des lignes de *L'Auto* (par exemple), un modèle de bellâtre musclé, gigolo pour tango argentin, est visible; combien, finalement, le sport éducatif est dévié, bafoué, embrigadé, au profit d'intérêts commerciaux considérables. Au lieu d'élever, la presse rabaisse: rien n'est fait pour détourner l'enfant et l'adolescent du bluff, de la réclame, et de l'argent:

> La presse sportive, épaulée par les industries dont elle sert les intérêts, a été entraînée dans la voie d'un mercantilisme grandissant.

COUBERTIN constate enfin, en 1928, que la recherche, en pédagogie sportive, est inexistante. Parce que le sport n'a pas trouvé d'armature méthodologique, des distorsions se produisent, qui rebutent et repoussent les universitaires. Paradoxe, le record finit par corrompre le sport:

> Le culte du record mondial déborde fâcheusement sur la

foule de ceux qui n'y peuvent aucunement aspirer et pourtant s'en inspirent.

Non que le record soit détestable en soi. Mais il détourne l'attention des pouvoirs publics et de la foule de la notion de «sport pour tous».

Aussi COUBERTIN en vient-il tout naturellement à recommander une échelle de classement qui, à la fois, situe l'individu par rapport à lui-même et par rapport aux autres. Le sport pour tous devient alors non seulement un moyen de développement individuel, mais en outre, dans l'optique de la recherche constante coubertinienne, un élément non négligeable d'émulation et de cohésion sociales.

Lorsque COUBERTIN cite l'exemple suédois, et les travaux de Georges HÉBERT, nous admirons tout à la fois l'étendue de sa culture, et, nous souvenant des âpres propos d'HÉBERT à son égard[40], la générosité de son cœur:

> L'insigne suédois avec ses trois catégories d'obtention, la fiche du lieutenant de vaisseau français HÉBERT, avec sa gradation débutant «au-dessous de zéro».

Mais ne citant qu'HÉBERT et l'exemple venu de Suède, il ne fait que confirmer l'insuffisance de la recherche. Il pense donc qu'il faut reprendre les travaux du Congrès de Psychologie Sportive de 1913:

> ...Pour les mener à bien, il sera nécessaire que l'on obtienne des physiologues (qui dans l'ampithéâtre des études sportives en sont arrivés à occuper tous les gradins) qu'ils se serrent un peu, de façon à y laisser également pénétrer les psychologues.

Ainsi se voit confirmée la conviction de toute une vie: l'homme est un être social et pensant, le muscle doit rendre «les armes à l'esprit».

En conséquence, les «scientifiques», ceux qui scrutent les articulations et les viscères, doivent céder le pas aux philosophes, aux psychologues, et aux sociologues: c'est par ce biais que la pédagogie sportive progressera, et que le sport conquerra l'estime des plus grands.

---

40. Cf. supra: «La gymnastique utilitaire».

En 1930, réfugié sur les dernières hauteurs, COUBERTIN prêche quasiment dans le désert. Les dix bulletins du B.I.P.S., publiés de 1928 à 1932 en quatre langues: allemand, anglais, espagnol, français, contiennent des articles qui se rapportent à l'histoire du sport, à l'olympisme, à la psychologie sportive. Ils sont d'inégales valeurs. Hormis «La Charte de la Réforme Sportive», étudiée en supra, rien qui ne puisse être retenu pour la gloire de l'auteur. Ce qui est, cependant, la caractéristique essentielle de cette production, c'est la marque d'une pensée politique et sociale, élargie définitivement aux dimensions de l'homme et de la Terre.

En 1936, c'est «L'Allocution aux coureurs d'Olympie-Berlin» lue sur les ondes de Radio-Berlin. C'est l'ultime proclamation, le chant d'amour suprême. C'est, sur fond de souffrance et de déchirement, le legs d'un homme de bonne volonté, lucide, courageux, passionné:

> Athlètes, qui de vos mains ardentes, allez porter d'Olympie à Berlin le flambeau symbolique, je veux vous dire en quel esprit ma pensée vous accompagne, et quelle signification j'attache à votre effort... Demandez pour moi à la jeunesse assemblée à Berlin qu'elle accepte l'héritage de mon travail et qu'elle achève ce que j'ai commencé, ce que la routine et la pédanterie ambiantes m'ont empêché d'accomplir jusqu'au bout, afin que soit scellée définitivement l'union des muscles et de la pensée, pour le progrès et pour la dignité humaine[41].

La longue marche se termine, COUBERTIN avance vers son destin, meurtri et auréolé. Le 2 septembre 1937, il quitte humblement cette terre pour laquelle il s'est tant battu. Seul, sans que l'humanité sourcille, ou presque.

---

41. COUBERTIN, Pierre de, «Aux Coureurs d'Olympie», Berlin, 1936. Archives du Musée Olympique, Lausanne.

conclusion

Ainsi, pour COUBERTIN, ce qui importe c'est que l'homme «devienne celui qu'il est», comme disait PINDARE.

Cette confiance dans le devenir de l'être implique la reconnaissance d'un génie propre, et le déroulement d'une durée, d'un temps, qui façonnent cette genèse.

L'humanisme de COUBERTIN est bien en cela:

une éducation progressive à l'humanité[1].

Cette éducation ne peut donc s'inscrire que dans un processus politique ouvert et dynamique; elle ne peut vivre, et prospérer, que dans un climat de liberté.

Seule la Démocratie, fût-elle utopie, remplit cette condition. Car seule, de toutes les formes de gouvernement, elle fait fond sur le droit et l'aptitude du citoyen au progrès intellectuel et moral. Dans la mesure où, par l'éducation, l'homme s'exhausse et s'arrache à l'état de barbarie.

Cette conception, noble et généreuse, ne résoud pas pour autant la question sociale qu'avec tant de persévérance COUBERTIN entend contribuer à résoudre. À la limite même, elle tend au renforcement de l'ordre établi, puisqu'elle biffe le concept de lutte des classes. Il n'en reste pas moins que le génie de COUBERTIN, à une époque de rupture, a été de tourner le dos à un monde politiquement mort, et d'avoir inscrit son action, non pas dans le sillage, mais au cœur même de la République triomphante. Puis, le déclin moral de la bourgeoisie constaté, d'avoir prophétisé l'avènement d'une démocratie

---

1. MEYLAN, Louis, Discours prononcé à l'occasion du Jubilé Olympique, Lausanne, 1944.

plus large, plus «populaire», et d'en avoir déduit l'inexorable devoir, pour les nantis, «d'ouvrir les portes du Temple».

Car plus qu'au peuple et à ses besoins, c'est à la culture et à l'histoire, que songe COUBERTIN. Son œuvre pédagogique n'a pour visée ultime que d'apporter plus de force, plus de clarté, plus d'armature morale aux hommes, quels qu'ils soient, en vue d'inventorier et d'enrichir tous les trésors de la culture: de cette culture qui est une, qui est le patrimoine de tous, quelles que soient les origines sociales de chacun.

Humaniste, COUBERTIN nous convie constamment à cette philanthropie.

Quelle est la nature de cet humanisme?

Il nous semble être, à l'évidence, un humanisme classique:

— Par la hiérarchie accordée à l'homme sur l'enfant — et nous avons vu combien COUBERTIN ignore les psychologues de l'enfance. Car ce qui importe, à ses yeux, c'est l'homme jeune adulte: l'enfant n'est qu'un lointain ancêtre de l'homme, et un ancêtre sans intérêt.

— Par l'affirmation de l'unicité de la personne humaine: cœur et raison, corps et âme. Dualisme, sans doute encore, mais affirmation qui provoque à réflexion, dans un pays d'obédience catholique, où intellectualisme et animalisme s'opposent tour à tour.

— Par la recherche d'un programme de culture générale, sorte d'arbre de la connaissance dont le tronc soit commun à tous, mais où seuls les plus doués goûtent aux fruits pulpeux des rameaux éloignés, les plus ensoleillés.

— Par le primat proclamé du moral sur l'intellectuel, de l'esprit sur le muscle. Et par la revendication sous-jacente de la primauté constante de l'homme sur la technique, de la liberté sur l'esclavage.

Mais l'humanisme de COUBERTIN est plus. Louis MEYLAN disait qu'il était «intégral», si on le comparait à celui de la Renaissance. Et pour COUBERTIN, en effet, il ne s'agit pas seulement de bien dire les choses ou de nourrir l'esprit «de belles lettres». L'honnête homme coubertinien est celui qui, ouvert à toutes les créations du monde moderne, sensible à l'appel de l'internationalisme, connaît toutes les découvertes technologiques et de tous les modes d'expression : l'âme fervente, le corps généreux et disponible, il s'éclaire et éclaire le monde au « flambeau à dix branches ».

C'est cette philosophie généreuse envers l'homme, envers le vécu et le devenir de l'homme, tributaire du temps et de l'espace, qui fait saisir à COUBERTIN l'importance du sport moderne comme moyen d'éducation. Et l'on voit bien, maintenant, que COUBERTIN fut le premier à faire du sport l'un des adjuvants majeurs de l'œuvre générale d'éducation.

C'est cet humanisme encore qui explique les raisons du succès durable du Comité International Olympique : car le C.I.O. diffuse des mots d'ordre qui franchissent les frontières et abolissent les barrières des nationalismes, des intolérances, et des préjugés.

C'est cette foi dans la dignité humaine que postule l'éducation morale coubertinienne, où le respect mutuel, fruit du fair-play sportif même si la conception n'est pas originale, est confiance dans les possibilités d'alerte de la conscience individuelle.

Certes, les institutions fondées par Pierre de COUBERTIN sont bourgeoises, du seul point de vue du critère de classes. Tous ses engagements et ses intérêts personnels propres : histoire, pédagogie, littérature, sociologie, politique, comme la théorie et la pratique de l'éducation physique, peuvent en effet s'entendre comme dictés par des considérations de classe, y compris lorsqu'il prédit l'avènement de gouvernements populaires, dont il ne dira pas plus : on sait la fortune que firent DIEM et les nazis, profitant malignement de cette imprécision, à cet « antiploutocratisme ».

Mais COUBERTIN ne resta pas muré dans ses égoïsmes : les idées pédagogiques coubertiniennes véhiculent une idéologie de progrès qui a permis à l'œuvre de défier le temps. Le Néo-Olympisme, qui proclame que le monde est un, qui appelle aux compétitions pacifiques entre tous les peuples, qui lutte pour l'abolition de toutes les formes de discrimination raciale et politique, est le symbole et le vecteur de cet humanisme.

Au niveau de la perception et de l'investigation de cet humanisme, l'unanimité est totale. LUCAS, M. Th. EYQUEM,

L. MEYLAN, G. MLODZIKOWSKI[2], SEILLIÈRE (il y a cinquante ans), l'ont bien vu, et bien dit. Nous ne surenchérirons pas sur un fait acquis, inventorié, largement commenté, et que nous faisons nôtre.

Par contre, parce que nulle part nous n'avons rencontré ce projet, nous voudrions tenter d'établir une critique de l'œuvre pédagogique coubertinienne au travers des données de ce qu'il est convenu d'appeler «l'éducation nouvelle».

La tentation est grande, en effet, de faire de COUBERTIN un des pères ignorés de cette forme d'éducation, tant des convergences paraissent évidentes entre son œuvre et celles de KERSCHENSTEINER, DEWEY, MONTESSORI[3].

Comme eux, COUBERTIN est né dans la seconde moitié du XIXe siècle, et comme eux, il réprouve l'instruction donnée dans des écoles qui ploient sous le caporalisme disciplinaire. Comme eux il regrette l'absence de joie, de mouvement, de vie dans ces collèges napoléoniens et, comme eux, le point de départ de sa réflexion pédagogique est le surmenage scolaire.

Comme les pionniers de l'éducation nouvelle, COUBERTIN s'affirme contre l'instruction et pour l'éducation. Le psittacisme des méthodes traditionnelles ne recueille que son mépris et sa raillerie : qu'on veuille se souvenir de sa description du jeune bachelier des années 80. Il est pour une éducation manuelle. Il vise à une éducation sociale, en réaction contre un autocratisme pédagogique désuet : par le sport il introduit l'équipe dans les méthodes d'enseignement ; sa préoccupation reste l'éducation morale. Enfin, il légitime le refus de la jeunesse, dont il affirme la loyauté, face aux institutions scolaires sclérosées.

Pourtant, avant de faire de COUBERTIN un précurseur ou un allié en révolte de KERSCHENSTEINER, de DEWEY, ou de MONTESSORI, il importe d'y regarder de plus près.

Certes, il est de l'époque de ces grands précurseurs, mais il semble les ignorer et, s'il les connaît (aucun d'eux

---

2. MLODZIKOWSKI, Grégoire, Professeur à l'Académie d'Éducation Physique de Varsovie.
On lira en particulier : «Importance de l'œuvre olympique de Pierre de COUBERTIN», *Kultura Fizycna*, Warzawa, Janvier 1966.
3. Nous avons fondé notre étude sur les travaux de Marc-André BLOCH, et en particulier sur *Philosophie de l'Éducation Nouvelle*, ouvrage devenu classique, et déjà cité.

cependant ne figure dans sa bibliothèque), il ne les cite jamais.

Certes, son point de départ réflexif est bien le surmenage scolaire. Moins pour le dénoncer, cependant, que pour aménager les promenades et les récréations du jeune adolescent.

Du malmenage scolaire — cet aspect qualitatif du surmenage — il ne dira rien. Ce n'est qu'en 1907 qu'il proposera de nouveaux programmes pour l'Enseignement Secondaire.

Or, ces programmes ne diffèrent guère, dans leur contenu, de ceux de l'école traditionnelle, et restent un énuméré dogmatique de connaissances à acquérir.

Quand il entend œuvrer pour les adolescents ou les ouvriers du XXe siècle, COUBERTIN fait référence, implicitement, à l'adulte du XXe siècle. Il vient au collégien, et plus tard à l'ouvrier, les bras chargés des biens de culture, selon des présupposés d'adulte ou de père, sans souci des tendances profondes et de l'expérience propre de chacun, au nom d'un ordre, extérieur à la réalité subjective de chacun. Sans souci du milieu de vie, sans souci de différencier les programmes. L'adolescent, par pur devoir, l'ouvrier à un degré moindre — mais les temps ont changé — devront obéir et se plier à des injonctions qui leur sont étrangères.

Certes, le collégien aura la possibilité d'agir librement au sein de l'association sportive scolaire, pendant une discussion publique, à l'occasion d'un article qu'il pourra publier dans le journal scolaire où tous les sujets — sportifs ou non — pourront être abordés, dans le groupe de direction d'une organisation caritative. Mais ce self-government n'est que bride sur le cou, tolérance concédée par le chef d'établissement.

L'ouvrier, par contre, organisera lui-même l'université ouvrière dont les programmes dépendront encore cependant, pour une large part, de l'intelligentzia.

COUBERTIN préconise donc des méthodes actives dans l'éducation sociale et morale, et des procédés directifs dans l'éducation intellectuelle. Il y a là une antinomie évidente, qui engendre des distorsions graves. Entre deux projets contradictoires, l'être, tiraillé, se trouve en dissonance.

Malgré un certain nombre d'apparences, COUBERTIN n'a donc pas participé à «la révolution copernicienne[4]» du début du siècle. Car si l'éducation consiste en la transmission d'une culture, en accord et en harmonie avec les tendances et les besoins de l'enfant et de l'homme, alors, COUBERTIN n'a appréhendé qu'un seul des termes du binôme.

Ce qui ne saurait faire oublier l'audace première, la cohérence et la générosité du projet, le cheminement désintéressé de la pensée, toute l'exemplarité d'une œuvre, en tous points spécifique, dans un pays si peu enclin à la pratique sportive, mais si friand d'intellectualisme et de conformisme pédagogique.

L'œuvre est donc unique dans la production littéraire de langue française. Elle reste en outre étonnamment actuelle: que peut-elle nous apporter aujourd'hui?

La France sportive ne peut échapper aux tensions de la France politique et sociale. Le sport français lui aussi est en crise: des plans sont cycliquement avancés pour le redresser et le développer. Après des succès de prestige, le triomphalisme des années 60 est abandonné, le sport d'élite voué aux gémonies. D'un coup, on découvre les vertus du seul sport pour tous: le balancier oscille, au gré des articles de presse, ou des discours électoraux. Mais aux temps de l'électronique, la programmation ne passe pas, et ne saurait passer. Il manque un projet politique: la France joue au tiercé.

Parfois, comme pour exorciser les démons, le nom du père est avancé. Mais sans connaissance réelle de l'œuvre: COUBERTIN reste un inconnu. Alors, des commissions surgissent qui ignorent tout de l'histoire de l'éducation physique et du sport français. Le passé et ses errements, et ses sagesses, ne fructifie pas le présent et n'éclaire pas l'avenir. La France s'enfonce peu à peu dans la médiocrité des renoncements et la décadence des jeux du cirque. On ne saurait en tenir rigueur au peuple.

Dans le combat que nous menons pour une éducation nouvelle consciente des liens politiques qui unissent l'école et

---

4. Sur cette «révolution copernicienne», voir Marc-André BLOCH, *op. cit.*, p. 23.

la société, sur le front social où nous luttons pour une éducation populaire ouverte à tous, et d'abord aux ouvriers, que peuvent apporter aujourd'hui la vie et l'œuvre pédagogique de Pierre de COUBERTIN? En quoi, parmi la profusion d'idées et de systèmes éducatifs, de réformes et de remises en cause de la pédagogie, COUBERTIN et son œuvre sont-ils suffisamment actuels pour nous aider à mieux comprendre et à mieux surmonter les problèmes qui se posent aujourd'hui à nous, et dans le secteur où nous militons: celui de la «jeunesse, des sports, et des loisirs.»

Si la pensée pédagogique de COUBERTIN est vivante, et nous avons tenté de montrer en quoi elle l'était, comment peut-elle nous permettre d'être aujourd'hui, en pensant à demain, plus vivant, plus ardent, et plus généreux? En quoi cette pensée peut-elle étayer notre irréductible passion de liberté, de démocratie sociale, et de progrès humain? En quoi peut-elle favoriser cette qualité de la vie, qui devient revendication essentielle de l'homme moderne en quête de dignité?

Comment aujourd'hui, les universaux de l'œuvre dégagés du fatras des lieux communs et des bénédictions post-mortem, un éducateur peut-il s'inspirer de l'œuvre coubertinienne, et l'enrichir?

C'est à cette question que nous allons tenter de répondre, in fine.

Nous ne cacherons pas notre secrète attirance pour les rebelles. Notre joie intérieure est faite d'un certain commerce avec RABELAIS et ROUSSEAU, MONTAIGNE et ALAIN, les pères de l'éducation nouvelle, et MAKARENKO et FREINET, hier, et Marc-André BLOCH et Paolo FREIRE, aujourd'hui — tous ceux qui, aux périodes de crises, ont eu le courage de dire non aux idées communément admises.

COUBERTIN est de cette trempe d'hommes, qui ont le cœur chaud et la raison froide, qui méprisent l'argent et les honneurs, et s'éveillent chaque matin pour faire leur métier d'homme. De tels hommes inquiètent, provoquent, démythifient: ils font progresser l'humanité.

Or, la première des vertus coubertiniennes est l'irrévérence. Non pas l'irrévérence envers l'histoire et la culture, ce gauchisme de salon qui n'est que prurit de nanti, mais le mépris fondamental pour les fausses valeurs et les faux magisters.

Cette iconoclastie est tonique. Mettre à mal les idoles culturelles, dénoncer l'emprise de l'argent sur l'éducation, en appeler à une culture libérée et à de nouveaux modèles culturels, voilà qui est plus que jamais nécessaire, au niveau de la théorie et de la pratique pédagogiques. Et c'est cette leçon, que nous enseigne d'abord COUBERTIN.

Car rebelle, il le fut, non pas tant d'ailleurs contre sa famille ou sa classe sociale, que contre le conformisme des idées reçues. Sa vie est un hymne à l'intelligence dressée, libre et lucide, à contre-courant du vulgaire et du facile. C'est:

> Cette façon de se rire des routines et des modes[5].

C'est cette haute chevauchée d'un prince de sang au travers du pays des hommes, contre les inerties, les habitudes et les situations acquises, et les lâchetés. C'est cette leçon suprême que l'éducateur n'est au service de l'homme qu'autant qu'il s'engage dans la vie du siècle et en épouse les idées les plus généreuses. C'est l'exemplarité d'une vie, fondée sur la liberté de l'esprit et le désintéressement; c'est cet humanisme militant qui chasse par le verbe les marchands du temple, et s'efforce, par le concret de l'infrastructure, d'en empêcher le retour.

Et c'est bien cette union dialectique de la pensée et de l'action qui, chez COUBERTIN, attire, retient, et suscite le respect. Tant il est vrai que peu d'hommes sont capables de mettre en accord leur savoir-faire et leur savoir-être. Car c'est debout, pour la démocratie et la liberté, qu'a vécu et est mort Pierre de COUBERTIN. Et c'est debout qu'il nous appelle à vivre, et dans notre temps: ce n'est sans doute pas trahir sa pensée que d'écrire qu'il s'agit moins là d'un legs que d'une attitude positive, d'un «style», face à l'histoire qui se fait et aux hommes qui la font. COUBERTIN, c'est d'abord une leçon de courage.

Mais c'est bien plus, et plus précisément.

---

5. MAHEU, René, Directeur Général de l'U.N.E.S.C.O., Discours à l'occasion du centième anniversaire de la naissance de Pierre de COUBERTIN.

Dès son entrée en croisade, COUBERTIN a eu une conscience très aiguë des maux et des écueils qui risquaient d'altérer la pureté du sport moderne naissant. Contre le mercantilisme, contre le chauvinisme, contre la dictature infantile du muscle, COUBERTIN n'a cessé de lutter: au nom de l'histoire, de la culture, et tout simplement du bon sens. Qu'on relise tous ses écrits: tous portent, en filigrane, la hantise de l'avilissement de l'être par les bas instincts, et par le jeu et l'argent.

COUBERTIN a clairement posé en effet, au plan théorique, les rapports entre le sport, la société, et l'éducation. Quand nous rejetons les écuries d'athlètes, vestales victimes d'une flamme douteuse, quand nous dénonçons l'emprise de l'argent sur le sport de compétition: dans le ski, dans le cyclisme, dans le football, le basket-ball, le rugby... quand, finalement, nous luttons contre l'avilissement de l'homme par un sport aux mains de négriers, c'est à COUBERTIN que nous faisons implicitement référence.

Pour autant, COUBERTIN n'est pas janséniste impénitent. Il nous apprend à vivre dans le siècle, il nous montre que le sport et la politique, que l'éducation et la politique, sont en connexion étroite, dans un perpétuel jeu de tension et de va-et-vient.

Le sport dont il dit, est celui d'une société démocratique et libérale. Et même si, à l'époque, les méthodes d'entraînement sont moins aliénantes que celles d'aujourd'hui, COUBERTIN sait que faire du sport en coûte à ceux qui le pratiquent. De là une conception de l'amateurisme qui, pour son temps, est révolutionnaire, puisqu'elle rompt avec la sacro-sainte loi britannique, et ouvre aux classes travailleuses le droit et l'accès au sport. Notons-le, COUBERTIN s'est toujours et autant élevé contre les déviations nationalistes et mercantiles du sport moderne, que contre la «loi d'airain» de l'amateurisme intégral que voulaient maintenir les privilégiés de la fortune. Et en ce sens, M. BRUNDAGE, son successeur, fut plus royaliste que le roi.

Cette conscience des dangers encourus par le sport moderne fut tellement aiguë chez COUBERTIN, qu'aujourd'hui il suffit souvent de le relire pour trouver remède à l'état actuel des choses.

Ainsi du racisme et du chauvinisme.

L'exclusion de la Rhodésie et de l'Afrique du Sud des Jeux de Munich, qui entraîna tant de discussions et dura si longtemps, n'aurait dû souffrir aucune hésitation. La Charte du C.I.O., rédigée à l'origine par COUBERTIN, est en effet très claire: les Jeux sont multi-raciaux. S'en excluent donc d'eux-mêmes ceux qui pratiquent l'apartheid. Mieux, le Comité International Olympique s'honorerait, s'inspirant de l'exemple de COUBERTIN qui fit participer aux Jeux la Finlande et la Bohême alors sous tutelle étrangère, s'il ouvrait ses rangs à des nations encore asservies, telles les colonies portugaises et les esclaves bantoues d'Afrique.

Quant au chauvinisme, cancer qui ronge le sport contemporain, relisons l'œuvre de COUBERTIN. Tout y est dit, et la conception ludique du sport, qui ne saurait déboucher sur un drame national (même si l'aventure au plan individuel peut être tragique), et l'obligatoire respect de l'adversaire dans l'intégralité de sa personne. COUBERTIN en appelait à la confrontation des drapeaux. Mais c'était en 1896. Aujourd'hui, face au déferlement des hymnes, amplifiés par la caisse de résonance des moyens de communication de masse, il serait, nous en sommes convaincus, contre des rites nationalistes hérités du 19ᵉ siècle. Aujourd'hui, COUBERTIN demanderait que l'Hymne à la Joie salue le vainqueur des Jeux.

COUBERTIN peut également être un guide, alors que se pose avec insistance la démocratisation des instances supérieures du sport international. Certes, COUBERTIN voulut que le Comité International Olympique fut coopté. La formule n'est pas forcément mauvaise: nous croyons dans la puissance des sages et des initiés, dans la mesure où cette puissance est tempérée par une opposition démocratique. Or, COUBERTIN avait voulu cette éventualité, en préconisant la création d'un comité technique de quinze membres composé de trois délégués du C.I.O, de six délégués des comités olympiques nationaux, et de six délégués des fédérations sportives internationales[6] — Il fallut attendre 1968 pour que naisse une union des comités olympiques nationaux: de regrettables tensions auraient pu être évitées si COUBERTIN avait été lu par

---

6. Bulletin de Presse du C.I.O., novembre-décembre 1968.

ceux-là mêmes qui ont mission de connaître et de perpétuer sa pensée.

Il en est de même du sport pour tous, qu'on redécouvre actuellement en France. La clef en est pourtant dans l'œuvre coubertinienne : le gymnase municipal, la cure gratuite de sport, la substitution du défi au championnat, tout fut déjà dit par COUBERTIN, il y a cinquante ans.

L'olympisme coubertinien reste donc inconnu. Et pourtant, le sport dispose en France de moyens d'investigation et d'expression non négligeables. Qu'on ne s'étonne donc pas si l'œuvre pédagogique fondamentale, celle qui se préoccupe essentiellement de l'éducation de l'homme du XXᵉ siècle, est encore plus ignorée. Elle n'en est pas moins et tout autant actuelle.

Ainsi des universités ouvrières. Là encore, quelle prescience aiguë, et du rôle historique du prolétariat, et de l'auto-éducation permanente de l'ouvrier. COUBERTIN nous aide à passer sans hiatus des universités populaires de la fin du XIXᵉ siècle aux clubs ouvriers de 1936 et aux mouvements et associations de culture ouvrière d'après 1945. Il nous trace la voie d'une université appartenant aux ouvriers et gérée par eux, où les connaissances ne seraient pas seulement livresques et s'inscriraient dans le projet général d'une culture démocratisée et démocratique. Doit-on dire qu'en France, à de rares exceptions, tout reste à faire à ce niveau ?

De même, les grandes constructions coubertiniennes : Union Pédagogique Universelle, Bureau International de Pédagogie Sportive, Charte Sportive, préfigurent largement les fondations récentes patronnées par l'U.N.E.S.C.O., tel le Comité International de Sociologie Sportive, ou le Comité International pour l'Éducation Physique et le Sport. Il ne semble pourtant pas qu'on y ait fait nulle part référence.

Enfin, au plan du seul enseignement secondaire, lorsque COUBERTIN réclame plus de clarté intellectuelle et plus de respect mutuel, lorsqu'il fonde sa pédagogie sur les vertus potentielles et sur le droit au libre-arbitre de la jeunesse, lorsqu'il fait du sport un moyen majeur d'éducation, quel éducateur français d'aujourd'hui ne pourrait faire siens ses propos ?

Ainsi, à chaque carrefour de l'action et de la réflexion pédagogique, quand le choix s'avère difficile, pouvons-nous sans crainte faire appel à COUBERTIN, tant il est vrai que sa pensée est vivante et actuelle.

Lisons COUBERTIN, aidons à le faire découvrir. Que son œuvre soit enfin connue et publiée in extenso. Que tous les étudiants en éducation physique et sportive, et en récréologie, porteurs de tant d'espoir et de tant de responsabilités, que tous les éducateurs soucieux des sciences de l'homme, connaissent sa vie et son œuvre. Que sa pensée vigilante, fière, et généreuse, nous aide à mieux appréhender le présent en vue de mieux inventer l'avenir.

Il est des morts qu'on ne finit jamais de redécouvrir et d'aimer. Puissions-nous avoir contribué à mieux faire connaître et à mieux faire aimer la vie et l'œuvre pédagogique de Pierre de COUBERTIN.

FIN

bibliographie

Bibliographie des oeuvres du baron Pierre de Coubertin

I — Textes inédits découverts

— Note
   « Hymne à la France »
   1888
   Fonds Navacelle
— À mes Idées
   Fonds Navacelle
   Mirville — 1er septembre 1889
— Lettres à Paul Marais, maire de la ville du Havre
   25 Juin 1896
   3 Juillet 1896
   21 Juillet 1896
   25 Juin 1897
   Archives Municipales, Le Havre, Section R2 42, Liasse 1
— L'Amérique inconnue, une page de l'histoire des États-Unis
   Non publié, collection personnelle
   s.d.
— Lettre
   « La haine sociale »
   Non publié, collection personnelle
   s.d.
— Note
   « Autoritarisme »
   Non publié, collection personnelle
   s.d.
— Lettre à un directeur de journal
   Non publié, collection personnelle
   s.d.
— Notes
   — L'Esprit critique en Angleterre et aux États-Unis
   — De la méthode en histoire contemporaine
      Non publié, collection personnelle
      s.d.
— Note sur Études de Catteville de Mirville
   Fonds Navacelle
   s.d.

— Deux lettres (se rapportant aux sentiments chrétiens de Coubertin)
  — 7.09.1887 — Mirville
  — 30.09.1888 — s.l.
  Fonds Navacelle.

II — Catalogue des oeuvres

Cette bibliographie est établie en fonction :
— du Répertoire des Écrits, Discours et Conférences
  C.I.O. — 1933
— de la thèse du Docteur J. A. Lucas
  Université du Maryland — 1962
— de la bibliographie proposée par Carl Diem Institut
  Cologne — 1966
— des manuscrits en notre possession, ou fournis par M. Geoffroy
  de Navacelle et par les Archives municipales de la ville du Havre.
— Et surtout, de la Bibliographie des Oeuvres de Pierre de Coubertin
  établie en 1971 par Bernard Gillet.

Cette liste, non exhaustive, n'a pour objet que de marquer une étape
dans la recherche coubertinienne. Des textes restent à découvrir et à
répertorier.

Références

Ouvrages contenant des textes publiés antérieurement

(1) 1888 — L'éducation en Angleterre
(2) 1889 — L'éducation anglaise en France
(3) 1890 — Universités transatlantiques
(4) 1909 — Une campagne de 21 ans
(5) 1909 — Pages d'histoire contemporaine
(6) 1913 — Essais de psychologie sportive
(7) 1933 — Anthologie
(8) 1966 — L'idée olympique
(9) 1931 — Mémoires olympiques

Ce chiffre — de 1 à 9 — à la suite d'un titre, indique que le même texte a été reproduit ultérieurement dans un des ouvrages de cette liste.

Index des Bibliothèques

(BN)	BIBLIOTHÈQUE NATIONALE, 58 rue de Richelieu, Paris 2^e
(Brit Mus)	BRITISH MUSEUM, Londres
(CIO)	COMITÉ INTERNATIONAL OLYMPIQUE, Lausanne
(ICD)	INSTITUT CARL DIEM, Cologne
(INS)	INSTITUT NATIONAL DES SPORTS, 11 avenue du Tremblay, Parie 12^e
(IPN)	INSTITUT PÉDAGOGIQUE NATIONAL, 29 rue d'Ulm, Paris 5^e
(L of C)	LIBRARY OF CONGRESS, Washington
(MS)	MUSÉE DU SPORT, 34 rue de Chateaudun, Paris 9^e

Index des Périodiques   Bibliothèques de Paris

La Bibliothèque du Comité International Olympique conserve «La Revue Athlétique» et «La Revue Olympique» de 1906 à 1913.

1885

Droit administratif (manuscrit) 1885-1886
Les constitutions de l'Amérique et les
États-Unis (manuscrit) 1885-86
Les constitutions françaises (manuscrit)
1885-1886

1886

NOV. 01	Les collèges anglais: Harrow School l	Ref. Soc
DÉC. 01	Une Université anglaise: Cambridge (CIO)	Ref. Soc

1887

AVR. 18	L'éducation anglaise. Conférence, 23 p. (BN 8°R Pièce 3616 – ICD)	Ref. Soc
MAI 10	Victorian Era	Corr
AOÛ. 25	Souvenirs d'Oxford et de Cambridge, 30 p. (BN 8°R Pièce 3776 – CIO)	Corr
AOÛ. 30	Le surmenage	Franc
SEP. 01	Toynbee Hall (I)	Ref. Soc
SEP. 07	Lettre. Fonds Navacelle.	
NOV 14	Un programme: Le Play (CIO – ICD)	Ref. Soc

1888

	Paysages irlandais, Anthologie des écrivains français et belges, 12 p. (BN 8°Z 11501-52) Pensées (manuscrit) (CIO – ICD)	
MAI 29	Le remède au surmenage et la transformation des lycées de Paris Conférence, 19 p. (BN 8°R Pièce 4049) (2).	Ref. Soc
JUI. 15	École Monge, 26 p.	
JLT	L'ÉDUCATION EN ANGLETERRE, 327 p. (BN 8°R 8533 — IPN 35883 — Brit. Mus – CIO – L of C) (À travers les Public Schools — Eton — Harrow — Rugby — Wellington — Winchester — Marlborough — Charterhouse — Cooper's Hill Westminster — Christ's Hospital — Les écoles catholiques — Souvenirs universitaires — (Toynbe Hall — Problèmes et solutions.)	
AOÛ. 01	Lettre aux membres de la Société d'Économie Sociale et des Unions de la Paix Sociale: annonce de la fondation du Comité pour la propagation des exercices physiques dans l'éducation (2)	Ref. Soc

AOU. 15	Lettre aux Présidents des Sociétés d'Aviron de Paris et de province (2)
SEP. 24	La France et l'Europe. Conférence. Bolbec (CIO – ICD)
OCT. 27	La Ligue nationale de l'éducation physique. (2)
S.d.	Pensées. Feuille manuscrite
S.d.	Lettre à la France. Inédit (Fonds Navacelle)

1889

JAN. 26	L'Éducation Athlétique. Conférence prononcée à l'Association Française pour l'avancement des Sciences. Paris-Imprimerie Chaix, 23 p. (BN 8°V. Pièce 7187 — IPN 22007 — CIO)
MAR.	Manuel des jeux scolaires et des exercices athlétiques
AVR.	L'ÉDUCATION ANGLAISE EN FRANCE, 207 p. Préface de Jules SIMON. (BN 8°R 9056 — IPN 47440 — Brit. Mus. — MS) (À l'École Monge — le remède au surmenage — Un Comité de jeunes gens et de jeunes rajeunis — L'École Monge à Eton — Sport, liberté, hiérarchie — Projets et espérances — La question des externats — Sous les ombrages de Juilly — Nos lycéens — L'aviron — Notre plan stratégique — Au loin — Le choix des carrières — Un discours de Paul Bert — Liste des membres du Comité de propagation des exercices physiques dans l'éducation — Lettre aux membres de la Société d'économie sociale — Lettre aux Présidents des Sociétés d'aviron — La La Ligue nationale de l'éducation physique.) Paris — Hachette.
JLT 15	Congrès des Exercices Physiques, Paris. Rapport, II p. Les exercices physiques dans les Écoles d'Angleterre, d'Amérique, d'Australie et dans les colonies anglaises.
SEP. 01	À mes idées. Lettres, Fonds Navacelle.
NOV. 30	Athletics and Gymnastics. Communication au Physical Training Congress de Boston (U.S.A). *Physical Training — A full report of the papers and discussion of the conference*

held in Boston in November 1889. Ed.
Isabel Barrows (Boston : Press of Georges
H. Ellis), pp. 113-115.
La revue Prythanéenne. Conférence (CIO)

1890

Revue Athlétique. Premier numéro d'une
publication mensuelle «destinée à établir
une liaison entre les Sports et l'intelligence». Coubertin en sera l'éditeur jusqu'en 1895.
Appel pour la création d'un enseignement
universitaire ouvrier (7)
La jeunesse de France. Conférence à
l'UCJG (CIO — ICD)

JAN. 15	Comité de Propagation des Exercices Physiques. Rapport à l'Assemblée Générale (IPN 17622)	Rev. Ath
AVR. 05	Causerie d'Avril	Sp. Ath
AVR. 25	L'Université Cornell	Rev. Ath
MAI 25	L'Exposition athlétique, Paris 1889	Rev. Ath
JLT 25	USFSA, Assemblée Générale. Rapport	Rev. Ath
SEP.	Le duel	Sp. Ath
SEP.	UNIVERSITÉS TRANSATLANTIQUES, 381 p.	

(BN 8°R 10021 — IPN 48826 — Brit Mus —
L of C — MS) — (CD)
(En mer — Autour de New York — La
Nouvelle Angleterre — Canada britan-
nique et Canada français — Du Nord au
Sud — Louisiane — Floride, Virginie,
Washington et Baltimore — Un livre, un
Congrès, un bateau.)

OCT. 11	Un peu de zèle, appel aux associations scolaires	Sp. Ath
OCT. 25	Louvain : l'Université	Rev. Ath
OCT. 30	La France en 1890. Conférence. Birmingham (CIO — ICD)	
NOV. 09	Équitation	Sp. Ath
NOV. 22	Changement de direction	Sp. Ath
NOV. 25	Un athlète : Stanley	Rev. Ath
DÉC. 13	Deux douches. Attaques contre le sport	Sp. Ath
DÉC. 25	Les Jeux Olympiques à Much Wenlock	Sp. Ath
DÉC. 27	Mensonge	Sp. Ath

1891

JAN. 8	Le Conseil Supérieur de l'Éducation Physique. Paris : Henri Lefebvre. Rapport

l'Association pour l'avancement des Sciences, à Pau. (CIO — ICD)

OCT. 29	Lettre de Monsieur Brookes	Sp. Ath
NOV. 25	Les exercices physiques dans le monde moderne. Conférence. (4) Jubilé de l'USFSA. Annonce du rétablissement des Jeux Olympiques	Sp. Ath

1893

Extrait d'une allocution à une réunion sportive au lycée de Chartres. Bulletin du C.I.O, 15 Septembre 1949 (CIO)

MAR 15	Un mensonge historique	Nouv.
AVR. 01	Introduction du sport en France. Rôle international. Contre les paris	Deb
AVR. 15	Les petits alpins	Sp. Ath
MAI 06	Le polo à cheval	Deb
JUI. 06	Voyage Paris-Saint Pétersbourg du Capitaine Lancrenon. Limites à observer dans le sport moderne	Deb
JUI. 25	La politique de l'Union. Discours. Chartres	Sp. Ath
JLT 09	Une équipe française d'aviron à Henley Gladstone vieux canotier	Deb
AOÛ. 07	Le cyclisme	Deb
SEP. 08	Le tennis. Attaque contre le sport	Deb
OCT. 25	Chicago Chronicle	Sp. Ath

1894

Le Néo-olympisme. «Le Parnasse», Athènes (CIO) L'âme grecque (ICD)

JAN. 13	Napoléon et le football	Sp. Ath
JAN. 15	Circulaire convoquant le Congrès International Olympique de Paris et son programme	Sp. Ath
MAR. 03	Lettre ouverte aux potaches de France . . .	Sp. Ath
AVR. 14	La bataille de Caen. Ass. franc. pour l'avancement des sciences	Sp. Ath
JUI. 15	Le rétablissement des Jeux Olympiques . .	Rev. Par
JUI. 30	Congrès international de Paris. Allocution (8) (CIO-ICD-MS)	Sp. Ath
JLT 11	USFSA, Assemblée Générale. Rapport . . .	Sp. Ath
JLT 28	Championnats «nationaux»	Sp. Ath
AOÛ. 11	Association française pour l'avancement des sciences. Congrès de Caen. Intervention (CIO)	Av. Sc
AOÛ. 11	Un tennis dans les roses: San Francisco	Sp. Ath

AOÛ. 19	Athletic sports as a factor in European life	R of Rs
AOÛ. 25	Le bilan du Congrès de Caen	Sp. Ath
OCT. 27	Interpellation: la France livrée aux Anglais	Sp. Ath
NOV. 16	L'athlétisme dans le monde moderne et les Jeux Olympiques. Conférence, Athènes (8) (CIO-MS)	

[1895]

Les Jeux Olympiques. Discours. «Le Parnasse» Athènes «Le Messager d'Athènes» N° s 39 et 42
Conférences populaires à l'Hôtel de ville du Havre :

Oct. 20 —	La question d'Orient	⌐ CIO
Oct. 21 —	Le Monde Anglo-Saxon — L'Empire Britannique. La République des États-Unis	Archives de la ville
Nov. 04 —	Les Républiques Espagnoles. Le Continent noir	└ du Havre
Nov 11 —	L'Extrême Orient	

[1896]

Les Jeux Olympiques (8) (BN Fol J 164 — ICD — MS). Aboutissement du mouvement du XIXe siècle — Raisons du rétablissement des Jeux — Contre l'esprit mercantile

Les Jeux Olympiques 776 Av. J-C-1896 ...	Cosm
Le Soudiet — Paris — 1896 — pp. 1-7.	
Die Beziehungen zwischen Europa und den Verlinigten Staaten un 20. Jahrhundtht. Leipzig	D.R.
Die religöse Frage in den Vereinigten Staaten und in Europa. Leipzig	D.R.

MAR.	The Government of France and its recent changes, XIII, p. 307.	R of Rs
AVR.	La préface des Jeux Olympiques	Cosm
JUI.	The Franco-Russian Alliance, XIII, p. 700.	R of Rs
JUI. 25	Lettres à Paul Marais, Maire de la ville du Havre. Archives Municipales, Section R2 42, Liasse 1	

JLT 02
JLT 21
JUT 12   L'ÉVOLUTION FRANÇAISE SOUS LA

TROISIÈME RÉPUBLIQUE, 432 p.
(BN Lb 57 11467 — Brit Mus — L of C)
(Les premières années de la République.
Le 16 Mai — L'alerte de 1875 et le Congrès de Berlin — La Tunisie et l'Égypte —
Le Ministère Jules Ferry — La France coloniale — La crise 1885-1889 — Le triomphe de la République — La République
et L'Église — L'éducation — La nation
armée — Les idées et les moeurs — La
question sociale.)

OCT.	Jules Simon	R of Rs
OCT. 22	Le mouvement universitaire aux États-Unis	TEMPS
NOV. 22	The Olympic Games of 1896	C.M.
DÉC. 15	La formation des États-Unis : I. La vie coloniale	Nouv

1897

Souvenirs d'Amérique et de Grèce.
1 vol — in 4-112
Hachette et Cie — Paris.
The evolution under the Third Republic,
430 p. (Brit Mus)

JAN.	A Typical Englishman W. P. Brookes of Wenlock in Shropshire	R of Rs
JAN. 01	La formation des États-Unis: II Une guerre de cent ans	Nouv
JAN. 07	Aux associations athlétiques scolaires de l'USFSA	Sp. Ath
JAN. 15	La formation des États-Unis : III Depuis l'indépendance	Nouv
FÉV. 01	La formation des États-Unis: IV Influences étrangères et ambitions coloniales.	Nouv
MAR.	L'Amérique universitaire	Cosm
MAR. 15	Un mensonge historique : sur la résur-rection de la Grèce....................	Nouv
MAR. 29	Médecin, précepteur, homme politique, tel est le sport	TLS
MAI	The chancellor of the French Republic: Gabriel Hanotaux, p. 545	R of Rs
JUI. 25	Lettre à Paul Marais, Maire de la ville du Havre. Archives Municipales du Havre, section R2 42 Liasse 1	
JUI.	SOUVENIRS D'AMÉRIQUE ET DE GRÈCE, 183 p. (BN Pb 3978) (Chicago — L'ouest américain — Sur la côte de Californie — Le mouvement universitaire aux États-	

	Unis — Les sports de glace — La mission des va-nu-pieds — La préface des Jeux Olympiques — Notes athéniennes — Kerkyra)	
JLT	Congrès d'Hygiène et de Pédagogie Sportive — Le Havre. Discours (CIO)	
	The revival of the French Universities XVI — p. 52.	R of Rs
JLT 01	La formation des États-Unis : V L'effervescence religieuse	
AOÛ.	A frenchman on American Religion XVI — p. 200	R of Rs
SEP.	Royalists and Republicans — Notes of a Parisien	R of Rs
DÉC.	A French view of the british Empire LIV — p. 643	Cent.

1898

	De Littérature. Supplément littéraire au *Times*	
	The Evolution of France. New York: Th. Cromwell and C° Boston, 430 p. Translalation by Isabel F. Hapgood	
JAN. 28	La question des scolaires	TLS
MAR.	Contradictions of Modern France. Par. I LXIII, p. 341	F.R
	Lettre aux Électeurs Havrais. Librairie Havraise 10, place de l'Hôtel de Ville — Le Havre	
AVR.	Does cosmopolitan life lead to international friendliness ? XVII, p. 429	R of Rs
MAI	The United States and Europe, vol. XVII	R of Rs
JUI.	Contradictions of Modern France, Part. II, LXIII, p. 677	Fr
JUI.	Relations between Europe and the United States in the twentieth century	R of Rs
JUI. 04	Philosophie de l'Histoire des États-Unis, 5ᵉ leçon donnée à l'École des Sciences Politiques de Paris	Rev. Bl
JUI. 25		
JLT 02	«Nos Lycéens» —	Rev. Bl
JLT 09		
AOU.	The present problems and politic of France XVIII, p. 186	R of Rs
SEP.	The Redemption of Athletics, V, pp. 167-168	M. B

NOV.	Building up a World's fair in France LVII, p. 114	Cent

1899

FÉV. 15	MAR. 1 & 15, AVR. & 15 — Le roman d'un rallié	Nouv
FÉV.àDÉC.	France since 1814, 7 articles	Fr
	Volumes LXXI, LXXII	
MAR.	Enquête sur l'enseignement secondaire. Déposition (BN in-fol Lf242-163). (Liberté des élèves. Autonomie des établissements. Responsabilité des proviseurs.)	
AVR. 01	L'urgente réforme. La discipline dans les établissements scolaires	Nouv
AVR.	Some notes on the new French Président . XIX — , p. 423	R of Rs
MAI 15	L'éducation en Hollande	Rdm
JLT	Modern history and historians in France .. XX — p. 43	R of Rs
NOV. 12	L'Avenir de l'Europe — L'Empire allemand	Ind. B
NOV. 19	L'Avenir de l'Europe — L'Imbroglio hongrois	Ind. B
NOV. 26	L'Avenir de l'Europe — Le Problème russe russe	Ind. B
DÉC. 13	L'Avenir de l'Europe — Esprit public et nationalisme. — Le monde anglo-saxon — Conclusion	Ind. B

1900

L'avenir de l'Europe, 48 p. Articles parus en 1899 dans l'Indépendance Belge (BN 8°G Pièce 1661 — ICD)
LETTRES D'UN INDÉPENDANT (CIO) ..... Ind. B
(14.1 La paix — 24.1 M. Stead et son mouvement pacifiste — 26.1 l'Autriche Hongrie — 28.1 Kipling au Transvaal — 1 et 2.2 Les Français arbitres de la paix — 11.2 L'Afrique du Sud — 17.2 Lettre de Jordan, Prt. de l'Université de Palo Alto sur la démocratie — 19.2 La Suède et la Norvège — 28.2 Une nouvelle Triplice — 4.3 Le jacobinisme — 14.3 Une lettre de Sienkiewiez — 21.3 France et Italie — 26.3 L'épicopat — 3.4 L'arbitrage — 11.4 Le Père Didon — 18.4 La reine Voctoria en Irlande — 22.4 L'anglo-saxonnisme — 1.5 Marchand, Colonel de Villebois, anglo-

phobie des Français — 9.5 L'Inde — 18.5
Le contact entre civilisations nécessaire
au progrès — 28.5. Boers et Hellènes —
12.6 Le gouvernement anglais — 16.6
Les nouvelles municipalités françaises —
24.6 Démocratie française et monarchies
— 29.6 Madame Gladstone — 4.7 La
réglementation du mariage — 9.7 Imbert
de Saint-Amand — 18.7 Le voyage de Li-
Hung-Chang — 2.8 L'Afrique du Sud —
5.8 La Chine, la France — 19.8 Les anarchistes — 23.8 Les romanciers français —
6.9 L'Angleterre, la France et l'Asie —
9.9 Le renouveau de la Grèce — 10.9
Diplomatie européenne — 25.9 Le Congrès des prêtres et le Congrès féministe à
l'Exposition de 1900 — 9.10 L'Australie —
10.10 Les Balkans — 14.10 L'état d'esprit
de l'armée française et le risque d'un conflit franco-anglais — 25.10 la lutte élec-
torale Bryan-Mac-Kinley — 29.10 Adrien
Pauly et Paul Blanchet.)

	Émile Loubet, a Character Sketch .... France since 1814 New York : The Mac-millan C° — 281 p.	Cent
	L'Avenir de l'Europe. Bruxelles: Imprime-rie Deverver — Den_{i}ve, 48 p.	
JAN. 22	Les Jeux Olympiques et le Congrès d'Édu-cation Physique de 1900	Ind. B
FÉV.	A French view of the German Empire ..... Vol. XXI	R of Rs
MAI 01	The possibility of war between England and France	Fr
JUI.	The meeting of Olympian Games .... CL XX — p. 802	Nar
JLT. 01	La Psychologie du sport .... pp. 167-179	Rdm

---

1901

LA CHRONIQUE DE FRANCE I — (BN
Lc2-5896 — Brit Mus — CIO)
(La France contemporaine — La politique
intérieure en 1900 — La politique extérieure en 1900 — L'Exposition — L'art à
l'Exposition — Le mouvement social —
Le mouvement littéraire — Problèmes et
réformes.)

NOTES SUR L'ÉDUCATION PUBLIQUE, 320 p.
(BN 8°R 17301 — ICD — Brit Mus — Lof C — IPN 49378)
(L'État et la famille — Le problème de l'École primaire — La crise de l'enseignement secondaire — Analyse et synthèse — La terre — L'humanité — L'enseignement spécial et l'enseignement des langues — Le sport à travers les âges — La psychologie du sport — La gymnastique — L'éducation physique au XXe siècle — L'éducation sociale — L'enseignement moral et la religion — L'Université moderne — Le domaine de l'initiative privée — L'Éducation des femmes — L'art dans l'éducation.)

AVR.	France on the Wrong Track	
AVR.	Correspondance Baron de Coubertin — SAR le Prince royal de Suède et de Norvège (ICD)	Rev. Ol
JUI.	The conditions of Franco-British Peace ...	Fr
OCT.	The problem of central Europe (CIO)	

1902

JAN.	Delcassé	Fr
FÉV. 15	La force nationale et le sport	Rdm
MAR.	Premier Numéro de *La Revue du Pays de Caux*, qui paraîtra jusqu'en Novembre 1903 et sera remplacée par *Revue pour les Français*. Tous les articles sont de Pierre de Coubertin	
MAR. 6	LA CHRONIQUE DE FRANCE II (BN Lc2-5896 — Brit Mus — CIO) (Une crise d'idées générales — Le problème militaire — Associations et congrégations — La richesse publique et la politique ouvrière — La France en Europe — L'Empire colonial français — Science et industrie — Quelques livres et quelques auteurs.)	
AVR.	Une Nouvelle Forme d'Éducation Physique	TCF
JLT 14	Le dilemne (5)	Fig
JLT 25	La politique extérieure des États-Unis (5) ..	Fig
AOÛ. 16	La débrouillardise (5) (CIO)	Fig
AOÛ. 21	La mémoire des muscles	Fig

1903

SEP. 05	Roosevelt et Tolstoï (5)	Fig
SEP. 26	La question nègre (5)	Fig
OCT. 18	Un empire latin (5)	Fig
NOV. 12	La revanche de Tammany (5)	Fig
NOV. 28	Nos historiens (5)	Fig
DÉC. 23	L'œuvre de paix (5)	Fig

1904

	Conférence sur la gymnastique utilitaire, en Sorbonne, à l'Union des Professeurs de Gymnastique.	
JAN. 08	La visite (5)	Fig
JAN. 12	Les bases de la pédagogie prochaine : I Le retour de Dieu	Gaul
JAN. 18	Le cercle de fer (5)	Fig
JAN. 26	Les bases de la pédagogie prochaine : II La paix armée	Fig
FÉV. 09	Les bases de la pédagogie prochaine : III La revanche des Anciens	Gaul
FÉV. 12	L'entr'acte australien (5)	Fig
FÉV. 24	La marche arrière (5)	Fig
MAR. 10	Le sens critique (5)	Fig
MAR. 26	Renaissance navale (5)	Fig
AVR. 06	Grains de riz et rayons de gloire (5)	Fig
AVR. 15	Regrets et espérances (5)	Fig
AVR. 30	La lumière du Nord (5)	Fig
MAI	LA CAMPAGNE DE L'ÉDUCATION PHYSIQUE, 18 p. (CIO — ICD)	
MAI 18	Les leçons d'un cortège (5)	Fig
MAI 27	Les Français en Océanie (5)	Fig
JUI. 10	Donner sans retenir (5)	Fig
JLT	LA CHRONIQUE DE FRANCE IV (BN Lc2 5896 — Brit Mus) (L'entente cordiale — La fin d'un malentendu — Les soucis d'un ministre — Autour de plusieurs statues — Querelles stériles — En Algérie — La puissance ethnique de la France — La Louisiane française — La Villa Médicis et les fouilles de Delphes — L'évolution des genres littéraires.)	
JLT 28	L'Angleterre nouvelle (5)	Fig
AOÛ. 27	Le carrefour néerlandais (5)	Fig
SEP. 22	Chimères (5)	Fig
OCT.	The statesmen of the Third Republic	Fr
	LXXVI — p. 623	

DÉC. 01   Les devoirs des Hellènes et des Philhellè-
           nes (CIO — ICD) L'HELLÉNISME
DÉC. 06   Ni Rome ni Carthage (5) ....   Fig
DÉC. 18   Maintenant... renouons (5) ....   Fig

1906

JAN. 10   Révolution mentale (5) ....   Fig
JAN. 28   Le contact de l'arme (5) ....   Fig
FÉV. 14   Le balancier britannique (5) ....   Fig
MAR.   La nudité dans les sports ....   Rev. OI
MAR. 14   Faute d'un chemin de fer (5) ....   Fig
AVR.   TRAITÉ D'ESCRIME ÉQUESTRE, 8 p.
           (BN 8°V Pièce 15587 — CIO — ICD)
AVR.   Olympie ....   Rev. Fr
AVR.   À travers l'histoire grecque ....   Rev. OI
AVR. 08   L'ennemi ....   Auto
AVR. 10   Terre de Californie (5) ....   Fig
MAI   La renaissance olympique ....   Rev. OI
           p. 68-75
MAI 23   CIO. Conférence consultative des Arts,
           Lettres et Sports Paris (7) (8) ....   Rev. OI
JUI.   LA CHRONIQUE DE FRANCE VI (BN Lc2
           5896) L'Allemagne d'aujourd'hui — La
           France et l'Allemagne — La genèse d'une
           tragédie — L'heure dangereuse — La lé-
           gende de l'agression — Au Maroc — Le
           transsaharien — Français et Romains en
           Afrique — La séparation de l'Église et de
           l'État — La crise du patriotisme — Sil-
           houettes disparues.
JUI. 03   Cosas de Espana (5) ....   Fig
JUI. 15   Lois sociales (5) ....   Fig
JUI. 24   Maison de poupée (5) ....   Fig
JLT   Le serment des athlètes (8) ....   Rev. OI
           p. 108
JLT 20   La course en section (5) ....   Fig
AOÛ.   Lauréats olympiques : le Duc des Abruz-
           zes. Le Cdt. Lancrenon ....   Rev. OI
AOÛ.   L'équitation et la vie (6) ....   Rev. OI
OCT.   UN COLLÈGE MODÈLE (BN 8° Lc2 6278
           — IPN 24798 — CIO — ICD)   Rev. Fr
           Organisation matérielle — Devis et bud-
           gets — Régime — Éducation
OCT.   La chaise longue de l'athlète (6) ....   Rev. OI
OCT. 05   CONGRÈS D'ÉDUCATION PHYSIQUE,
           TOURCOING (BN 8°V 32211)
           Avant-propos

NOV.	La Suisse reine des sports	Rev. Ol
DÉC.	La Campagne de l'éducation physique : la pédagogie sportive (4)	Éd. Phy
DÉC. 21	La réforme de l'enseignement. Conférence de fondation de l'Association pour la réforme de l'enseignement	

1907

	The Conditions of the Franco-German peace, LXXXI, p. 223	Fr
JAN.	La valeur morale du football	Rev. Fran
JAN.	La renaissance athlétique aux États-Unis .	Rev. Ol
JAN.	Le syndicalisme sportif	Rev. Ol
JAN. 15	Camp. Ep : L'état des choses en France (4)	Éd. Phy
JAN. 31	Camp. Ep : Les précurseurs (4)	Éd. Phy
FÉV.	Questions d'amateurisme	Rev. Ol
FÉV.	Le retour à la vie grecque (6)	Rev. Ol
FÉV. 15	Camp. EP : La fondation du Comité (4) ...	Éd. Phy
FÉV. 28	Camp. EP : Le Congrès de 1889 (4)	Éd. Phy
MAR.	Le rôle des Fédérations	Rev. Ol
MAR.	Automatisme, obéissance et initiative	Rev. Ol
MAR. 15	Camp. EP : Le Comité, La ligue et l'Union (4)	Éd. Phy
MAR. 31	Camp. EP : Tous les sports (4)	Éd. Phy
AVR.	Les sanatoriums pour bien portants (6) ...	Rev. Ol
AVR. 15	Camp. EP : Une année prospère (4)	Éd. Phy
AVR. 30	Camp. EP : D'Andrésy à Henley (4)	Éd. Phy
MAI	Renaissance chorégraphique	Rev. Ol
MAI	Trop de concours	Rev. Ol
MAI 31	Camp. EP : Le Congrès de la Sorbonne (4)	Éd. Phy
JUI. 15	Camp. EP : La bataille de Caen (4)	Éd. Phy
JUI. 30	La philosophie du débrouillard (4) (ICD)..	Éd. Phy
AOÛ.	LA CHRONIQUE DE FRANCE VII (BN Lc2 5896) (La Conférence d'Algésiras — L'élection présidentielle — L'avènement du parti radical — Pie X et la France — Autour du Budget de 1907 — L'affaire vénézuélienne — Les colonies à Marseille — Le Play, réformateur et sociologue — L'œuvre d'Albert Sorel — Arts, Lettres et Sports — Une famille d'autrefois.)	
AOÛ.	La question des prix	Rev. Ol
AOÛ. 31	Camp. EP : La résistance de la Grèce (4) ...	Éd. Phy
SEP. 15	Camp. EP : La première Olympiade (4) ...	Éd. Phy
SEP. 30	Camp. EP : Le Congrès du Havre (4)	Éd. Phy

1908

JAN.	Les excès du syndicalisme	Rev. Ol
JAN. 25	La réforme de l'enseignement secondaire I	Rev. Fr
AVR.	Vers la chevalerie	Rev. Ol
AVR. 25	La réforme de l'enseignement secondaire II	Rev. Fr
AVR. 30	Camp. EP : Les apprêts de la IIe Olympiade (4)	Éd. Phy
MAI	Les sports et l'armée	Rev. Ol
MAI	L'éperon (6)	Rev. Ol
MAI 15	Camp. EP : Sports officiels (4)	Éd. Phy
MAI 31	Camp. EP : Chicago ou Saint-Louis (4)...	Éd. Phy
JUI.	La nouvelle pierre philosophale et le néo-empirisme (6)	Rev. Ol
JLT	Why I revived the Olympic Games	Fr
JLT. 24	Les «Trustees» de l'idée olympique, Londres (8) (CIO — ICD)	Rev. Ol
SEP. 30	Camp. EP : Londres et Bruxelles (4)	Éd. Phy
OCT. 15	Camp. EP : Au pied du Capitole (4)	Éd. Phy
OCT. 25	Rien de changé en Angleterre	Rev. Fr

1909

FÉV.	La psychologie du costume sportif (6)	Rev. Ol
FÉV. 15	Fernand Lagrange	Éd. Phy
AVR.	L'homme et l'animal (6)	Rev. Ol
AVR. 25	À propos des démocraties antiques	Rev. Fr
MAI	L'enquête sur l'amateurisme	Rev. Ol
MAI	La philosophie de la culture physique (6) (ICD)	Rev. Ol
MAI 22	PAGES D'HISTOIRE CONTEMPORAINE, 396 p. (BN 8°G 8735 — IPN 24740 — Brit Mus — CIO — ICD — MS) (Chroniques parues dans le Figaro entre 1902 et 1906, dont le titre est suivi du chiffre (5)	
JUI.	UNE CAMPAGNE DE VINGT ET UN ANS, 220 p. (BN 8°V 33080 — IPN 24741 — CIO — ICD). Articles parus en 1906, 1907 et 1908 dans la Revue de l'Éducation Physique et dont le titre est suivi du chiffre (4)	
JUI.	CIO. Remise de diplômes olympiques Comte Zeppelin, Colonel Balck, Jean Charcot (8) (CIO)	Rev. Ol
JLT	Savoir dételer (6)	Rev. Ol

SEP.	Où en est l'aviron ? (6)	Rev. Ol
OCT	Les côtés excessifs du stade, pp. 158-160	Rev. Ol
OCT.	CIO. Lettre aux Membres; méfions-nous de la foule	Rev. Ol
OCT. 25	L'éducation des adolescents au XXe siècle	Rev. Fr
NOV.	Les bienfaits et les méfaits de l'automobilisme (6)	Rev. Ol
DÉC.	Les réflexions du Bonhomme Noël	Rev. Ol

1912

JAN.	Les sports et la colonisation (6)	Rev. Ol
FÉV.	Remèdes sportifs pour les neurasthéniques (6)	Rev. Ol
MAR.	L'ÉDUCATION DES ADOLESCENTS AU XXe SIÈCLE, 155 p. II Éducation intellectuelle (BN 8°R 25390 — IPN 49380 — CIO — L of C — MS)	
MAR.	L'escrime est-elle énervante ou pacifiante ? (6)	Rev. Ol
	The work of the I.O.C., «Olympic games in Stockholm» Stockholm. Control and hickerier p. 47	
AVR.	Le sport et la guerre (6)	Rev. Ol
MAI	Éducation de princes	Rev. Ol
JUI.	Les Jeux Olympiques à Stockholm	Rev. Ol
JUI.	Le rôle éducatif des Olympiades	Rev. Ol
JLT	Les femmes aux Jeux Olympiques	Rev. Ol
JLT 04	CIO. XIVe session. Stockholm. Discours (8)	Rev. Ol
AOÛ.	Discours au Palais du Riksday à Stockholm, p. 142	Rev. Ol
SEP.	Jeux de Stockholm — Discours de clôture (8) CIO — ICD	Rev. Ol
OCT.	Sport et diplomatie	Rev. Ol
NOV. 23	Union des Sociétés de Gymnastique. Discours	Gymn
NOV.-DÉC.	1913 JAN — L'équitation populaire (CIO) .	Rev. Ol
DÉC.	L'équitation populaire	Rev. Ol
DÉC.	ODE AU SPORT (ICD — MS) Sous le pseudonyme de Georg Hohrod. Médaille d'or au Concours de littérature des Jeux Olympiques de Stockholm	Rev. Ol
DÉC. 20	La crise de l'Histoire de France et l'ini-	

tiative de la Ligue d'Éducation Nationale.
Fêtes historiques à célébrer ....   Rev. Fr

1915

L'ÉDUCATION DES ADOLESCENTS AU XXe SIÈCLE : III Éducation morale, 104 p.
Le respect mutuel (IPN 49380 — CIO — MS)
AMÉLIORATION ET DÉVELOPPEMENT DE L'ÉDUCATION PHYSIQUE, 35 p.
Rapport au Ministre de l'Instruction Publique (IPN 49417 — ICD — L of C)

	Chronique pour après : La propagande et l'éducation (CIO)	Pet. Gir
JAN. 14	Chronique pour après : Notre philosophie (CIO)	Pet. Gir
JAN.	Chronique pour après : Nos journalistes (CIO)	Pet. Gir
FÉV. 03	Chronique pour après : Nos diplomates (CIO)	Pet. Gir
FÉV. 12	Chronique pour après : Plus de dénigreurs (CIO)	Pet. Gir
MAR. 04	Chronique pour après : Nos gens de lettres (CIO)	Pet. Gir
AVR. 10	Lausanne siège du CIO. Allocution (8)	
MAI	Les sanatoriums pour bien portants (CIO)	Bib. Un
JLT	Les néo-encyclopédistes et la guerre (CIO — ICD)	Bib. Un
JLT	LEÇONS DANS LE GYMNASE D'EXCELSIOR (CIO)	Exc

(5.7 La restauration du gymnase antique. 12.7 Le gymnase Excelsior — 19.7 Notre France — 26.7 Vous n'êtes qu'une pierre du mur — 5.8 Cérémonies désirables — 9 et 16.8 Des origines du sport — 23.8 Connais-toi toi-même — 30.8 Sur la côte de Californie — 9.9 L'Histoire se répète — 13.9 Le triomphe africain — 20.9 Encore de l'histoire — 11.10 Pour la santé publique — 18.10 Le chapitre de la propreté — 25.10 Ceux à qui je m'adresse — 2.11 L'équilibre — 8.11 L'esprit de corps — 15.11 Le silence — 22.11 L'arrivisme — 29.11 L'esprit critique — 6.12 Le calme — 13.12 L'eurythmie — 20.12 La logique — 27.12 La délation.)

JLT Le Néo-Encyclopédisme et la Guerre
Conférence-publiée dans Bibliothèque Universelle, Janvier 1916, pp. 49-59 et dans : Revue Hebdomadaire — Mai 1917. Revue Suisse LXXXXV, p. 49.

| 1916 |

LEÇONS DE GYMNASTIQUE UTILITAIRE,
47 p. (IPN 26313 — CIO — L of C — MS)
(La course. Le saut. L'escalade. Le lancer.
Porter. Ramper. Dans l'eau. À l'arme blanche. À poings nus. Le tir. La marche. L'é-
quitation populaire. La gymnastique
équestre. À cheval. L'aviron. Vélo, auto,
ski. Travaux manuels. L'air et l'eau. Dans
votre chambre. Pourquoi cette manie de
nudité? La supériorité du football. Comment se servir du record. N'oubliez-pas.)
À TRAVERS L'HISTOIRE SUD-AMÉRI-
CAINE, 27 p. (CIO — ICD)
ANNIVERSAIRES HISTORIQUES À CÉLÉ-
BRER ENTRE BONS FRANÇAIS (en collaboration)

JAN. 03   Leçons dans le gymnase d'Excelsior: Un
           bon système nerveux . . . .   Exc
JUL. 10   La propagande et l'éducation (CIO)
OCT. 02   Les Grandes Époques de l'Art Français:
           du 17ᵉ à nos Jours
           Paris, Henri Didier.
NOV. 25   L'Histoire Sud Américaine . . . .   Rev. Heb.
DÉC. 15   L'ignorance qui a préparé la guerre et l'é-
           ducation qui assurera la paix. Conférence
           à la ligue de l'Enseignement.

| 1917 |

Qué es el Olympismo? (CIO — ICD)
POUR MIEUX COMPRENDRE LA FRANCE
(en collaboration)
Les grandes divisions de l'Histoire de
France (BN 8° LI 37/I)
Cinq siècles et demi d'activité coloniale
(1365-1915) (BN 8° LI 37/2)
La France à travers le XIXᵉ siècle (BN 8°
LI 37/3)
L'évolution de la France républicaine (BN
8° LI 37/4)
Les œuvres de la pensée française (BN
8° L46 204)
Les grandes époques de l'art français:
Des origines à la fin du XVIᵉ siècle (BN
8° L137 6/1 — CIO)
Du XVIIᵉ siècle à nos jours (BN 8° L137
6/11 — CIO)

MAR. 01 Ceci tuera cela. Les Loisirs. Le sport contre l'alcoolisme .... La Revue
MAI Rapport sur la restauration du gymnase
grec (CIO) .... Bib. Un
MAI L'Institut Olympique de Lausanne (CIO) .. Bib. Un

1918

À travers l'Histoire grecque (CIO)
Idéalisme dans l'Histoire des États-Unis
(CIO) .... Tr. Ge
Bonaparte, Président de la République
italienne (CIO) .... Tr. Ge
FÉV. 24 Ce que nous pouvons maintenant de-
mander au sport (8) (CIO — ICD)
Conférence à l'Association des Hellènes
Libéraux. Lausanne .... Tr. Ge
AVR. La Belgique devant l'Histoire (CIO) ...... Tr. Ge
SEP. Un nouveau chapître de l'Histoire d'Angleterre (CIO) .... Tr. Ge
OCT. LETTRES OLYMPIQUES (8) (CIO — ICD) Gaz
(14.10 Lausanne siège du CIO et de l'Institut Olympique. Contradictions appare-
tes. Restauration du gymnase antique —
26.10 L'olympisme — 22.11 L'olympisme
— 28.11 Le gymnase de la cité — 4.12
Panem et circenses — 11.12 La joie dans
le sport — 14.12 La formation du caractère — 20.12 L'athlète complet et le pen-
tathlon moderne.)
NOV. L'épopée coloniale française (CIO) ...... Tr. Ge

1919

Le Pays Vaudois, son âme et son visage.
Office Suisse du Tourisme — 31 p.
LES ÉTAPES DE L'ASTRONOMIE, 27 p.
(IPN 52546 — CIO — ICD — MS)
ALMANACH OLYMPIQUE POUR 1919
(CIO — ICD)
HISTOIRE UNIVERSELLE, 659 p. (IPN
29611 — CIO — ICD — MS)
(Les empires d'Asie — Le drame méditer-
ranéen — Les Geltes — Les Germains et
les Slaves — La formation et le dévelop-
pement des démocraties modernes.)

JAN.	LETTRES OLYMPIQUES (8) (CIO — ICD).	Gaz
	(5.1 Le sport dans les Universités. 13.1 Le	
	sport instrument social. 28.1 Théodore	
	Roosevelt — 1.2 La périodicité dex Jeux	
	Olympiques. 11.2 La boxe. 22.2 Boxe	
	anglaise et boxe française. 3.3 L'équita-	
	tion. 6.3 Les exercices physiques et l'obli-	
	gation. 20.3 Les agrès. 27.4 La volupté	
	sportive. 29.4 Les raisons pour les Lau-	
	sannois de pratiquer l'aviron.)	
JAN.	CIO. Lettre aux Membre (8) (CIO — ICD)	
JAN.	Leçons sur l'Histoire de la Troisième Ré-	
	publique FEUILLE D'AVIS LAUSANNE	
	(CIO)	
AVR.	XXVe anniversaire des Jeux Olympiques.	
	Cérémonie commémorative. Discours (8)	
	(CIO — ICD)	
DÉC.	Correspondance avec G. Chaudet (8)	
	(CIO)	

1920

	ALMANACH OLYMPIQUE POUR 1920	
	(CIO)	
	Autour de la VIIe Olympiade. La Concor-	
	de. Lausanne (ICD — MS)	
FÉV.	CIO. Lettre aux Membres (ICD)	
JUI.	La victoire de l'Olympisme (8) (CIO —	
	ICD)	Rev. Sp
AOÛ.	La royauté du sport et les moyens de la	
	maintenir (8) (CIO — ICD) Discours. An-	
	vers.	
SEP.	L'apport de la VIIe Olympiade (CIO — ICD)	Rev. Sp

1921

	LES UNIVERSITÉS OUVRIÈRES (CIO —	
	ICD)	
	LEÇONS DE PÉDAGOGIE SPORTIVE,	
	124 p. (IPN 55553 — CIO — ICD)	
	Cinq notions: initiative, persévérance, in-	
	tensité, recherche du perfectionnement,	
	mépris du danger éventuel.	
	Le dilemme (CIO — ICD)	Tr. Ge
MAR. 17	CIO. Circulaire aux membres. Candida-	
	ture de Paris pour les Jeux Olympiques de	
	1924	
JUI.	Congrès Olympique de Lausanne	

1922

PÉDAGOGIE SPORTIVE, 157 p. (INS 2547
pf — CIO — ICD — MS)
Histoire des exercices sportifs — Technique des exercices sportifs — Action morale et sociale des exercices sportifs
Lettre au Président du Havre Athlétic Club
à l'occasion du 50ᵉ anniversaire de la
fondation du club. Brochure éditée pour
le 100ᵉ anniversaire du H.A.C., Le Havre,
1972

JAN. 20   Entre deux batailles (BN 8°R Pièce 15451
— CIO — ICD) .... Rev. Sem
NOV. 15   Le sport et l'intelligence .... Rev. Mon

1923

OÙ VA L'EUROPE? 31 p. (CIO — ICD —
MS)
MÉMOIRE CONCERNANT L'INSTRUC-
TION SUPÉRIEURE DES TRAVAILLEURS
MANUELS ET L'ORGANISATION (CIO —
ICD — MS)
Cérémonie Commémorative de la fonda-
tion du Comité Jules Simon, Paris. Comi-
té National des Sports. pp. 24-27.
Lettre écrite à la main, concernant le Prix
Nobel. Genève — (1923 ou 1924)

AVR. 07   CIO. XXIᵉ session. Rome. Discours: Le
sport et la colonisation(CIO)
JUI. 01   Une campagne de 35 ans (CIO — ICD) .... Rev. Par

1924

Mens fervida in corpore lacertoso (CIO —
ICD)
(Rapport officiel des Jeux Olympiques de
1924)
Lettre à Victor Boin au sujet du Prix Nobel
(8)

AVR. 28   Avant les Jeux Olympiques .... Gaul.
JUI. 07   Olympie et Rugby. Discours à la British
Association (MS)
Réponse au discours du Prince de Galles.
JUI. 24   Réception à l'Hôtel de Ville de Paris. Dis-
cours (8)
(Rapport officiel des Jeux Olympiques de
1924: Mens fervida in corpore lacertoso.

SEP. 05   Autour des Jeux de la VIIIe Olympiade
           (CIO — ICD) .... Rev. Gen
NOV. 8   Les responsabilités et la réforme de la
           presse (7) (CIO — ICD — MS)

1925

           Message inaugural des travaux de l'Union
           Pédagogique Universelle.
           Chez l'auteur, Anthologie, p. 172.
           Lettre à Monsieur Hymans, Président de
           la Société des Nations (ICD).
JAN.   L'amateurisme au Congrès de Prague (8)
           (CIO — ICD) .... Bib. Un
JAN. 16   La France et les Jeux d'hiver en 1928 .... Auto
MAR. 25   Alexandre le Grand recordman de l'heure.
           Conférence. Aix-en-Provence
MAI 29   CIO XXIIIe session. Prague. Discours. (8)
           (CIO — ICD)
           « Le testament de Pierre de Coubertin »
MAI   Les Sanatoriums pour bien-portants ..... Bib. Un
           pp. 633-636.   Rev. Gen
JLT   CIO. Lettre aux Membres
SEP.   Ne troublons pas l'équilibre des saisons
           (CIO — ICD) LE GYMNASTE SUISSE
NOV. 15   Union Pédagogique Universelle. Message
           (7) (CIO — ICD)
DÉC. 09   La formation de l'esprit français. Confé-
           rence. Institut Français de Barcelone.

1926

           UNION PÉDAGOGIQUE UNIVERSELLE I
           — Année 1925-1926 (IPN 5785/I)
           (Message — Charte fondamentale — So-
           ciété de l'histoire universelle — Le flam-
           beau à dix branches — I Accès à la cultu-
           re générale — Universités ouvrières — II
           Droit au sport. Rétablissement du gymna-
           se antique — III Atmosphère morale — IV
           Arts populaires.)
JAN. 01   Les Annales méditerranéennes : Le drame
           méditerranéen. La crise de l'hellénisme.
           Les Jeux Olympiques (CIO — ICD)   Feu

1927

           UNION PÉDAGOGIQUE UNIVERSELLE II
           — Année 1926-1927 (IPN 5785/2)

(L'histoire pourvoyeuse de guerre ou de paix. Statut du gymnase antique — Charte de l'Université populaire — La cure de sport — Enquête sur la réforme de la presse — Le retour de l'eurythmie.)
La chevalerie moderne (8) (ICD)
À travers les sept formules de civilisation (celto-romaine, britannique, germanique, hellénique, slave, ibérique, asiatique) Conférence, Cercle Français de Lausanne

JAN.   La Fête de l'Empire Espagnol (CIO) . . . . . .   Fig
MAR. 31   Le rétablissement du gymnase grec. Conférence — Société littéraire « Le Parnasse ». Publié dans Le Messager d'Athènes le 5 avril 1927, sous le titre: « La Renaissance du Gymnase Hellénique ».
AVR. 05   De la transformation et de la diffusion des études historiques (7) (CIO — ICD — MS) Mémoire communiqué à l'Académie d'Athènes.
AVR. 17   Message adressé d'Olympie à la jeunesse de toutes les nations (7-9) (CIO — ICD)
JLT. 08   Les idées de Pierre de Coubertin. Lettre à Frantz Reichel (CIO — ICD) . . . .   Fig
SEP.   Les nouvelles Panathénées (8) (CIO — ICD) . . . .
OCT. 11   À travers les sept formules de civilisation, Conférence. Lausanne
DÉC.   La cure de sport. La santé à ceux qui la suivent (ICD) . . . .   Rev. Sp
DÉC. 31   Paterne, Pierrefeu, Hellenus et moi (CIO — ICD)

1928

Légendes — (Écrits de l'année 1928 publiés dans la Revue du CIO (15 septembre 1949)
UNION PÉDAGOGIQUE UNIVERSELLE III — Année 1927-1928 (IPN 5785/3)
(La consultation d'esthétique — Cadres d'enseignement — Les notions: astronomique, géologique, historique, biologique, mathématique, esthétique, philosophique, économique, ethnique et linguistique — Le développement du sens critique.)
Note sur le but et le fonctionnement du

Bureau International de Pédagogie sportive (CIO — ICD)
Hommage à Chavez (7)
La cure d'aviron (CIO — ICD) ....   Praxis
Une interview du Bonhomme Noël (CIO —
ICD) ....

JAN. 24   La médecine sportive et le cas morbide
(CIO — ICD) ....   Praxis
JLT. 26   À tous les athlètes et participants aux
Jeux Olympiques. (8) (CIO — ICD).
OCT.   Message à tous les athlètes et participants aux Jeux Olympiques d'Amsterdam   Cio
NOV. 07   L'utilisation pédagogique de l'activité
sportive (CIO — ICD) ....   Sp. Su
DÉC.   Silhouettes disparues; V. Balck, W.M.
Sloane (CIO — ICD) ....   Gaz
DÉC.   Die Schweiz und die Olympische Bewegung (CIO — ICD)
Die olympische Spiele 1928, Zürich, Stuttgart 1928.

1929

L'amateurisme (manuscrit) (CIO — ICD)
MAR. 06   OLYMPIE. Conférence. Paris, 12 p. (IPN
29581 — CIO — ICD) (8)
JUI.   Le principe de l'intermittence. Congrès
d'E.P. Lausanne (CIO — ICD)
AOÛ. 18   Lettre au Ministre pour décliner la médaille de l'Éducation Physique, dans M.T.
Eyquem : M. de Coubertin.
NOV.   UNION PÉDAGOGIQUE UNIVERSELLE IV
(IPN 5785/4 — MS)
(Rapport général et conclusions. I La réforme de l'enseignement. Les assises de
la doctrine nouvelle. Les notions fondamentales. La question des langues. Le
sens critique. Répercussions sur l'école
primaire. II Le rôle pédagogique de la cité moderne. L'Université populaire. Du
principe d'intermittence. Du régime des
Bibliothèques. Le « gymnase antique » rénové. L'aide sportive de la Cité. Weekend ouvrier. Institutions esthétiques.)

1930

Une nouvelle forme d'éducation physique.
Le Sport Suisse (Réédition de l'article pa-

ru dans la Revue du Touring Club de France — Avril 1902)
CINQ SIÈCLES ET DEMI D'ACTIVITÉ COLONIALE FRANÇAISE, 68 p.
(Bibliothèque Ste Geneviève, Paris BR. 109.713 — CIO — ICD)

FÉV. 03 L'hellémisme. Conférence. Lausanne
JUI. Football préhistorique (CIO — ICD) . . . .   Sp. Su
SEP. 30 Charte de la réforme sportive (7-9) (CIO — ICD — MS)
L'or du Rhin (CIO — ICD) . . . .   Rev. Sp

1931

MÉMOIRES OLYMPIQUES 248 p. (INS — CIO — ICD — MS)
(Le Congrès de Paris et le rétablissement des Jeux Olympiques — La conquête de la Grèce — La première Olympiade — Le Congrès Olympique du Havre, 1897 — La deuxième Olympiade, 1900 — La troisième Olympiade en Amérique et la réunion du CIO à Londres, 1905 — Un congrès prospère et quelques bonnes réalités — L'appel aux lettres et aux arts — La quatrième Olympiade, Londres 1908 — Le CIO à Berlin, 1909 — L'amateurisme, Budapest, 1911 — La cinquième Olympiade, Stockholm, 1912 — Le Congrès de Psychologie Sportive, Lausanne, 1913 — Le XXᵉ anniversaire des Jeux Olympiques, Paris, 1914 — Les quatre années de guerre — La septième Olympiade, Anvers, 1920 — La manœuvre de 1921 — Un stade et six administrations — Au Capitole romain — La huitième Olympiade, Paris, 1924 — Prague 1925 — Légendes.)
La bataille continue. Sur l'admission des femmes aux Jeux Olympiques (Bulletin du Bureau International de Pédagogie Sportive, n° 5)
Olympische Errinerungen, Limpert, Berlin (CIO)
A forgotten size of the question, Bulletin du Bureau International de Pédagogie Sportive
Sport pedagogia. Traduction en hongrois de Pédagogie Sportive Buda-pest (A Fordito Kiadasa) 90 p.

JLT 08   Les Jeux Olympiques et la gymnastique
(CIO — ICD) ....   Sp. Su
JLT 24   Die Tendenz der modernen Sportbewe-
gung (ICD) NEUE ZURCHER ZEITUNG

1932

Introduction. Souvenir photographique
officiel de la 10e Olympiade p. 11.
Préface. Chasses et voyages au Congo
(Pescatore M.) Paris, Éditeur de la Revue
Mondiale, 318 p.
70e anniversaire de Pierre de Coubertin,
Berne, Discours (7-8) (CIO — ICD)
L'apothéose de l'Olympisme, Los Angelès
1932 (ICD) ....   Rev. Sp
An expression. Official Report. Los An-
gelès (ICD)
AVR.   Les assises de la Cité prochaine. Confé-
rence. Berne (CIO — ICD — MS)

1933

ANTHOLOGIE, 184 p. (INS è CIO — ICD
— MS)
(Sports et pédagogie — Études histori-
ques, fragments et portraits — Études
politiques et sociales — Variétés — Dis-
cours et documents)
Lettre à S.E. le Président du Conseil de la
Société des Nations (CIO — ICD — MS)

1934

Le XIe anniversaire de la· rénovation des
Jeux Olympiques (CIO — ICD) ....   Rev. Sp
JAN. 29   Ver sacrum. Lettre (Olympia 1936 und di
Leibesübungen in National-sozialistischen
Staat (ICD)
AVR.   À mes amis Hellènes. Lettre (ICD)
JUI.   40e anniversaire du rétablissement des
Jeux Olympiques, Lausanne (8) (CIO —
(ICD)
Publication de l'Association des Amitiés
Gréco-Suisse et du Bureau International
de Pédagogie Sportive.
JUI.   Quarante années d'Olympisme (8) (CIO —
ICD) ....   Sp. Su
JUI. 23   Message à la jeunesse américaine (8)
(CIO — ICD)

1935

MAR.   Le devoir des Philhellènes. Lettre (CIO — ICD)

AOÛ.   L'Olympisme moderne. Message .... Cio

AOÛ.   Les assises philosophiques de l'Olympisme moderne (8) (CIO — ICD) Message radiodiffusé de Berlin.

1936

     50 pages non publiées, intitulées: Mémoires Olympiques (CIO)

     Note sur l'évolution du Philhellénisme (CIO)

     Lettre, sans adresse (CIO

JUI.   Quellen und grenzen sportlichen aufstiegs (ICD) .... Bz am Mittag

JLT   Aux coureurs d'Olympie — Berlin. Message (8) (CIO — ICD)

AOÛ.   Jeux Olympiques de Berlin. Discours pour la clôture (8) (CIO — ICD)

AOÛ. 27   Les Jeux à Tokyo en 1940. Interview ..... Journal

SEP. 15   Mise au point à la suite de l'interview du 27 Août .... Temps

DÉC.   Les Universités, le sport et le devoir social .... Un. Su

1937

MAR. 16   Lettre relative à la création d'un Institut et d'un Centre d'Études Olympiques (Carl Diem: Weltgeschichte des Sports, p. 1145)

MAI   Lettre (manuscrit (CIO)

1966

     L'IDÉE OLYMPIQUE (Discours et essais) ICD

     THE OLYMPIC IDEA (Discourses and essays) ICD

     DER OLYMPISCHE GEDANKE (Reden und aufsätze) ICD

     Éditions internationales Olympia, Lausanne, Suisse

     Olympische Sport-Verlag, Lehenstrasse 31, Stuttgart, Allemagne Occ.

(1892 Conférence en Sorbonne — 1894 Congrès International, Circulaire, Programme et Discours — Conférence au Parnasse d'Athènes—1896 Les Jeux Olympiques—1906 Le serment des athlètes — Conférence des Lettres Arts et Sports — 1908 Les «Trustees» de l'idée olympique, Discours, Londres — 1909 Remise des diplômes olympiques — 1910 Une Olympie moderne — 1912 Stockholm, Discours — Ode au sport — 1918 Ce que nous pouvons maintenant demander au sport — 1919 Lettres olympiques — Lettre aux Membres du CIO — Discours à la cérémonie commémorative — Correspondance avec G. Chaudet — 1920 Lettre aux Membres du CIO. La victoire de l'Olympisme — Le sport est roi. Discours — L'apport de la VIIe Olympiade — 1924 Discours — 1925 L'amateurisme au Congrès de Prague — 1927 À la jeunesse sportive de toutes les nations — Les idées de Pierre de Coubertin — La chevalerie moderne — 1927 Les nouvelles Panathénées — 1928 Message aux participants aux Jeux Olympiques — Olympie, Conférence — 1931 Les Jeux Olympiques et la gymnastique — 1932 70e anniversaire. Discours — L'apothéose de l'Olympisme — 1934 Message à la jeunesse américaine — Quarante années d'Olympisme — 1935 Les assises philosophiques de l'Olympisme moderne — 1936 Aux coureurs d'Olympie-Berlin — Discours pour la cloture des Jeux Olympiques.)

III — Olympie ancienne

Ouvrages traitant :

du SITE (S)
des MONUMENTS et des OEUVRES D'ART (M)
de l'ORIGINE et de l'HISTOIRE des Jeux de l'Antiquité (H)
de la DOCTRINE observée, l'OLYMPISME (0)

Cette liste ne comprend ni les ouvrages sur le programme et la technique des Jeux, ni ceux consacrés aux Jeux des temps modernes.

ALFRED-MAURY, L.F. *Histoire des religions de la Grèce antique.* T.I. (1957) (H)
AYMARD, A. et AUBOYER, J. *L'Orient et la Grèce.* (1957) (HO)
ANNUNZIO, Gabrièle d'. *Laus vitae,* poème, vers 1492 à 2983 (1947) (SMO)
BARBIE DU BOCAGE. *Analyse critique des cartes de l'ancienne Grèce.* p. 500 (1843)
BEAUNIER, André. *Le sourire d'Athena.* p. 131-146 (1911) (MHO)
BERLIOUX, Monique. *Olympica.* p. 5-22 (1964) (H)
BERTRAND, Louis. *La Grèce du soleil et des paysages.* p. 223 (1908) (SOM)
BEULE, Ch.E. *Études sur le Péloponnèse.* p. 241 (1855) (SM)
BIKELAS, D. *De Nicopolis à Olympie.* p. 211-226 (1885) (SH)
BLOUET, Abel. *Expédition scientifique de Morée.* T.I.II.III (1831-1838) (HM)
BOURDON, Georges. *Encyclopédie des Sports.* T.I., p. 19-35 (1924) (H)
BUCHON, J.A. *La Grèce continentale et la Morée.* p. 500 (1843) (S)
CHAMOUX, François, *La civilisation grecque à l'époque archaïque et classique.* (1963) (MH)
CHAPOUTHIER, Fernand. *Mirages de Grèce.* p. 23-29 (1950) (SMHO)
CLAVIERES, Jean. *Histoire d'Olympie.* 117 p. (1913) (HO)
COUBERTIN, Pierre de. *Souvenirs d'Amérique et de Grèce.* p. 106 (1897) (H)
Olympie — Revue pour les Français (1906) (H)
Olympie, Conférence (1929) (HO)
La renaissance olympique — Revue Olympique (1906) (HO)
CRANAKI, Mimica. *Grèce.* p. 160-165 (1955) (MO)
CROISET, Alfred. *La poésie de Pindare.* (1880) (O)
CURTIUS, Ernest. *Histoire grecque.* T.I.II.III (1883-1884) (HM)
DELCOURT, Marie. *Les grands sanctuaires de la Grèce.* p. 58 (1957) (H)
DELORME, J. *Gymnasion.* 557 p. (1960) (HMO)

DEMANGE, Charles. *Notes d'un voyage en Grèce.* p. 142 (1910) (S)

DEON, Michel. *La Grèce que j'aime.* (1960) (HMO)

DEVAMBEZ, Pierre. *La sculpture grecque.* p. 38-56, (1938) (M)

FOURNET, Charles. *Poésie de la Grèce.* p. 15-17 (1941) (S)

FRAZER, J.G. *Sur les traces de Pausanias.* (1952) (HM)

GASPAR, C. *Olympia,* 93 p. (1905) (HO)
    Dictionnaire des antiquités grecques et romaines. T. 4/1, p. 172-196.

GERNET et BOULANGER. *Le génie grec dans la religion.* (1932) (H)

GILLET, Bernard. *Encyclopédie de la Pléiade.* Jeux et Sports, p. 1185-1197 (1967) (HO)

GINOUVES, René. *L'art grec.* p. 101-105 (1964) (M)

GODEL, Roger. *Une Grèce secrète.* p. 80-94 (1960) (O)

HALPHEN et SAGNAC. *Les premières civilisations.* T.I. p. 632 (1950) (H)

HATZFELD, Jean. *Histoire de la Grèce ancienne.* (1950)

HERRIOT, Edouard. *Sous l'olivier.* p. 240 (SHM)

JAEGER, Werner. *Paideia.* (1964) (HO)

JARDE, A. *La formation du peuple grec.* (1933) (H)

JEANMAIRE, H. *Couroi et courètes.* p. 413-418 (1939) (H)

KITTO, H.D.F. *Les Grecs, autoportrait d'une civilisation.* (1939) (O)

LACRETELLE, Jacques de. *Le demi-dieu ou le voyage en Grèce.* p. 25-55 (1931) (SMO)

LALOUX, Victor et MONCEAUX Paul. *Restauration d'Olympie.* 228 p. (1889) (SMHO)

LARROUMET, Gustave. *Vers Athènes et Jérusalem.* p. 32-46 (1898) (M)

LAUNAY, P.J. *Grèce.* p. 25 (1954) (S)

LECHAT, Henri. *La sculpture grecque.* (1922) (M)

LEVEQUE, Pierre. *L'aventure grecque.* (1965) (HO)

LOISEL, Ernest. *Les bases psychologiques de l'éducation physique.* p. 71-85 (1935)

LOUYS, Pierre. *L'Auto.* 25 Avril 1906

LOVERDO, Costa de. *Les dieux aux épées de bronze.* p. 76-77, 145-152 (1966) (HM)

MARROU, H.I. *Histoire de l'éducation dans l'antiquité.* (1948) (HO)

MAULNIER, Thierry. *Cette Grèce où nous sommes nés.* p. 63 (1964) (M)

MONCEAUX, Paul. *La Grèce avant Alexandre.* p. 185-194 (1892) (H)
    Les fouilles d'Olympie. (1889) (HM)

MOUSSET, Albert. *Olympie.* 190 p. (1960) (SHMO)

MUMFORD, Lewis. *La Cité à travers l'histoire.* p. 177 (1964)

NORMAND, Charles. *Le Tour du monde.* p. 129-145 (1893)

ORMESSON, Wladimir d'. *Le Temps.* 30 Octobre 1937, (O)

POUQUEVILLE, C.H.L. *Voyage en Morée.* p. 124 (1805) (S)

RAYET, Olivier. *Etudes d'archéologie et d'art.* p. 42-86, 60-65 (1888) (M)

REINACH, Joseph. *Voyage en Orient,* T.III (M)

RENNES, Jacques. *Aux sources de l'émotion.* p. 27 (1936) (S)

RICHTER, Carl. *Les Jeux des Grecs et des Romains.* (1894)
RIDDER, A. de et DEONA W. *L'art en Grèce.* (1924) (M)
ROUX, Jeanne et Georges. *La Grèce.* p. 120-123 (1964) (HM)
SAGLIO, E. Articles «Athlètes» et «Certamina» (H)
Dictionnaire des antiquités grecques et romaines.
SCHOEBEL, Heinz. *Olympie et ses jeux.* 263 p. (1965) (HM)
SCHURE, Édouard. *Sanctuaires d'Orient,* p. 189-210 (1898) (SM)
SPYRIDIS, G. *Le panorama illustré des Jeux Olympiques.* 78 p. (1895)
(H)
THIBAUDET, Albert. *Les images de la Grèce.* p. 88-94 (1939 (SM)
THOMAS, Gabriel. *Études sur la Grèce.* p. 66-76 (1895) (SM)
TOSI, Guy. *d'Annunzio en Grèce.* p. 71-81 (1947)
TOSTIVINT, René. *Bulletin de l'Association Guillaume Budé.* n° 4
(1960) (M)
TOUDOUZE, Georges G. *La Grèce au visage d'énigme.* p. 49 (1923)
(SM)
TOUTAIN, J. Article «Ludi publici»
Dictionnaire des antiquités grecques et romaines.
TRICOT, Jean-Germain. *Les harmonies de la Grèce.* p. 88-94 (1939)
(SM)
UMMINGER, Walter. *Des hommes et des records.* p. 15-42 (1962)
(HO)
VALLOIS, R. *Revue des études anciennes.* T. XXXVIII et XXIX (1926)
(H)
VAUDOYER, Jean-Louis. *La Grèce d'hier et de toujours.* p. 179-183
(1965) (SM)
WEGNER, Max. *L'art grec.* p. 14, 161-172 (1956) (M)
ZADKINE. *Voyage en Grèce.* p. 92-111 (M)
ZALACOSTA, Christo. *La Grèce sanctuaire de la Méditerranée.* p. 41-
58 (1943) (MO)
ZIELINSKI, Th. *Histoire de la civilisation antique.* (1931) (H)
La religion de la Grèce antique. (1926) (H)

Cette bibliographie sur OLYMPIE ancienne a été établie par Bernard
GILLET.

IV — Sources principales

ALTHUSSER, Louis. *Idéologie et Appareils idéologiques. Notes pour une recherche.* La Pensée, n° 151, juillet 1970.

AMOROS Y ONDEANO, Francisco, (Colonel Marquis de Sotelo). *Manuel d'éducation physique, gymnastique et morale.* Paris, Librairie Encyclopédique de Roret, 1830.

AUDOUIN, M. E. *Olympie et les Jeux Olympiques.* Paris, Lecène éditeur, 1896.

«A versatil French publicist: Pierre de Coubertin», American Review of Reviews, vol. 28, p. 343-344.

BERLIOUX, Monique. *D'Olympie à Mexico.* Paris, Flammarion, 1969.

— *Les Jeux Olympiques.* Paris, Arts et Manufactures, 1956.

— *Olympia.* Paris, Flammarion, 1964.

BIERNAKIEVIEZ, Tadevy. *Un précurseur de Pierre de Coubertin: Gustav SCHARTAU.* Varsovie, Kultura Fizycna, septembre 1964.

BLOCH, Marc-André. *Philosophie de l'Éducation Nouvelle.* 2ᵉ édition, Paris, Presses Universitaires de France, 1968.

BONAMAUX, Charles. «The contributions of Baron Pierre de Coubertin to Physical Education». *American Physical Review,* 1918.

BOUET, Michel. *Signification du Sport.* Éditions Universitaires, 1968.

BOURDON, Georges. *Encyclopédie des Sports.* Paris, 1924.

BRUNDAGE, Avery. «Actes de l'Académie Internationale Olympique». 4ᵉ session, été 1964.

CACERES, Benigno. *La Rencontre des hommes.* Paris, Éditions du Seuil, 1950.

COLLINEAU, A. *La Gymnastique générale.* Paris, Baillieux et Fils, Éditeurs, 1884.

COMPAYRE, Gabriel. *Histoire critique des doctrines de l'éducation en France.* 2 vol. Paris, Hachette, 1881.

DEBESSE, Maurice. *Les Étapes de l'éducation.* P.U.F., Paris, 1967.

DIEM, Carl. *L'Idée olympique dans la Nouvelle Europe.* Paris, Berlin, s.d.

— *Olympische Flamme.* Berlin, Deutscher Archiv Verlag, 1942.

— *Weltgeschichte des Sports und der Leibeserziehung.* Stuttgart, Cotta-Verlag, 1960.

DUMAZEDIER, J. et J. Avec la collaboration de Maurice BAQUET et Georges MAGNANE. Collection Peuple et Culture. Paris, Éditions du Seuil, 1952.

DURKHEIM, Émile. L'Évolution pédagogique en France. Tome I, Des origines à la Renaissance; tome II, De la Renaissance à nos jours. Paris, Alcan, 1938.

DURRY, Jean. La véridique Histoire des géants de la route. Editions Edita-Denoël, Lausanne, 1974.

EISCHEL, F. «Mémoires de Pierre de Coubertin», dans Journal Théorie und Praxis der KorperRultur, 1963, n° 1, pp. 13-15. «Anticommunisme sous le drapeau olympique», ibid., 1962, n° 2, pp. 110-112, (en allemand), République Démocratique Allemande.

ESTRÉES, Marguerite D'. À travers l'Égypte et la Grèce, les jeux olympiques anciens et modernes, Paris, Librairie A. L. Chartres, 1897.

EYQUEM, Marie-Thérèse. Pierre de Coubertin, l'épopée olympique. Paris, Calmann-Lévy, 1966.

GARAUDY, Roger. De l'Anathème au dialogue. Paris, Plon, 1967.

GENEVOIS, Maurice. Vaincre à Olympie. Paris, Éditions du Livre contemporain, 1960.

GENNARIUS, J. The Revival of Olympic Games. Cosmopolis — II, April 1896.

GENST, Henri DE. Histoire de l'éducation Physique. Bruxelles. A. de Boek, 1949.

GEORGIADES, Dimitrius. Les jeux olympiques à Athènes. Paris, A. Davy éditeur, 1896.

GILLET, Bernard. Histoire du Sport. Collection «Que sais-je?» n° 337 Paris, Presses Universitaires de France, 1948.

GIRAUDOUX, Jean. Maximes sur le Sport. Paris, Grasset.

GROMBACH, John V. Olympic Cavalcade and Sports. New York, Ballantine Books, 1936.

GUTHS MUTHS. Gymnastik für die Jugend. Schnepfenthal, 1793.

HÉBERT, Georges. L'éducation physique raisonnée. Paris, Librairie Vuibert, 1907.

BILL, Henri. An approved history of the Olympic Games. New York, G. P. Putnam's Sons, 1948.

HUET, Maurice. La IIIe olympiade. Roman. Paris, Renaissance du livre, 1924.

LORME, Pierre. «Pierre de Coubertin sportif et pédagogue», in L'Illustration, CXCVIII, 11 septembre 1937, Paris.

LUCAS, John Apostal. Baron Pierre de Coubertin and the formative years of the modern international olympic movement, 1883-1896. Thèse de doctorat, University of Maryland, mai 1962.

LE FLOCH'MOAN. Genèse du Sport. Paris, Petite Encyclopédie Payot.

LE NOUVEAU D'HOZIER. Dictionnaire des Familles Anciennes ou Notables à la fin du XIXe siècle. Évreux, Imprimerie Charles Hérissey, 1927.

LIUBOMIROV, N. I. D'Athènes à Rome. Librairie Sovietskaia Rossia,

1960, (en russe).

MAC INTOSH, Peter. *Sport and Society.* Londres, Bowes and Bowes.

MAC TREVELYAN, Georges. *British History in the nineteen century and after (1782-1819).* London, Longmans, Green and Co, 1948.

MADRE, le Comte. «Lettre au Maire du Havre». In Archives Municipales de la Ville du Havre, Section R2 42, s.d.

MAHAFFY, J. P. «The Olympic Games at Athenes in 1875», in *Mac Millan Magazine,* XXXIII, 1875, August.

MAHEU, René. Directeur Général de l'UNESCO. Allocution prononcée le 28.10.1963, à l'occasion du centenaire de la naissance de Coubertin. Paris, Palais de l'UNESCO.

MALTER, Rudolf. *Der Olympismus Pierre de Coubertin's Eine Kritische Studie Zu Idee und Ideologie der modern Olympischen Spiele und des Sports.* Cologne, Carl Diem Institut, 1969.

MANDEL. *The Nazi Olympics.* New York, Mac Millan Company, éditeur 1971.

MARROU, Henri-Irénée. *Histoire de l'éducation dans l'Antiquité.* Paris, Éditions du Seuil, 1948.

MESSERLI, Dr. Histoire des Sports et de l'Olympisme. Lausanne, Institut Olympique Pierre de Coubertin, 1950.

La vie de Pierre de Coubertin. Jubilé Olympique. Lausanne, Librairie de l'Université, 1946.

La participation féminine aux Jeux Olympiques. Lausanne, Comité International Olympique, 1952.

MEURANT, (le Substitut Général). «Un humaniste: Pierre de Coubertin». Cour d'Appel de Rouen. Audience solennelle de rentrée, 16 septembre 1968.

MEYER, Gaston. *Le phénomène olympique.* Paris, Éditions de la Table Ronde, 1960. Réédition, 1963.

MEYER, Otto. *À travers les anneaux olympiques.* Genève, P. Caillet, 1960.

— *Rétrospectives olympiques.* Genève, P. Caillet, 1961.

MEYLAN, Louis. *Pierre de Coubertin, pédagogue et sociologue.* Lausanne, Payot, 1944.

MEZO, Ferencz. *Histoire des Jeux Olympiques.* Munich, Verlag Knorr und Hirth, 1930.

MLODZIKOWSKI, G. *Revue Kultura Fizycna.* Varsovie, 1964. «Importance de l'œuvre olympique de Pierre de Coubertin», in Kultura Fizycna, Varsovie, janvier 1966.

NAVACELLE, Comtesse Gaëtan de. «Lettre au Maire du Havre», in Archives Municipales de la Ville du Havre, Section R2 42, 21 janvier 1964.

NOVOSKOLTZEV, V. A. *Perepletionaïa radouga/L'Arc-en-ciel entrelacé.* Étude sur Coubertin. Moscou, Librairie Fizicultura i Sport, 1964, (en russe).

OLYMPIC LEXICON. (Textes en français, anglais, allemand, italien) Bielefeld, Allemagne, E. Grundlach, Aletiengesellschaft, 1939.

PAZ, Eugène. *La gymnastique raisonnée.* Paris, Librairie Hachette, 1880.

PENRHYN STANLEY, D. D., Arthur. *The life and correspondance of Thomas Arnold D. D.* London, John Murray Editor, 1882.

PETROV, I. Revue *Culture Physique et Sport,* Moscou, 1963.

POLIGNAC, Marquis Melchior de. «Baron Pierre de Coubertin». *Bulletin du C.I.O.,* n° 6.

POTTECHER, Maurice. «L'Olympisme et son rénovateur, Pierre de Coubertin», in *La Revue Hebdomadaire.* Paris, 8 août 1936.

Premier congrès pédagogique olympique, Comité Olympique Tchécoslovaque, Prague, 1925.

PROUST, Dr. *Traité d'hygiène publique et privée.* Paris, 1893.

Revue *Éducation Physique et Sport,* n° 49, mars 1960.

Revue de Paris, 15 juin 1894.

SCHLEMMER. *André-Paul Carton, Georges Hébert — Deux maîtres de la méthode naturelle.* Paris, Éditions Ouvrières, 1962.

SCHOBEL, Henri. *Olympia und Seine Spiele.* Leipzig, Édition Leipzig, 1965.

SCHOBEL, Henri. *Die Vier Dimensionen des Avery Brundage.* Leipzig, Édition Leipzig, 1968.

SCHOPPERT, Gail D., B. S. *The life of Baron Pierre de Coubertin and his contributions to Physical Education.* Thèse de doctorat, non publiée, Ohio State University, 1963.

SEILLIÈRES, Baron Ernest de. De l'Académie des Sciences Morales et Politiques (Section Morale). *Un artisan d'énergie française, Pierre de Coubertin.* Paris, Henri Didier, 1917.

SENAY, André et Robert HERVÉ. *Monsieur de Coubertin.* Préface d'Édouard Herriot, de l'Académie Française. Paris, S.E.S., 15, rue du Bouloi, 1956.

SHAW, Albert. *American Monthly Review of Reviews,* XVII, April, 1898.

SLOANE, William Milligan. «Modern Olympic Games», in *Heport of the Olympic Comittee.* New York, 1920.

SOBOLIEV, Tz.-A. *Olympie, Athènes, Rome.* Moscou, Librairie Fizicultura i Sport, 1960, (en russe).

THIBAULT, Jacques. *Sports et éducation physique 1870-1970.* Préface de Jean Château. Paris, Vrin, 1972.

TOCQUEVILLE, Alexis de. *La démocratie en Amérique.* s.l., 1835-1840.

TOM BROWN'S SCHOOL DAYS. By an Old Boy. London, Mac Millan and Co Limited, 1902.

ULMANN, Jacques. *De la gymnastique aux Sports modernes.* Paris, Presses Universitaires de France, 1965.

VIALAR, Paul. *Pierre de Coubertin.* Académie Olympique. Comité olympique hellénique, 1962.
— *Lettre ouverte à un jeune sportif.* Paris, Albin Michel, 1967.
WEBER, Eugen. «Pierre de Coubertin and the introduction of organised sport in France». *Journal of Contemporary History.* Vol. 5 — n° 2, April 1970.
Revue Olympique, n° 34-35, juillet-août 1970.
WORBOISE, Emmena, Jane. *The life of Dr. Arnold,* London, 1885.

annexes

I — documentation générale

le surmenage [1]

Nous avons reçu de plusieurs amis du Français des articles sur la question du surmenage. Cette question est de celles qui, à l'heure présente, préoccupent le plus vivement l'attention publique ; elle en est digne à tous égards. Nous publions aujourd'hui une étude sur ce sujet qu'a bien voulu nous adresser Monsieur P. de COUBERTIN. Notre distingué collaborateur a vu de près les procédés employés dans les grandes universités anglaises pour équilibrer chez les jeunes générations le développement des forces physiques et celui des forces intellectuelles et c'est en s'entourant des résultats constatés en Angleterre qu'il propose la solution du problème.

Nous publierons incessamment sur le même sujet les observations qui nous viennent d'un autre correspondant. Peut-être se trouvera-t-il sur quelques points dans ces divers articles des appréciations différentes, mais nous estimons que la question est trop importante pour ne pas laisser à chacun la liberté de l'exposer comme il la comprend.

L'Académie de médecine, dans le noble but de remédier au surmenage, vient de se surmener elle-même. Dans un nombre considérable de séances, elle a entendu un nombre bien plus considérable encore d'orateurs qui, je pense, n'ont pas eu de peine à la convaincre de l'existence de ce mal scolaire et de la nécessité de le faire disparaître.

Le surmenage, «un mot barbare, a dit spirituellement M. Jules SIMON, et auquel on ne peut reprocher de l'être puisqu'il sert à désigner une barbarie», le surmenage a été fort à la mode cet hiver. Je crois même qu'il a eu sa place dans les revues et les chansons de café-concert, ce qui est vraiment la consécration suprême de toute popularité. Il serait regrettable de voir une question si sérieuse et qui demande à être traitée avec une si grande réserve tourner à l'emballement et devenir la manie d'un jour. En France, l'on ne va que trop aisément d'un excès à l'autre, et comme l'opinion ne sait rien accomplir sans le secours d'une loi ou d'un règlement, plus que partout ailleurs il faut se garder des réformes hâtées.

---

1. *Le Français,* 30 août 1887 ; l'article parut dans la rubrique «Variétés».

Le surmenage intellectuel ayant pour corollaire l'oubli des lois de l'hygiène, personne ne saurait reprocher à l'Académie de médecine de s'en être occupée ; mais de là à exprimer « le désir de voir appliquer de grandes réformes au mode et aux programmes d'enseignement actuellement adoptés » il y a loin ; est-ce bien là qu'est le remède ? Il est permis d'en douter. Certes, nos écoliers travaillent trop ; leurs programmes sont trop étendus et l'enseignement même gagnerait à être restreint, car on pourrait alors savoir plus à fond, ce qui vaut mieux que d'apprendre superficiellement beaucoup de choses. Mais si l'on se borne à supprimer des heures de travail sans rien mettre à la place, ce n'est vraiment pas la peine. Serait-ce seulement pour prolonger ce qu'on appelle dans nos collèges des récréations ? Oh! alors non! Il faut encore mieux laisser les enfants courbés sur leurs pupitres que de les faire tourner entre quatre murs autour d'un arbre rachitique. On a évidemment trop donné à l'esprit, mais surtout on n'a pas assez donné au corps, et augmenter le temps des récréations, ce n'est pas combler la lacune. Vous avez beau dire aux enfants de jouer, à quoi voulez-vous qu'ils jouent quand vous les lâchez dans ces préaux qui seraient déjà trop étroits pour le sixième d'entre eux ? C'est vraiment une recommandation un peu ironique et qui ferait sourire de pitié nos voisins d'Angleterre et d'Allemagne. Ah! je sais! il y a les promenades, ces randonnées malsaines à travers Paris. Peut-on voir passer sans serrement de cœur les longues files des collégiens obligés d'employer de cette inepte façon leurs congés hebdomadaires ? Si on diminue la durée de leurs études, il y aura sans doute deux de ces promenades par semaine au lieu d'une. Voilà une belle avance! Non! ce n'est pas là qu'est le remède ; cherchons ailleurs.

Beaucoup de nos collèges parisiens sont de vieilles constructions ; l'aération y est mal établie, le quartier est souvent peu sain. On conçoit que ces conditions ne soient pas favorables au développement physique des enfants, et toutes les mesures d'hygiène qui seront prises à l'égard de tels établissements ne devront être qu'applaudies. Mais il en est d'autres, nouvellement fondés, où ces mesures ont déjà été appliquées. Je visitais, au printemps, le lycée Janson de Sailly, situé à Passy dans la rue de la Pompe. Le long des bâtiments courent de grandes galeries ouvertes et les façades sont égayées par des pierres de couleurs qui en rendent l'aspect « agréable et plaisant à l'œil », me disait mon cicerone ; de plus, grâce à des promenoirs savamment disposés, on peut circuler à l'abri d'un bout à l'autre du lycée. Eh bien! on n'y joue pas plus qu'ailleurs, malgré les mosaïques des murailles, et les enfants préféreraient peut-être à toutes ces belles choses un grand jardin dans lequel ils pourraient gambader tout à l'aise, quitte à recevoir de temps à autre quelques gouttes de pluie.

Dans ce même lycée Janson, comme dans beaucoup d'autres, il y a un gymnase et une salle d'armes. Le sport y est, au gré de bien des gens, très suffisamment représenté de la sorte. Certes, la gymnastique a une importance capitale et ce n'est pas moi qui dénigrerai l'escrime; je crois pourtant devoir faire les réserves suivantes: la gymnastique a lieu pendant les récréations, et comme il y a beaucoup d'élèves pour le même trapèze, chaque élève ne fait guère plus d'une culbute par jour, moins le jeudi et le dimanche... Pourquoi donc le gymnase n'est-il pas toujours ouvert, avec faculté pour les écoliers d'exercer leurs biceps toutes les fois que bon leur semble? Tant que la gymnastique sera réglementée de la sorte, il n'y aura pas grand' chose à en attendre.

Quant à l'escrime, même remarque. Le professeur ne peut consacrer que quelques instants à chacun et s'il laisse des débutants ferrailler les uns contre les autres, ceux-ci prennent de détestables habitudes qui les empêchent ensuite de devenir bons tireurs. J'ajouterai que l'escrime — ce sport français par excellence et dont nous avons presque le monopole — n'est pas de ceux que les enfants puissent apprécier; il est bon qu'ils s'y adonnent dès leur jeune âge, mais le fleuret exige du sang-froid, de l'expérience et le complet développement du corps.

En été, il y a les bains froids; cela dure deux mois de l'année: le reste du temps, on ne se lave pas. Il devient manifeste que le nombre augmente de ceux qui trouvent le système des ablutions utile, pour ne pas dire nécessaire, à la santé aussi bien physique que morale. Mais passer de la théorie à la pratique est chose laborieuse; tout compte fait, je sais un collège qui a une piscine; c'est le lycée de Vanves, organisé d'ailleurs avec un soin tout spécial. Malheureusement la piscine, n'étant pas couverte, ne sert pas l'hiver. Un simple rapprochement: à Starrow, près de Londres, chaque élève (ils ne sont que quatre cents) paye environ trente-cinq francs par an pour l'entretien de la piscine; ce n'est pas cher; je ne sais ce qu'a coûté l'installation première, mais cela vaut bien la peine qu'on fasse un sacrifice.

Quand on aura ouvert les gymnases et construit des piscines, la question du surmenage aura déjà fait un pas vers sa solution définitive, et cela sans qu'il y ait eu besoin d'empiéter beaucoup sur les classes et les études. Mais tout ne sera pas dit. Aucune précaution hygiénique, aucun exercice, militaire ou non, ne peuvent remplacer les *jeux*. Il y a à côté de nous un peuple dont nous taxons volontiers d'exagération les goûts sportifs. Néanmoins il ne faut pas craindre de le copier. Tout en copiant le voisin, on peut éviter de tomber dans les mêmes fautes et faire mieux que lui; le tout est de ne pas s'emballer.

Je me suis souvent demandé pourquoi les jeux produisaient en Angleterre des résultats si importants, pourquoi ils s'étaient si généralement répandus, et d'où venait leur popularité. Cela tient à trois causes: leur variété, la liberté qui préside à leur organisation, et enfin l'encouragement que leur donne l'opinion publique.

La variété est une condition *sine qua non*. Comment voulez-vous que des enfants, dont le caractère, la force et les aptitudes physiques sont si différents, puissent prendre plaisir à jouer tous au même jeu? Les choses sont pourtant ainsi et l'on en arrive à imposer un jeu et à donner des pensums et des punitions aux enfants qui n'y prennent pas part ou n'y apportent pas assez d'entrain, ce qui est à coup sûr une idée bien saugrenue. Alors, pour éviter les châtiments immérités, les enfants apprennent l'hypocrisie et font semblant de jouer, jusqu'à ce que le surveillant ait de nouveau le dos tourné et qu'ils puissent reprendre la conversation interrompue... Dieu sait sur quel sujet elle roulait.

Dans les rares occasions où j'ai vu des collégiens français laissés libres de se grouper pour un jeu quelconque, j'ai toujours remarqué l'ardeur qu'ils y apportaient; ils n'eussent pas été si empressés autrement; mais cette ombre d'association, cette *autonomie,* ce trésorier nommé pour recevoir de minimes cotisations destinées à assurer le fonctionnement ou l'achat des objets nécessaires, tout cela redoublait leur zèle en même temps que naissait l'émulation, toujours plus facile à activer entre groupes qu'entre individus. Ces deux particularités se retrouvent partout dans les jeux anglais.

Quant à l'encouragement à donner aux jeux, ce n'est pas assez qu'il vienne des maîtres. Ce qui fait sa force en Angleterre, c'est qu'il vient du public tout entier; comment de jeunes garçons ne se prendraient-ils pas d'enthousiasme pour des concours auxquels des hommes faits, instruits et intelligents, se montrent prêts à prendre part?

L'opinion était restée froide à cet égard, chez nous; mais un changement indéniable s'opère et les exercices du corps deviennent en honneur. On a établi des concours d'escrime et de gymnastique il en faut d'autres, plus fréquents; il faut des prix et des applaudissements.

Le problème est donc d'introduire dans nos mœurs scolaires des jeux qui présentent ce triple caractère: la variété, le groupement, la popularité; c'est-à-dire qu'il y en ait pour tous les âges et pour toutes les aptitudes, qu'ils soient organisés par les joueurs eux-mêmes se groupant à leur guise et qu'enfin ils excitent l'émulation et l'enthousiasme. Pour cela il y a de sérieuses difficultés à vaincre, dont quelques-unes particulières à la France. La première de toutes provient de la situation de nos collèges, presque toujours établis dans des villes, chefs-lieux de département ou grands centres d'industrie et de commerce; à peine compte-t-on quelques exceptions. Le nombre des élèves est également un obstacle quand il s'agit de jeux qui n'en peuvent naturellement grouper que quelques-uns. Multiplier les groupes devient alors nécessaire: c'est une dépense de place et d'argent. Or, dans les grandes villes, le terrain est très cher, et d'autre part, bien des parents, qui se gênent déjà pour mieux élever leurs enfants, ne se soucient guère de voir augmenter les frais de la pension.

On pourrait répondre que c'est une aberration d'établir des collèges ailleurs qu'à la campagne et que, d'autre part, moins ils seront peuplés, mieux cela vaudra; mais ce sont des réformes, la première surtout, qui ne s'accompliront pas du jour au lendemain, et force est bien de compter avec l'état actuel des choses et de s'en arranger quand on ne peut faire autrement.

Trouver des terrains est le premier point: cela est difficile partout et semble impossible à Paris, car en Province on peut encore avoir une porte de sortie sur la campagne; mais à Paris? Il faudrait que chaque collège eût hors des fortifications un champ de taille respectable; on y jouerait pendant quatre heures consécutives deux fois par semaine; pas d'encombrement à redouter, car il n'est pas utile que toutes les divisions y aillent le même jour, bien au contraire. En hiver, le *foot-ball*, qui ne demande pas de grands frais d'installation; en été, le *cricket* et le *lawn-tennis* y feraient les délices de nos collégiens. Ce dernier sport, dont le goût commence à se développer en France, nécessite un sol soigneusement entretenu, des raquettes et des balles en bon état, néanmoins on peut se contenter d'un terrain de sable durci ou d'asphalte, ce qui réduit considérablement la dépense. Pourquoi le cricket a-t-il toujours été dédaigné par nous? C'est un jeu superbe, du plus haut intérêt, exigeant de la discipline et faisant naître l'esprit de corps. Son perfectionnement n'a de limite que la force des joueurs, car c'est surtout de la force qu'on y déploie. Un Anglais appelait le cricket *l'habeas corpus* de ses jeunes compatriotes: il est bien en effet leur charte fondamentale. L'énumération des autres jeux qui mériteraient d'être introduits chez nous serait trop longue à faire; chaque saison a les siens, et c'est le cas de dire qu'il y en a pour tous les goûts. Mais on peut trouver d'autres genres de divertissements. Dans la plupart des collèges anglais il existe une sorte d'atelier où les élèves se livrent à divers travaux de menuiserie, voire même d'ébénisterie, sous la direction d'un habile ouvrier; j'ai toujours vu ces ateliers très fréquentés, surtout pendant la mauvaise saison, et je n'ai pas besoin de faire valoir leur utilité.

Évidemment la plus grosse objection à de telles innovations, c'est le prix qu'elles coûteraient. Dans l'hypothèse où les collégiens auraient un terrain de jeu situé à une grande distance de leur collège, il faut songer aux moyens de les y transporter: c'est un détail qui a son importance. Mais les chemins de fer sont là avec leurs cartes d'abonnement et les frais pourraient être assez minimes.

En France, la question d'argent surgit parfois d'une manière très malencontreuse; nous avons les délicatesses de l'esprit égalitaire: elles ne sont pas toujours blâmables, mais enfin, sous prétexte de ne point blesser les moins riches, on condamne ceux qui peuvent faire plus à un vrai minimum de dépense: cependant s'il est un cas où l'on ne doit pas se montrer regardant, c'est en ce qui touche l'éducation; pour le corps et pour l'esprit, le moment est décisif, et la moindre négligence peut avoir de funestes conséquences.

Si le prix des pensions augmente un peu, on en sera quitte pour laisser ses enfants quelques années de moins au collège ou même pour les y faire entrer plus tard, ce qui est bien préférable, n'en déplaise à certains parents qui sont toujours fort empressés à se débarrasser des leurs. Quant aux bourses et demi-bourses, elles devraient être accordées au concours: on serait certain du moins qu'elles ne tombent pas sur des enfants incapables d'en profiter et le titre de boursier deviendrait fort honorable: n'est-ce pas le véritable remède au déclassement, cette plaie de nos maisons d'éducation? Le même faux sentiment d'égalité nous a fait détruire l'autonomie des collèges, de sorte que les plus prospères payent pour les autres, ce qui est une faute capitale... Mais ces idées toutes personnelles ne seront peut-être pas partagées par la majorité de nos lecteurs; et d'ailleurs, je me suis écarté du sujet.

L'État, qui est, chez nous, un si gras personnage, pourrait, il me semble, donner ou prêter des terrains. Est-ce trop attendre de sa générosité et n'a-t-il de tendresse que pour ce qui touche à la politique? Espérons que non; mais comme il est préférable d'avoir deux cordes à son arc, il importerait que les collèges pussent avoir recours à une association, à une Ligue qui se fonderait pour faciliter l'introduction des jeux et les encourager par tous les moyen possibles. Une telle ligue serait-elle donc si difficile à établir et à maintenir? En tous cas, l'expérience vaut la peine d'être tentée; elle le sera.

L'Association pourrait fournir le matériel à très bon compte; resteraient alors les seules petites cotisations nécessaires pour que les enfants se sentent bien maîtres et propriétaires de leurs jeux; ce ne serait plus rien.

Si la question financière est la plus importante, elle n'est pas la seule; bien des pères s'inquièteront sans doute de ce qu'ils considèreront comme une occasion d'échapper à la surveillance, une fissure dans la discipline à laquelle ils aiment voir leurs enfants continuellement soumis. Je ne prétends point discuter ici si la surveillance étroite que l'on pratique en France est bonne ou mauvaise; sûrement elle ne sera pas plus difficile à exercer dans un champ en pleine campagne que dans les corridors et les cours où il y a tant de choses qu'elle a toujours été impuissante à empêcher. Les jeux, au début, mettront peut-être quelques cervelles en ébullition; mais cela se calmera bien vite. Et puis, il faut bien que les enfants s'excitent, s'enthousiasment pour quelque chose; quel meilleur débouché peut-on trouver pour leur exubérance, pour leur besoin naturel de bruit et de mouvement?

Enfin, dira-t-on, ces jeux prendront du temps et il faudra rogner sur les études!... C'est ici que les modifications demandées par l'Académie de médecine trouveront leur place. Mais on conçoit qu'avant de tout bousculer pour opérer ces réformes, il faille entreprendre ce qui les rendra nécessaires. Avant de faire une place, prenons-en la mesure, afin de ne pas tailler une brèche exagérée dont il faudrait bientôt combler une partie.

Je suis persuadé que l'expérience démontrera bien vite, et mieux que tous les raisonnements, que le véritable remède au surmenage ou plutôt aux effets qu'on lui attribue n'est pas dans l'affaiblissement et le ralentissement des études, mais dans le contrepoids que le sport fournit à la fatigue intellectuelle. C'est le sport qui rétablira l'équilibre rompu; il doit avoir sa place marquée dans tout système d'éducation; qu'il pénètre chez nous, et bientôt l'on reconnaîtra tous les avantages dont on sera redevable: avantages physiques, c'est lui qui entretient les santés robustes et fait les vertes vieillesses; avantages moraux, car il pacifie les sens et l'imagination et détend les nerfs; avantages sociaux même, car il sert à transporter dans les sociétés d'enfants les règles qui gouvernent les sociétés d'hommes; il fait des corps solides, des volontés «maîtresses des corps qu'elles animent», des hommes enfin ayant le respect de l'autorité, au lieu de révolutionnaires aigris, toujours en rébellion contre les lois.

Pierre de COUBERTIN.

«ouvrez les portes du temple...»

«Depuis que les «classes dirigeantes» au cours du XIX e siècle, se sont résignées à instruire la Démocratie, elles ont constamment tenu leur effort enfermé dans l'utilitarisme professionnel. Ce fut un dogme que le travailleur dont le métier doit assurer la subsistance ne saurait être, sans dommage pour la Société, détourné de la voie étroite du perfectionnement technique et qu'aussi bien toute culture générale lui nuirait à lui-même et serait contraire à ses propres intérêts. Les sciences exactes, en ce qu'elles comportent d'applications directes et pratiques, les langues vivantes, commercialement apprises, composèrent la part du patrimoine intellectuel de l'humanité dont la jouissance fut dès lors concédée aux «classes laborieuses». Et ceux qui les y admettaient s'estimèrent fort généreux et contemplèrent dans leurs miroirs la face du Progrès.

Or, il advint qu'un mouvement irrésistible se dessina qui poussait la Démocratie vers le pouvoir. Elle était le nombre, et le nombre devenait force. Les privilégiés composèrent avec cette force nouvelle, mais ils s'abstinrent de l'éclairer. Le partage des fonctions, passe encore. Le partage des connaissances, non pas. Les portes du Temple demeurèrent closes. Survint la guerre. La Démocratie prouva qu'elle n'avait pas seulement le nombre, mais encore le courage, l'abnégation et la persévérance. Car, sans faire tort à ceux qui les conduisirent et les commandèrent, c'est surtout à la masse des combattants obscurs, on peut bien le dire, qu'ira cette fois l'admiration de l'Histoire.

Quand la paix rétablie, il faudra remplacer l'édifice que ceux mêmes qui l'avaient construit et s'y carraient à l'aise ont jeté bas par leurs imprudences et leurs excès, on s'apercevra que l'avènement des gouvernements populaires est proche. Et la Démocratie recevra la garde du Temple sans que, du seuil, elle ait jamais été admise à en contempler le contenu, de ce Temple où sont accumulés les trésors de l'Intelligence et de la Beauté, l'effort des générations écoulées, l'espoir de la civilisation. Et parce que, dressé par un petit nombre d'initiés et selon des formules compliquées, l'inventaire en fut jalousement soustrait aux regards de la foule, voilà que le Temple et ce qu'il renferme se trouveront exposés aux hasards redoutables et aveugles des perturbations économiques et sociales. Et s'il allait être détruit?...

Ce qu'il y a de plus surprenant dans le passé, ce n'est point la lenteur des progressions intellectuelles, ce sont les défaillances de la mémoire collective. Comment tant d'objects acquis ou réalisés, tant d'entreprises venues à terme, tant de constructions achevées, tant de découvertes enregistrées, comment tout cela a-t-il pu retomber dans le néant, disparaître parfois sans laisser de traces? Un seul motif en rend compte: une élite avait intérêt à garder pour elle le savoir, afin d'en faire un instrument de règne... ...La pédagogie vint au secours des obscurantistes; elle inventa une théorie étrange, d'après laquelle l'attention ne saurait se fixer sur un ensemble, l'intelligence le saisir, la mémoire le retenir, qu'autant que les détails en ont été l'objet d'une étude préalable approfondie. Regardez-y de près, tous nos systèmes d'enseignement reposent sur cette doctrine que nul n'ose contredire ni même discuter, et dont les événements actuels soulignent pourtant à nouveau l'absurdité et le néant.

Il faut démolir cette Bastille. La Démocratie doit à son tour recueillir l'enseignement des siècles et prendre contact avec la science désintéressée. Elle est beaucoup mieux préparée à en bénéficier que votre méfiance ne vous le laisse croire. L'air pur des grands courants historiques, la révélation des abîmes cosmiques, les souffles créateurs de l'art allègeront sa marche laborieuse. Ouvrez les portes du Temple! Il n'est que temps. L'avenir de l'humanité l'exige »[47]

47. COUBERTIN, Pierre de, Le texte que nous reproduisons est celui de l'*Anthologie, op. cit.*, pp. 120-122.

le flambeau à dix branches

L'Union Pédagogique Universelle (U.P.U.) considère comme base essentielle que doit posséder tout homme, l'acquisition (à des degrés différents selon ses capacités, le temps dont il dispose, etc.) des dix notions suivantes :

— Les quatre notions qui définissent l'existence même de l'individu :

- La notion *astronomique* : celle de l'univers réel et pourtant infini au sein duquel se meut l'astre qui le porte ;
- La notion *géologique* : celle des lois physiques, chimiques, mécaniques qui régissent cet astre ;
- La notion *historique* : celle des soixante siècles d'histoire enregistrée qui sont derrière lui et dont il ne peut se désolidariser ;
- La notion *biologique* : celle de la vie végétale d'abord, puis animale, épanouie enfin dans son propre corps où il doit savoir l'entretenir et l'aviver.

— Les trois notions dont dépend son développement mental et moral :

- La notion *mathématique* : celle du vrai immatériel et pourtant tangible qu'il peut utiliser sans arriver à en concevoir l'origine ;
- La notion *esthétique* : celle du beau vers lequel un instinct le pousse sans qu'il en puisse définir l'essence ;
- La notion *philosophique* (a) : celle du bien dont sa conscience l'incite à chercher la voie, voie dans laquelle les religions ou les morales codifiées cherchent à le guider.

— Enfin les trois notions qui dominent sa vie sociale :

- La notion *économique* : celle de la production et de la répartition de la richesse avec ses conséquences obligatoires, bonnes ou mauvaises ;
- La notion *juridique* : celle des lois que toute société humaine est conduite à formuler et de la jurisprudence qu'engendre l'interprétation de ces lois ;
- La notion *ethnique* et *linguistique* : celle des races réparties sur le globe avec leurs effectifs, leurs caractéristiques et les diversités organiques de leurs langages.

Annales de l'Union Pédagogique Universelle,
1925-1926, p. 9.

(a) Philosophie est pris dans son sens étymologique (Culte de la Sagesse) dont l'a détournée la Science moderne et que l'U.P.U. veut s'efforcer de lui restituer. Une observation analogue s'applique au mot géologie.

charte de la réforme pédagogique

« L'U.P.U. a posé comme base de son programme les neuf points suivants :

1. Dans l'état actuel du monde, de l'Europe en particulier, aucune réforme d'ordre politique, économique ou social ne pourra être féconde sans une réforme préalable de la pédagogie.
2. Une base de culture générale doit être recherchée dont le principe initial soit accessible à tous et dont l'application soit pourtant susceptible d'un développement infini.
3. La notion de la connaissance doit être distinguée de la connaissance elle-même, cette dernière pouvant être en quelque sorte inventoriée (c'est à dire définie ou cadastrée) sans qu'on en pénètre la substance.
4. Il est nécessaire de combattre toute spécialisation prématurée ainsi que tout enseignement spécialisé qui tendrait à s'isoler dans son autonomie sans tenir compte de ses rapports avec la culture générale.
5. On doit viser à substituer au sentiment de vanité satisfaite qu'engendre le demi-savoir celui de l'ignorance humaine, l'instruction donnée par l'enfance et l'adolescence ne devant plus être considérée par personne comme suffisant à assurer la formation intellectuelle de l'individu.
6. Il faut s'efforcer d'instaurer dans l'esprit du maître comme dans celui du disciple la tendance à considérer d'abord les ensembles et les lointains au lieu de commencer par étudier le détail proche et local.
7. L'histoire d'une nation et celle d'une période ne peuvent être utilement enseignées que si elles ont été préalablement « situées » dans le tableau général des siècles historiques.
8. Aucune période d'histoire nationale ne doit être étudiée sans référence continue aux événements concomitants de l'histoire universelle.
9. Il est désirable d'écarter de l'enseignement les faits d'armes et les traités ou conventions qui n'ont pas eu de conséquences profondes et durables ainsi que les chronologies systématiques et les récits anecdotiques sans portée ».

Bulletin Pédagogique n° 1 de
l'Union Pédagogique Universelle,
1925-1926

appel en faveur du «quatrième état»

[Fac-similé d'une lettre manuscrite. Texte partiellement lisible :]

Ma France adorée ils me disent que tu meurs,
ils me disent que tu descends au tombeau
marche par marche — et que déjà la pourriture
sépulcrale t'envahit; ces horreurs, il faut que
je les entende prochainement et que je fasse
taire l'indignation qu'elles soulèvent en moi —
Ils me disent que tout est inutile, notre travail,
nos pensées qui devancent ta marche pour
aplanir les chemins que tu vas suivre, nos
efforts pour soulager ta fatigue, nos paroles
par lesquelles nous soutenons ta foi en toi-même
oh! s'ils se doutaient à quel point ils me
déchirent l'âme !.... Ils ne voient point la
nouvelle aurore vers laquelle tu te diriges; ils
ont les chaînes du passé après eux et ils
s'irritent de nous voir courir si légèrement
auprès de toi. Pardonne leur.' Ils s'ont animés
à leur manière, mais sois toute à nous, richement
de foi et de courage; ... à nous qui te regardons
comme un rayon de la Divinité; à nous qui
te sacrifierons le bonheur, la gloire, tout......

par les haines sociales et n'est pas menacé par les révolutions
que les haines peuvent déchaîner; à l'heure actuelle, le peu occupés
des destinées de la patrie doivent nécessairement tenir
les yeux fixés sur l'université et s'il est besoin d'un
trait d'union entre hier et demain c'est elle qui
le fournir.

Il y a donc un double intérêt à poursuivre avec elle
et par elle l'œuvre à laquelle nous une si
grande portée sociale.

Nous vous demandons de vouloir bien nous prêter
votre concours pour y parvenir.
par une enquête sérieuse, les commencements de
réalisation partielle qu'elle peut avoir eu dans tel et
centre ouvrier, étudier l'organisation la
plus pratique et la moins dispendieuse, enfin
examiner quelles sont les matières qu'il conviendrait
d'inscrire au programme de cet enseignement
universitaire ouvrier; tels sont les points sur lesquels
il convient de nous entendre tout d'abord.

telle la première partie de notre tâche.

le décalogue de 1915

AUX JEUNES FRANCAIS

LE DÉCALOGUE de 1915

Il n'est pas « éternel » celui-là et n'a point la prétention de remplacer la religion ou de suppléer la morale. C'est tout simplement le relevé des devoirs qui s'imposent à la jeunesse française à l'heure où s'ouvre pour la Patrie une ère nouvelle, inattendue. La promesse fructueuse y alternera avec le danger des occasions manquées; des éclairs de puissance sillonnent un ciel chargé de nuées. L'instant est solennel. Nous sommes à un des tournants essentiels de l'histoire de France. Le monde qui va surgir n'est pas celui d'hier — pacifié — et le conflit des énergies soulevées ne cessera pas avant longtemps. Ayez confiance, mais prenez soin d'être, comme le grand ancêtre, sans peur vis-à-vis d'autrui et sans reproche vis-à-vis de vous-même. Le jeune Français est le « Maître de l'Heure ». Jamais plus haute et plus noble responsabilité n'a pesé sur lui.

En songeant à ces choses a été rédigé le Décalogue de 1915. Que chacun l'apprenne et le sculpte dans son cerveau.

I. — **C'est à la jeunesse française** qu'il appartiendra de décider si la présente guerre doit n'être qu'un assaut vaillamment repoussé ou s'il doit en résulter le triomphe de la civilisation française.

II. — **Pour** assurer ce triomphe, étant donné les circonstances et les mœurs actuelles, il faudra se lancer à la conquête du monde et organiser la bienfaisante invasion du commerce, de l'industrie, de la science, des lettres, de l'art français.

L'organisation d'une telle invasion, en plus des qualités que nous possédons déjà, exigera une puissante initiative physique, c'est-à-dire des muscles, du souffle, des estomacs solides et des jarrets d'acier.

III. — **Ce** qu'en conséquence la France attend de moi, c'est un effort personnel et quotidien; c'est que je travaille à porter mes forces individuelles au maximum possible et à les y maintenir.

IV. — **Je** viserai donc à devenir plus large d'épaules, plus fort de muscles, plus insouciant des intempéries, plus résistant à la fatigue. Je m'entraînerai aux longues marches, à la course, à la natation, aux sauts imprévus, aux rudes escalades.

V. — **Tout** cela se fera si je le veux. La volonté gouverne le monde. Je deviendrai large, fort, résistant si je le veux. Je deviendrai bon marcheur, bon coureur, bon nageur, bon sauteur, bon grimpeur si je le veux.

VI. — **Je** ne laisserai passer aucune occasion de m'entraîner aux exercices de défense, aux sports de combat (boxe, escrime, lutte..) qui font l'homme sûr de soi, parce que certain de se faire respecter par ses semblables.

VII. — **Je** ne manquerai pas davantage les occasions de m'initier aux différents modes de locomotion en usage dans le monde et qui font l'homme débrouillard et apte aux exigences de la vie moderne.

VIII. — **Je** mettrai mon honneur à bien connaître l'histoire de mon pays et celle des autres peuples afin d'y puiser la compréhension du rôle de la France et le principe d'une saine émulation internationale.

IX. — **Je** pèserai chacun de mes actes dans la balance du patriotisme afin de ne jamais rien faire qui puisse être contraire à l'intérêt ou à l'honneur national.

X. — **J'écarterai** résolument de mon chemin les mesquines rivalités, les jalousies, les ambitions inavouables, n'oubliant pas que le destin national est la résultante des forces individuelles concurrentes; de sorte que si 2 — 2 = 4, 2 contre 2 = 0.

On remarquera que ces dix résolutions ne comportent de haine ni de violence à l'égard d'aucun autre peuple, d'aucune autre civilisation. La haine et la violence sont l'apanage des cœurs faibles. Tout ce qui est ici suggéré est loyal et légitime. C'est la préparation à la lutte internationale dans ce qu'elle a de plus sain, de plus digne, de plus moral.

Que les maîtres, dans les écoles, que les parents au foyer, que les chefs à l'armée, que les maires dans leurs communes nous donnent leur appui pour faire pénétrer ce Décalogue partout où séjourne la jeunesse.

Et qu'entre camarades une généreuse propagande s'applique également à en propager les termes.

Ainsi s'organisera le lendemain de la Victoire.

Pierre de COUBERTIN

C'est un devoir national de donner à ce Décalogue l'expansion la plus large et de l'afficher partout où se réunit la jeunesse française.

Le journal EXCELSIOR, 88, Champs-Elysées, Paris, qui le crée, le tient à la disposition de tous les bons Français contre **0.10** par affiche; la douzaine, **1** fr.; les cinquante, **3** fr.; le cent, **5** fr.

Paris — Imp. CERF, 12, rue Sainte-Anne   (AFFICHE D'INTÉRIEUR)

mes mémoires

Il y a déjà assez longtemps que j'ai commencé d'écrire mes Mémoires. Je les apercevais dès le début sous la forme de cinq petits volumes différant les uns des autres tant par le titre que par le sujet.

Le premier devait se limiter à des «Souvenirs d'enfance et de jeunesse» allant de l'Exposition Universelle de 1867 à Paris et du Concile du Vatican tenu à Rome en 1869 à mes premiers séjours en Amérique en 1889. Ce volume-là est achevé mais non encore publié. Dans le second intitulé «Mémoires Olympiques», je me proposais d'assembler tout ce qui concernait le Néo-Olympisme, la restauration des Jeux, l'organisation et le fonctionnement du Comité International Olympique, la célébration des huit premières olympiades et la préparation des suivantes. Le volume II fut publié en français voici trois ans et en édition allemande il y a quelques mois[1]. Viendrait ensuite le volume III où je voulais parler de «Politique extérieure et Propagande nationale»: sujets auxquels je me suis directement et toujours intéressé. Enfin je prévoyais un volume IV intitulé «La victoire sans tête» principalement consacré à la période d'après-guerre et pour terminer, un volume V que je me proposais de nommer «La symphonie inachevée» parce que je devinais dès alors qu'il me serait impossible de terminer moi-même en total l'œuvre que j'avais entreprise et qu'ainsi il me faudrait condenser mes derniers projets en des plans et des résumés comme font les architectes pour les portions non réalisées des édifices qu'ils construisent.

Les hommes qui écrivent leurs Mémoires sont le plus souvent des «retraités», soit que les circonstances les aient mis à la retraite, soit qu'ils s'y soient mis volontairement pour composer ces Mémoires dans le repos et la quiétude. Ceux là sont des heureux quand même, il n'est pas certain que le repos et la quiétude constituent des garanties parfaites de bon jugement et d'impartialité totale.

Les «retraités», sont des gens qui ont cessé la lutte. En face d'eux se trouvent ceux qui demeurent en action et écrivent tout en restant sur le front de bataille qu'est la vie publique. Les premiers regardent de loin et de haut, ce qui les trompe quelquefois; les seconds observent et décrivent de très près les hommes et les événements, ce qui risque de les tromper encore davantage. Les uns comme les autres doivent se donner de la peine afin de se prémunir eux-mêmes contre de tels inconvénients. Il leur faut s'efforcer de dominer leur pensée et de régler leur esprit critique; il leur faut aussi approprier la forme de leurs écrits aux circonstances présentes.

Préoccupé de tenir compte de cette nécessité, j'ai jugé préférable d'adopter cette fois la forme de simples notes composant la

---

1. Ce texte date donc de 1936.

matière de mon troisième volume, sans chercher à leur adapter une façade bien ordonnée. J'espère que mes lecteurs n'y trouveront pas à redire et que ce procédé leur paraîtra au contraire apte à donner à mon récit plus d'exactitude et de clarté.

Premier contact avec l'Allemagne

Le 12 juillet 1880, dix ans exactement après le début de la guerre de 1870, je sortais de France avec mes parents qui allaient par Munich et Innsbruck faire un petit séjour chez des amis au château de Pallaus, dans la vallée de l'Eysock entre Brien et Iantzen et de là par Salzbourg et Ischl jusqu'à Vienne pour visiter à Frohsdorf le comte de Chambord, celui qui en 1870 avait été pendant quelques heures le roi de France et restait aux yeux de ses fidèles «le roi» simplement. Le Tyrol me charma. J'aimais beaucoup Salzbourg, médiocrement Vienne. Je venais de finir mes examens. Je comptais l'année suivante me présenter à l'École Militaire de Saint-Cyr sans beaucoup d'enthousiasme d'ailleurs car lorsqu'on entre dans l'armée c'est apparemment pour se battre. Or je commençais d'entrevoir une période de paix assez prolongée avec l'ennui et la monotonie de la vie de garnison et cela était peu en rapport avec les ambitions imprécises mais ardentes qui bouillonnaient déjà au fond de moi. Pour la génération qui avait fleuri au lendemain du traité de Francfort, l'Allemagne, c'était «la terre de la revanche»: sentiment naturel au lendemain d'une guerre malheureuse mais qui, après tout, constituait un programme d'avenir insuffisant, la propagande en faveur de cette idée était entretenue par l'activité bruyante et simpliste d'un homme, estimable et désintéressé personnellement, mais dont l'activité me semblait néfaste et, pour dire vrai, m'humiliait. Il s'appelait Déroulède et nous enseignait à «protester» par des paroles et à montrer le poing en restant assis. Il a eu sur ma conception sportive une influence considérable et c'est pourquoi j'en parle ici: influence négative, au sens contraire bien entendu, c'est-à-dire que je n'admis plus les propos haineux et les poings levés quand la parade et le geste ne doivent pas être suivis de coups. Rien de moins sportif et de moins viril.

Or, en 1880, qui en voulait de la guerre? La France avait assez à faire à organiser définitivement son gouvernement. Elle venait de se soustraire à l'emprise des «Orléanistes» qui s'était exercée jusque-là, sans talent d'ailleurs. Les républicains arrivés récemment au pouvoir et cherchant à consacrer leur victoire, par un geste symbolique avaient aussitôt proclamé le 14 juillet «fête nationale». Comme nous arrivions à Munich, on célébrait à Paris pour la première fois l'anniversaire de la prise de la Bastille au grand scandale des «biens pensants».

L'Allemagne, de son côté, me parut peu belliqueuse. Pourquoi l'eût-elle été? Elle avait réalisé son rêve impérial et travaillait à plein rendement pour s'enrichir et se perfectionner dans les arts de la paix tout en maintenant jalousement sa force militaire en vue de défendre et de conserver les biens qu'elle s'était acquis.

Il me parut qu'il faudrait bien finir par s'entendre avec les Allemands: alors pourquoi ne pas commencer par là? Mais s'entendre c'était simplement vivre en relations de bon voisinage. Je ne pouvais alors concevoir un rapprochement allant au-delà.

Je ne compris pas l'Autriche. Cela me parut une terre sans raison d'être et simplement une Bavière prolongée et comme une «excroissance historique». Mon intérêt passionné pour l'Histoire ne s'arrêtait pas volontiers sur l'empire des Habsbourg parce qu'il me semblait artificiel et «ennuyeux». François-Joseph populaire dans les milieux légitimistes français (l'impératrice Élizabeth et sa sœur la reine de Naples y étaient pour beaucoup par la beauté étrange de l'une et les malheurs de l'autre) me semblait un peu un souverain de théâtre et je l'eusse considéré tout à fait comme tel s'il n'avait pas été en même temps roi de Hongrie. Le peuple magyar avait toute ma sympathie et ma pensée errait volontiers à travers la puzta indéfinie, en route vers les mystères de l'Asie.

On entend bien que les contours de tout ce que j'exprime là n'avaient pas une totale précision mais plutôt l'aspect encore hésitant et floconneux des intuitions des notions incomplètes capables de se former en 1880 dans le cerveau d'un jeune bachelier à peine sorti de ses examens. À dix-huit ans aujourd'hui on est un homme avec des idées arrêtées, des opinions réfléchies ou du moins que l'on croit telles. En ce temps-là on n'était à dix-huit ans qu'un être en voie d'éclosion, encore intimidé par le contact multiple des hommes et des choses, muni de données embryonnaires sur le monde et la vie.

Néanmoins il m'apparaît bien que c'est de ce voyage fort important pour moi que date le sentiment de la nécessité absolue d'une entente ultérieure entre l'Allemagne et la France en prévision de la crise, du tournant de siècle dangereux que marqueraient le décès de François-Joseph et l'ouverture de sa succession.

Je ne devais pas revoir l'Allemagne de longtemps. Une période allait s'ouvrir pour moi qui comporterait des séjours longs et répétés en Angleterre puis de vastes randonnées à travers les États-Unis. Mais je ne devais pas pour cela perdre de vue l'intérêt profond des affaires germaniques par rapport à l'évolution de la France républicaine à laquelle je me ralliai définitivement dès 1887.

Politique intérieure et politique extérieure

J'avais à peine atteint ma vingt-cinquième année que des démarches furent faites par des groupes d'électeurs en vue de m'attirer dans la politique. Vingt-cinq ans c'était l'âge de l'éligibilité à la Chambre des Députés. Et me sachant rallié à la forme républicaine, ceux qui m'appelaient dans leur parti calculaient le bénéfice qu'ils retireraient de la candidature d'un représentant de l'aristocratie locale jusque-là inféodée à la cause monarchique. Or je venais d'entreprendre mon œuvre de création des rouages propres à répandre la pratique des sports virils parmi la jeunesse des établissements scolaires:

comités, associations de jeunes gens, congrès, etc. J'envisageais
donc uniquement la Députation du point de vue de l'aide accrue qu'en
retireraient ces nouveaux groupements. À mon point de vue personnel la politique intérieure ne me disait rien qui vaille. Elle m'ennuyait
tant par ses procédés lents que par ses objets mesquins. Si j'avais
pu m'intéresser uniquement à la politique extérieure, aux Affaires
Étrangères, à la Diplomatie, c'eût été différent. Cependant j'hésitais
à accepter l'idée d'une candidature prochaine.

    Je résolus donc de prendre l'avis de quelqu'un de qualifié. À
la tête du Grand Comité que j'avais formé pour répandre l'éducation
sportive se trouvait le philosophe Jules Simon et, parmi les personnalités qui le composaient, Alexandre Ribot, qui fut à maintes reprises
Ministre et Président du Gouvernement. J'avais eu la chance d'entendre à l'École des Sciences Politiques de Paris, le cours qu'il y donna
très exceptionnellement sur la série des Lois Constitutionnelles qui,
de 1791 à 1875, avaient régi la France. Ribot était un magnifique orateur, prestigieux de sa personne, parlant un langage d'une forme im-
peccable et d'une grande hauteur de vues. Son intégrité et sa noblesse morale étaient d'autre part l'objet du respect général. Le connaissant bien, je ne pouvais choisir un meilleur conseiller. Je pus
donc le trouver et lui demander son avis.

    Dans sa grande bibliothèque de la rue Jouffroy inondée de clar-
té je le vois encore au cours de cette consultation décisive... «Oui,
me dit-il, il faut accepter c'est un devoir envers le pays. Sans doute
vous êtes encore un peu jeune. Mais c'est un défaut dont on se corri-
ge sûrement», ajouta-t-il en souriant... Et la conversation s'établit sur
les perspectives qu'ouvrait la carrière politique. Un moment Ribot me
dit ces mots terribles «Le grand inconvénient c'est que l'homme politique voit nécessairement sa culture personnelle arrêtée au moment
où il entre au Parlement. Désormais il peut acquérir beaucoup de notions nouvelles, s'ouvrir des perspectives intéressantes en divers domaines, mais le temps lui manque pour perfectionner sa propre personnalité par des études désintéressées...» Je me récriai, Ribot insista
et s'expliqua en précisant sa pensée. Je n'avais plus besoin d'en demander davantage: mon parti était pris. Il s'incrusta en moi instan-
tanément, et remerciant Ribot, je courus au Bois de Boulogne pour
«respirer» comme si je venais d'échapper à un danger affreux auquel
je me serais exposé inconsciemment. Ne plus apprendre, quelle horreur! Quelques années plus tôt, j'avais assisté au centenaire de Che-
vreul, Directeur du Muséum, célébré à Paris en grande solennité. De
quel ton à la fois modeste et fier lorsque dressant l'Acte de célébration
de son centenaire on lui avait demandé ses nom, prénoms... et puis sa
profession. Il avait répondu «Étudiant». Quelle belle conception de
la vie! Renoncer à cela pour la «Politique», plutôt mourir moi aussi
s'il me fallait vivre jusqu'à un âge si avancé, je voulais rester étudiant
jusqu'au bout.

    Mais alors? La politique extérieure que je considérais comme
de «l'Histoire en marche», fallait-il aussi y renoncer? Cela mettait

quelque amertume dans ma renonciation. Bien vite je fus consolé pourtant car je m'aperçus que la politique extérieure ne se faisait pas à la Chambre et pas même au Quai d'Orsay. On n'y faisait guère que de la cuisine diplomatique. La politique extérieure se faisait dans le cerveau du Ministre et de ses collaborateurs quand ceux-ci étaient des hommes de valeur comme le Duc Decazes ou simplement des hommes instruits et de belle conscience comme René Goblet. Il y en avait eu; il en reviendrait d'autres.

Et puis, ne pouvait-on faire de la politique extérieure à l'aide de rouages extérieurs à la Politique?...

Propagande nationale

Oui, on le pouvait. L'organisation de la Propagande s'y prêterait. Le mot alors n'était pas en usage: la chose était dédaignée. On lui trouvait un relent de réclame commerciale. Elle irritait surtout les jeunes traditionalistes parmi lesquels j'avais naturellement beaucoup de parents et d'amis. La France faire de la Propagande!! Allons donc... La civilisation française se suffisait à elle-même. N'était-elle pas la première du monde?

Il n'y a pas à beaucoup s'étonner, encore moins à se choquer de pareils arguments. Ils sont plus ou moins de tous les temps et de tous les pays et la jeunesse en a souvent abusé. Orgueil pardonnable.

Pour moi ces arguments ne m'arrêtèrent pas longtemps. Je me rendis vite compte que les Français n'étaient plus aux jours brillants de 1856 où ils avaient, sans s'en douter presque, atteint une des apogées de leur histoire. Leur présente situation était très changée, non pas qu'ils eussent eux-mêmes beaucoup descendu mais parce qu'autour d'eux les autres avaient beaucoup monté, surtout les Allemands, les Italiens et les Anglais. Eh bien! il fallait en prendre son parti et inaugurer des procédés de propagande appropriés à la situation nouvelle. Malheureusement ces vues, je ne pouvais les imposer à moi tout seul et d'autre part, les pouvoirs publics n'étaient guère disposés à les adopter.

Le grand obstacle à une saine propagande française c'était la presse française elle-même. Elle avait des connaissances étrangères limitées et des passions de paroles illimitées. Impossible d'apaiser celles-ci de façon directe mais par contre, on pouvait s'efforcer de répandre la connaissance des autres peuples chez les Français, et en même temps de répandre la connaissance de la véritable France chez les étrangers.

Cela gênerait-il mon action internationale comme Chef de Comité Olympique dont l'influence s'étendait et dont l'importance croissait? Nullement. «Le respect des patries» était à la base de ma conception des temps nouveaux. C'était l'article 1er de mon Credo. Et comme pour les respecter il fallait les connaître et comme pour les connaître il fallait savoir leur histoire, cela me ramenait ainsi à mes chères études historiques. Je reviendrai sur ce point bientôt.

Mon programme

Il me fallait un plan d'activité. Je n'aimais point les statistiques et les raisonnements reposant exclusivement sur des chiffres mais j'aimais les plans réfléchis, limités, les projets bien établis de façon logique où la fantaisie n'intervient que dans la mesure où l'imprévu la suscite et la conseille. Il convenait d'abord d'écarter de mon esprit toute velléité, de contribuer en la préparant à une modification de la forme du gouvernement. Cela ne signifiait plus rien. La France pouvait aussi bien rétablir ses forces sous la République que sous la Monarchie. Une monarchie démocratique, cela existait en Angleterre tandis qu'une République autoritaire prospérait aux États-Unis. Les questions dynastiques désormais n'avaient qu'une valeur secondaire et l'intérêt de la France était de les écarter en tous cas pour le présent. Ceci a l'air bien simple au moment où j'écris mais il y a cinquante ans ce n'était pas simple du tout ; il fallait être d'un parti. Je ne voulais pas y consentir : je ne m'inscrivais donc dans aucun.

Une des questions les plus discutées après celle de la forme du gouvernement était en ce temps-là, en France, la question coloniale. La désastreuse paix de 1763 avait détruit au profit de l'Angleterre le premier empire colonial français. L'Inde française, le Canada, la vallée de l'Ohio, la Louisiane, le Sénégal étaient perdus. De 1768 à 1814 un second empire avait été constitué : des Établissements à Madagascar et en Indo-Chine, la reprise du Sénégal, diverses acquisitions nouvelles avaient entretenu le goût des entreprises coloniales auxquelles les «Cahiers de 1789» s'étaient d'ailleurs montrés favorables. Le traité de Paris, en 1814, supprima les espoirs et compromit les résultats déjà obtenus. Mais en 1830 la prise d'Alger inaugurait le troisième empire. La conquête de l'Algérie entière remplit le règne de Louis-Philippe tandis que pacifiquement étaient occupés l'estuaire du Gabon, Hossi-Bé, les îles Horn et Wallis, l'archipel de Tahiti... puis bientôt sous Napoléon III la Nouvelle-Calédonie, les îles Marquises, Obock, Porto-Novo, les îles Gambie, la Basse-Cochinchine, le Cambodge...

Qu'allait faire la République ?... Les ambitions gouvernementales dans ce domaine n'étaient ni vastes ni énergiques. Mais une génération vaillante de pionniers, d'explorateurs se levait et le génie de Jules Ferry avait aussitôt aperçu que les entreprises françaises en Afrique et en Asie, c'était la paix en Europe. Il n'hésita pas. Bientôt la Tunisie, l'Annam puis Madagascar devaient consacrer son coup d'œil et sa tenacité... Dès le premier jour j'étais un colonial fanatique, à l'indignation de mes amis des partis monarchistes. Pourtant n'était-ce pas la vieille politique de la monarchie que Jules Ferry restaurait et poursuivait ?

Donc adhésion tranquille et stable à la République d'une part et, de l'autre, extension rigoureuse tout en restant prudente des conquêtes et de l'organisation coloniale. Ensuite il fallait un effort décentralisateur. L'œuvre de la Révolution et du Premier Empire devait être non détruite mais largement modifiée. Devait-on désirer et poursuivre le rétablissement des anciennes provinces ?... Certains y pensaient mais après réflexion, cela me parut excessif et peut-être dangereux. Pour une Normandie, une Bretagne et une Provence, capables de supporter la chose, beaucoup avaient laissé s'effacer la plus grande part de leurs particularités provinciales et leurs frontières même devenir indistinctes. On risquerait donc de simplement effriter la figure de la France centralisée sans profits immédiats et assurés. Mais pourquoi ne pas, au moyen d'une loi bien simple, autoriser les départements français dessinés sur le territoire d'une ancienne province à s'assembler pour des œuvres communes, œuvres d'assistance, d'éducation, d'organisation du travail? Actuellement ils n'en avaient pas le droit. Le leur donner n'était point dangereux et permettrait par un rapprochement lent la reconstitution des «âmes provinciales» autour des anciennes capitales, Rouen, Nancy, Toulouse, Bordeaux, Aix, qui avaient jadis centralisé des forces précieuses.

Autre chose: on rendait peu à peu de Paris la vie aux anciennes universités provinciales. Au Ministère de l'Instruction Publique cette œuvre excellente se poursuivait tranquillement avec suite. Les dix-sept régions de la France entre lesquelles se répartissaient les différents groupes de Facultés avaient à leur tête des Recteurs et la vie universitaire y reprenait peu à peu. Pourquoi ne pas se servir de cette division intellectuelle de la France? Pour commencer je souhaitais de voir l'éducation sportive répartie entre ces centres provinciaux, ce qui, à mon avis éviterait l'inconvénient d'une trop forte centralisation sportive autour de Paris et créerait exactement le genre d'émulation qu'il convenait de provoquer et d'entretenir parmi les adolescents et les jeunes adultes.

En route

C'est ainsi que je me mis en route. En politique extérieure, chercher les moyens de se rapprocher de l'Allemagne, de façon à la fois digne et pratique. En propagande à l'étranger, tâcher de reprendre d'abord pied aux États-Unis qui traitaient la France en vieille parente respectable mais bonne à rien. Étendre par tous les moyens le cycle des études géographiques et historiques jusqu'à l'horizon: horizons des siècles, horizons du globe terrestre. *Per orbem et saecula.* Cette culture d'aspect mondial, la répandre parmi le peuple, parmi les ouvriers comme préambule aux réponses sociales devenues indispensables et que j'entrevoyais allant jusqu'à la limitation des fortunes privées. Saupoudrer tout cela d'esprit sportif, de passion musculaire intensive... Peut-être si j'avais entrevu d'avance les trahisons, les jalousies, les déloyautés que j'allais rencontrer sur la route, aurais-je perdu courage, mais je ne les prévoyais pas, du moins à pareil degré. Quant à la routine, je m'attendais bien à sa résistance en caoutchouc... mais sur tout cela brillerait pour me soutenir le soleil olympique, encore à son lever, et en lequel je gardais une complète confiance.

Pierre de Coubertin
Archives du C.I.O.

la symphonie inachevée

Nous sommes en 1936. Il y a cinquante ans que mon existence s'est fixée du côté de la réforme pédagogique en laquelle je commençais d'apercevoir la nécessité primordiale et essentielle de mon temps. Renonçant définitivement à tout ce qui avait pu me séduire dans d'autres carrières je m'orientai dès lors de ce côté exclusif. Or l'œuvre n'est point achevée. Je suis dans mon soixante-quatorzième hiver, de grands tracas et de grands chagrins ayant obscurci la fin de ma vie, mes forces cérébrales risquent de faiblir. C'est pourquoi interrompant le cours régulier que j'aurais voulu donner à mes mémoires j'intercale ici le cinquième et dernier de ces petits volumes alors que le quatrième et même le troisième ne sont encore qu'échafaudés. Le premier, intitulé «Souvenirs d'enfance et de jeunesse», est depuis longtemps terminé mais non imprimé. Le second, «Mémoires Olympiques», a paru dès 1932 alors que les jeux de la Xe Olympiade se célébraient à Los Angeles. Le troisième doit s'appeler «Politique, expérience et propagande nationale»; il traite de sujets différents. Sans doute est-ce l'amitié de Th. Delcassé qui lui donnera quelque intérêt, c'est-à-dire l'amitié d'un homme que j'aimais et admirais fort et avec lequel j'aimais beaucoup causer sans que nous fussions d'accord car je voyais l'Europe et les intérêts de la France tout autrement que lui. Enfin le quatrième que j'ai appelé «La victoire sans tête», décrit la guerre — et surtout la paix — telles que je les ai cru voir.

On pensera peut-être que j'ai le goût des appellations fantaisistes de vouloir baptiser ce dernier volume «La symphonie inachevée». Il me rappelle m'en être expliqué dans une conférence faite au Polytechnicum de Zurich le 1er novembre 1935. Tout être humain, disais-je, fait partie du grand orchestre de l'humanité. La plupart, il est vrai, y tiennent le rôle le plus modeste. Tous dans le nombre ne réussissent pas à s'y caser; certains n'arrivent jamais à trouver leur pupitre. Privilégiés sont ceux auxquels le destin accorda de composer eux-mêmes des morceaux. Plus rares encore sont ceux qui sont admis à les faire exécuter de leur vivant. Je sais qu'on me range parmi ceux-là à cause du Néo-Olympisme dont la montée ininterrompue a paru soulever beaucoup d'étonnement. On l'avait accueilli d'abord avec des sourires, puis de l'ironie, puis du mécontentement et de l'hostilité. Et rien n'a pu l'ébranler, pas même quatre années de guerre mondiale qu'il a traversées sans péril.

Mais l'Olympisme ne représente qu'une partie de mon entreprise, la moitié à peu près. Donc ma «symphonie» pédagogique se compose d'une partie achevée et d'une autre qui ne l'est point. Tout naturellement c'est à celle-ci que je vais surtout m'attacher dans les pages qui suivent.

Elles auront de grands vices de forme et sans doute aussi de fond. Le temps va me manquer pour réfléchir suffisamment au fond, et la force cérébrale pour polir convenablement la forme. Mais ce qui me préoccupe avant tout c'est de me susciter des continuateurs qui reprennent et poursuivent l'œuvre entreprise. Voilà à mes yeux le point important. Qu'on excuse donc ce qu'il y aura de décousu dans ces notes de redites et de répétitions aussi. Que ma pensée puisse être claire, c'est ce dont je me préoccupe avant tout.

Non, vraiment je ne souhaiterais point d'avoir vécu une période d'histoire aussi remplie, aussi diverse, aussi puissante que celle dont j'ai été le témoin et à certains égards l'acteur. Mon plus vieux souvenir de vie publique remonte à Napoléon III et à l'Exposition Universelle de 1867; et voici que sur le seuil de la célébration de la onzième des Olympiades (1936) dont j'ai restitué le cours se montre cette étrange figure d'Adolphe Hitler, l'une des plus curieuses et des plus inattendues que j'aie rencontrées en étudiant l'histoire.

Jusqu'au bout, l'histoire universelle dont j'avais, dès le collège, la passion, est demeurée associée à ma pensée et à mes réflexions et je n'ai jamais cru qu'on pût se passer d'elle si l'on voulait saisir les ensembles de la vie collective. Elle n'a pas été pour moi seulement une source constante de lumière mais la véritable consolatrice aux heures douloureuses.

Des esprits favorables qui ont bien voulu s'intéresser à mes travaux les aperçoivent en deux séries distinctes et successives — et d'autant mieux que les procédés auxquels j'ai eu recours ont été très différents. L'athlétisme — et surtout l'olympisme, son couronnement — ont été de ma part l'objet d'un développement un peu bruyant — voire même si vous voulez bluffeur et tapageur. Il le fallait ainsi. La réforme de l'enseignement, au contraire, a été l'objet d'études lentes, silencieuses, fractionnées, longuement réfléchies. L'olympisme s'est promené à travers le monde en forme de dirigeable rutilant; la réforme de l'enseignement a emprunté des manières de taupes: ce sont de vraies taupinières qu'elle a creusées çà et là. Mais il y a ceci qui les rapproche: qu'il se soit agi d'entraînement musculaire ou de redressement cérébral, l'effort a toujours été délimité nettement et localisé, si je puis dire. L'insupportable logique française incitait mes amis à me dire: vous travaillez pour l'adolescent, pour le garçon... qu'allez-vous faire pour l'enfant, pour la jeune fille?... Eh bien, rien du tout. Ils ne sont pas mes agents. La réforme que je poursuis n'est pas au service de la grammaire ou de l'hygiène. C'est une *réforme sociale ou plutôt c'est le soubassement d'une ère nouvelle que je vois venir et qui n'aura de valeur et de force que si elle est assise* d'aplomb sur le principe d'une éducation rénovée.

C'est d'instinct que j'apercevais les choses ainsi, il y a un demi-siècle. 1886 fut l'année de mes plus longs séjours d'observateurs dans les universités anglaises. Je considérais, j'écoutais mais je parlais peu. Que me faisaient les statistiques et autres documents? L'Angleterre pas plus que la France d'alors ne regardaient loin. L'Allemagne non plus. L'Italie moins encore. Toutes les nations de cette fin du XIX.ᵉ siècle travaillaient sur de l'immédiat, poursuivaient des buts pratiques et spéciaux, sagaces d'ailleurs, et raisonnables. Aucune ne s'avisait de la nécessité d'une «rénovation» quelconque. Seuls en religion, quelques groupements mystiques et exaltés y songeaient ou bien des adeptes d'une refonte sociale, d'une organisation des rouages sociaux, et cela, à ce moment, était encore une simple utopie.

Qu'un temps dût venir où une pareille utopie se trouverait réalisable, pourquoi non? Je prenais déjà un intérêt extrême à noter les signes épars d'une évolution qui semblait bien devoir s'effectuer dans ce sens mais avec une extrême lenteur. En tous cas cette évolution supposait une réforme préalable de l'éducation populaire, la création d'un néo-encyclopédisme, des programmes élargis, des méthodes simplifiées...

Personne n'y voulait songer.

Pierre de Coubertin
Archives du C.I.O.

comité international olympique

RÈGLE 26

I. Pour être admis aux Jeux Olympiques, un concurrent doit respecter, dans l'esprit et dans l'éthique, la tradition Olympique et s'être toujours adonné au sport comme à une activité annexe, pour son agrément, sans percevoir de rémunération quelle qu'elle soit pour sa participation.
Ses moyens d'existence ne doivent ni provenir ni dépendre des revenus qu'il pourrait tirer du sport, et il doit avoir une situation personnelle lui permettant d'assurer son existence présente et future.
Il ne doit pas être, ni avoir été, un professionnel, un semi-professionnel ou classé «non amateur» dans quelque sport que ce soit. Il ne doit ni avoir entraîné ni enseigné, ni formé des sportifs de compétition dans le but d'en tirer un profit. Les moniteurs d'éducation physique qui enseignent aux débutants sont admissibles.

II. Un concurrent doit observer les règles de la fédération internationale contrôlant le sport qu'il pratique et s'y conformer, même si celles-ci sont plus strictes que celles imposées par le Comité International Olympique.
Il doit également se conformer aux instructions de sa fédération et aux directives du Comité International Olympique.

III. Un concurrent peut accepter:

1. Une aide de son Comité National Olympique ou de son association sportive nationale au cours des périodes assignées à la préparation et à la participation aux compétitions sportives, y compris les Jeux Olympiques. Une telle aide consistera uniquement en: l'hébergement pendant l'entraînement et la participation, la nourriture, le transport, l'équipement sportif, les installations sportives, l'entraînement, les soins médicaux, ainsi que l'argent de poche pour couvrir les menus frais, ceci dans les limites approuvées par sa propre fédération internationale sportive ou par son Comité National Olympique.
La période dévolue à l'entraînement à plein temps, et qui est approuvée par les fédérations internationales ou les Comités Nationaux Olympiques est, en règle générale, de trente jours et ne doit, en aucun cas, dépasser soixante jours dans le cours d'une année civile.
2. Le paiement de primes d'assurance en cas d'accident ou de maladie dûs à l'entraînement ou aux compétitions.

3. Les bourses d'études accordées conformément aux normes académiques et techniques et soumises à l'accomplissement des obligations scolaires et universitaires et non pas aux succès sportifs.

4. Les prix obtenus à l'issue des compétitions dans les limites fixées par les règles des fédérations internationales respectives et approuvées par le Comité International Olympique.

5. Le Comité International Olympique est opposé au dédommagement du manque à gagner sauf dans des cas reconnus dignes d'intérêt. Dans ces seuls cas, les Comités Nationaux Olympiques ou les fédérations internationales pourront autoriser le versement de compensations qui couvriront uniquement la perte de salaire causée par l'absence du concurrent à son travail, en raison de sa participation aux Jeux Olympiques ou aux importantes réunions sportives internationales approuvées par les fédérations internationales. En aucun cas, les sommes payées conformément à ces dispositions ne pourront excéder le montant que le concurrent aurait normalement reçu en exerçant sa profession au cours des périodes considérées.

IV. Le but est d'éliminer ceux qui s'intéressent au sport pour des raisons financières et de réserver les Jeux Olympiques à ceux qui, selon cette règle, sont admissibles. Une commission sera créée et chargée de faire appliquer cette règle en consultation et en coopération avec les fédérations internationales et les Comités Nationaux Olympiques.

Note: Les directives du Comité International Olympique sont les suivantes :

a/ L'athlète olympique ne doit pas avoir permis, directement ou indirectement, que son nom, sa photographie ou ses succès sportifs soient exploités, à titre individuel, à des fins publicitaires.

b/ L'athlète olympique ne doit ni écrire ni signer d'article, ni permettre que l'on signe en son nom, ni apparaître de son propre chef à la radio, à la télévision ou au cinéma pendant la période au cours de laquelle il participe aux Jeux Olympiques, sans avoir l'autorisation de son chef de mission.

c/ La publicité résultant des contrats établis par des fédérations nationales en matière d'équipement doit être strictement contrôlée par les fédérations internationales et des copies de ces contrats devront être envoyées au Comité International Olympique pour approbation.

VILLE DU HAVRE

CONFÉRENCES POPULAIRES SUR L'HISTOIRE CONTEMPORAINE

faites par M. Pierre de COUBERTIN

1895

I. — La Question d'Orient

On peut la résumer ainsi :

1. *Quand et comment les Turcs sortiront-ils de l'Europe ?*
Nécessité d'en venir là ; les Turcs qui se sont superposés aux populations chrétiennes, les oppriment sans pouvoir ni se les assimiler, ni s'assimiler à elles.
2. *Qui les remplacera ?*
L'importance géographique de Constantinople et les intérêts contraires des grandes puissances maintiennent le *statu quo*. La meilleure solution eût été dans la prépondérance rendue à la *Grèce*. Les progrès accomplis par les *Bulgares* rendent moins aisée, aujourd'hui, la reconstitution de l'ancien Empire Grec.

II. — L'Empire Britannique

Envisagé trop souvent au seul point de vue de sa prospérité matérielle, il est surtout remarquable au point de vue *politique et social* ; Il comprend :

1. En *Australie*, des communautés *démocratiques*, à tendances socialistes : (les bases d'une fédération ont été posées le 2 mars 1891 par la Convention Nationale d'Australasie réunie à Sydney).
2. Dans *l'Inde*, un empire (établi en 1877) à la fois un et morcelé, composé de *protectorats* multiples et divers, appropriés à l'état politique et social des populations indigènes.
3. Au *Canada*, une fédération de sept provinces, dans lesquelles l'union est maintenue entre Français-catholiques et Anglais-protestants par *l'intérêt* combiné avec la *liberté*.
4. Dans le *Sud-Afrique*, un gouvernement autoritaire et indépendant aidé par de puissantes *Compagnies* de colonisation dues à l'initiative privée et fortement appuyées par la métropole.
Le succès de cette vaste entreprise est dû, en grande partie, à la réforme de l'Education secondaire qui s'est accomplie en Angleterre vers 1840 ; l'*Education* a donné aux Anglais les qualités d'énergie, de souplesse et d'endurance, faute desquelles ils n'avaient apporté jusque-là, dans le gouvernement de leurs colonies, qu'une intransigeance maladroite et des vues bornées.

III. — Le monde Américain

1. Dans l'*Amérique du Nord*, la puissance *matérielle* des *Etats-Unis* est due :
à l'étendue et à la fertilité de *territoires* facilement annexés ou conquis ;
aux éléments d'intelligence et d'énergie individuelles introduits par *l'émigration* dans la population d'origine qui les a absorbés.
Elle est doublée par la puissance *morale* qui trouve son expression dans un patriotisme intense ; dans le développement considérable — et malheureusement ignoré en Europe — des institutions pédagogiques, scientifiques, littéraires, sociales et artistiques, enfin dans la naissance d'un grand mouvement d'unification religieuse (congrès des Religions à Chicago, 1893).
2. Un fait domine l'histoire des Etats de l'*Amérique du Sud* : l'élimination progressive de la forme et du sentiment *monarchiques*. Les Anglais dans l'Amérique du Nord, les Espagnols et les Portugais dans l'Amérique du Sud, ont rendu la monarchie antipathique aux Américains.
3. Les Etats-Unis paraissent disposés à exploiter la doctrine de *Monroe* à leur profit ; ils l'ont prouvé par la convocation du *Congrès des Trois Amériques*, à Washington, en 1889.

IV. — En Afrique

La *France* a érigé *l'Ouest Africain* en un vaste empire qui a deux façades, l'une sur l'Océan, l'autre sur la Méditerranée ;
L'*Angleterre* tend, par tous les moyens, à réunir ses colonies du *Sud-Afrique* à l'*Egypte* par les lacs et l'*Ouganda* ;
Les *Portugais*, qui lui barraient la route, ont été évincés, et leurs possessions *séparées* en deux tronçons ;
L'*Allemagne* et l'*Italie* se sont ménagés des protectorats *imprévus* dont la signification et l'utilité n'apparaissent pas bien clairement, en dehors de la question d'amour-propre ;
La *Belgique* se trouve héritière, malgré elle, d'une vaste région : l'*Etat indépendant* du *Congo* fondé par l'initiative privée, qu'elle aliénera sans doute et sur lequel la France s'est fait reconnaître un droit de préemption.

V. — L'Extrême-Orient

est devenu le *bazar politique* du monde.
Les intérêts *combinés* ou *opposés* des puissances Européennes (France, Russie, Angleterre, Hollande, Allemagne) et des Etats-Unis, vont y tourner dorénavant autour de la rivalité de la *Chine* et du *Japon* dont il n'y a ni tant à *craindre* ni tant à *espérer* qu'on se l'était imaginé jusqu'ici.

SALLE TISSOT
(Palais de Rumine)

Six Conférences
sur l'Histoire de la
Troisième République (1870-1914)
par Mr Pierre de COUBERTIN.

Vendredi 28 novembre:
Les premières années de la République.

Mardi 2 décembre:
La présidence de Jules Grévy.

Vendredi 5 décembre:
La présidence de Carnot.

Mardi 9 décembre:
L'œuvre de Delcassé.

Vendredi 12 décembre:
Waldeck-Rousseau et sa politique.

Mardi 16 décembre:
Les approches de la guerre.

Les Conférences auront lieu dans la
Salle Tissot, Palais de Rumine
à 5 1|2 heures précises.

Entrée libre.   **Entrée libre.**

Lausanne, 1917

M

LE PRÉSIDENT ET LES MEMBRES DE L'UNION
SPORTIVE AIXOISE ONT L'HONNEUR DE VOUS PRIER
DE BIEN VOULOIR ASSISTER A LA CONFÉRENCE QUE
DONNERA

M. LE BARON PIERRE DE COUBERTIN
PRÉSIDENT DU COMITÉ INTERNATIONAL DES JEUX OLYMPIQUES

LE MERCREDI 25 MARS 1925, A 21 HEURES, DANS LA
SALLE DES FÊTES DU CASINO MUNICIPAL.

SUJET : ALEXANDRE LE GRAND RECORDMAN DE L'HEURE

Aix-en-Provence
1925

Programme des fêtes de Paris.

Le Comité International Olympique en publiant l'horaire des fêtes et du Congrès de Paris, se réserve bien entendu d'y apporter ultérieurement telles modifications qui viendraient à s'imposer. Mais ces modifications ne sauraient être que le résultat de circonstances tout-à-fait imprévues et tout permet d'espérer que le programme entier se déroulera selon l'ordre fixé.

Samedi 13 juin 1914.

A neuf heures du matin, réunion du Comité International Olympique à l'Automobile Club de France, 6, Place de la Concorde.

Après midi, de 5 à 7 heures, réception du président du Comité International Olympique et de la baronne Pierre de Coubertin en leur hôtel, 20, rue Oudinot, en l'honneur des membres du Comité International.

Dimanche 14 juin.

A neuf heures du matin, réunion du Comité International Olympique (*vérification des pouvoirs des Délégués au Congrès*).

A huit heures du soir, dîner offert par le comte et la comtesse Albert de Bertier de Sauvigny en l'honneur des membres du Comité International.

(Le Dimanche 14 est le jour du Derby à Chantilly.)

Lundi 15 juin.

A neuf heures et demie du matin, **Séance d'Ouverture** du Congrès au Palais de la Sorbonne, Amphithéâtre Richelieu. (*Allocution de M. le Recteur de l'Université de Paris, Réponse du président du Congrès, élection des vice-présidents et des secrétaires, fixation de l'ordre du jour général.*)

COMITÉ INTERNATIONAL OLYMPIQUE

Fêtes du XXme Anniversaire

DU

RÉTABLISSEMENT

DES

Jeux Olympiques

1894-1914

ET

CONGRÈS

DES

Comités Olympiques Nationaux

SOUS LE HAUT PATRONAGE

de

Monsieur le Président de la République Française

PALAIS DE LA SORBONNE

PARIS

JUIN 1914

II — documentation iconographique

Acte de Naissance du trois Janvier mil huit cent quarante trois, à midi.
Le jour d'avant hier à cinq heures du soir est né rue Oudinot 20 Charle Pierre [Frédy de Coubertin]
d'sexe masculin, fils de M. Charle Louis Baron Frédy de Coubertin, agé de quarante ans, propriétaire, & de d. Agathe Marie Marcelle Gigault de Crisenoy, agée de trente huit ans, son épouse, tant présentes, demeurant rue d. M. Sustit. Et de cette naissance l'acte à été reçu par nous, Officier de l'Etat civil du septième arrondissement de Paris, après qui l'enfant nous a été présenté, sur la déclaration du père, en présence de M. Emile Gigault de Crisenoy agé de trente cinq ans, propriétaire, demeurant rue de Bellechasse 21, et de M. Sebastien Gigault de Crisenoy agé et de cette autre présentation, propriétaire, demeurant rue de Poc 53. Déclarans et les témoins ont signé avec nous, après lecture a été fait à l'acte.

B. Frédy de Coubertin   E. D. de Crisenoy   J. J. Crisenoy

approuvé la rature deux mots nuls.
B. Frédy de Coubertin   M. A. de Crisenoy   J. J. Crisenoy

[signatures]

Le château de Mirville et la salle à manger.
(Seine-Maritime)

L'an 1888, le 22 juillet, le Conseil
municipal de la Commune de Minot,
s'est réuni à la Mairie, sous la présidence
de M. le Maire, pour voir et se concer-
ter. Étaient présents MM. Ferrand
De Courtois, Guiminot, Gautier, Ferrand, Ferrand, Hazard
Durand, Hazard, Doboha.

Le Conseil,

Considérant que les chemins ruraux rendant
des services à l'État, la Commune s'intéresse
à faire ouvrir les travaux nécessaires pour
mettre le chemin en parfait état de viabilité.

Service vicinal

Chemins ruraux

Signatures :
Ferrand, Courtois, Durand, Guiminot,
L. Hazard, Gautier, Guénin,
Ferrand

(Dessins de Pierre de Coubertin)

Le daguerréotype original porte au verso, de la main de Pierre de Coubertin :

    « Ile de Puteaux »
    Maurice de Seynes
    Baron Marc de Villiers du Tenage
    Comte Etienne d'Orglandes
    Baron Pierre de Coubertin

———

Le Baron Pierre de Coubertin se trouve devant le filet de tennis, une raquette à la main.
La photographie date vraisemblablement des années 1888-1890

(Envers)

(Avers)

Médaille Pierre de Coubertin

Pierre de Coubertin au moment du rétablissement des Jeux Olympiques
Photo diffusée par le Bureau International de Pédagogie Sportive

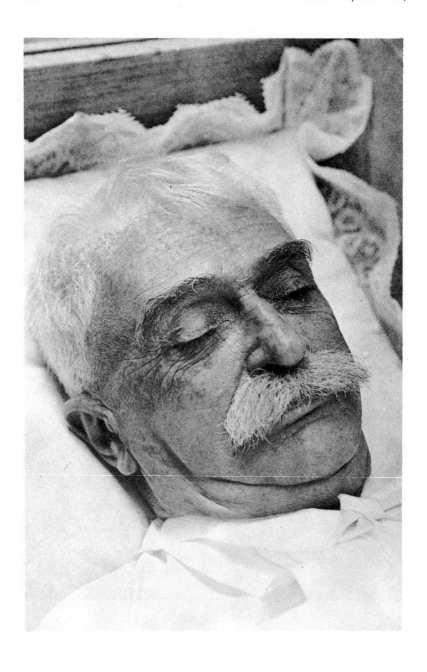

La pierre tombale de Pierre de Coubertin, Lausanne

Ex-Libris de Pierre de Coubertin.

ACHEVÉ D'IMPRIMER
SUR LES PRESSES L. É.
MARQUIS DE MONTMAGNY
LE 28 FÉVRIER 1975 POUR
LES ÉDITIONS LEMÉAC INC.

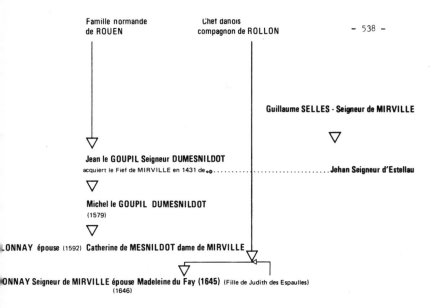

Famille normande
de ROUEN

Chef danois
compagnon de ROLLON

Guillaume SELLES - Seigneur de MIRVILLE

Jean le GOUPIL Seigneur DUMESNILDOT
acquiert le Fief de MIRVILLE en 1431 de .... Jehan Seigneur d'Estellau

Michel le GOUPIL DUMESNILDOT
(1579)

LONNAY épouse (1592) Catherine de MESNILDOT dame de MIRVILLE

ONNAY Seigneur de MIRVILLE épouse Madeleine du Fay (1645) (Fille de Judith des Espaulles)
(1646)

UILLONNAY dame de MIRVILLE

Généalogie de Pierre de Coubertin

établie par son petit-neveu Geoffroy de Navacelle.

(document inédit, février 1972)